生活因阅读而精彩

生活因阅读而精彩

后宫红颜史

三千年来跌宕人心的

博文◎编著

中國華僑出版社

图书在版编目(CIP)数据

三千年来跌宕人心的后宫红颜史 / 博文编著.
—北京:中国华侨出版社,2011.7
ISBN 978-7-5113-1545-8

Ⅰ.①三… Ⅱ.①博… Ⅲ.①宫廷-女性-历史人物-生平事迹-中国-古代 Ⅳ.①K828.5

中国版本图书馆 CIP 数据核字(2011)第 122976 号

三千年来跌宕人心的后宫红颜史

编　　著 / 博　文
责任编辑 / 严晓慧
责任校对 / 孙　丽
经　　销 / 新华书店
开　　本 / 787×1092 毫米　1/16 开　印张/18　字数/292 千字
印　　刷 / 北京建泰印刷有限公司
版　　次 / 2011 年 8 月第 1 版　2011 年 8 月第 1 次印刷
书　　号 / ISBN 978-7-5113-1545-8
定　　价 / 32.00 元

中国华侨出版社　北京市朝阳区静安里 26 号通成达大厦 3 层　邮编:100028
法律顾问:陈鹰律师事务所
编辑部:(010)64443056　64443979
发行部:(010)64443051　传真:(010)64439708
网址:www.oveaschin.com
E-mail:oveaschin@sina.com

前　言

纵观中国宫廷史，多是关于男人之间争权夺利、刀光剑影、叱咤风云的记载，好像宫廷就是男人的世界，宫廷纷争的方向盘只掌握在男人手中，女人只不过是这些叱咤风云的历史人物的陪衬、附庸。

真的是这样吗？非也！事实上，在宫廷中，女人之间的斗争才是最残酷的斗争。而后宫，无疑是残酷的密集地。她们或者为了得到皇帝的宠幸，或者为了争夺荣华富贵，或者谋求政治权力，使宫廷带有了另一种跌宕起伏的味道。

由于她们不同的品性，又生在不同的宫廷环境中，便扮演了各自不同的角色。有人成为辅佐明君、母仪天下的贤妇，有人成为心狠手辣、夺权附势的狂徒，有人成为冤假错案的可怜人儿，有人又成为祸国乱政的罪魁祸首……

这些红颜女子或许有绝美的容颜，或许有显赫的家世，或许有出色的才识，或许有高明的心计，她们通过控制男人或者主导自己，制造了令人荡气回肠的壮举，令人回味无穷的韵事，令人痛恨的奸计，或导致了社会进步，或导致了宫廷政变，或导致了改朝换代。

张惠，贤良淑德、谦逊大度，尽心辅佐后梁太祖朱温，获得“五代”第一贤妃之称；北魏文成帝皇后冯氏，运用高超的政治智慧和钢铁般的手腕，使北魏实现了由奴隶社会向封建社会的文明转变；吕雉凭借果断勇毅，深谋远虑，一步步攫取了西汉王朝的最高权力；刘玉娘贪腐吝啬、刻薄寡恩，毁了一世枭雄李存勖，导致后唐覆灭……她们各有各的精彩，各有各的悲剧，一个个离奇跌宕的身世和不可复制的命运，都带着血和泪的痕迹，无不是宫廷史的精彩缩影。

本书撷取了自春秋战国三千年以来近四十位有代表性的后宫红颜，在绵延起伏的历史长河中，她们当然不足以反映整个后宫的全部风情，但却客观、集中地反映了后宫女性的特点和命运，展示出那壮丽而凄凉的历史画卷！

历史的往事被岁月渐渐地尘封，然而，翻开这本复原后宫红颜悲欢离合、刀光剑影的宫廷史，你将会清晰地感受到那一个个灵魂在字里行间跳跃，激荡人心、惊心动魄，历史和文学艺术融合之妙味令人回味无穷。

目　录

第一章
从后宫登上历史舞台的巾帼英雄

后宫大多是芳名赫赫、儿女情长的倾城佳丽，却也不乏刚柔并济的巾帼英雄。她们胸怀雄韬伟略，指点江山，左右了整个天下的风云变幻，她们是娘子军中的伟丈夫，是巾帼中的真豪杰！

第二章

母仪天下的女中豪杰

她们是辅佐明君，母仪天下的贤德之人，唯独热衷的事情只有一件——辅佐身边的男人征服世界。她们既有知性的美感又有感性的魅力，宫廷历史的脉络正因为有她们温柔的力量而清晰可见。

第三章

不按常规出牌的幕后推手

野心是可怕的，特别是欲将天下收入自己囊中的野心。这些女人一上场，政局的动荡不安、血雨腥风、悲云惨雾就无法避免了。她们获得了无人能及的满足感，也付出了常人无法想象的代价。

第四章

扰乱政局的红颜祸水

她们或许有绝美的容颜，或许有出色的才情，或许有高明的心计，总之当她们掌控了处于权力巅峰的男人，历史的航向就这样改变了……

第五章

高处不胜寒的国色天香

后宫的国色天香处于富贵荣华的顶峰，但是由于她们的命运总是与政治的需要、王朝的兴衰紧密联系在一起，其命运比常人更难以预测和把握。从顶峰上跌下来，成为悲剧人物的绝代红颜也为数不少。

第六章

皇宫里屈死的冤魂

宫门一入深似海，后宫历来是深不可测的渊冥，处处皆为凶险之地，行错一步就生不如死。嫁祸、下毒、栽赃、诛杀……有多少争风吃醋、权倾朝野的宠妃，就有多少含怨屈死的冤魂。

第七章

让皇帝魂牵梦绕的石榴裙

后宫中嫔妃佳丽数不胜数，真正能够赢得皇帝真爱的妃子却并不多见。但是，仍然不乏一些女人与皇帝缔造出了一段段至死不渝、令人艳羡的爱情佳话，这在爱情微薄如纸的封建王朝难能可贵。

第一章
从后宫登上历史舞台的巾帼英雄

后宫大多是芳名赫赫、儿女情长的倾城佳丽，却也不乏刚柔并济的巾帼英雄。她们胸怀雄韬伟略，指点江山，左右了整个天下的风云变幻，她们是娘子军中的伟丈夫，是巾帼中的真豪杰！

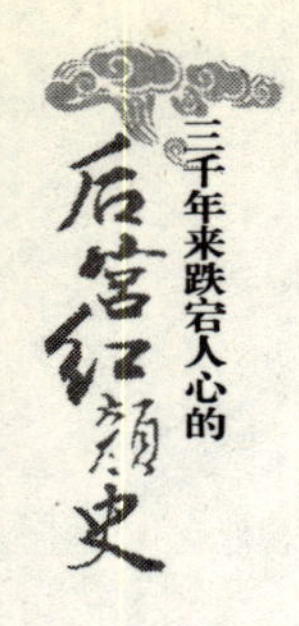

1 东汉光武帝刘秀皇后(阴丽华)

——乱世佳丽演绎帝后之尊

背景身世

阴丽华(公元4~64年),南阳新野人。东汉王朝开国皇帝光武帝刘秀的结发妻子、第二任皇后。阴丽华在历史上以美貌和贤良著称,备受光武帝宠爱。在皇后位24年,与光武帝合葬于原陵。

阴丽华出生在一个非常显赫的家族,可算是一代名门。春秋时期管仲的七世孙管修,从齐国投奔楚国被任命为阴大夫,其后人以阴为姓氏。秦末汉初,阴家迁到了新野,因官场上关系广,加上经营有道,成为新野首富,拥有七百多顷良田,车马和奴仆数以千计,犹如小国之君。

虽然有着显赫的家世,但阴丽华所生长的时代,是一个风云激荡的大动荡、大变革时代。公元9年,王莽代汉建新。新朝建立之后,王莽新政以失败而告终,加之水、旱等天灾不断,广大百姓为求一条生路,只得铤而走险,新莽末年爆发了绿林与赤眉大起义。

阴丽华之父阴陆十分平和,为人慷慨,灾荒之年经常赈济乡邻,深孚众望。阴陆夫妇注重家教,经常以国事和家道教育孩子。故,阴丽华温顺柔弱,心地仁慈,端庄贤淑,极有大家风范。

红颜风云

阴丽华,东汉王朝的开国皇帝光武帝刘秀最宠爱的女人,也是东汉王朝真正的开国皇后。她美丽动人、贤德淑惠,“中兴之主”刘秀为她发出了“仕宦当作执金

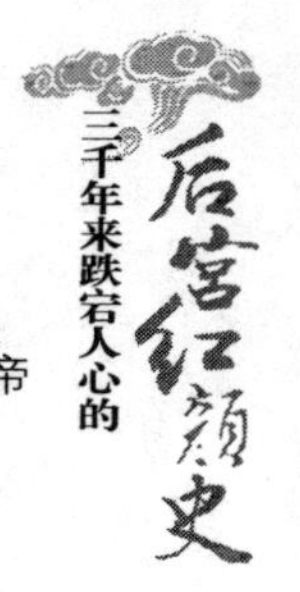

吾，娶妻当得阴丽华”的誓言。乱世风云中，她和他谱写了前无古人、后无来者的帝后爱情。

英雄佳丽初相逢

随着年龄的渐长，阴丽华已出落成亭亭玉立、如花似玉的少女，成为远近闻名的美人。家道不好的人家不敢前来提亲，而很多富家子弟，阴丽华又不喜欢。虽然说媒者踏破了门槛，阴丽华仍未找到佳婿。

刘秀，字文叔，南阳郡蔡阳县人，汉高祖刘邦的九世孙。虽然名义上身为皇族后裔，但到西汉末年刘氏宗族的后裔已经遍布天下，有十余万人了。故，当时的刘秀与布衣平民无异。

刘秀有一姐夫名曰邓晨，家在南阳郡的新野，因此刘秀也常去新野姐夫家，而邓晨与阴氏有亲缘关系。借助于这层机缘，少年时代的刘秀有机会接触到了这个世家大族的千金小姐——阴丽华。

阴丽华的美貌给刘秀以很大的震撼，而阴丽华见刘秀一表人才，待人接物，慷慨磊落，举手投足之间竟有一股英雄气概。两人一见钟情，一通畅言后互赠信物，立下誓言，恋恋不舍地分开了。

王莽托古改制，加剧了社会混乱，农民起义此起彼伏，一时间尸横遍野，生灵涂炭；而南阳也爆发了大饥荒。在这种形势下，刘秀同兄长刘演一起趁乱在舂陵起兵，并与绿林军合兵一处，打着“复高祖之业”的旗号举兵造反。

由于刘演指挥得力，威名大震，刘秀的地位也提高了，被更始帝刘玄拜为破虏大将军，封武信侯，这时年已29岁的刘秀仍是孑身一人。他派人打听阴丽华的消息，惊喜地得知阴丽华仍独居闺阁。

刘秀派遣使者前往阴家求婚。这一次，阴丽华非常爽快，立即答应了。几天后，刘秀派人送来厚重的聘礼，在宛城正式娶了阴丽华。两人苦熬多年，终于建立了温馨的家，哪能不高兴呢?一连几天，两人整天黏在一起。

当时，刘秀虽然地位显贵，但事实上却是强忍悲痛，韬光养晦。原来，那位毫无建树和才干的更始帝，趁着刘秀带兵在外的机会，与绿林军方面密谋，把刘秀的哥

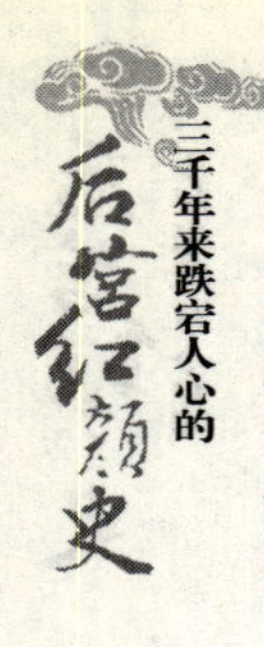

哥刘演给杀了。为了保全刘家的眷属子弟，刘秀不但没有为哥哥申辩，不接受亲信友人的吊唁，反而向更始帝悔过认错，将自己兄弟浴血奋战的功劳也全部归到其他绿林将领的头上。

这时，只有阴丽华一个人知道刘秀心中的悲痛，为了不至于让丈夫崩溃，阴丽华用自己的温柔、体贴安慰着丈夫。如果说从前刘秀爱慕的只是阴丽华的美丽和温柔，这段前途暗淡、生死未卜的日子，更进一步地加深了他们之间的情意。

阴丽华还劝慰刘秀："更始皇帝气量狭小，小具规模便沉迷酒色，为求自保，不如向河北发展，也好相机独树一帜。"她的这些话正好提醒了刘秀，给他指了一条明路。

一天，阴丽华收拾好所有的行李，对刘秀说："我在宛城已经好多天，心里很想兄弟们，恳请夫君容我回新野先住一段时日。"

刘秀知道阴丽华主动说回新野只是个借口，她怕自己下不了狠心，有所牵挂，就找了这个理由。刘秀感动得热泪盈眶，一时说不出话来，一把搂住夫人，两人忍痛离别。

如果是一个普通的女人，怎会新婚燕尔之际放弃卿卿我我的机会，鼓励男人走出去成就帝业，自己则承受自身难保的恐惧与战兢呢?什么样的心胸和智慧才能做到阴丽华如此的地步?

由妻降妾

这一别就是三年。刘秀在河北历经艰险，九死一生。为争取恭王刘普的支持，刘秀娶了刘普的外甥女郭圣通，并立为正室。在以后相当长的时间里，刘秀善待郭氏，并培养了一定的感情，生有五子。

在此之时，战乱波及到新野，到处都是废墟，望穿秋水的阴丽华只好匆匆打好行李，追随兄长离开了故乡，迁往淯阳表亲邓奉的家中。一路上跋山涉水，历尽千辛万苦。兄长见妹妹受尽劳累，便经常埋怨刘秀，但阴丽华经常找些理由替刘秀说话。有些轻薄之人，见阴丽华如此落魄，含沙射影地讥笑她，她都默默地忍下了。

公元 25 年，刘秀南面称尊，大赦天下，建立东汉政权，改元建武，接受诸将朝

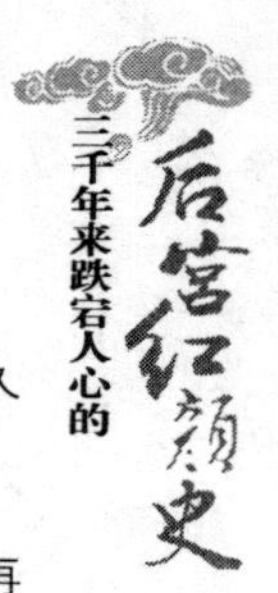

贺。登基之后，刘秀派出一支卫队，由侍中傅俊率领，把阴丽华从淯阳接到洛阳，久别的夫妇终于相聚。

对于阴丽华来说，与刘秀离别三年，几经辗转，惶恐度日，好不容易盼到两人再聚，按理说这是一件喜事，但却物是人非。昔日的夫君不但登基称帝，身边还多了一个她不曾相识的女子，而且这个女子还有了他们的骨血，阴丽华的心境可想而知。

刘秀心怀内疚，不知如何面对阴丽华。没有想到，阴丽华不但没有责怪刘秀，反而劝慰他，对郭圣通也是客客气气、礼礼貌貌。而金枝玉叶的郭圣通根本没有把阴丽华放在眼里，她板着脸，一句话也不说。

刘秀不偏不倚，册封阴丽华为贵人，与郭圣通地位相当。一连几天，刘秀与阴丽华诉说几年来的颠沛流离。“久别胜新婚”，这是能够理解的，但郭圣通却有种抵触的情绪：自己是郡主，而阴丽华只是民间地主的女儿，自己还年轻美貌，更重要的是自己有了儿子，那个女人什么都没有。

一天，阴丽华在半路上碰到了郭贵人一行。该谁让道呢？两边的随从静看事态的发展，阴丽华连忙上前打招呼，郭氏却对她不理不睬。阴丽华只好让到一边，目送郭贵人趾高气扬地远去。

诸如此类的事情给刘秀留下了这样的印象：郭圣通自视甚高，盛气凌人，总要与阴丽华争一日之长短。而阴丽华以其从容宁静的姿态、谦和礼让的修养一次次地将大事化小、小事化了。刘秀对郭圣通很不满意，但没有发作。

苦熬16年入主中宫

刘秀称帝的第二年，议立皇后，该立郭氏为后还是立阴丽华为后呢？刘秀颇为踌躇。按说郭氏生有太子刘彊，当立为后。但刘秀内心却更喜欢结发妻子阴丽华，毕竟她曾经在自己最狼狈时安慰、照顾、辅助自己，并且还为自己指明了一条出路。

刘秀来到阴丽华住的宫殿，提及立后之事。不料，阴丽华不仅不欢喜，反而突然跪下说：“臣妾得以侍候陛下，心满意足了。郭贵人是王家女，身份显贵，又替皇上生下了龙种。况且，你需要借助郭氏的名望团结宗室力量。立郭贵人为后是大势所趋，请陛下不要犹豫。”

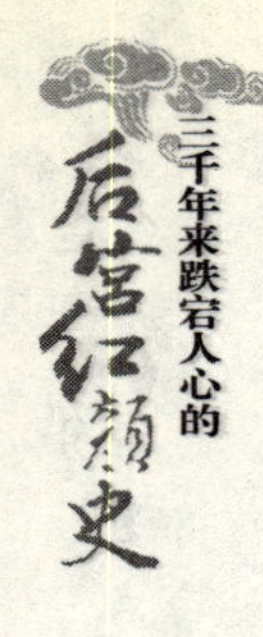

那时候刘秀刚刚建立帝业，天下未平，百废待兴。郭氏一族论名望、论声誉、论实力都是刘秀不可缺少的臂膀，这些阴丽华比谁都清楚——她既然能在新婚就劝丈夫远离创业，自然清楚刘秀当时更需要什么。

听了阴丽华的话，刘秀心里像打翻了五味瓶，感动、欣喜、愧疚……他还想劝她，但阴丽华是一个有主见的女人，她决定了的事就不会再反悔。于是，刘秀只好下旨"册立郭贵人为后。"

如果说在两个人同时封为贵人的时候，刘秀还在郭圣通与阴丽华之间犹豫。尽管阴丽华是他的发妻，但面对正值妙龄的郭圣通，他还是喜欢的。但就是这样一次"让位"，让刘秀彻底倒向了阴丽华。

刘秀册封郭圣通后，他知道阴丽华为了他付出了什么。这种付出让他感到愧疚和痛苦，于是他给予她除了名分以外的所有一切。他把感情都放在了阴氏身上，只要出征，总带着阴丽华。

阴丽华虽然真的没有当皇后的念头，但由此也明白了刘秀对她的真情厚意，心中自然是十分满足。但她仍一本初衷，恭俭仁厚，谦让自抑，不喜笑谑，事上谨慎柔顺，处下矜惜慈爱，天下都称她为贤后。

而阴丽华越是这样谦恭，刘秀越是觉得对不住她。一次，刘秀要封阴丽华的所有兄弟为侯爵。阴丽华再一次婉言谢绝，她说自己只是一个妾，她的兄弟们怎么能够越礼做侯爵呢?刘秀又赏赐珠宝，她依然拒绝说国家刚刚稳定，百废待兴，发展生产需要大量的人力、财力。如此一来，刘秀对阴丽华更加偏爱。

与此同时，郭圣通以为自己拥有了尊位就会得到皇上的爱，谁知道恰恰相反，自己彻底失去了这个男人的心，加之阴丽华先后生了五个子女，郭圣通开始怨恨满腹，歇斯底里。一个变成怨妇的女人是非常可怕的。

一天，刘秀正在阴丽华的寝宫里嘘寒问暖。郭皇后派人来请刘秀说有重要的事情，刘秀不愿意走，阴丽华再三催促他去。刘秀只好到中宫，见一只花瓶碎在地上，郭皇后正在里面谩骂。刘秀最反感的就是泼辣和善妒的女人，他头也没回就走了。

一开始，郭圣通长子刘彊是太子，可他却不怎么招刘秀喜欢。除了不喜欢郭圣通的原因之外，刘彊的想法和刘秀的想法不合拍。

刘秀在马背上夺得了天下，他深知无论什么样的战争，都会造成成千上万的人死亡，受苦的总是老百姓，所以心里面很痛恨战争。但是刘疆不止一次当着文武百官的面，扬言要以武力治国，开拓更多的疆土。这委实让刘秀受不了，经常责备刘疆，说他好大喜功，心里没有老百姓等。

而阴丽华的大儿子刘庄自小长得十分气派，面容方正，颈呈赤色，据说有尧帝之相，是刘秀最宠爱的儿子。由于刘秀的悉心培养，刘庄日益长进，他敬爱师长，内外周至，颇具文韬武略，对国家军政之事也颇有见识。

在刘秀下令度田之后，出现了"河南南阳不可问"的怪异现象。原来，平定天下后刘秀开始普查全国的田地和人口，在各地送上来的统计资料里，他意外地发现了一张纸条上写着："颍川弘农可问，河南南阳不可问。"

同是大汉国土，凭什么有的地方能调查，有的地方就不能调查?!此事对刚建立的东汉王朝至关重要，非要查清楚不可。刘秀质问大臣和各地方官，所有的人都支支吾吾，不敢畅言。

这时，12岁的刘庄在父亲背后的帷帐里说话了："这张纸条是在提醒办事的官员，洛阳是首都，到处都是高官贵臣，南阳是皇帝的故乡，到处是皇亲国戚，他们的奴婢数量、田宅规模，就算超越制度，也不能管。"刘秀一听，顿时恍然大悟，立即从严究办了这起事件。

还有一次，原武城发生了叛乱，刘秀召公卿询问方略，在座之人都以厚悬赏金为上策，又是刘庄别出心裁，想出了一个欲擒故纵的方法，终解叛军之乱。

刘秀对刘庄的喜爱溢于言表，无意之中说了一句："刘庄将来一定能够成就大事，要不是已经立了太子了，太子之位应该是刘庄的才对。"

这话传到了郭圣通的耳中，触动了她最敏感的神经，她的愤怒像火山一样爆发了，她冲进刘秀的房间，劈头盖脸就是一顿臭骂，说刘秀如何忘恩负义，没有她舅舅哪有他的今天；说刘秀如何不公，她到底哪一点比不上阴丽华了，太子好端端的，为什么要废他，他犯了什么错，是不是阴丽华叫你这样做的。

郭圣通还不解气，又跑到阴丽华那里大骂一通，说阴丽华是狐狸精，人面兽心，当面一套背后一套，想抢她儿子的太子之位。阴丽华平白无故地遭到郭圣通这样一顿臭骂，心里相当委屈，为了避免矛盾激化，她主动向刘秀请求回娘家避一避。尽管刘秀极力挽留，但她还是坚持离开了。

这让刘秀受不了，堂堂一个天子连自己心爱的女人都保护不了，这像什么话？就这样，刘秀和郭圣通的矛盾达到了白热化。但郭圣通并没有就此作罢，阴丽华走后，她依旧每天跟刘秀大吵大闹。

刘秀终于忍受不了这个歇斯底里的女人了，公元 **41** 年，他下旨谴责郭皇后有吕雉之风，赞扬阴丽华贤德而识大体，宜奉宗庙为皇后。诏令一出，郭圣通交出玺绶，阴丽华苦熬 **16** 年终于入主中宫。

阴丽华结识刘秀于卑微，由于兵荒马乱被迫别离，又从战乱中劫后余生，她贤淑谦让，甘愿把皇后之位让于郭氏，又一次次拒绝给阴家封爵，这种品德令人敬慕。难怪刘秀曾如是说："贵人阴丽华，为民间良家女子，她的品性，足以母仪天下。"

百般谦恭更见其智

阴丽华坐上皇后的宝座后，依然贤淑谦恭，对多次中伤她的废后郭圣通也没有采取落井下石的态度，反而多次为她求情，让刘秀宽待郭圣通。最终，郭圣通的次子刘辅升为中山王，而她本人被封为"中山王太后"。

不止于此，阴丽华还常常备上礼物前往郭氏住处问长问短，请教后宫诸多事务，再三叮嘱郭氏的婢女、丫鬟小心服侍。

为了安慰郭圣通和郭氏家族，也让太子刘彊宽心，阴丽华又向刘秀提出了一些建议。于是，诏令一道接一道地飞出来，郭圣通的哥哥郭况、侄子郭璜、堂哥郭竟、堂弟郭匡等都得到封赏。郭圣通成为中国历史上唯一一个不入冷宫反得尊崇的废后，郭氏家族也成为史上唯一一个非但没有遭殃丢命，反倒全家封侯加爵升官发财的废后家族。

后来，刘秀最终还是决定废太子刘彊，重立刘庄为太子，阴丽华一再劝说刘秀，并叫刘庄亲自请求刘秀不要改立太子之位。母子两人以大局为重的谦恭之态，让刘秀更加尊重和珍爱。

虽然刘秀答应不废太子，但不是他不想废太子，而是想让太子主动辞职，让事情在和平的状态下解决。

刘秀的心思被太子刘彊的一个心腹看出来，他劝告刘彊："事情已经很明显，皇

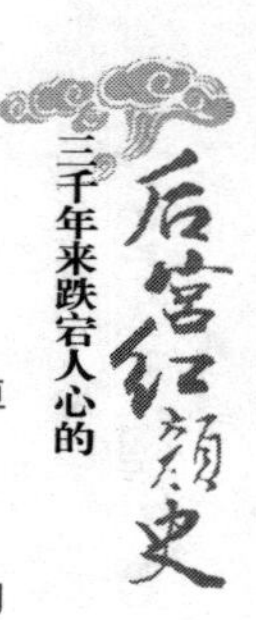

上喜欢阴皇后和刘庄，而你的母亲被废，现在你就像吊在半空中的水桶，迟早会掉下来。不如引咎退位，这样对大家都好。”

刘彊恍然大悟，听从了建议，多次向光武帝提出了退出太子之位、奉养母亲的请求。刘秀知道事情已经无可挽回，终于作出了决定：改封刘彊为东海王，东海王刘庄为新任太子。

阴丽华对刘庄取代刘彊地位之事，非常歉疚，心有不安，便一再要求刘秀将刘彊的封地再次扩大，使他领地合计 29 县，实际上成为拥有两个封国的亲王，以此弥补刘彊未能登基为帝的遗憾。

然而，阴丽华越是如此宽待，郭圣通所受的刺激就越大，她追悔莫及，身体也在心情的影响下越来越差。得知儿子被如此优遇的消息之后，她离开了人世。她比阴丽华要年轻二十岁左右，却比她更早离开人世。

阴丽华以身作则，一生贤惠谦和，相夫教子，把后宫治理得井井有条，使刘秀无后顾之忧，专心国事，最终出现了与“文景之治”并称的“光武中兴”时代。阴丽华是当之无愧的后妃楷模。

刘秀去世后，刘庄即位，是为汉明帝，尊阴丽华为皇太后。阴丽华依然叮嘱她的儿孙们善待其他皇族、外戚，不要擅用权力，肆意打击。后来的东汉皇族再没有发生过杀害非己所出皇子的事情。这与阴丽华的身体力行、教子有方是分不开的。

公元 64 年正月，62 岁的阴丽华去世，与光武帝刘秀合葬于原陵，谥“光烈皇后”。

历史评说

做一个美女很难，做一个幸福的美女更难，做一个帝王身边的幸福女人更是难上加难，可是上天将这一切都赐给了阴丽华。

或许有人会说，这是阴丽华的善良征服了刘秀，也征服了所有人。可是，错了，宫廷斗争里的获胜者，绝对不是可以凭善良立足的。对于刚开始无权无势的阴丽华来说，她非常清楚自己更适合什么。

刘秀性格温和宽厚，且心地善良，这种本性让他更喜欢温柔善良的女人。阴丽

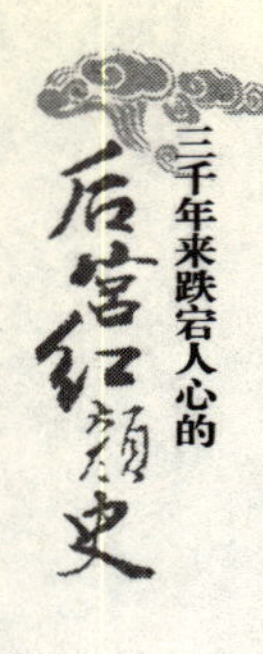

华非常深知这一点，所以她牺牲爱情，她不要名分，仁厚地对待周围人。结果，阴丽华赢得的不仅仅是刘秀的心，也赢得了宫内所有人的心，并且，她善待“对手”、失败者——郭圣通，这是一种非常难得的品质。

阴氏本为刘秀的元配夫人，19岁追随刘秀，先是奔波流离，躲避战乱，后又降妻为妾。阴氏系出名门，受此委屈，对郭氏不可能没有怨恨之情，但仍能如此不偏不倚地厚待郭氏一族。在险象环生的后宫能这样做，也是封建后宫历史生活的一个奇迹。

从皇后的角度来讲，阴丽华甘居人下16年，直到37岁那年才终登后位，可谓坎坷颇多！但同时，阴丽华一生都受到了汉光武帝的宠爱和东汉后世历代帝后的尊重，从一个女人的角度来讲，又可谓是荣宠至极了！

阴丽华个人的沉浮与国家的命运似乎没有多大关系，但一个君主有一位贤淑的皇后为伴，对于黎民百姓而言，未尝不是一件间接的幸事。阴丽华当了皇后，相夫教子，主理后宫，朝野上下平静无事。

综观中国古代历史，历代帝王面对六宫粉黛，千百佳丽，无不卧花栖凤，尽享风流。而阴丽华以她的贤淑和智慧，赢得了光武帝深沉、专一的感情，成为当之无愧的后妃典范，令后人称赞。

名家圈点

“丽华秀玉色，汉女娇朱颜。”——（唐）李白：《李太白全集》

“后在位恭俭，少嗜玩，不喜笑谑。性仁孝，多矜慈。”——（南朝）范晔：《后汉书·皇后纪·光烈阴皇后》

“此后（指阴丽华皇后）手段不减武才人（即武则天）。”——（明）李贽：《史纲评要》

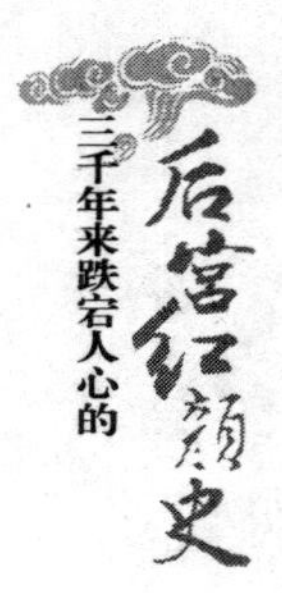

2 北魏文成帝拓跋濬皇后(冯氏)

——足智多谋的女政治家

背景身世

北魏冯太后(公元441~490年),名冯有,汉族人,现河北冀县人。她足智多谋,曾二次主宰朝政,历嗣三个皇帝时代,主宰朝政二十多年,把北魏改革成为一个文明的国度,史称“文成太后”。

冯氏出身于名望之家,祖父冯宏是北燕最后一个皇帝,父亲冯朗是冯宏次子,在北燕亡国后降魏,官至秦、雍二州刺史,后因其弟冯邈为将军征讨索然,战败投降,被太武帝拓跋焘连坐赐死。

按照惯例,冯氏被没入后宫为奴婢,但得到其姑母太武帝冯昭仪的提携和照顾。14岁时,天生丽质,才艺容貌双绝的冯有被选为北魏文成帝拓跋濬的妃子,18岁被册封为皇后。

祖父大起大落的经历,耳濡目染宫中的政治风云变幻,使冯氏对政治斗争多了一些更直观的感受,逐渐熟悉了皇宫内的礼仪和其间的微妙,积累起了丰富的人生阅历,也养成了复杂的感情性格。

红颜风云

文明是什么?文明是人类告别了野蛮时代。北魏是西汉之后崛起的一个游牧民族,这样一个民族要发展、壮大,必须学习中原汉族早已经进入的文明制度——封建制度。冯太后掌权的20年,正好处于北魏承上启下的关键点,她也就此承担起了北魏迈向文明的历史重任。文成太后是后人对她的称呼,而她的一生政绩也不虚此名。

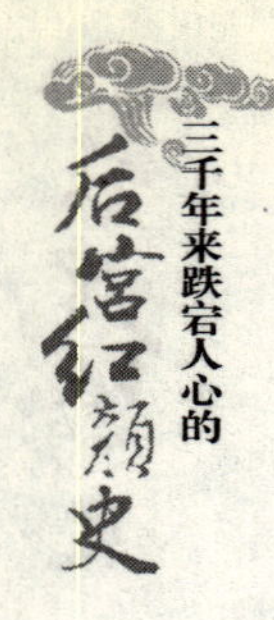

早年丧夫，力挽狂澜

按照一般的思维习惯，文成帝拓跋濬是冯氏的杀父仇人，冯氏算是含恨嫁入仇家的。但幸而这些都没有影响到冯氏作为一名妻子的情绪，更没有影响到她和文成帝之间的夫妻感情。

早谙世事的冯氏除了姿色美丽颇获文成帝欢心外，她还深深地理解文成帝为国操劳的艰辛，尽力为他排解各种烦闷与不快，特别在生活上用百般柔情给他以温存的体贴。

冯氏入主中宫，却未育子嗣。她未能为皇帝生太子，为什么会被立为皇后呢?除了颇获文成帝喜欢外，工于心计、善使手段是其从竞争激烈的后宫中胜出的诀窍。

文成帝是一个希望在政治上有所建树的皇帝，冯氏除了在生活上精心照顾他外，还时刻关注国家大事，而且很有见地。她建议文成帝要不拘于民族成分重用汉族大臣，致使北魏逐渐转入稳定发展状态，因此深得文成帝的钦佩，文成帝由此更喜欢和她讨论政事。

当时北魏有这样一个定制：取得皇后候选人资格的嫔妃要得正位中宫必须要参加一个非常隆重的仪式，叫做“手铸金人”。若能铸造成功，则视为吉祥如意，若是铸而不成，则妃嫔不能立为皇后。

久居宫中的冯氏自然知道这一定制，所以私底下她常常向姑母冯昭仪讨教方法，并且勤加练习。最终，在文成帝选取皇后的仪式上，她“手铸金人”一次成功，顺利地被册封为皇后。

冯氏能够从一个没有子嗣的后宫奴婢登上皇后宝座是众人所意想不到的，而且由于没有子嗣，冯氏还平安地逃过了一次死劫。原来，按照道武帝拓跋珪所定的规矩，凡后妃所生之子被立为储君，生母皆要赐死，以防母以子贵，专擅朝政。

冯氏入主中宫的第二个月，即公元456年2月，文成帝立不足两岁儿子的拓跋弘为皇太子。福兮祸兮，拓跋弘是文成帝与李贵人所生之子，李贵人被赐死，冯氏得以稳坐皇后之位。

尤其值得一提的是，李贵人被赐死后，冯氏担当起了养育之责，待太子如同亲

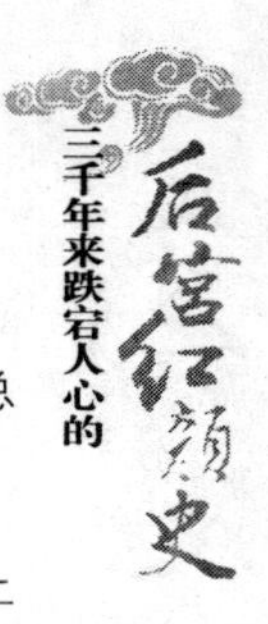

生，竭尽慈爱，赢得了宫内宫外、朝廷上下一片赞誉之声，使文成帝也深感快慰。总之，冯氏与文成帝的后宫生活是美满和谐的。

然而，天不作美。这种生活尚不到 10 年，冯氏与文成帝偕鸳效鸯的生活就画上了休止符。公元 465 年，被誉为“有君人之度”的文成帝崩于平城皇宫的太华殿，年仅 26 岁。

这真如晴天一声惊雷！丧夫之哀，令冯氏痛不欲生，她一连几日以泪洗面，呜咽不止，既为丈夫离她早去而悲伤，更为自己命运多舛而哀痛。

三日后，按照北魏的旧俗制度，焚烧文成帝生前的御衣器物等，朝中百官和后宫嫔妃一起亲临现场哭泣哀吊。冯氏忽然悲叫着跳入火堆，左右急忙救治，好长时间才苏醒过来。

试想，如果冯氏真的想死，宫内绳子、剪子、金子无数，无论选哪件，只要拣个无人处便可一命呜呼。她却选择在大庭广众之下跳火自焚，明显不是真想死。这千古一跳，不仅为冯氏赢得了“贞洁烈妇”的尊称，而且使她获得了朝野声望，足见其无比的勇气和过人的智慧。

文成帝死后第二天，年仅 12 岁的拓跋弘继大统，史称献文帝。献文帝从小在冯氏的扶养下长大，尊称冯氏为皇太后。冯氏成为皇太后后，凭借多年宫中生活的阅历和非凡的胆识，稳定了北魏动荡的政局。

当时，因献文帝年幼无法处理朝政大事，车骑大将军乙浑欺凌这对孤儿寡母，阴谋篡位，矫诏杀害尚书杨保年等 6 人，自称丞相，位居诸王之上，事无大小，都由乙浑一个人说了算。

北魏中枢政治面临严重的危机，朝廷内外是一片惊恐。眼看着丈夫的基业将毁于一旦，情况万分危急。冯氏表面坐观乙浑作恶，引而不发，私底下却找心腹大臣，在后宫秘密制定了夺回权力、杀掉乙浑党羽的计划。

一夜之间，乙浑及其党羽全部被杀死，随后 27 岁的冯氏宣布垂帘听政，参掌朝政。这次临朝听政，前后仅有 18 个月的时间，但却显现出冯氏过人的机智和胆识，朝野声望大增。

公元 467 年，献文帝长子元宏出生，冯太后决定停止临朝，不听政事，由已经 14 岁、初为人父的献文帝亲政，转而担当起抚养皇孙拓跋宏的责任，目的在塑造圣母形象。

迫使献文帝禅位

献文帝刚毅果断，亲政后勤于政事，赏罚严明，慎择官员，进廉退贪；但是令冯氏没有想到的是，母子两人的关系却发生了微妙的变化，隔膜顿生，自己作为皇太后的权威性也遭到了一次次挑战。

原来，当时还不到30岁的冯氏与志趣相投、忠心皇室、才貌双全的臣下李奕关系暧昧，桃色新闻外传。关于这一点，除了封建史家略有微词外，史书没有过多渲染，更无刻意指摘。

献文帝生活在森严的封建制度桎梏下，他敬重于那位不顾俗世凡尘的荣华富贵而毅然为情赴火的母亲，所以当他听到外面关于冯氏与李奕的流言时，心中大为不满，对冯氏冷淡了许多。

正在这时，李奕的弟弟李敷在相州刺史上任时纳人贿赂，被扶风公李欣所告。献文帝趁机穷究此事，以法连坐，诛杀了李奕、李敷兄弟两家，贬斥了不少冯太后宠重与信任的人。

年轻的情夫被杀，忠心的心腹被革职，熟谙"生于忧患死于安乐"道理的冯氏突然意识到自己的地位受到了威胁。公元471年，冯氏策划、煽动众大臣，迫使献文帝禅位于5岁的儿子元宏，是为孝文帝。

献文帝当上了太上皇后，仍然勤于政事，大权在握，不仅朝廷上重要的国务处理都要向他奏闻，他还屡屡颁布诏书行使大权，一改魏王朝刑虐过度的旧例，甚至亲自率兵北征南讨。

这一切使冯氏越来越觉得，自己要再次出面执掌朝政献文帝已经有碍手脚。就这样，一场宫廷事变悄然引发了。公元476年，献文帝突然离奇暴崩，年方23岁，传闻是在食物中下毒。

接着，冯氏又找借口罗织罪名，将李欣诛杀，雪了痛失面首之大恨，地位又升一级，以太皇太后之尊再次临朝听政，主宰一切军国大事，成为北魏的政治核心。此时的冯氏，无论才识、气度还是政治经验，都更加成熟了。

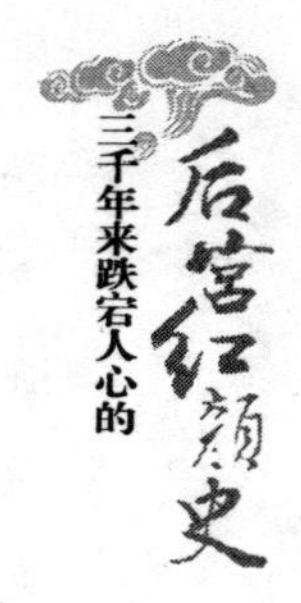

大手笔除旧布新

冯氏再掌朝纲时，北魏官吏贪残刻薄成风，水旱蝗灾不断，民众反叛此起彼伏，北魏统治面临着来自方方面面的威胁。孝文帝年幼，江山社稷就要倚仗六冯氏发扬光大，怎么办？

为了北魏的长治久安，也为了巩固自己的权力地位，冯氏先以谋叛罪诛杀了献文帝的亲信南郡王李惠，李惠的弟弟、儿子和妻子也同时被杀。她还不惜大开杀戒，以致因猜忌嫌疑被覆灭者十余家，死者数百人；而后选拔了一些贤能之士做亲信，组成一个效忠自己的领导核心。在这个领导集团中，有拓跋氏的贵族，也有汉族名士，有朝廷大臣，也有内廷宦官，不少又是她的宠幸之臣。

如此“一减一加”之后，冯氏稳定并巩固了自己的地位，开始大手笔地除旧布新，充分施展了高超的政治智慧和政治才干，并由此造就了中国历史上少见的极具禀性的女政治家和改革家。

首先，废除宗主督护制，颁行俸禄制，朝廷所有大小官员按级别高低和业绩大小，领取厚薄不同的俸禄，多劳多得，彻底改变原来的无限制掠夺并据为己有的鲜卑族奴隶制旧俗，推动了社会经济和生产力的发展。

其次，冯氏开始大规模整顿吏治，反腐倡廉，赏罚分明而严格，颇有廉政之风。她对贪赃不法者，如秦、益二州刺史李洪之，雍州刺史宜都王目辰等处以极刑，长安镇将陈提等被罚徙边。一些为官清正廉洁者，则得到不同程度的表彰和赏赐。

与此同时，冯氏提倡北魏的服饰、语言、礼仪、实行汉族化，游牧业转为定居的农业，从而开始了鲜卑族的汉化过程。这又为后来孝文帝迁都洛阳，推行大规模的汉化措施打下了基础，清除了障碍。

如此大胸怀、大气魄、大功绩，前朝后世的封建君主们堪于可比的还真不多。自此，冯氏的临朝专政取得了成功，所谓“事无巨细，一禀于太后，太后多智，猜忍，能行大事。杀戮赏罚，决之俄顷，多有不关帝者。是以威福兼作，震动内外”。

实际上，冯氏作为一位杰出政治家的成功之处，还在于一手教育出了孝文帝元宏。冯氏自知自己掌握大权的时间不多，便注重培养孝文帝，她亲自编写《劝诫歌》，

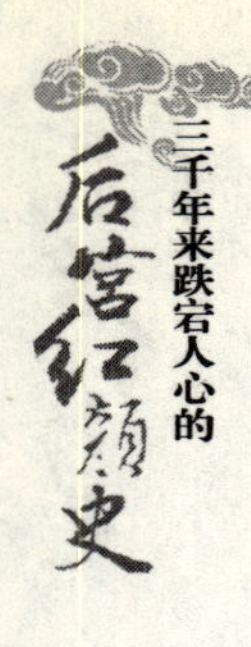

还写了《皇诰》18篇，以皇帝诏书的名义教育孝文帝施政方面的纲领。而且，还特别注意言传身教，以身作则，现身说法地对孝文帝进行教育和示范。特别是在进行全面改革的实践中，尽可能让孝文帝参与，以便得到锻炼。

正是由于冯氏的指导和培养，孝文帝谙熟儒家经典精奥，涉猎史传百家，而且德才兼备，品质优良，以开放的胸怀，汲取汉及其他民族的先进文化，重塑了本民族的人格，增进了民族融合的信念，把"太和改制"推向高潮，成为历史上少数民族政权领袖主动融入汉族，实行民族大团结的伟大代表。

公元490年，冯氏崩于太和殿，终年49岁，葬于永固陵。孝文帝极度悲痛，五日内滴水未进，毁慕哀悼。对太后的陵墓规格，孝文帝坚持将坟陵拓宽60步，实际上这是对国君的葬礼规格。

历史评说

在男子居支配地位的封建社会，女性要掌握政权是谈何容易的事，所以一旦女性掌握了权力，不仅要有权谋能力还要有政治智慧，这两点冯氏都做到了，如假戏跳火自焚，处理乙浑专权，两度主宰朝政等。

冯氏之所以具有个性残忍的一面，残酷地毒杀献文帝，诛杀南郡王等人，恐怕与她多年生活在宫中的经历有关。在耳濡目染中，她不可避免地明白这九重天隔、戒备森严的皇宫内院常常隐藏着无穷的政治争斗与杀机。

尤为令人称道之处在于，冯氏运用高超的政治智慧和钢铁般的手腕，对北魏的政治、经济和风俗习惯进行了卓有成效的改革，对北魏政权的巩固和国力达到鼎盛起到了关键作用，赢得了"千古第一后"、"文明太后"之美誉。

名家圈点

"冯太后性严明，对阉官虽假以恩信，待以亲宠，决不放纵自流。左右之人虽有纤介之愆，便遭棰楚杖责，多者至百余，少亦数十。不过太后生性宽豁仁裕，不计前嫌，事后仍待之如初，有的还因此更加富贵。正因如此，人人怀于利欲，至死而不思退。"——(北齐)魏收:《魏书·皇后列传》

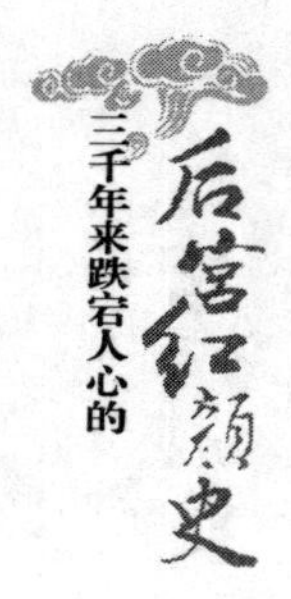

"云中北顾是方山，永固名陵闭玉颜。艳骨已消黄壤下，荒坟犹在翠微间。春深岸畔花争放，秋尽祠前草自斑。欲吊香魂何处问，古碑零落水潺湲。"——(唐)温庭筠:《题元魏冯太后永固陵》

她在北魏的统治当中，起着承上启下关键性的作用，在中国历史上除了已经当了皇帝的武则天，没有任何一位太后能够比得上文明太后，所以说她是千古第一后应该是毫不为过。——周思源

3 唐高宗李治皇后(武则天)

——泱泱华夏，唯一女皇

背景身世

武则天(公元 624~705 年)，本名武照，后改照为曌。父亲武士彟原本是做木材生意发家，李渊起兵时，以军需官身份效劳，攻克长安后，论功被拜为光禄大夫，封太原郡公，列入 14 名开国功臣行列，从此成为唐朝新权贵，生母为隋朝宰相、遂宁公杨达之女。

武则天 3 岁那年，父亲请相术大师为全家人相面。武士彟最关心的是自己到底能不能生个儿子，但相术大师看到武则天时，竟然禁不住"啊"了一声，叹道："此子龙眼凤颈，必为天下主！"

武士彟心里一阵暗喜："相师说的必定是女儿会成为皇后，将来一定要将女儿送入宫中。"为了实现这个远大的梦想，武士彟遂教武则天读书识字，使她增长见识，通晓事理。

虽然父亲已跻身高官厚位，但魏晋以来非常注重门第等级，武氏庶族的门第，使武则天饱受流俗的轻视，这也强烈地刺激着青年时代的武则天，促使她极力去追逐和攫取最高权力。

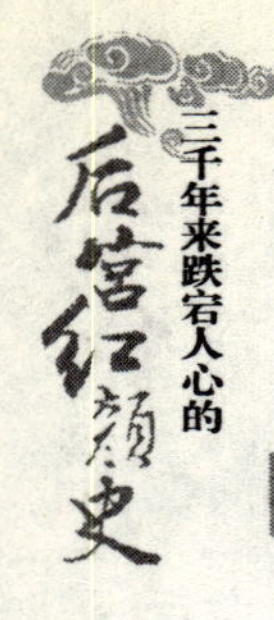

武则天，中国封建皇权史上的奇迹，她是千古中华大地第一位女皇帝，也是历史上唯一的一位女皇帝。为了铺垫自己的登基之路，这个非比寻常的人物，经历了一番颇为惊心的宫闱斗争。

媚娘入宫侍二帝

武则天自幼博览群书，博闻强记，聪慧灵敏，而且擅长书法，姿态卓尔不群。她的美貌和才智声名远播，于公元 637 年，被一代帝王唐太宗李世民应召入宫，始为才女，赐号“武媚”，时年 14 岁。

在入宫临别时，她的母亲伤心恸哭，难舍难分，但武则天却喜出望外，她替母亲擦去泪水，若无其事地说：“母亲不必难过，这是进宫服侍皇帝，皇宫是最神圣的地方，皇帝是最尊贵的人，此去必定是大吉大利。”

一个 14 岁的少女，竟能摆脱母女感情的束缚，视深宫为有利可图之处，以皇帝宠幸为可乘之机，由此可见武则天从小即气度过人，见识非凡，有异于一般女子。

进入宫中后，不甘于平凡的武则天时时寻找机会在太宗面前表现自己。有一次，唐太宗得到一匹名号“狮子骢”的烈马，此马生性狂野，无人能将它驯服，唐太宗叹息不已。在旁侧的武则天说道：“妾能驭之，然需三物，一铁鞭，二铁锤，三匕首。铁鞭击之不服，则以铁锤捶其首；又不服，则以匕首断其喉。马供人骑，若不能驯服要它何用。”

我们知道，唐太宗李世民是通过残酷的皇家戮杀“玄武门之变”登上帝位的，他尚且不能驯服的烈马，武则天则以“铁鞭击”、“捶其首”、“断其喉”为计，足见武则天的野性，这也正是她日后能够驭政的主要因素。

唐太宗惊讶于武则天非女子般的胆略，却也忌讳这种野性的女人，他要求女性的只是贤德、温顺、体谅、娇柔，武则天自然就得不到他的赏识，从侍穿衣着的行列，调入御书房侍候文墨。

对宫中的女子来说，离皇帝越近越有无限的可能，武则天从皇帝身边调离是一件比较不幸的事情，但是她却将这种不幸变成了幸运。

在御书房，武则天虽然每天做着侍候文墨的小差事，但是她开始留心经常接触的皇家公文，借此了解宫廷之事，还读到了不易见得的书籍典章，这令她眼界顿阔，也日渐通晓了官场政治和权术。

在当时的封建社会里，武则天作为一个有野心的女人，若想施展自己的政治报负，只能通过婚姻来实现。她需要借助一个听命于自己的丈夫，她需要一个弱者，而唐太宗显然不是。

时光飞逝，武则天从一个 14 岁的小女孩变成了一个二十几岁的少妇，由于不受唐太宗的宠爱，进宫 12 年间，她的地位没有被提升，而且无生儿育女，处境很不理想。

但是，她的命运很快又发生了转折，她阴差阳错地与已经晋封为太子的李治结识了。好色多情、体弱多病、优柔寡断的李治正是她的目标，两人趁唐太宗染病卧床期间，关系逐渐密切，并产生了美好的感情。

公元 649 年，唐太宗驾崩，李治登基，是为高宗。按照唐朝的惯例，皇上死后，没有生育过的嫔妃们要出家做尼姑，就这样，武则天被送入长安城外的感业寺，削发为尼了。

唐高宗即位后，因早先与武则天暗通款曲，对她极有兴趣，遂经常往来于感业寺，回到宫中则整天若有所思的样子，茶饭不思，懒得上朝。王皇后从旁观察得十分清楚，极力撺掇高宗快些把武则天接回宫中。

王皇后为什么要迎武则天回宫呢?原来她与萧淑妃在高宗面前争宠，萧淑妃逐步占了上风，皇后愤愤不平，正想对萧氏进行报复，于是想拉拢武则天，共同对付淑妃。

因此，武则天在度过了 5 年清冷孤寂的寺庙生活后，二次进宫，摇身一变又成了高宗的后嫔，后生长子李弘，晋封为“昭仪”。

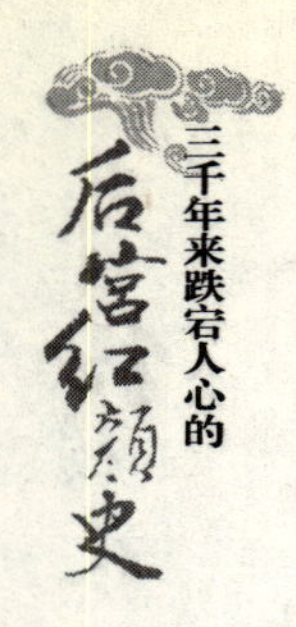

为当皇后，虎毒食子

聪明如斯，武则天当然清楚王皇后的用意。因此，重返后宫后，她对王皇后卑躬屈膝，极力奉承，并联合王皇后在高宗面前则煽风点火，向萧淑妃进行无情的攻击与诋毁。于是，王皇后很安心地让武则天和高宗在一起，甚至主动劝高宗多和武则天亲近。

这时，武则天年近30岁，高宗才25岁，成熟而又充满智慧的武则天时而情意缠绵、亦悲亦怨，时而柳眉怒竖、粉面含威，高宗像一个幼稚恋母的孩童，难以招架。没有多少时日，萧淑妃就失宠了。王皇后格外高兴，以大量珠宝赏赐武则天。

这样一来，反而提醒了武则天——自己只不过是王皇后击败情敌的一件武器，自己一旦争得皇宠，王皇后就会像对付萧淑妃一样对付自己。而武则天的性格也决定了她不甘于居人之下，据她了解王皇后是一个没有什么政治手腕的女人，"彼可取而代之"的想法出现在她的脑海里了。

可是，皇后只设一人，只有现任皇后被废或死亡，才能确立新的皇后。而此时的王皇后既没有生病也没有犯错误，不过武则天不会因此坐以待毙，她深信，机会不仅可以等待，更可以创造。

后来，武则天产下一女儿，深得高宗喜爱。有一天，王皇后也好意过来看望这个小公主，突报高宗驾临，她便知趣地先走了。武则天心生一计，准备采取破立结合的方式，在扳倒王皇后的同时确立自己的地位。

高宗驾临，武则天笑脸相迎，等再看到女儿时，却大哭不止，原来小公主已经窒息了，脖子上还有指甲痕迹，明显是被人掐死的。武则天哭诉："刚才孩子一直在睡觉，怎么王皇后来过之后就死了呢？"

常言道"虎毒不食子"，为了登上皇后之位，武则天居然残忍地对自己的亲生女儿下毒手。谁都不会相信母亲会杀死自己的孩子，武则天正是利用一般的推理来嫁祸于王皇后的，高宗自然中计了，所以任凭王皇后多么冤屈，都是百口难辩。高宗为武则天痛失爱女而自责不已，决定立其为后作为补偿。

在封建社会，皇后的废立是国家大事，皇帝自己难以做主，必须和大臣们商议。

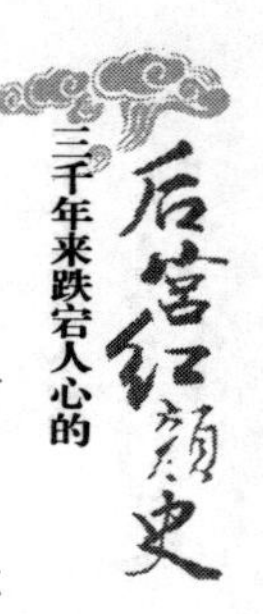

对此，朝臣们争执不休。他们分成了两派，国舅长孙无忌、宰相褚遂良等人极力反对废立王皇后，李义府、许敬宗等人为了争功邀宠，则支持立武则天为后。

长孙无忌为王皇后辩解，说她出身高贵，忠厚贤惠，不会做如此残暴的事情，不该废；而武则天出身贫寒，还侍奉过先帝太宗，再立为皇后违背了礼制。褚遂良也在一旁坚决反对，而且还磕头磕得流血。

高宗没有办法，只能唉声叹气地下朝。武则天坐在帘子后面监听，强忍着怒火对高宗说："难道皇上害怕做臣子的不成？"高宗一时羞愧交加，一怒之下将褚遂良贬官，让他去谭州做了都督。

长孙无忌是国舅，高宗奈何不得。武则天暗暗着急，私下去请开国功臣李勣帮忙，劝说高宗皇后的废立是家务事，没有必要和大臣们商量。她还发动李义府和许敬宗等人在朝廷里大造舆论，支持自己。

最终，高宗于公元655年正式下诏书废王皇后为庶人，紧接着又正式立武则天为皇后。这时，高宗很难再接近别的女人了。宫中众多嫔妃宫婢都失去了陪寝的义务，成了纯粹的女性官吏。

残暴戮杀，排除政敌

武则天经过艰苦的努力，铲除了对手，坐上了皇后的宝座。这已经是中国传统社会中一个女性所能达到的最高目标。按说她应该心满意足了，可是如果真是那样，武则天在历史上就没有什么"特色"了。

一位皇后，如果失去了皇帝的宠爱，失去了子嗣的保障，失去了外廷的支持，将是何等凄凉！她目睹了王皇后的悲剧，怎么会不明白其中的厉害！现在，她不会就此停下奋斗的脚步，她要向更高的目标迈进。

要怎么做才能真正地高枕无忧呢？武则天一当上皇后，立刻就拉了一张黑名单，王皇后、萧淑妃以及长孙无忌等反对派，她要对这些曾经阻挡自己上升之路的人分期分批打击报复。

武则天深知高宗性格敦厚，优柔寡断，唯恐有朝一日对王皇后和萧淑妃重念旧情，使她们东山再起，她就将王皇后、萧淑妃抓了起来，并残忍地将她们的手脚砍

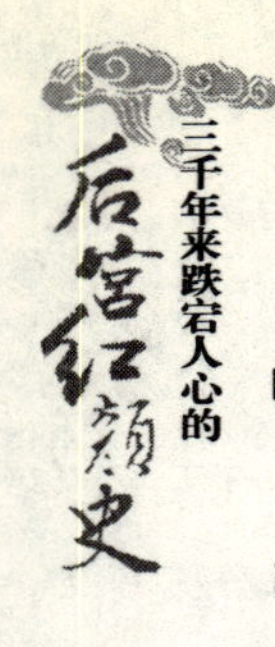

断，泡在酒瓮里活活折磨致死。

唐太宗即位时，元老忠臣把持朝政，刚刚当上真天子的高宗急迫地想压倒对自己构成威胁的旧势力。而这些旧势力也正是阻碍武则天为皇后的主要力量，两人一拍即合，把打击旧臣提上议程。

在高宗和武则天的联手下，褚遂良、李忠、韩瑗、来济等大臣一个个地离开了朝廷，有的甚至离开了世界。现在，该轮到长孙无忌了。长孙无忌是皇帝的亲舅舅，又当了30年的宰相，位高权重，连高宗都敬他三分。那么，应该以什么样的方式，重拳出击他呢?

在武则天的指使下，洛阳令李奉节上书高宗，控告太子洗马韦季方和监察御史李巢结党谋反，武则天借题发挥，认为这是一个彻底扫除长孙无忌势力的机会，她密令许敬宗等人将长孙无忌牵扯进去，罗织罪名，并连夜进行审讯。

一时间政局非常紧张，高宗认为国舅多年以来为国操劳，不可能走上谋反的道路，但是审讯的结果是人证物证俱在。高宗有意赦免长孙无忌，但武则天却不依不饶，声称如此处理不足以明朝纲，高宗只好命令将长孙无忌流放黔南。

武则天知道长孙无忌无论是在朝中，还是在地方州县都有极大的势力，此事耽搁下去必然夜长梦多。于是，命令中书舍人袁公瑜赶往黔州，令长孙无忌自尽。可怜一代王侯，就这样葬送了性命。

武则天这一系列举动，让满朝文武逐步认识到新皇后的厉害。现在，“破”的工作已经基本完成，妨碍她的旧势力已经从眼前消失，武则天该考虑“立”的工作了。

她重赏首个明确支持“废王立武”的五品官员李义府，很多中层官员看到支持“废王立武”有利可图便转而支持立武则天为后，形成了“拥武派”，唯她马首是瞻。

不到5年时间里，武则天通过一系列残暴的戮杀，巩固了自己的皇后之位，扩大了自己的影响力和权力，扫除了她参政道路上的障碍。这个时期是武则天一生成败的关键时期，她的政治生涯也由此开始了。

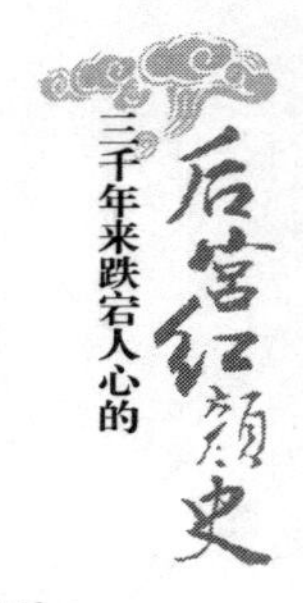

实现女皇梦

当时，体弱多病的高宗因患风眩，双目不能视，于是高宗诏告重臣朝政之事委托武后协助处理。武则天的机智精明，"通文史，多权谋"的长处，得到充分的发挥，她所提出的意见经常令大臣为之折服。高宗虽厌武氏做事独行独断，但许多国家大事又不能不倚重于她。

武则天是很有才干的，她曾经给高宗提出十二条意见，包括发展农业、减轻赋税、广开言路等，这就是历史上著名的"建言十二事"，是一套较完整的治国方略，被高宗颁布诏书推行。

武则天从参政步入执政后，权势和声望不断地上升，掌控了整个朝廷上下的所有军政大事，逐渐从幕后走向前台，竟与高宗同临紫殿，一起接受群臣朝拜。当时，朝臣都把他俩称为"二圣"。

随着权力、地位的上升，武则天的欲望也开始膨胀，她心中树起一面新的大旗：冲击皇位。这个想法不止一次出现在她的脑海里。但是，作为一个女人，怎样才能把这个想法逐步付诸实践呢？

武则天将新修的《氏族志》改名为《姓氏录》，规定无论你是什么出身，哪怕只是一名普通的士兵，但只要立了战功，做了五品以上的官，就可以名列《姓氏录》。据此，武则天追封亡父为周国公，母亲杨氏为代国夫人，品级第一，这样武氏就成了天下第一等高门，扬眉吐气。

为了最大限度地掌握权力，武则天对自己的亲生儿子都不肯放过。武则天与高宗共育有四个儿子：李弘、李贤、李显、李旦。

依照封建嫡长制传统，高宗的第一个长子李忠被立为太子，李忠非武则天所生，当然不能为她所容，她曾联合众臣上书高宗废李忠改立李弘。李弘为人忠厚，谦虚忍让，在参与朝政的过程中显示出了卓越的政治才干，深得高宗和众大臣的喜爱。

随着身体状况的下降，高宗想把皇位传给李弘。但是此时权欲满满的武则天已经不愿意让儿子来侵夺自己已经习惯掌握的政治权力，而且儿子一旦即位，自己的权力梦特别是女皇梦就肯定要破灭了。在权力和亲情之间，她选择了前者，李弘被

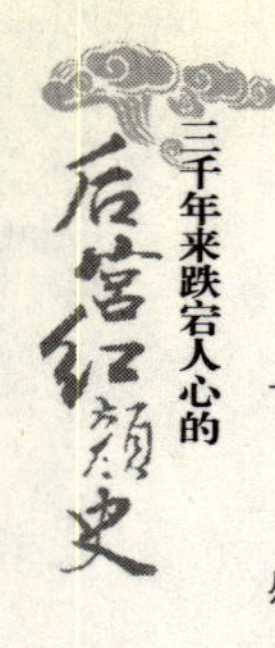

一杯毒酒所害。

李弘死后一个月，李贤被立为太子，他和哥哥李弘一样很聪明、能干，武则天又感到了权力将要离她而去了。于是她指使人诬告李贤贪恋女色，图谋叛乱，李贤被废掉太子身份，贬为庶人。后来他又被迫迁到巴州，最后仍然被武则天派人杀死。

朝内重臣长孙无忌、太子李弘、李忠等不明不白地死去，甚至连御妻嫔妃也一反常态地不愿意接近高宗。高宗尽管没有精力将这些事联系起来，弄清来龙去脉，但依然觉察到自己统治下的朝廷正在发生一系列的重大变故。

正在此时，宰相上官仪秘密上奏高宗废掉武则天，高宗应许并令上官仪秘密起草诏书。岂知机事不密，“谋泄不果”，武则天软硬兼施，逼迫高宗改变了主意，上官仪父子被处死。

在武则天的步步威逼之下，高宗原来的头疼病，身体状况每况愈下，加上软弱性一步步地暴露出来，渐渐地产生了一种厌世情绪，干脆将朝政交给武则天处理，自己则自暴自弃了。

武则天终于可以放开手脚大干了，她提拔了一大批出身寒微的文人学士，而且常常破格录用。这既有助于朝廷使用人才，也有助于武则天利用寒士打击旧的贵族势力，巩固自己的权势与地位。

公元 683 年，高宗去世，中宗李显即位，武则天为皇太后，临朝称制。为了能尽快走上自己的驭政之道，武则天再度对自己的儿子下毒手，她废李显为庐陵王，立李旦为睿宗，开始了真正独断朝纲的时代。

在当时“女子无才便是德”的封建社会，女子执政是一件大逆不道的事情，必然要遭到众多人士的反对。武则天深知这一点，她利用人们的迷信思想，开始造祥瑞，建明堂，撰佛经，为自己称帝大造舆论。

渐渐地，许多士族官僚和皇族李氏识破了武则天欲图谋位的野心，开始大举起兵。徐敬业在扬州起兵，10 多天便召集了 10 万兵马，结果被武则天的 30 万兵马平定。唐高祖李渊第十一子李元嘉等也举兵反抗，但不久也被平定了。

经过了这些重大的政治危机后，武则天开始启用酷吏政治，鼓励告密。酷吏政治前后共有十多年的时间，武则天利用酷吏将反对她的李姓宗室和原来的贵族势力基本扫荡干净。自此，武则天的权势神圣不可侵犯，再没有人对她的权势

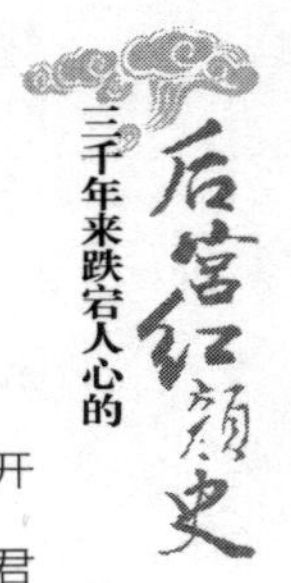

发起挑战。

公元690年，武则天认为亲临帝位的时机已成熟，废睿宗，自称圣神皇帝，公开登上帝位，改国号为周，定东都洛阳为神都，史称“武周”。武则天以67岁的高龄君临天下，成为中国历史上唯一一位女皇帝。

武则天称帝后，更加重视人才的培养和选拔。她不计门第，不拘资格，一律量才使用，巩固了朝政；她对于农业生产也尤为重视，在她执政的年代里，农业和手工业都得到较大的发展，人口不断增加。同时，在抗击外来入侵、保国安民、改善相邻各国的关系方面，她也做了很大的努力。百姓生活富裕，经济迅速发展，社会稳定，为后来的“开元盛世”打下了重要基础。

705年正月，82岁高龄的武则天因病卧床，宰相张柬之经过周密部署后率领文武群臣发生兵变，逼迫武则天退位，拥唐中宗即位，恢复唐国号和制度，但仍称武则天为“大圣皇帝”。同年，武则天逝世。

历史评说

在称帝前30余年的政治生涯中，武则天凭借其无人能及的政治手腕，将政权运筹帷幄之中，冲破重重障碍，开创了妇女做皇帝的先例。在妇女地位极为低下的封建社会，公开称帝是绝无仅有的一例。她做了一个女人当时所不应该做的事，也做了一个女人所不能做的事。

称帝之后10余年里，她更充分显示了在任用人才、处理军国大事等方面的政治才能和气魄，对社会的安定和经济的发展作出了卓绝的贡献，使唐朝顺利进入第二个黄金时代。作为一国之君，她管理的国家呈现出一片国富民安的景象，这是她作为一个女政治家的最伟大之处。

当然，在武则天掌权近半个世纪的较长时期内，也有很多过失。比如，她大肆排除异己，打击政敌，以除后患，即便是李氏皇室、宗室诸王及元老重臣也逃脱不了，显得心狠手辣，不近人情。统治集团内部矛盾激化，人人自危，那是一段很黑暗的时期。

狂热与冷静共在，残忍与柔情兼蓄，冷酷与爱民并存，矛盾的正反两面，武则天

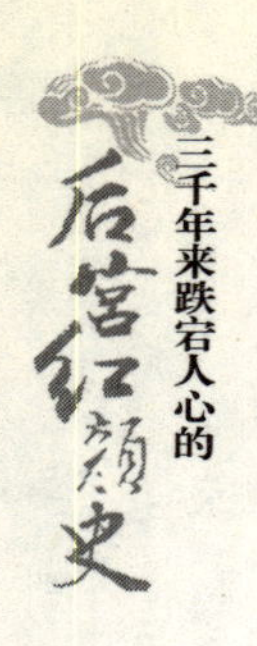

作为政治家兼而有之。她是绝色美女、热情女性、风流悍妇、女中豪杰、卓越帝王的综合体。评论家各执其理，莫衷一是。

武则天作为开天辟地的女皇帝，是一个颇有历史魅力的女性，是一个似传奇而非传奇的历史人物。前无古人，后无来者。纵观她一生的所作所为，用无字碑来描述实在是精妙绝伦。

名家圈点

龙漦易貌，丙殿昌储。胡为穹昊，生此夔魖？夺攘神器，秽亵皇居。穷妖白首，降鉴何如。——（后晋）刘昫：《旧唐书》

夫吉凶之于人，犹影响也，而为善者得吉常多，其不幸而罹于凶者有矣；为恶者未始不及于凶，其幸而免者亦时有焉。而小人之虑，遂以为天道难知，为善未必福，而为恶未必祸也。武后之恶，不及于大戮，所谓幸免者也。——（北宋）欧阳修等：《新唐书》

政启开元治宏贞观，芳流剑阁光被利州。——郭沫若

4 宋真宗赵恒皇后（刘娥）

——政治手腕高超的女强人

背景身世

刘娥（公元 968~1033 年），山西太原人。据说刘娥出生时，母亲庞氏曾梦到明月入怀，便取名刘娥。容貌美丽，性情贤惠，是宋真宗赵恒的皇后，宋朝第一位摄政的太后，功绩赫赫。

刘氏家族有较为雄厚的背景，祖父刘延庆在五代十国的后晋、后汉时担任右骁卫大将军一职，父亲刘通是宋太祖时的虎捷都指挥使，领嘉州（今四川乐山）刺史。

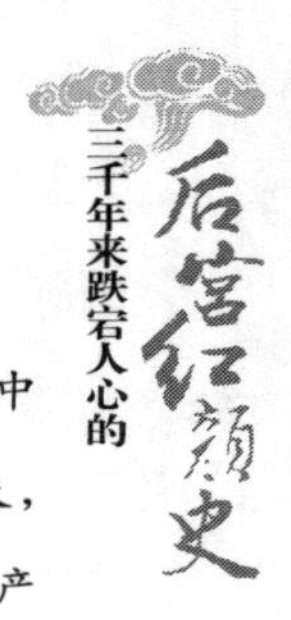

然而，刘娥出生不久，父亲刘通奉命出征，牺牲于战场上，因刘通无子，家道中落，庞氏只好带着襁褓中的幼女寄居娘家。宋代礼教制度异常严格，庞氏年轻丧夫，被视为不祥之人，小刘娥自然也不会被宠爱，舅舅甚至将母女两人仅有的一点财产也霸占了过去。

刘娥与母亲在外祖父家相依为命，饱尝人间艰辛。故，虽然身为刺史千金，刘娥并没有享受到千金小姐般的幸福生活，倒是学会一手击鼓的谋生技艺，善说鼓儿词。

红颜风云

从古至今，深宫秘事，永远都是人们最感兴趣的话题。而宋朝的深宫秘事中，最广为人知的就是"狸猫换太子"。讲的是宋真宗两个妃子，德妃刘娥用一只狸猫偷换了宸妃李氏之子，李氏被迫流落民间。直到包拯横空出世，为李氏洗清冤情，刘娥被活活吓死。然而，历史史实与故事传说有着实质性的区别，传说中阴险狡诈的刘娥，其实是和善有为的历史女性。

攀枝襄王，战兢生活 15 载

随着年龄的增长，刘娥出落成一个标准的蜀地美女。生性贪婪的外祖父庞某迫不及待地将年仅 15 岁的她嫁给了一个名叫龚美的青年，此人是一个在庞家做活的青年银匠。

刘娥本以为就这样平平淡淡地过一辈子，没有什么前途可言了。岂料，龚美并不是一个甘愿待在小地方的人，他一心想到外地去谋生，刘娥也早就看不惯外祖父和舅舅的嘴脸，于是坚决支持丈夫。就这样，一对年轻的小夫妻，带着盘缠悄悄地离开了四川，来到京城开封谋生。

不过关于这段故事，也有一种说法是刘娥和龚美其实不是夫妻。刘家家道中落，刘娥举目无亲，好心人龚美收留她，让她一起跟着去开封，两人对外宣称是表兄妹。

凭着出众的手艺，忠厚老实的为人以及不甘贫穷的追求，刘娥夫妇在开封后渐渐立下足来。龚美四处为人做银器活，结交了许多达官贵人的府第下人，尤其与一

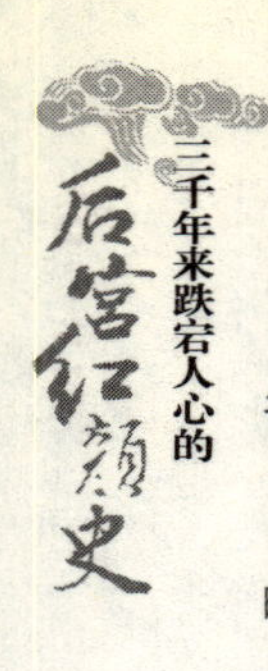

名叫李巍的人关系甚好。也正是这个李巍改变了刘娥一生的命运。

李巍是什么人呢?他是襄王府里的一名差役。襄王正是未来的宋真宗赵恒,此时他还只有15岁,也尚未被宋太宗册封为太子。

当时,赵恒已经到了婚配的年龄,可皇帝迟迟没有赐婚,他听说蜀女才貌双全,便让李巍去暗暗物色一名。李巍一下子想起了龚美的妻子刘娥,于是同龚美商量之后,将刘娥带入襄王府,龚美则自称刘娥的表哥。

刘娥天生丽质,娇小可人,一番拨浪鼓敲打下来,令赵恒心动不已。赵恒将刘娥接进襄王府,日夜相伴。想到以后或许能够借此富贵,刘娥与李巍均不敢说明真相,日子过得小心翼翼。

俗话说"纸包不住火",尽管刘娥与赵恒的恋情并没有和外人声张,但还是被赵恒的乳母韩国夫人发现。韩国夫人认为刘娥出身卑贱、来历不明,便报与宋太宗。

宋太宗听说儿子小小年纪就沉溺女色,顿时大发雷霆,命逐刘娥离开襄王府。刘娥本希望赵恒可以为自己说一些好话,但是赵恒因惧怕宋太宗的权威,不敢继续留下刘娥,一句不发地将刘娥赶出了襄王府。

本以为攀上"高枝"的刘娥,只好狼狈地离开了襄王府。事后,赵恒因念及旧情,担心刘娥嫁给别人,便派李巍将刘娥偷偷地藏到王宫指挥使张耆家,不时私会。这一个瞒天过海的计划不但瞒住了宋太宗,就连韩国夫人也被蒙在了鼓里。

宋太宗知道赵恒已长大成人,便封其为韩王,并几次赐婚。往后的日子里,赵恒的王爵一次次升迁,所负担的政务也越来越繁重。尽管这样,只有要机会他就想方设法地要去张耆家里和刘娥相聚。

而刘娥自从被逐出襄王府来到张耆家后,整日过的是一种提心吊胆的生活,既怕宋太宗发现,又要面对情郎的几次新婚。赵恒娇妻美妾成群,而自己年龄渐长,总有一天会人老珠黄,这样熬下去也没有个出头之日,不知道最终会落个什么下场。但刘娥并不是一个坐以待毙的弱女子,当赵恒不在的时候,她就博览群书,还跟着张耆家里的文人雅士学习琴棋书画。

这样偷偷摸摸、战战兢兢地生活了15年,功夫不负有心人,刘娥不但姿色依然如初,而且才华出众,更有一种成熟的韵味在期间,使赵恒在万千粉黛中独爱自己,始终没有变心。

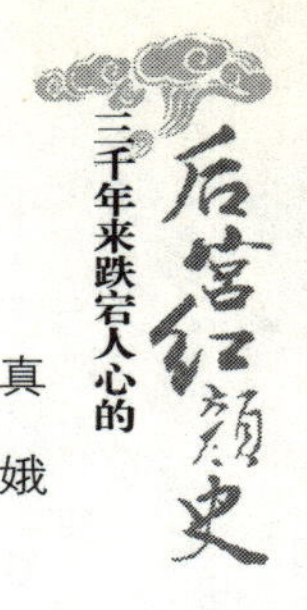

公元997年，宋太宗病逝。经过一系列激烈的斗争，赵恒继承皇位，是为宋真宗。赵恒将刘娥接入宫中，立为美人。皇帝没有忘记昔日情义，这令苦熬多年的刘娥喜出望外。

借腹生子，问鼎皇后之位

不用再过那种担惊受怕的日子，尤其是可以与真宗日夜厮守，这在刘娥看来是最大的幸福。但是，人无远虑，必有近忧，后宫里的斗争比在任何地方都复杂，各种钩心斗角的斗争处处皆是。

刘娥没有家世后台，无父母兄弟，在宫中孤身一人，势单力薄，时常会受到其他嫔妃的冷待，尤其是大将军郭守文之女郭皇后更是对她颐指气使，这使刘娥备感忧心。

于是，她趁真宗比较高兴的时候请求封自己的“表哥”龚美为官。真宗对龚美的印象不错，就答应了刘娥的要求。虽然一个小小的龚美并不能帮助刘娥解决多少忧虑，但却是刘娥在宫中唯一能说知心话的人。

从小就寄人篱下，看惯人世冷暖的刘娥盼望着自己能有一天像郭皇后那样在后宫接受众多嫔妃的礼待，但是皇后只有一个，怎么样才能让郭皇后离开呢?刘娥暂时想不出什么好办法。

也许是天助，也许是命中注定，郭皇后病逝了!郭皇后的第三子不明不白地死去了，她因过度悲伤也离开了人世。说起来奇怪，宋真宗年过四旬，前前后后有六个皇子，竟然没有一个活下来。

家事如此令人伤心，国事也令真宗烦躁不已。辽国连连紧逼，甚至一度威胁开封，在宰相寇准的坚决鼓励下，真宗御驾亲征，结果签订了“澶渊之盟”。宰相王旦当面指责真宗，大臣王钦若说“澶渊之盟”只是真宗被寇准利用而已。大臣争斗，让真宗感觉尊严与面子荡然无存。

人到中年，丧子丧妻，后继无人，而朝廷内外也流传皇帝无德少能之说。真宗本来是一个中庸之人，无过人才能，在一连串事件的打击之下，内心无比哀痛，开始产生了厌世情绪，皇后之位也处于空缺状态。

这对刘娥来说，不是一个好兆头，却是一个好趋势。她一面细心开导宋真宗重新振作起来，一面为立后之事处心积虑。但自己出身卑微，在朝中没有什么实力依靠，势必会遭到大臣们的强烈反对。怎么办呢？

刘娥绝非等闲之辈，她知道自己只要给皇上生育一个子嗣就可以了。但是自己已经40多岁了，尚未生育，恐怕以后也不可能了。于是，她苦苦思索，终于想出了一个“借腹生子”的计划，没想到一下子就成功了。

“借腹生子”是怎么回事呢？有一次，真宗留宿刘娥宫中，刘娥故意推说自己身体不适，便让侍女李氏侍奉皇帝入寝。10个月后，孩子一出世，刘娥就顺理成章地将孩子归到了自己名下。真宗为孩子赐名赵祯。

“狸猫换太子”的传奇为莫须有，而且从《宋史》中的记载来看，包拯与这场公案也没有任何联系，自然也不存在“狸猫换太子”一事，因为刘娥去世4年后，守完孝的包拯才出仕为官做知县。

历史上的李氏出身卑微，生性寡言沉静，没有多少野心和心计，也可能是出于对真宗和刘娥地位的畏惧，对于所发生的这一切，她选择了沉默。刘娥晋封她为宸妃，直到真宗去世后，依然沿用李氏，未下杀手。

有一个皇子挂在名下，刘娥终于登上了皇后之位，这一年她44岁，算的上是历史上较年长登上皇后宝座的女人了。宋真宗为何甘愿立一个半老徐娘为后呢？这离不开刘娥的优良的德才。

身为皇后的刘娥，不像其他妃嫔只知争宠献媚，她才华超群，通晓古今书史，熟知政事，每每襄助真宗，真宗根本离不开她。真宗每日批阅奏章，刘娥必侍随在旁；外出巡幸，也要带上刘娥。

这样一来，刘娥不但培养、提高了政治才干，也进一步加深了她与真宗的感情。正因她与真宗之间在政治上存在着共同的志趣，她才得以在真宗的感情深处占有固若磐石的位置。

真宗晚年多病，政事处理多倚重于刘娥，刘娥的权力逐步扩大，她开始注重培养自己的心腹之臣，于是在她周围逐渐形成了一股不可忽视的政治势力，其中以钱惟演、丁谓等人为主。

后来，宋真宗患了风疾，神志不清，无法正常处理国政，朝中大事便由皇后刘娥听

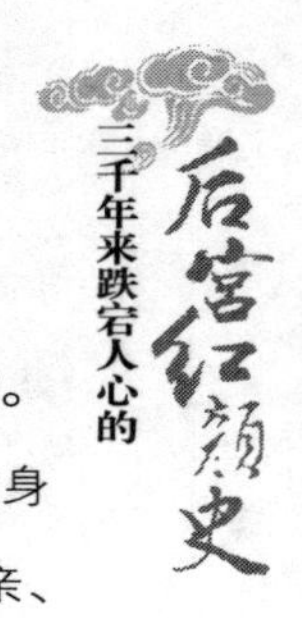

政裁决。刘娥乘机把持了大权，而且钱惟演、丁谓处处奉迎献媚，甚至为她揉肩捶背。

尽管如此，刘娥仍然觉得底气不足。她知道自己出身卑微，大宋王朝又极重身份家世，因此她一再地为自己的祖宗追加封赠，曾祖父、曾祖母、祖父、祖母、父亲、母亲追封高官厚爵，大力抬高了娘家地位。

正当刘娥感到胜券在握时，一道秘奏让她不得不再次提高警惕，加快了参政脚步。以宰相寇准为首的一批大臣，眼见刘娥权力的急剧膨胀，便秘密上奏真宗禅位于太子，真宗表示同意。

刚刚坐稳皇后位置的刘娥得到风声后，自然不能袖手旁观，她极力在真宗面前搬弄寇准是非，而真宗此时已忘记了对寇准所讲的话，竟然同意刘娥免去寇准宰相之职的要求。

谁知不久后，一场政变又发生了，策划者是宦官周怀政。周怀政时任入内侍省副都知，地位显要，深得真宗宠信。寇准被罢相后，他一心想再让寇准入朝执政，便私下招来客省使杨崇勋、内殿承制杨怀吉等商议对策。

刘娥派丁谓买通杨崇勋等人，周怀政被出卖。结果，周怀政被捕处斩，寇准被远贬到道州（今湖南道县），朝中与寇准关系密切者，如继任宰相李迪皆被斥退，大大削弱了反对派的力量。

此时，羽翼丰满、大权在握的刘娥，早已不是当年寄人篱下、孤苦伶仃的卖唱女刘娥了。

真宗的身体状况日益恶化，神志不清。一天，他突然问身边的人："我已经很久没有见到寇准与李迪了，这是怎么回事?"左右惧于刘后的势力，无人敢应对明言。真宗临终前还反复地说唯有寇准与李迪可托附大事。

公元 1022 年，真宗病逝，他临死前遗诏，由太子赵祯即位，皇后刘氏为皇太后，军国重事"权取"皇太后处理。当时赵祯只有 11 岁，实际上就是由刘氏处理政务。

当朝太后独揽朝政

这是大宋王朝有史以来，第一次由太后临朝，怎样安排便成了大臣们的当务之急。宰相王曾建议仿东汉制度，太后坐左而幼帝坐右，至承明殿垂帘听政。而丁谓则建议每月初一、十五皇帝上朝，大事都由太后召集宰相们当面商议决策。刘娥表示同意。

身为“功臣”的丁谓逐渐开始得意忘形了，他认为刘娥不过是个女子，况且已年过半百，自己完全能够把她控制在股掌之中而为所欲为，他一个劲儿地给自己加官晋爵。面对同僚，他动辄便把太后搬出来压制不同意见；而面对太后时，他则拿“群臣公议”出来胁迫。

然而，丁谓低估了对手，刘娥很快就察觉到了他的不轨企图，并且决心在他根基未深之前除掉他。而且，如今真宗传下遗诏，自己听政已经得到了众臣的认可，无须再宽待丁谓等人的不法举动。更何况，丁谓早已声名狼藉，不能因为他而影响自己的声誉。

不久，丁谓的亲信雷允恭为真宗陵寝监工之时，未经刘娥首肯便擅移地穴，谁料所移的方位是个泉眼，是风水中的“绝地”。刘娥将计就计，以破坏皇家风水、图谋不轨的罪名，将丁谓连带罢相贬谪。

此后，刘娥正式开始和仁宗赵祯一起听政决事，正式垂帘。由此，刘娥开始在宋朝政治舞台上大显身手了。

经过多年的政治斗争，刘娥对朝臣结党营私深有感触，她知道自己年长，皇帝年少，这样的状况很容易被有所图谋的大臣钻空子，于是她将大臣亲眷们的姓名一一记录在案，凡遇到有推荐官员的时候，她都拿去核对一下，只有榜上无名者才能得到升迁的机会。

随着权力越来越大，刘娥越发眷恋权力，不愿意还政于仁宗，群臣见皇帝已经成婚多年，尚且不能独自理政，便纷纷上书，刘娥总是装聋作哑。也有些人鼓动她称帝。刘娥虽然有些动心，但还是当众表示：“我绝不会做这样对不起祖宗的事情！”

刘娥这样的表态使群臣如释重负，对仁宗更是一种抚慰。当然，更重要的是这样可以减少反对自己专政的势力，她可以继续名正言顺地掌握大权，而不被指做狼子野心，图谋篡权。

事实证明，刘娥是很有才能的。在她实际执政期间，是宋朝政权转换的关键时期，如何保证天下太平、经济发展、文化繁荣、政府清廉和法令有效，是中心课题。刘娥紧紧地抓住了这个课题，号令严明，赏罚有度，作出了积极贡献。如文学艺术有宋

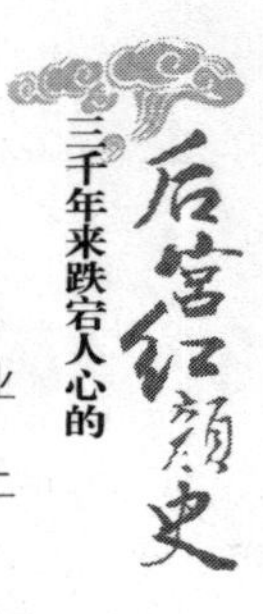

词和国画，科学技术有印刷术发明、新天文学和数学，工程技术有大型船舶制造业和火枪火炮等。这些成就不但对中国历史发展有深远的影响，而且在世界文明史上都有相当重要的地位。

公元1033年，仁宗举行祭太庙的大典。管理大宋20余年的刘娥也许是自觉天命不久，提出要戴仪天冠、着衮服祭祀太庙。主意一出，朝臣反对。但刘娥并没有采纳，仍然坚持此行。

一个月后，刘娥病逝。朝廷大臣把仁宗生母为李氏的真相说了出来，仁宗追尊生母为庄懿皇太后，并重新进行安葬。因刘娥善待亲母，待己如生，辛勤育导，他仍然恪尽孝道，并将其生辰“长宁节”的仪礼升级到与皇帝生辰“乾元节”相同的程度。

历史评说

从一个卖唱的孤女，荣升到母仪天下，再到垂帘听政，再到身披龙袍。刘娥的一生，充满了曲折离奇，却也精彩纷呈。

被真宗幽居12年的生活、入宫后并不惬意的日子，使刘娥养成了警敏机智、善解事体的性格。无疑，这是刘娥一笔终生享用不尽的财富，也刺激了她参与政事的野心，也为日后的垂帘执政奠定了基础。

刘娥自知出身卑微，身无子嗣，巧妙地借腹上台，最终当了皇后。可以说，手段比武则天更“阴”，也可以说是更“合法”和更“高明”。在谋取政权的过程中，无论是面对寇准等著名功臣，还是面对丁谓等不轨之徒，她一次次机警地识破和粉碎了政敌的计划。不管如何，他们的失败，都是刘娥成功的机会。

面对朝廷局势动荡，辽和西夏南下的内外夹击，真宗心里充满了对未来的遗憾担忧。刘娥以对真宗的理解、支持和爱情，以及对仁宗的真正母爱，对大宋帝国的平安延续发挥了重要的作用。

如果刘娥真的有大错，那她就是错在对仁宗隐瞒了仁宗并非亲生这个事实，导致仁宗在李氏有生之年不能好好地尽其孝道。而这些比起她对大宋的显赫功绩又算得了什么？

从整体来讲，刘娥是一位上对得起赵家列祖列宗的好媳妇，下对得起千万黎民

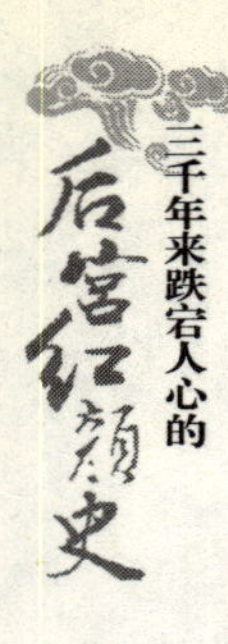

的好皇后、好太后。"母仪天下"四个字，刘娥当之无愧！

名家圈点

有吕武之才，无吕武之恶。

恩威皆浩荡。

5 辽景宗耶律贤皇后（萧太后）

——聪明睿智女中豪杰

背景身世

萧燕燕（公元953~1009年），名绰，辽景宗耶律贤的皇后。景宗死，长子耶律隆绪即位，萧燕燕被尊为"承天皇太后"，后摄行国政，是辽史上著名的女政治家、军事家。

她的出身很不一般，家族是辽代有着"国舅帐"美称的萧阿古只家族。父亲萧思温，是辽朝的开国宰相萧敌鲁的族侄；母亲吕不古是辽太宗耶律德光的长女、燕国大长公主。

作为这样一个家世显贵的千金，萧燕燕从小就接受了良好的教育，她聪明早慧，博知好学，但性格却非常执拗，做事认真。加之其美丽聪慧，更是深得父亲喜爱。

随着年龄的增长，萧燕燕已成为草原上有名的美女。萧思温便将之许给了汉人招讨使韩匡嗣之子韩德让。但是两人还没有来得及结婚，萧燕燕就被辽景宗耶律贤选为妃子，后晋升为皇后。

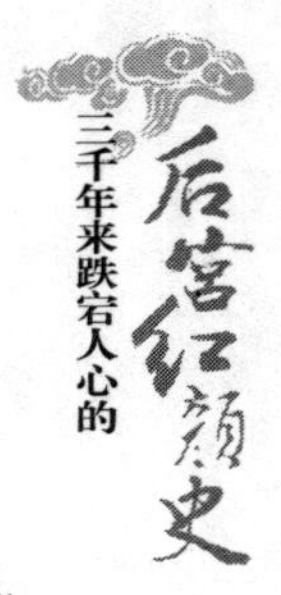

红颜风云

在辽国九帝200年的历史中，萧太后在政坛上整整活跃了40多个春秋，在北方大漠的政治、军事舞台上发挥了不可替代的作用，在她的主政下，辽国由衰转盛，进入了一代中兴时期。

步入朝堂代夫理政

萧燕燕走上辽国的历史舞台时，辽国正处于政治局势混乱、社会矛盾尖锐的时期，这要归咎于辽穆宗耶律璟。

辽穆宗耶律璟是辽太宗耶律德光的儿子，他唯一的爱好是喝酒。他经常喝得烂醉如泥，看见谁说杀谁，死在这个醉皇帝“嘴”下的人是一批又一批，穆宗身边的近侍，常年生活在恐惧之中。

如此酗酒，头脑时常处于不清醒的状态，辽穆宗在执政治国、开疆拓土等方面的工作自然就荒废下来，加之不得人心，结果于公元969年被身边的近侍刺死，被萧燕燕的父亲萧思温得知。

萧思温连夜秘密将辽穆宗已死的消息报讯给好友耶律贤。耶律贤立即率千余名铁甲骑兵，在穆宗灵柩前举行了即位之礼，当上了辽国的皇帝，是为辽景宗，并迎娶了萧思温之女萧燕燕。

即位之初，为了彻底改变穆宗留下的混乱局面，耶律贤立志要励精图治，干一番事业，他进行了一系列大刀阔斧的改革。契丹帝国的政治开始显现出一派清明气象，国力也随之上升。

可惜天不遂人愿，由于日夜操劳，再加上身体虚弱。耶律贤患上了风疾，严重的时候，连马都骑不住，更别提处理繁重的国事政务了。目睹国家多年动荡、局势危难的现状，年仅17岁的萧燕燕适时地走上了政治舞台，义无反顾地分担起治理国家的重任。

每逢耶律贤犯病时，萧燕燕都代他上朝处理国事。一开始，萧燕燕还仰仗父亲在朝中的支援，但时间一长，她对政务越来越熟悉，内外周旋之中，竟然可以游刃有

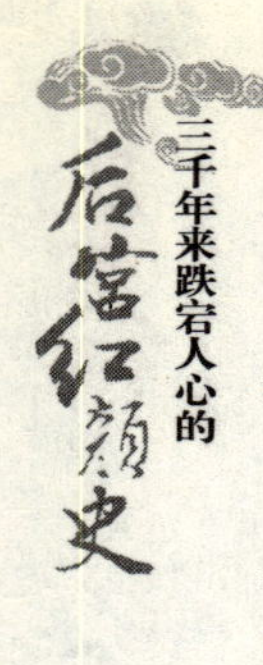

余了。不久，作为朝中的重要人物父亲萧思温，不幸遭到了政敌的刺杀，一命归西。

艰苦的环境最能磨炼人，动荡的政局、复杂的斗争和坚定的信念促使萧燕燕不得不早日成熟起来，她日益变得临危不惧、处事果断，雷厉风行的性格越来越充分地显露出来。

见萧燕燕颇具政治经验和才干，耶律贤干脆放心地将朝政交出，自己以养病为由休闲娱乐。萧燕燕开始放开手脚临朝理政，她充分发挥自己的才干，全力治理国家，推行全面改革，并得到了群臣由衷的钦佩和效忠。

在萧燕燕的努力下，辽国混乱衰败的局势开始扭转，经济、军事实力日益增强。同时，她还为景宗生下了长子耶律隆绪。景宗后继有人，对萧燕燕更是宠爱无比，萧燕燕先后为景宗生了四子三女。

萧燕燕励精图治，日夜操劳，对国家大政兢兢业业，采纳群臣的善言良策，深得朝廷上下的拥戴。为此，景宗将一个皇帝所能给予的最高嘉许和信任都给了她。后来，辽景宗传谕史馆学士，说以后记录皇后的话应用“朕”，并“著为定式”，这就等于承认了萧燕燕“女主临朝”的事实，把契丹王朝的军政大权，彻底交到了萧燕燕手上。

这一地位的确定是具有深刻意义的，自古天无二日，国无二主，大辽国如今就有了两位君主。纵观二十四史，没有哪个皇后可以与皇帝平起平坐，唯独萧燕燕独享了这份荣誉。

善用机谋保幼子登基

982 年秋，长期卧病在床的景宗驾崩。他临死时向群臣和诸王子说，由梁王耶律隆绪继承帝位，军国大事听从皇后的辅佐。这样，本已掌握政权的萧燕燕名正言顺地做起了“太上皇”。

当时，萧燕燕 30 岁，耶律隆绪只有 12 岁，孤儿寡母，虽然有前朝数年的政治经历，有皇帝临终前的遗诏，但是主少国疑，诸王宗室等二百多人拥兵握政，虎视眈眈，局势变得险恶起来。萧燕燕最忧心的是赵匡胤篡夺后周江山的局面在辽国重演。

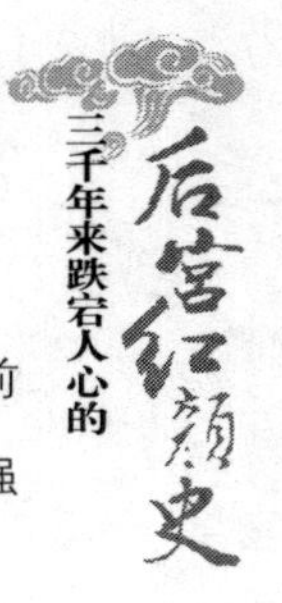

萧燕燕手握一纸“长子隆绪即位”的遗诏，牵着12岁的儿子，召来景宗临终前委托后事的大臣韩德让和耶律斜轸，无助地哭泣着说：“母寡子弱，契丹皇族势力强大，宋军不时威胁，你们说我该怎么办！”

两位股肱之臣看到往日威风潇洒的皇后如今哭成了个泪人，都表现得英雄气壮，忙跪地发下重誓说：“只要您信任我们，就没有什么可担心的！”就这样，萧燕燕利用女性温柔的力量得到重臣的忠心，也稳住军心，解决了内部夺位的一大隐忧。

而萧燕燕之所以留名史册，除却她善于利用女性的优势外，她还有“巾帼不让须眉”的男儿气魄。她下诏让各诸侯王回到自己的领地，相互之间不得互通消息和见面。与此同时，命令韩德让秘密地召集了几十名亲信将士，更换了不可靠的大臣，敕令诸王各归府第，随后夺其兵权，使太子得以顺利即位。萧燕燕成为太后，号“承天太后”。

即位之初，萧燕燕又命令韩德让统掌御府禁卫军，总管后宫的安全防卫。同时，为了笼络群臣，萧燕燕作了许多平反工作，下令凡是结案发落而有冤枉者，可以到御史台上诉，并多次亲自审决滞狱。

由于萧燕燕临危决断，处变不惊，赏罚分明，治国有方。很快，她就基本上控制了朝廷，那些飞扬跋扈之臣也不敢兴风作浪了。一场政治危机终于风起云散，化险为夷。

史书有评价，说萧燕燕“有机谋，善驭大臣，得其死力”。局势稍稍稳定之后，萧燕燕更加倚重、宠信对朝廷忠心耿耿的好臣子——与自己曾有一段未曾践约的姻缘，现在又大力相助的韩德让。

从此，韩德让在有生之年，不但在国事上一直鼎力协助萧太后，充当萧太后政治上的同路人，同时也在生活上对太后给予相当多照顾。据说，两个人同卧一帐，共乘一车，形影不离，宛若夫妻。

韩德让在政治上颇有才干，并且对大辽忠心耿耿，直到战死在战场上。韩德让死后，圣宗极为恭敬地将他葬在母亲萧太后的寝陵旁边。究其原因，与其说萧太后跨越君臣樊篱，执著追求爱情，不如说这是一桩政治“阴谋”，是为大辽江山着想之计。

与此同时，萧燕燕对治下将领十分优遇，耶律斜轸就是其中最好的例子。在萧燕燕暗中安排下，圣宗当众与耶律斜轸交换了弓矢鞍马，结为生死之交。耶律斜轸

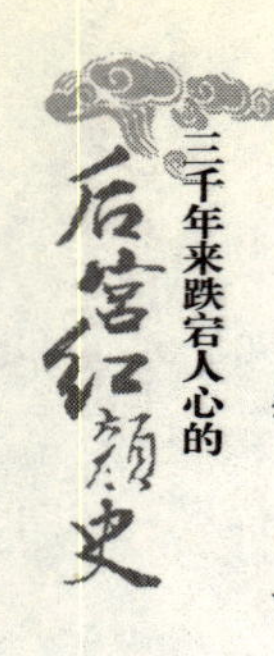

感激涕零，对辽国忠心至死。

萧燕燕是个非常能干的女人。她最大的特长是知人善用，她最幸运的是手下有一批忠心耿耿的好臣子。

稳定了政局后，萧燕燕开始励精图治，劝农桑，薄赋徭，开科取士，内政修明，军备严整，纲纪确立，上下和睦，政治、经济和文化方面都高度发展，使辽朝达到鼎盛时期。

铁马红颜指点江山

萧太后还有一点伟大之处是不穷兵，不黩武。对于尚武好勇的游牧民族政权而言，女子统军作战是一种传统，而睿智果敢的萧太后更甚。《辽史》记载她“亲御戎车，指麾三军，赏罚信明，将士用命”。可见她有着杰出的军事指挥才能和非凡的勇气魄力。

公元979年，统一了南方的宋太宗赵光义发动了征伐辽国的战争。战争开始时，宋军兵不血刃，连克辽朝军事要地，并对辽朝的南京(今北京)形成了合围之势。

面对分路来犯的几十万敌人，萧太后亲自戎装上阵，指挥作战。她以耶律休哥抵御东路宋军曹彬一路，又以耶律斜轸抵御西路宋军潘美、杨业一路，自己则亲自带着韩德让和圣宗赶到南京，包抄宋军后路，阻断水源粮道。

宋太宗全然不顾胜利后的疲惫不堪之师，徒步600余公里，越过连绵险恶的太行山脉，进攻强大的辽国，却不知已正中了萧燕燕“诱敌深入，聚而歼之”的计谋。

在接下来的高粱河会战中，辽军有条不紊地展开反击，宋军三面受敌。不出几日，宋军全线溃败，尸横遍野，死伤惨重。宋太宗本人也身中流矢，腿部受伤，狼狈狂逃。

公元1004年，萧燕燕以索要周世宗收复的关南地为名，大举伐宋。辽军势如破竹，11月就至宋都开封的门户澶渊。宋真宗畏敌，欲迁都南方，而后在宰相寇准的坚持下御驾亲征，到达澶渊前线，宋军士气大振。辽军战况急转直下，处境极为不利。

此时，萧燕燕展现出一个政治家的灵活姿态来，她利用宋廷怯战的弱点一边派出使者，提出“罢战言和”的愿望，一边派兵加紧攻打宋境其他城池，以给自己谈判

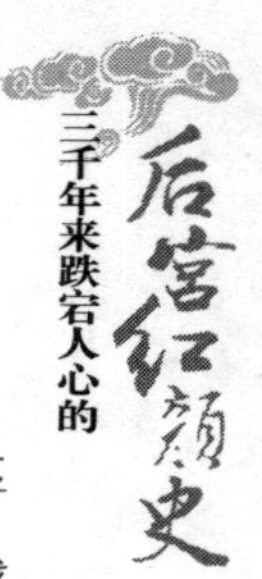

添加筹码。

几番交锋后，宋辽达成了宋朝此后每年需向辽朝缴纳白银10万两、帛20万匹的撤军协议，史称“澶渊之盟”。宋朝不战而败，实在有些窝囊，而辽国因萧燕燕的战略眼光和审时度势得利。

当然，最沾光的还是边关的老百姓。后来宋辽双方的“兄弟情谊”维持达118年。双方和平往来，通使殷勤，百姓也因此享受了100多年的和平日子。

大义灭亲维护皇权

萧氏三姐妹留在史书上的记载，让人深刻感受到她们的毒辣，但是她们的政治才干和军事天分之高，更让人难以忘却。萧氏三姐妹没有一个无能之辈，只有出色与更出色的区别。

当萧太后的地位权势日益巩固，并且在对宋战争接连取胜后，为了维护手里的皇权，她不惜大义灭亲，先后杀死了自己的两位姐姐。

早年萧太后的大姐萧胡辇嫁给了辽太宗次子齐王罨撒葛为王妃，罨撒葛本来有资格问鼎帝位，却最终失败，萧胡辇为丈夫十分不平。嫁后不久，齐王因病去世了，死后被追封为皇太叔。

和妹妹一样，萧胡辇能征善战、敢爱敢恨。公元994年秋，她以“皇太妃”的身份率3万兵马屯驻西北，平定西北边境。就在这时，她与相貌俊美的奴隶挞览阿钵一见钟情。萧燕燕得知这个消息，不禁大怒，她认为堂堂皇太叔正妃怎能与奴隶相好，并对挞览阿钵施以刑罚，赶往远方。

至此，姐妹之间的感情完全破裂。萧胡辇对萧燕燕多年来妒恨交加，挞览阿钵更对那一场痛打牢记在心，经过一段时间的准备，她密谋与骨历札国联合举兵谋反。然而，消息走漏了出去，萧燕燕立即先发制人，将萧胡辇囚禁，并于次年赐死，其余主要党羽活埋。

萧燕燕的二姐在嫁给赵王喜隐之后，一直全力支持丈夫的谋反大业。谁知老天不佑，喜隐虽有锲而不舍的毅力，却屡叛屡败，最终被赐死。赵王妃因此对萧燕燕刻骨痛恨，并试图以宴饮为名毒死妹妹，却被婢女告发，结果被萧燕燕“以牙还牙”所鸩杀。

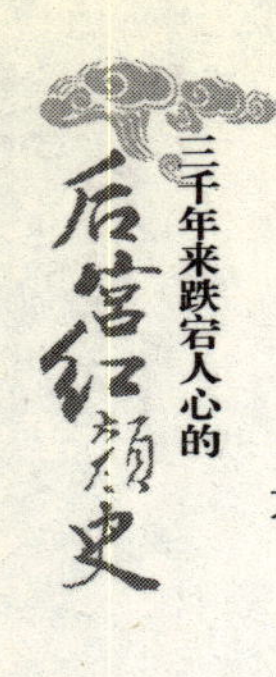

历经了几十年的内忧外患，血雨腥风，坎坎坷坷，萧太后多次力挽狂澜，终于使大辽国重振雄风，威居北地，国内一派升平，出现了“中兴盛景”，着实来之不易。

公元1009年，年迈的萧太后为圣宗举行了契丹传统的“柴册礼”，将皇权正式交还给了耶律隆绪。从此，她正式结束了政治生涯，离开都城，安享晚年，终年57岁。

历史评说

古往今来，后宫的女子不管曾多么风光一时，但处在那个利益争斗和权势比拼的大舞台上，面对帝王家族权势争斗的残酷和冷漠，终会落个无奈和悲哀的命运，独有萧燕燕是不同的。

纵观萧燕燕的一生，出身名门，年幼时就受父母疼爱，又嫁给一个宠爱自己的皇帝，与皇帝同朝执政。皇帝去世后，她又能和自己年轻时喜欢的人结为伉俪，并得到子女和臣民的支持。她的一生不仅爱情丰收，儿女更是孝顺，可谓是后宫最幸福的女人了。

经历几十年的风风雨雨，萧燕燕在执政近40年期间励精图治，对国家进行了改革，指挥百万铁骑，签订了“澶渊之盟”，使辽国百姓富裕，国势强盛，体现了高超的政治和军事斗争艺术，称得上是中国历史上不可多得的一代女杰。

对于处在政治顶端的女人来说，幸福是可望而不可即的。但萧燕燕既能建功立业又能享受家庭幸福，可谓是生前备受孝敬、身后千秋功业。这样的女人，在中国历史上的确罕见。

名家圈点

辽以鞍马为家，后妃往往长于射御，军旅田猎，未尝不从。——(元)元脱脱等:《辽史》

亲御戎车，指麾三军，赏罚信明，将士用命。——(元)元脱脱等:《辽史》

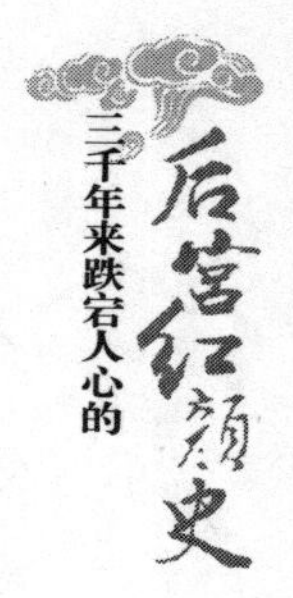

6 明仁宗朱高炽皇后(张氏)

——名冠华夏女尧舜

背景身世

张氏(?~公元 1442 年),今河南永城人,明仁宗朱高炽皇后,她为明仁宗育有三子一女,即明宣宗朱瞻基、越王朱瞻墉、襄王朱瞻墡、嘉兴公主。

张氏的出身很一般,父亲张麟,官至兵马副指挥(兵马指挥为明朝京城城市管理中的一个治安部门)。不过,张家很重视家教,所以张氏自小博读史书,贤淑贞静而见识远大。明高祖马皇后为长子朱高炽选妻,张氏入选进宫。

红颜风云

张氏是一个不折不扣的贤内助,她知书达理,能识大体,又有谋有守,大有明高祖马皇后、明成祖徐皇后之风。她历经了明仁宗、明宣宗、明英宗初年三朝,创立了"仁宣之治",被誉为"女中尧舜"。

帮助夫婿稳固储位

明仁宗虽然他体态肥胖,行动不便,但生性端重沉静,喜好读书,言行识度,儒雅仁爱,深得祖父朱元璋的喜爱。但是,这样的性格却不受一生嗜武的燕王朱棣喜欢。

洪武二十九年(公元 1396),张氏嫁给了朱高炽。她因遵守妇道孝道,又生有一子,名瞻基,深得燕王夫妇欣喜,这在某种程度上也缓解了燕王朱棣对朱高炽的不喜爱之情。朱高炽之所以能够成为太子,很大程度上也是因为张氏的存在。

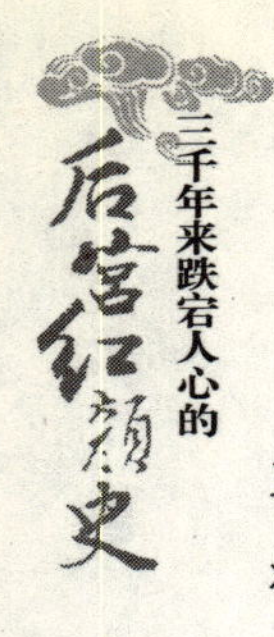

公元1399年，燕王朱棣以“清君侧”的名义起兵南伐。朱高炽因为身体肥胖，脚又有点跛，骑不得马，被留守北平。结果，朱高炽以万人之军成功地阻挡了建文帝大将李景隆的50万大军，保住了北京城。

由于朱高炽立下了赫赫军功，张氏贤良孝顺，能识大体，有母仪天下之德才，燕王朱棣在夫人徐氏的建议下，于永乐二年（公元1404年），将朱高炽立为太子，张氏晋升为太子妃。

从永乐二年被立为皇太子起，二十多年来，朱高炽的地位屡屡受到威胁，几度濒临被废的困境，最后却得以巩固储位，这很大程度上得力于张氏从中斡旋，处处维护。

明成祖次子汉王朱高煦觊太子之位，多对朱高炽有谗陷，明成祖也觉得高煦勇猛干练，酷肖自己，而朱高炽不免失之于懦怯，有心废立，但又怕徐皇后和大臣们阻拦，一直犹豫不决。

在这种情况下，张氏多次在明成祖面前维护丈夫的储位，“濒易者屡矣，卒以后故得不废”，并援引古今废长立幼所造成的祸端说服成祖，并一再强调皇太子仁孝成性，不可疑心！

朱高煦与朱高炽之争才算暂时告一段落。谁知，半路又杀出个“程咬金”，皇三子赵王朱高燧密谋杀死明成祖，然后矫诏即位，幸得有人告密，一场灾难才没有降临。事后，由于朱高炽与张氏为三弟求情，成祖总算没有再追究。

有一次，明成祖和朱高炽夫妇一起吃饭，为了一点小事，明成祖大骂儿子，张氏默默退下，去厨房做了几样明成祖爱吃的菜肴端上来。明成祖一见，怒气消散，指着张氏对朱高炽说：“顾非尔妻，尔早废矣！”

20多年来，虽然朱高炽的地位屡屡受到威胁，但幸好有张氏的帮助。而张氏不仅帮助丈夫巩固了储位，而且也赢得了丈夫的宠爱和尊重，还给自己铺了一条走向母仪天下的国母地位的道路。

试想，这样的女子倘若生活在当代社会，那必定是站在成功的男人背后，集贤德与智慧于一身，在家庭、事业上取得双丰收的完美女性。

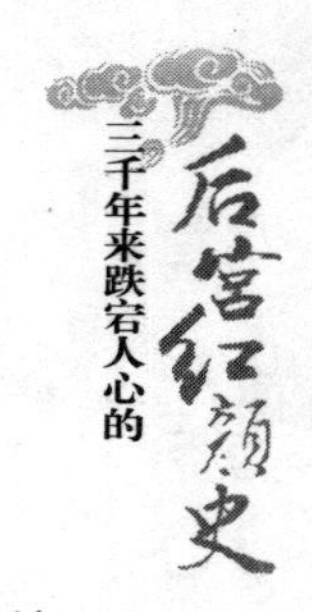

早年丧夫辅子执政

公元 1424 年 7 月，明成祖驾崩，朱高炽即位，是为仁宗，他所做的第一件事就是怀着感激的心情册立张氏为皇后，并立张氏生的长子朱瞻基为皇太子。张氏顺利地坐上了皇后的宝座，荣极一时。

贵为皇后后，张氏依然非常贤惠，与仁宗相敬相爱，待后宫众嫔妃如姐妹，对徐夫人更是孝敬，后宫一切都井然有序。仁宗也不恋女色，除宠爱皇后张氏之外，仅宠谭妃一人。

有了这样一位贤内助，崇尚儒学的仁宗开始了一系列改革，如修明纲纪，选用贤臣，削汰冗官，平反冤狱，这一切都使明朝进入了一个稳定、强盛的时期，也是史称“仁宣之治”的开端。

张氏本性贤淑，她觉得能做皇后就是女人的最高荣耀，但是历史似乎并不满足于让她就此止步。仁宗在位仅仅 10 个月，一病不起而离世，太子朱瞻基即位，是为宣宗，张氏为皇太后。

由于担心宣宗缺乏政治经验，做出不利国家的决策，本不关心政事的张氏开始留意朝廷内外发生的事情，每当遇到重大的军政要事，她都会适时地给宣宗提供意见，而且这些意见通常都很中肯。

虽然地位尊崇，大权在握，但张氏对自己的娘家人管束非常严格，常召兄弟张昶、张升，告诫他们不允许凭借自己的关系谋取高官，更不允许他们干预朝政。张升素有贤名，朝臣屡次请求太后予以重用，但都不应允。

由于张氏执政但不谋权，母子之间的关系十分融洽。宣宗格外孝顺母亲，每天早晚都要到母后的寝宫问安。

有一次，张氏和宣宗拜谒成祖及仁宗的陵墓，宣宗骑马前导，过桥时亲自搀扶太后的坐辇。看到道路两旁欢呼的人群，张氏意味深长地告诫宣宗，百姓能如此爱戴君主，是因为君主能够使他们过上安定的生活，所以国君一定要重视百姓的安危。

返回京师的途中，张氏走访当地的百姓，询问他们的生活、生产情况，赐予他们一

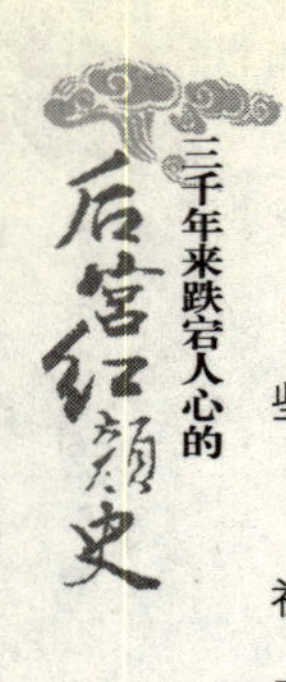

些钱钞。百姓献上食物、水酒后，张氏总会亲手递给宣宗，让他尝尝真正的农家风味。

正是在张氏的影响下，宣宗和父亲一样，对百姓的生活非常关心，对农业很重视，宣德期间君臣关系融洽，物阜人丰，国泰民安，一派盛世景象，与明仁宗并称“仁宣之治”。

当然，母子也有关系不协调的时候。原来，宣宗即位后，张氏册立贞静端淑的胡氏为皇后。但是，宣宗不喜欢胡氏，而喜欢面貌姣好，聪明伶俐的孙贵妃。为了显示恩宠，他特地在“贵妃”名号之前加了一个“皇”字，册封孙氏为皇贵妃。

宣德二年（公元1427）十一月，孙贵妃生朱祁镇，就是后来的英宗。而胡皇后一直没有子嗣，宣宗改立皇后的想法更加强烈。

宣宗召集大臣商议自己想改立皇后的事，但大臣们都说：“胡皇后没有什么过错，不能随便废立。”众臣看到宣宗听了不高兴，又马上献计说：“不如好好开导胡皇后，让她自己上表辞去中宫之位。”

胡氏便这样被逼着写了请辞，但因为张氏一向喜欢胡氏的贤惠，坚决不同意。直到宣宗向张氏保证以后仍然会厚待胡氏，张氏才勉强同意改立孙氏为皇后。

胡氏被废后，仿照宋仁宗废郭皇后为仙妃的事例，胡氏号静慈仙师，退居长安宫。张氏十分同情胡氏无故被废，又欣赏她的贤惠，因此时常加以照顾，经常将她召到自己宫中，和自己一同居住。家宴时，还命胡氏坐在上座，孙氏经常因此快快不乐，但也不敢对胡氏怎么样。

张氏的这种做法，既保护了被废之后胡氏的安全，使其免遭后宫得势之主的迫害，又在某种程度上维护了宋宣宗后宫的秩序，保障了“仁宣之治”的顺利贯彻和进行。

放弃临朝听政的机会

如果说张氏就这样辅佐儿子宋仁宗执政，并创造了“仁宣之治”，也称得上是很平顺、很成功的一生。岂料，宣宗突然驾崩。张氏白发人送黑发人，沉浸在丧子的巨大悲痛当中，整天精神恍惚，滴水不进。宫中传言将立仁宗第六子襄王，人心思乱。

眼见局势日益混乱，人心动荡，张氏强抑悲痛，出面宣召诸位大臣来到乾清宫，手

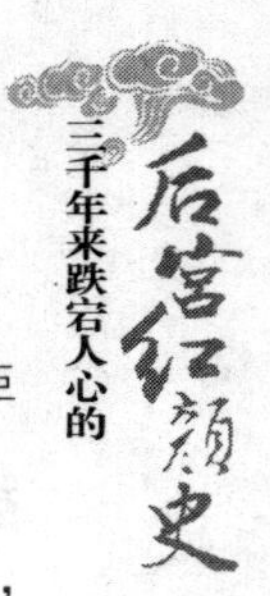

指9岁的太子朱祁镇哭着说:“这就是你们以后的新天子,你们以后要好好辅佐。”群臣齐呼万岁,浮言停息。

公元1436年,英宗顺利即位,张氏被尊为太皇太后。因为英宗年幼,不能理政,大臣们一再上书,请垂帘听政。

谁知,张氏却推辞说:“先帝选了这么多的股肱大臣,就是为了让众位卿家来辅佐朝政。现在皇帝年幼,你们更应该用心辅佐,不要懈怠。我一个妇道人家,怎么能垂帘听政呢?不要因此而坏了祖宗的家法。”

张氏一面勉励英宗努力学习,一面重用“三杨”等辅佐大臣。三杨,即杨士奇、杨荣、杨溥,是当时的内阁大臣,相当于宰相。他们历经永乐、洪熙、宣德三朝,有着丰富的治国经验。太皇太后对他们非常倚重,言听必从。只有遇上重大难决的事,张氏才出面指示。

如今,张家已今非昔比。张氏的两个兄长一个掌管着五军右哨军马,一个掌管五军都督府,可以说是手握重兵。但是,张氏仍然时常把兄弟叫到面前来,告诫他们要全力维持政局稳定,不可干预朝政。

当时,英宗十分宠信王振,王振也知道三杨是前朝重臣,威望卓著,又有张氏撑腰,自己无法动摇三杨辅政的地位,因此表面上对张氏和三杨毕恭毕敬,时常装出一副忠心耿耿、忧国忧民的样子,暗地里却时常劝导英宗不要太过于重用、倚重老臣,还迷惑皇帝说学习读书、写字和治国之道的课程无用。

虽然三杨被王振的所作所为所蒙蔽,但深处内宫、心系朝廷的张氏却对王振逐渐干预朝政早已有所发觉。

一天,张氏突然召见英宗和英国公张辅、大学士杨士奇、杨荣、杨溥以及尚书胡濙5位大臣。接着,又叫人去传唤王振,喝令王振跪在地上。她对英宗说:“国家大事,你要事事咨询这5位老臣,一定要听从他们的谏告,不能一意孤行。”又声色俱厉地对王振说:“宋太祖时就定下家法,宦官不能干预朝政,违反者定斩不饶。”说完,命人要把王振斩于阶下。

王振吓得面无土色,整个人瘫倒在地上。英宗一见自己的亲信就要被斩杀,也吓得要命,跪在地上恸哭。而5位大臣平时被王振所蒙蔽,也一齐跪下为王振求情。

张氏一见如此情形,怒气稍息,暂且放过了王振。但她对王振还是不放心,每隔

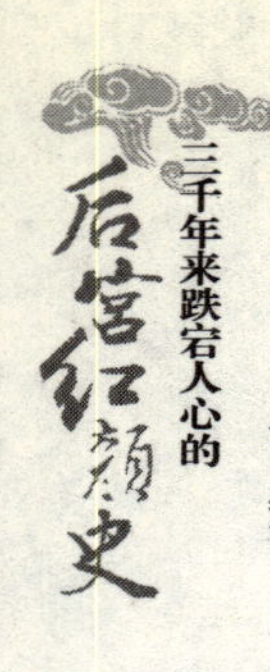

几天便派人去内阁察看，看王振有没有擅权乱政。故张氏在世时，王振始终规规矩矩，不敢专大政，明朝仍然延续着仁宣时期的繁荣昌盛。

正统七年（公元 1442 年）十月，张氏病逝。由于失去了钳制，王振仗着英宗宠信，开始肆无忌惮地擅权，对朝臣中附和自己的大加提拔，对反对自己的一律排挤，搞得整个朝廷乌烟瘴气，启明代宦官专权之端。

更可气的是，王振还干预军队的指挥。公元 1449 年，瓦剌入犯，英宗听从王振之言亲征，明将樊忠、张辅、邝野等大臣战死，明军全军覆没，英宗被俘。这就是著名的土木堡之变，明朝自此由盛转衰。

历史评说

张氏为人贤惠贞静、有谋有守，堪称女中豪杰。虽然历史的画卷里没有给张氏过多的笔墨，她一生的风云际会也如同流星一般飞逝，但是这都不能阻止我们对她的惊叹和敬佩。

张氏历经洪武、永乐、洪熙、宣德、正统五朝，在仁宗体弱多病，宣宗、英宗年幼无知的特殊历史条件下，张氏从维护明王朝的统治利益出发，毅然辅佐三代帝王处理政务，对明代前期的发展作出了很大的贡献，更难能可贵的是，她虽然有多次临朝听政的机会，却谨守当时的妇道，安于内宫；而且对自己的娘家人严加管束，严格抑制宦官干扰朝政；虽然她没能及时处理明朝潜在的危机，但她在后宫与前朝所起的作用是毋庸置疑的。

名家圈点

后始为太子妃，操妇道至谨，雅得成祖及仁孝皇后欢。太子数为汉、赵二王所间，体肥硕不能骑射。成祖恚，至减太子宫膳，濒易者屡矣，卒以后故得不废。及立为后，中外政事，莫不周知。——（清）张廷玉等：《明史》

7 清太宗皇太极之妃(孝庄皇后)

——纵横三朝女英雄

背景身世

孝庄皇后(公元1613~1688年),名博尔济吉特·布木布泰,又名大玉儿,蒙古科尔沁部贝勒寨桑之次女,清太宗皇太极之妃,顺治帝福临的生母,她历经三朝,两辅幼帝,是清初杰出的女政治家,是史上有名的贤后。

蒙古部落的生活,居无定所,长期游牧,出则骑马打猎,入则饮食肉奶。布木布泰虽然貌美娇小,深受父母疼爱,但她一点也不恃宠娇气,自幼就练习骑马射猎,性格坚毅,泼辣勇敢。

1625年春,在明末东北各族各部的混战中,蒙满两部结成同盟。为巩固两部的同盟关系,布木布泰作为政治联姻的纽带,嫁给努尔哈赤的儿子皇太极为妻,时年13岁。

红颜风云

在后金的一步步成功中,孝庄逐渐卷入一场又一场政治斗争中,她展示出了自己卓越的政治才华,逐步确立了稳固的地位,并成为清初政坛上一个一言九鼎的人物,辅助成就了大清290多年的霸业。

协助皇太极,显才智

孝庄皇后是皇太极最喜欢的妃子,她天生丽质,称得上清朝前期的绝代佳人。而且,她临事处置沉静果断,早在皇太极时期,就“赞助内政”,为皇太极多次出力。

初嫁皇太极时,后金与明朝的战争正在激烈地进行着,整个国家都处于了战争

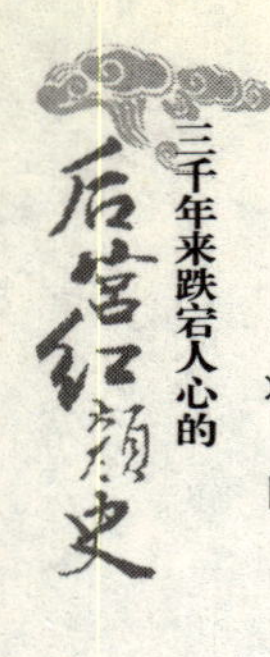

状态。皇太极需要常常与父亲商议军机，还要率军出征，远行打仗，根本没有多少时间留在家里陪伴孝庄。

当时只有十三四岁的孝庄，没有一丝怨言，对皇太极照顾有佳，如此的体贴而识大体让皇太极备感欣慰。

公元1626年，也就是在皇太极迎娶孝庄的第二年，努尔哈赤率全部兵力，讨伐东北明军。努尔哈赤亲自上阵督战，结果被明朝著名将领袁崇焕的炮火击伤。伤势严重，病逝。

国家一旦失去了最高领袖，马上就陷入了群龙无首的状态。努尔哈赤一死，手下人立即对汗位的继承发生了激烈的争执。四大贝勒代善、阿敏、莽古尔泰、皇太极都蠢蠢欲动，多尔衮等人也有问鼎之意，形势十分危急。

孝庄劝慰皇太极说："夫君倚仗功勋，所缺乏的不过是名分，如果能有大贝勒代善的支持，何愁继承不了汗位呢?"皇太极听取了孝庄的建议，争取了大贝勒代善的支持，最终坐上了最高权力的宝座。

皇太极即位后，明朝内部农民运动蜂起，后金内部矛盾也不少，他一方面继续对明朝施行战争，一方面处理内部事务。年轻的孝庄也尽可能地协助皇太极，替他分忧解愁，在政治纷扰中慢慢地成熟起来。

利用反间计除掉明将袁崇焕后，皇太极举行庆功宴会。谁知，努尔哈赤的第七子阿巴泰，以天冷无衣御寒为由，拒不赴宴。原来，直爽粗鲁、作战勇猛的阿巴泰觉得自己的职位低于其他贝勒，心有不满。

孝庄得知后，立即以大汗的名义亲自前往邀请，并给阿巴泰送去了珍贵的衣物。阿巴泰见大汗妃亲自来请，立即表示认罪，从此之后忠心耿耿，成为皇太极的得力干将。事后，皇太极赞许孝庄，不但帮他处理好了家事，还为国家建立功劳。

公元1636年，皇太极在盛京正式改国号为清，改年号为崇德。孝庄被封为永福宫次西宫庄妃。繁忙之余，皇太极对孝庄宠爱有加，孝庄先后生下了一男（福临）三女。

皇太极在位期间，孝庄在政治上最为人知，也最为显著的贡献是说服明朝重将、蓟辽总督洪承畴投降清军。

当时，皇太极雄心勃勃，一直想吞并中原。他想寻找一个明朝重臣作入关的"带

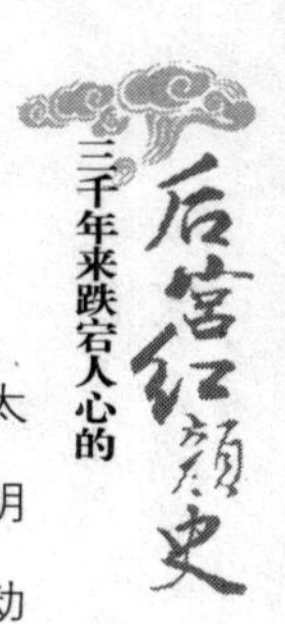

路人”，但迟迟没找到合适的人选。这时，洪承畴在解锦州之围时被清军生俘。皇太极竭力劝降洪承畴，但是洪承畴对高官厚禄、金钱美女毫不动心，表示誓死效忠明朝，决不投降，并绝食明志。皇太极真是又急又恨，毫无办法，孝庄了解情况后主动请求前去劝降，并顺利取得了成功。她是怎么做的呢?

那天，孝庄扮为一个汉族侍女，其貌格外俊俏，带着一壶虎骨人参药酒来见洪承畴。洪承畴知道又有人来劝降了，便面壁而坐，双眼微闭，做出了一副不理不睬的样子。

孝庄慢慢走到洪承畴身边，轻轻地唤了一声“洪将军”，然后开始哭哭啼啼起来。洪承畴不由得睁眼相看，居然是一位貌若天仙的汉家女子，他以为是同病相怜之人，并联想起自己的娇妻爱子，顿时百感交集，泪如泉涌，两人攀谈起来。

孝庄一面为洪承畴拭泪，一面乘机悄声劝道:“将军啊，人求死容易活着难。明朝犹如一座大厦，将军您就是栋梁，没有了您明朝还靠什么来支撑?当前，明清两国势均力敌，战则两败俱伤，和则共同兴旺。”

见洪承畴沉吟不语，孝庄又乘机娓娓道来:“将军是德高望重之人，您就算不顾及自己和家人的性命，也应顾及天下百姓和江山社稷。若能从中调停，达成协议，岂不是报效了朝廷和天下生民吗?”

一番话，说得洪承畴沉默点头。当他得知这位“汉家女子”竟是当今大清皇帝的爱妃时，不由得大吃一惊。加上皇太极真诚恳切，宽宏大量，洪承畴终于投降了清朝。

此后，洪承畴助清廷进军关内，攻城略地，灭明辅清，平定江南，扫荡云贵，打败李定国，除掉明桂王，为清王朝驰骋疆场 20 余年，真正成为为满族打天下的急先锋，这是孝庄聪明才智的一次重要发挥。

拉拢多尔衮，扶立顺治

天有不测风云，公元 1644 年，皇太极突然暴病而卒。由于皇太极生前没有指定皇位继承人，宗室内部围绕着皇位继承问题展开了激烈的角逐。

当时，最有力量争夺皇位者是睿亲王多尔衮和肃亲王豪格。多尔衮手中握有正

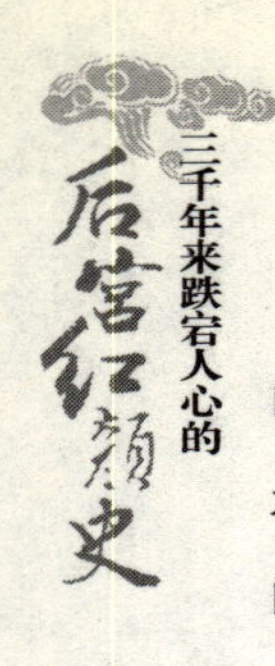

白、镶白两旗部队，在建立大清朝的过程中南征北战，战功卓著，威望一时；豪格是众兄弟中唯一封王的，辖八旗中正黄和镶黄两旗，得到举足轻重的八旗部队中半数的支持。

孝庄与皇太极共度了18个春秋。在风云变幻的军事战争与政治斗争中，她领略到了许多闻所未闻的事物，也学到了很多得以自保的本领。由一个单纯的蒙族姑娘变成了一位老辣的政治老手。

眼看两派势力明争暗斗，势均力敌，颇具头脑的孝庄意识到豪格和多尔衮，无论谁登基，都免不了引发一场大内战。这样，不仅会影响统一中原的大业，而且皇太极打下的江山也有可能不保。要使双方的对立情绪缓和，只有异中求同，解决这个问题的唯一办法是扶立幼主。

当时，年纪幼小的皇子有四五个，哪个小皇子适合呢?孝庄暂时放下因皇太极之死带来的巨大悲痛，决定将自己的儿子福临推上帝位。然而此事却并不简单，福临只有6岁，没有任何实力，甚至可以说皇位对他遥遥无期。

不过，孝庄拥有的是足够的智谋和果断的决策。若想福临即位，需要有实力派的支持！当时，多尔衮权倾朝野，羽翼丰满，废帝自立，易如反掌。权衡利弊，她决定拉拢一向将大一统视为己任的多尔衮，奉劝多尔衮从清廷大局出发，不要怀私心。

于是，孝庄晓之以理，动之以情，施展了一个女人可以用到的全部手段和政治家所有的谋略，使多尔衮与自己达成协议：坚决拥立福临登基，由多尔衮进行辅政。

很快，孝庄不动一刀一枪便化解了这场皇位之争，既使福临继承了皇位，为顺治帝，也避免了清政权因内争而导致分裂，对于入关前夜的清朝来说这是至关重要的一招。当时31岁的孝庄，被尊为皇太后。

一段时间后，大清王朝在多尔衮的率领之下入主中原，成为名副其实的中原王朝。多尔衮控制了军政大权，在权势欲望一步步膨胀的情势下，他越来越有夺取皇位的念头，福临的皇位岌岌可危。

聪明过人的孝庄，也不得不心中有所计策。她以柔克刚，处处隐忍，不断给多尔衮戴高帽，先加封其为叔父摄政王，又加封皇叔父摄政王，不使多尔衮废帝自立。后来，她还允许多尔衮面见皇帝无须跪拜。每逢庆贺大礼，多尔衮与皇帝一起，接受文武百官跪拜，这才最大程度地满足了多尔衮觊觎皇位的野心，稍微化解了危机。

顺治七年(公元 1650 年),多尔衮病逝。孝庄一面让顺治隆重办理丧事,另一面悄悄地指示他收回多尔衮的皇权,并赐死了多尔衮的亲哥哥英亲王阿济格,消除了可能发生的隐患。

孝庄太后为了维护顺治的帝位可谓是呕心沥血,费尽心机。而年少的顺治在母后的安排下大胆使用汉官、整顿吏治、鼓励生产等,最终开创了清初政治大发展的新局面。

辅助皇孙继承皇权

顺治亲政之后,孝庄以为终于可以松一口气了,她甚至做好了颐养天年的打算。然而天不遂人愿,1661 年顺治帝染上天花而死,饱经风霜的孝庄太后不得不再次走到了政治舞台的前沿,力保顺治的皇子玄烨继承皇位,是为康熙帝,孝庄被尊为太皇太后。

康熙即位时年仅 8 岁,两年后康熙生母去世,培养教育小皇帝成长的重任就当仁不让地落到了孝庄肩上。她教导康熙参加辅臣议政,学习执政经验,并经常向康熙灌输“得众则得国”的治国思想,并让自己的贴身侍女、聪明灵巧的苏麻喇姑帮助康熙学习蒙文。

在孝庄的教导和督导下,康熙“勤问好学,嗜好书法,留心典籍;由于过于疲劳,痰中带血,亦未少辍”,文化功底非常扎实,为后来处理国家大事奠定了坚实的基础。

孝庄不仅从治理国政上对康熙加以辅导,而且对日常生活、举止言谈也都按帝王的标准严格要求他,教导他为人主必须有威严,行为坐卧,不可回顾斜视、摇头晃脑。康熙日后举止端严,与孝庄太后的严格教诲也是分不开的。

经过政治风云变幻的锤炼,孝庄此时已经毫无争议地成为大清帝国中枢政治的核心。朝臣要求太皇太后仿效前朝旧制,垂帘听政。孝庄太后严词拒绝了大臣们的请求。

为了帮助康熙处理政事,孝庄选任老臣索尼、遏必隆、苏克萨哈和鳌拜四大臣辅政。要求康熙时刻谨慎,勤于朝政,尽快在政治上成熟起来。自己则在幕后治理朝

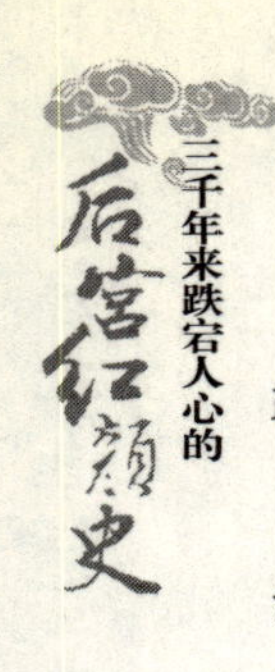

政，整顿朝纲。

当时，朝中老臣矛盾重重，你争我夺，尔虞我诈，各有野心，又各有其强大的政治势力。为了让他们尽心辅佐年幼的康熙，光大满清基业，孝庄在康熙13岁的时候，特意为他选择索尼的孙女、索额图之侄女赫舍里为皇后，遏必隆的女儿钮祜禄氏、国舅佟国维的女儿佟佳氏为皇妃。

为了考察康熙的才智，也为了让他在大臣中树立起威严来，孝庄太后经常在众人面前考问皇帝。一次，她问康熙“贵为天子你有什么心愿?”康熙按照祖母平常教导的话，一本正经地回答：“朕只希望天下安定，百姓乐业，大清国福力强，万事治久。”朝廷官员没有想到康熙年纪轻轻，竟会说出如此有分量的话来，更加尽心尽力地打理朝政。

倚仗镶黄旗势力，鳌拜开始弄权，他专横跋扈，结党营私，企图挟天子以令诸侯，最终篡夺皇位。孝庄太后看在眼里，急在心头，她亲自给康熙选择了大内总侍卫魏东庭，并让魏东庭挑选了一些年轻的侍卫和康熙一起训练摔跤。公元1669年，康熙一举粉碎了鳌拜集团，正式取消大臣辅政制度，开始亲理朝政。

剿灭了鳌拜后，孝庄太后相信年幼的孙儿具有超强的智慧和过人的能力，但她认为自己有责任辅佐孙儿治好国政，对朝廷政务依旧关心。每每康熙遇到难解的问题时，她就会给康熙提出一些建议。

在平定三藩叛乱的战争中，孝庄太后也起到了举足轻重的作用。她坚决主张撤藩，为了全力支持康熙平叛，她拿出平日宫中节俭下来的银两、缎匹作为犒赏，激励军士士气。

正当清军同叛军交战得最激烈的时候，蒙古察哈尔部布尔尼乘京都兵力空虚，发兵来袭。大军都已派往前线，京城四周也无后备之军，朝廷大臣慌了手脚，康熙也一时无法应对，立即求教于祖母。

久经风雨的孝庄太后表现出了过人的冷静和沉着，她知道形势危在旦夕，京城里人心惶惶，如今，必须先稳定人心，再图谋征讨。她一面安排康熙沉着冷静地巡视京城，稳定人心，一面派使者前往察哈尔实行安抚，很快就平定了布尔尼叛乱，并最终平定三藩之乱。

在孝庄太后的携手努力下，具有雄才大略的康熙终于使清王朝从动乱走向稳定，经

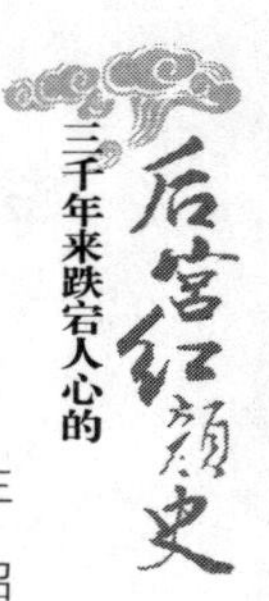

济从萧条走向繁荣，形成清朝第一个黄金时代。

公元 1688 年，孝庄太后病逝。为了表示对祖母的思念和尊重，康熙竟将孝庄的灵柩在“暂安奉殿”停留三十多年，直到他死后，雍正即位，才正式葬于清东陵昭西陵地宫。

历史评说

孝庄文皇后的一生与清朝都联系在了一起。在大清王朝的一步步成功中，她逐渐卷入一场又一场政治斗争中，她自始至终从大清王朝、爱新觉罗氏的利益出发，以勇敢、刚毅、信心和智能，在明清大决战和满族宫廷斗争的大潮中力挽狂澜，勇立潮头。她的功绩是历代任何一位皇后都不能与之相比的。

作为历史上权力中心中的女性，孝庄文皇后位倾三朝，是万人之上的皇后、太后，有着非凡的魅力和智慧，又颇具政治才干；但她却满足于躲在幕后，无欲无求，不争名利，更不想执掌大权，她只想尽心尽力地辅佐儿孙主政，造福于大清。这是一种无人能及的大境界，着实是最让人敬佩的。

孝庄文皇后可谓清代后妃中的第一人，她演绎了中国旷古最完美女人的故事，享尽了儿孙臣民的尊敬与爱戴，她的慈悲和智能让后人们崇敬而感动，她是一个名副其实的无冕女皇。

名家圈点

统两朝之养孝，极三世之尊亲。——雍正皇帝

内鲜燕溺匹嫡之嫌，外绝权戚蠹国之衅——（民国）赵尔巽主编：《清史稿·后妃传》

清朝有两位皇太后对清朝政治至关重要，清初的一位是孝庄皇太后，清末的一位是慈禧皇太后。——阎崇年：《清宫疑案正解》

第二章
母仪天下的女中豪杰

她们是辅佐明君，母仪天下的贤德之人，唯独热衷的事情只有一件——辅佐身边的男人征服世界。她们既有知性的美感又有感性的魅力，宫廷历史的脉络正因为有她们温柔的力量而清晰可见。

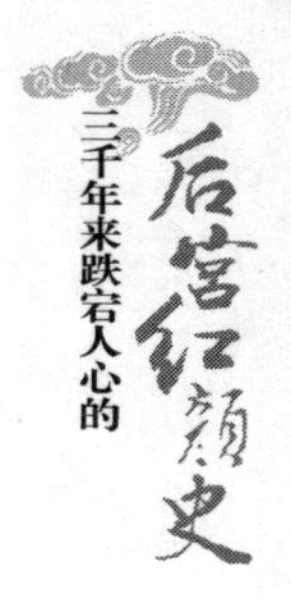

1 西汉文帝刘恒皇后(窦漪房)

——汉朝强盛的推手

背景身世

窦太后(公元前205~前135),河北清河郡人,汉文帝的妻子、汉景帝的母亲、汉武帝的祖母。她以身份之尊,历经皇后、皇太后、太皇太后,母仪天下达数十年之久,把汉王朝推上了强盛的高峰。

窦氏年幼时正值秦末汉初兵荒马乱之时,她出身贫寒,父母早逝,遗下她与兄弟二人。三个人相依为命,流离失所,艰难度日,生活过得十分悲惨,几乎不能自存。

穷人的孩子早当家,已经初长成人的兄长承担了整个家庭的重担,窦氏辛勤操持家务。在这样艰苦的环境中,窦氏早早磨炼得成熟起来,既能体会兄长的苦衷,又关心疼爱弟弟,养成了谦恭贤淑,不怕吃苦,又不善言谈的习惯。

然而,痛苦贫穷的日子,仍然没有磨灭窦漪房天生的丽质,她长成了一个风姿绰约的少女,透露着天资聪明的贵人之相。汉初,朝廷到清河招募宫女,窦氏应召入宫,她的一生发生了改变。

红颜风云

窦皇后的出身虽微贱,可她一生共历4朝,辅助了3代皇帝,不但在激烈的权力斗争之下身登显贵之位,而且对汉初统治政策起到了重要的影响作用,最后寿终正寝,而且福泽延及后世。

孤女因祸得福成皇后

几经周折,窦漪房被送到了长安。窦漪房完全不知道自己的命运会如何,她像

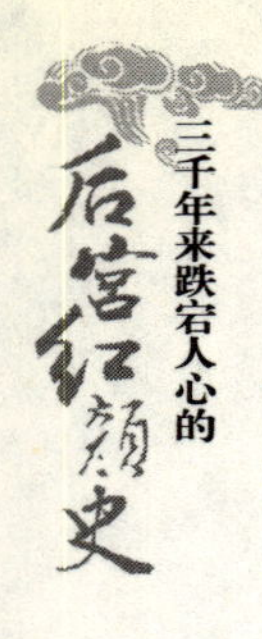

一根随波逐流的稻草，漂到哪里就是哪里，只能听受外力的摆布，丝毫不能决定自己的命运，也不知道前途在何方。

当时，高祖刘邦患病，实际操控权力的是皇太后吕雉。吕雉对宫女要求很高，她见窦漪房品性温良，低头抬头，颦笑之间，都让人喜欢，便将她留在身边做小侍女，侍奉日常起居。

窦漪房勤快聪明，而且不善言语，吕后对这个不知道说话、只知道做事的丫鬟看着十分顺眼。窦漪房虽不言语，却也看到了吕后的手腕和野心，她深为这名女主子的计谋所折服，这对窦漪房产生了深远影响。

宫中的生活自然比宫外好多了，吃饱穿暖自是没有问题，窦漪房就这样满足地一天天过着，她原本以为会在长安宫中默默无闻地过一生，结果意想不到的事情发生了。

公元前 195 年，高祖驾崩，吕雉垂帘称制。为了巩固自己的统治，吕雉把高祖的庶子全部放逐封地。为了安抚这些庶子，吕雉将皇帝未曾御幸过的宫女分赐给诸王，窦漪房也在选中之列。

窦漪房听说高祖有个名叫如意的儿子被封为赵王，其封地正在自己的家乡，她希望能到赵国去。窦漪房倒不是梦想能成为王爷的宠姬，她只是想离家乡近一点，好打听兄弟的下落。

于是，窦漪房将自己所有微薄的积蓄都送给了负责分配宫人的主管太监，请求他格外开恩，一定要将自己的名字列入遣赵的名单中去。结果，这个宦官却把她的名字误放到去代国的名单里了。

代国的封地在今天的山西，接近匈奴的边界，地势偏寒。等窦漪房知道时，名册已经上报朝廷，诏书也已颁发，一切都不能改变了。这一次不但没有回国，反而是离老家越来越远了，窦漪房不禁伤心地痛哭流涕，心不甘、情不愿地踏上了去代国的道路。

当时，代王刘恒的后宫并不简单，他的母亲薄太后是后宫的主人，他还有一个貌美的王后，育有四个王子。当然，这些对于出身贫苦、经历坎坷的窦漪房来说并不是那么重要，她要的只是温饱而已。

能进入王宫已是天堂，窦漪房本本分分地伺候起代王、薄王太后、王后甚至嫡

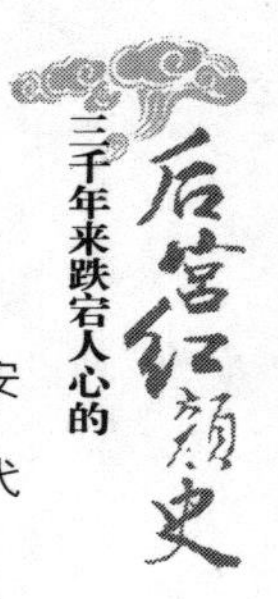

出的王子们。由于是吕后派来的侍女，代王起初对窦漪房心存戒心，渐渐地看她安分守己，文静漂亮，便纳她为侧妃。窦漪房接连为代王生下一女两男，也因此深得代王和薄太后的欢心。

过了没几年，代王后因病去世，王后所生的四个王子竟然也相继夭折。这样，代王就只有窦漪房所生的几个王子了。儿子是血脉的继承人，凭借着这两个儿子和自己贤惠的表现，窦漪房被代王立为王妃。昔日的流浪女，就这样变成了代王妃。

正当窦漪房安分守己地过着亲王姬妾的生活时，捉摸不定的命运再次发生运转。公元前 180 年太后吕雉死去，京城喋血，诸吕诛灭，小皇帝刘弘也被弑杀，朝中大臣要拥立代王刘恒为帝。

刘恒不敢贸然成行，他立即召集僚属商议，郎中令张武说，朝廷的大臣都是高祖的大将，擅长兵法权术，不能轻信，需探听好虚实再作决定。中尉宋昌则认为，吕氏不得人心，代王入主为帝乃民心所向，不必过于忧虑。议来议去，刘恒自己也拿不定主意。

这时，窦漪房给刘恒分析说："妾当年服侍宫中，吕后当权之时，虽大权在握，朝中大臣仍旧思念刘氏旧主，如今吕氏已被铲除，我想众人是真心拥护你即位的。"

窦漪房的话让刘恒豁然开朗，他进入长安，正式宣布继皇帝位，接受大臣们的拜贺，史称汉文帝。随后，长子刘启被立为太子，窦漪房窦姬因"母以子贵"被册封为皇后。

意外失明惨遭失宠

窦漪房再次回到京城，回到熟悉的未央宫，某种意义上可谓凯旋而归，她不再是当初那个无依无靠、举足轻重的宫女，而是汉朝后宫身份显赫的女主人，前后天壤之别。为了实现角色转变，窦漪房要重新给自己定位，树立国母形象。

虽然身居人极之位，窦皇后依然恪守妇德，谦恭贤淑，穿戴朴素大方，事事亲手劳作，还不忘记民间疾苦。她请求汉文帝颁下旨意，赐给天下所有鳏寡孤独之人、生活穷困之人布匹、米面、肉食，百姓们都对这位新皇后感激涕零。

窦皇后还经常劝谏文帝刘恒要节俭从政，使之在位 23 年"宫室园囿车乘服御

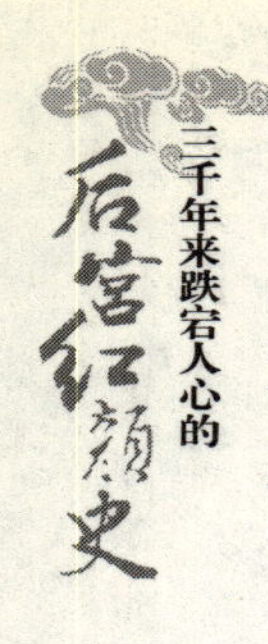

无所增益”。且对子女教育有方，要求他们不但要有皇家风范，还要博学多识，认真读书。

汉朝是个崇尚忠孝的朝代，汉代统治者十分注重“以孝治天下”，认为孝是做人之本，礼之始。窦皇后双亲早亡，葬在观津，便下令追封父为安成侯，母为安成夫人，并在家乡清河郡安置陵园。

接下来，窦皇后派人多方查找到离散多年的兄弟。文帝要重赏他们，窦皇后以礼相辞，说自己的兄弟都是乡下粗俗之人恐怕会辱没皇家外戚之名。于是，文帝便把他们安置在京师居住，请有德行的老师对他们进行教育。窦氏兄弟本来就是老实忠厚之人，经过熏陶成为谦让有礼的君子。

文帝给窦氏一族都封为列侯，其兄封为南皮侯，其弟封为章武侯，其侄任命为大将军，封为魏其侯。为避免重蹈吕氏外戚作乱之复辙，窦皇后多次告诫兄弟既不要过问朝政，也不能以富贵权势欺人，史称窦氏兄弟为“退让君子”。

如此一来，窦漪房颇受文帝、子女、众官以及百姓的拥戴，一时闻名全国。

福兮祸所伏，经过一番努力，终于取得朝中声望的窦漪房突然得了一场大病，病后视力下降。面对后宫三千佳丽，文帝移情别恋，不再关爱窦漪房，特别宠爱邯郸慎夫人，而邯郸慎夫人平时仗着文帝宠爱，在宫中总是与窦漪房并坐。窦漪房比较大度，对此并不计较。

一次，文帝与窦皇后、慎夫人同游皇家林苑，预置座席是汉文帝和窦漪房分坐左右，慎夫人被安排在窦皇后的侧面。慎夫人顿时觉得脸上无光，竟然要文帝打道回宫。文帝见爱妃生气了，也勃然大怒。对此，窦皇后无可奈何，只能暗自悲伤。

一同来的大臣袁盎为窦皇后打抱不平，进谏道："我看今天的坐次安排得非常合理。常言道，臣闻尊卑有序则上下和。窦后是名正言顺的正妻，而慎夫人是妾，嫡妾身份不同怎么能同坐呢？"

顿了顿，袁盎又接着说："陛下还记得'人彘'的事情吗？当初，戚姬倚仗汉高祖的宠爱，对吕氏不屑一顾。结果，汉高祖去世后，吕氏将戚姬做成'人彘'。人无远虑，必有近忧，戚姬之所以下场如此悲惨，与其说是吕氏残忍，不如说是她没有恪守本分。"

听了袁盎的话，文帝和慎夫人面面相觑，然后恍然大悟，怒气全消。慎夫人自此

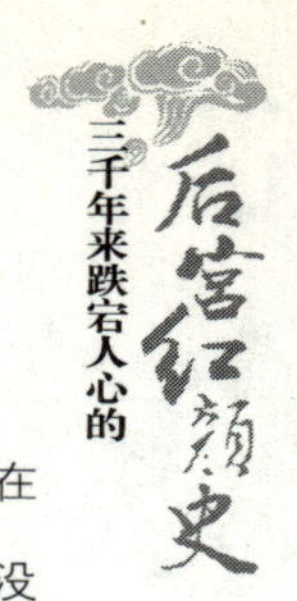

也懂得了韬光养晦、自保之策。

公元前157年，汉文帝驾崩，景帝刘启即位，皇后窦氏成了皇太后。后宫大权在握后，窦氏不仅没有对后宫其他嫔妃展开迫害，反而多加关照，后宫出乎意料地没发生相互残杀的悲剧。

失明失宠的窦氏，最终以贤淑恭顺的美德得到了后妃们的尊重和拥戴，也赢得了朝臣们的赞美和敬佩。

推崇“黄老之术”治国

从贵为皇太后开始，窦漪房也开始频频干涉政务。其中，最引人注意的就是她推崇黄老思想，倡导“休养生息、黄老无为”，主张在清静无为的环境中恢复和发展经济。

为了贯彻和落实黄老之术，窦漪房还亲自找来“黄老”的经典著作，让儿子汉景帝、孙子汉武帝以及外戚们通读。她有时还要检查他们的读书情况，看他们是否读懂了，是否领悟了，是否理论联系实际了。

有一次，窦漪房见儒生辕固生非常博学，就问他喜不喜欢老子的思想，辕固生知道窦漪房要让他赞扬老子的思想，却不屑一顾，颇为轻视地说：“此是妇家人言耳。”

窦漪房听了大怒说：“书生读孔孟，安得保命乎?”于是，当着众多大臣的面命人将辕固生投进猪栏里，让他和野猪搏斗。辕固生手无缚鸡之力，只知道谈论治国治民的道理，怎么能胜过凶悍的野猪呢，一个回合下来，就被野猪拱倒在地，狼狈不堪。

景帝知道后，扔给辕固生一把刀，辕固生手起刀落，乱砍一通，才将野猪杀死。窦漪房见皇帝有意偏袒，便加罪辕固生，最后罢免了他的官职。从这里可以看出窦漪房已经是一个强硬的权力操纵者。

在窦漪房的教育和影响下，汉景帝以前朝为戒，积极吸取秦灭亡的教训，大力推行“休养生息、黄老无为”的治国之道，这对促进汉初经济恢复、社会发展有重要作用，最终形成了中国历史上著名的“文景之治”。

窦漪房能影响汉朝统治者实行黄老之术，这是她作为女性的最大亮点。黄老之

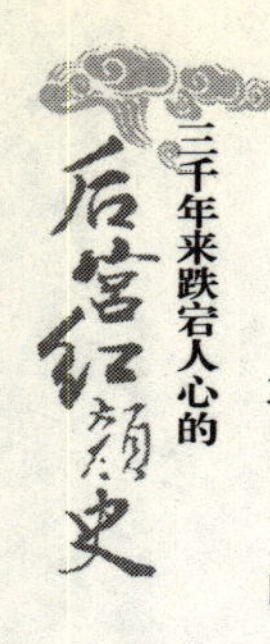

术也适应了当时的汉朝统治。

景帝死后，以雄武著称的汉武帝即位。窦皇后依然主张“无为而治”，但是此时的汉朝经历几十年的恢复和振兴，情况已经和汉初有所不同，独尊黄老之术也已不合时宜。

汉武帝是一个大有作为的政治家，他不满足于现状。特别欣赏儒家的锐意进取，主张通过改革创新发展社会经济，这就与尊崇“黄老”的祖母窦漪房产生了直接冲突。

这种冲突关系到国家的前途和命运，窦漪房不得不退到幕后，一心一意享受后宫养老之乐。在汉武帝即位的第六年，即公元前135年，窦漪房因病身亡，结束了自己漫长而传奇的人生历程。

历史评说

提起汉初统治，很难避开窦漪房。她从一个贫苦无依的流浪女，变为母仪天下的汉朝皇后、皇太后、太皇太后，是中国历史上一个可圈可点的女性。

纵观窦漪房的一生，她曾经遭遇很多不幸，幼年丧父，四处漂泊，侍奉吕后，被遣代国，但是正所谓福兮祸所倚，祸兮福所伏，一些不幸的事情因为机缘的阴错阳差反而变成了好事，成就了她一生的荣华富贵。

由于出身微贱，窦漪房贤淑恭顺，遇事谦退，宽容大度，表现出了很多美德，赢得了后妃、朝臣们的尊重和敬佩。在激荡的人生中，窦氏保持了有始有终，寿终正寝，而且福泽延及后世。

窦漪房的一生共历4朝，辅助文帝、景帝、武帝3朝，她是中华帝国最后一位拥附“黄老思想”的统治者。在她的影响下，西汉政权得以继续由刘邦时期定下的“予民生息”、“无为而治”的精神，把汉王朝推上了强盛的高峰。

名家圈点

至代，代王独幸窦姬。——(西汉)司马迁:《史记》

后奉黄老之学，故诸博士具官待问，未有进者。——佚名:《史记·儒林传》

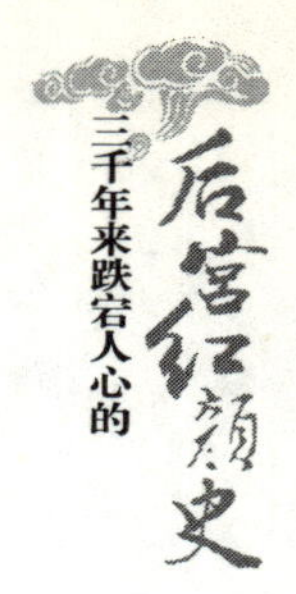

2 汉和帝刘肇皇后(邓绥)

——辅佐朝政天下母

背景身世

邓绥(公元81~121年),河南南阳新野人,东汉和帝刘肇的皇后,门第显赫。祖父邓禹为东汉的开国元勋,拜太傅。父亲邓训官护羌校尉,名重当世。母亲阴氏,乃是光武帝皇后阴丽华的侄女。

邓氏一门自邓禹之世就笃行孝悌,家教甚严。在这样的家庭环境中,邓绥自幼受到严格优良的教育,逐渐养成了遵循法度、克己奉礼的禀性,从小便深得家人的喜爱。邓绥6岁时便能写篆书,12岁时便通《诗经》、《论语》,她提过的问题,兄长们都答不出来,可见聪慧极致。

公元92年,年近13岁的邓绥,在汉室每年八月的例行选美时中选,本来就要入宫,但父亲邓训病死,未能成行。传说邓绥在3年守丧期间,昼夜号泣,饮食起居都恪守丧忌,以至姿容憔悴得亲人都认不出。

3年后,例行选美邓绥又被选中。据记载,邓绥曾梦到自己双手摸天,荡荡正青的天际似有一个像钟乳状的东西,便仰首吸吮。占梦者连呼:"这是古代圣明之君的前兆,吉不可言。"就这样,邓绥怀着喜悦的心情,带着全家人的期望来到了汉和帝的宫中。

红颜风云

她一步一步地前进,从贵人到皇后再到太后,最后以26岁的妙龄成为东汉王朝的主宰。称制期间,她先后册立了汉殇帝、汉安帝两代东汉皇帝,共当了17年的无冕女皇,堪称"东汉第一女主"。

以退为进，登上皇后宝座

16 岁的邓绥性格娴静，身材修长，肌肤若雪，秀骨姗姗，透出几分撩人的风韵，飘飘然不啻嫦娥下凡。一入宫，她就以绝色的容颜赢得了汉和帝的喜爱，备受宠幸。

永元八年（公元 96 年），邓绥被立为贵人，居于嘉德宫，成为皇后以下等级最高的嫔妃。所谓“爱宠稍衰，数有恚恨”，这引起了阴皇后的嫉恨，她感到自己的地位受到了威胁和挑战。

阴皇后，乃是光武帝皇后阴丽华之兄阴识的曾孙女。阴女年少聪慧，精于书艺，聪明伶俐，面貌也极为秀美动人，因此一选入宫中，即被和帝宠幸，受封为贵人，后被册立为皇后。

得宠后的邓绥深知自己虽身为贵人且深受宠爱，但仍只是皇帝的妾，其地位与皇后相差甚多，因此她并不恃宠而骄，盛气凌人，而是自制极严，事事谨慎，对其他妃嫔常卑辞克己，曲意抚慰，对阴皇后尤其恭敬。即使是宫中隶役，邓绥也皆施以恩惠，因此宫中上下对邓绥颇有赞誉。

平日，六宫妃嫔贵人觐见皇上时竞相修饰，邓绥却独着素妆，淡扫娥眉。如果遇到和阴后同行，邓绥则躬身恭立，先让阴后起步，从来不与阴皇后并驾齐驱。每逢皇帝询问，邓绥必定等阴后先说完才开口。有时阴后发号施令，不管对否，她绝不推脱或怠慢，都服服帖帖地听从。

时间长了，和帝也看出了究竟，明白邓绥对阴后劳心曲体，处处谦让，不禁赞赏道：“如此谨慎用心，修德之劳，实在是太难为她了，真令人佩服。”他到邓绥那里的次数也越来越频繁。

和帝对邓绥特别宠爱，阴后受到冷遇、疏远，内心的妒忌也就越来越强烈。以致邓绥心中很不安宁，对和帝也一反常态。每当和帝来到她住的嘉德宫留宿时，她总推说身体不适，劝和帝去阴后的长秋宫。而阴后因心有不满，每次以生病的借口推辞和帝。因此，很长一段时间里，邓绥与阴后都无子嗣，后宫所生的几位皇子则不幸夭折。

善解人意的邓绥虑及皇帝继嗣不广，常垂涕叹息，多次推选才人进御，希望能

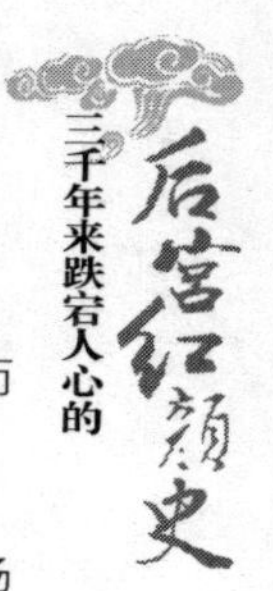

为皇上生下龙种，以博得和帝的欢心。久而久之，和帝觉得邓绥比阴后更近人情，而且处处为汉室着想，对他格外高看。

一次，邓绥偶然染病，和帝为了表示恩宠，特命邓绥的母亲和兄弟入宫照料汤药，不限定日数。邓绥却屡次劝谏和帝说："宫禁至重，而使外舍久在内省，上令陛下有幸私之讥，下使贱妾获不知足之谤。上下交损，诚不愿也！"和帝赞叹说："别人都以能使家人多次入宫为荣耀，你却念及礼法，反以为忧，真是难得啊！"

当邓绥越来越得宠，而阴后则几乎彻底失宠的时候，忽然间和帝身患痢疾，久卧不起，生命垂危。邓绥服侍病榻前精心照料，寸步不离，日日祈祷上苍保佑和帝早日康复。而阴后见和帝垂危，密语左右："有朝一日我若得志，必叫邓氏家族一个不剩！"

不久，和帝渐渐好转，阴后的密言传入他耳中。和帝虽然经过一场大病，却还是血气方刚的年纪，听说阴后居然已经当他是个死定了的人，而且摩拳擦掌地要对他心爱的女人下毒手，开始厌恶阴后。

阴后对邓绥忌恨日深，每次看到她就像看到了眼中钉，便招自己的外祖母邓朱常出入宫中，悄悄计议暗使巫蛊妖术咒死邓绥。巫蛊妖术在汉代十分盛行，朝廷对此严令禁止，不少人也因搞这种把戏死于非命。公元 102 年夏，阴后暗行巫蛊的事传到和帝耳中，他再不愿顾及旧情，立刻下令废去皇后阴氏，册立邓绥为皇后。

邓绥闻知，立即替阴氏求情，并连忙上疏表示辞让皇后之位。和帝虽然没有恩准，却被她这种宽宏大量、谦恭礼让的做法感动了。邓绥在朝野上下、宫内宫外的声誉更盛。

经历了这番后宫的恩怨以后，21 岁的邓绥入主长秋宫，如愿以偿地当上了皇后，她在政治上越来越走向成熟。

集中政权坐稳位置

登上皇后宝座后，邓绥依旧谦和平易，从不居尊自傲，生活上更是俭朴节约，绝无丝毫放纵。她还主动削减地方政府对后宫的岁贡，下令只许在岁终时供些笔墨纸砚，奢侈品一律不得入宫。

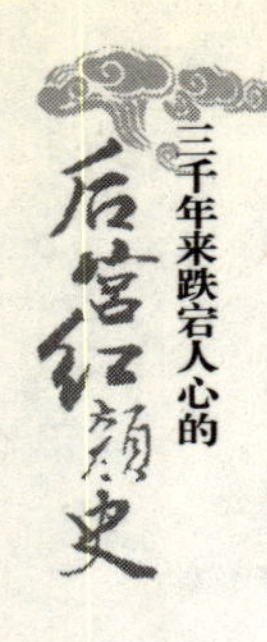

按照规定，邓绥晋升皇后后，邓氏外家都应该得到封赏，加官的加官，晋爵的晋爵。但是当和帝要封赏时，邓绥每次都再三推辞，婉言谢绝。和帝时，邓绥的兄长邓骘只是虎贲中郎将，还是他靠自己的本事升上去的。

邓绥以身作则，从不以公谋私的行为深得人心，朝廷上下无不拍手称快，称赞邓绥的功德。

但是好景不长，邓绥封后不到5年，汉和帝刘肇旧病复发而终，年仅27岁。面对汉家江山，这位以忍让温和、小心谨慎出名，在和帝活着时从未接触过政务的皇后，如何坐稳位置呢?

在文武百官各怀心机的眼光中，邓绥表现得果断而刚毅，她指定襁褓中嗷嗷待哺才3个月的刘隆为新皇帝，历史上称为殇帝，自己则以皇太后的身份临朝称制。其速度之快让人咋舌！

邓绥虽然是一个在深宫之中从未接触过政治的女人，但是已往的汉代政治，历代帝王的成败优劣，以及目前朝政利弊，却都早在她的脑子里了。所以，她表现得比一个老手更能干。

其实当时除了刘隆外，还有8岁的长皇子刘胜。这两位皇子都不是邓绥所生。按照嫡长子即位的原则，刘胜应该继承皇位。但是，邓绥意识到刘胜已经懂事了，再过几年就是小大人了，到时肯定不会听自己的话。而刘隆当皇帝，实质上也就是将国家大权全部掌握在自己手中。

为防止朝中大臣借机篡权夺位，邓绥一反做皇后期间坚持抑制后族的态度，大封邓氏外戚，接手要害部门，掌握重大权力。如长兄邓骘从虎贲中郎将升为上蔡侯、车骑将军，位比三公；弟弟邓悝从黄门侍郎升为虎贲中郎将，与大哥遥相呼应；另两位兄弟邓弘、邓阊都加封为侍中，统率文官。

尽管大封外戚，但邓绥依然把最高权力完全掌握在自己的手中，既不容族人过分掌权，威胁到她的地位，也不容族人飞扬跋扈，败坏自己和整个家族的声誉。在这一点上，西汉东汉任何一个太后都比不上她。

接下来，邓绥在政治上发布了一系列诏令，如为了示恩施惠稳定民心，她下诏赦免了建武（光武帝刘秀年号）以来因罪囚禁者；提倡教化，重祭祀、兴学府，并重修五经、诸史，以鬼神难征、淫祀无福为名将不合典礼者全部罢省；群臣不可"隐瞒罪

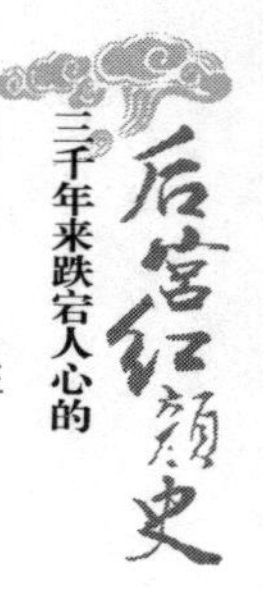

案，纵容凶徒，任用私党，滥用权力，令得百姓受祸”，一时群臣莫不为之畏服，百姓皆称之为圣明。

擅权营造权力的大舞台

人的欲望就像水中行舟，水越满舟越高。随着地位和权力的逐步增加，邓绥的权力欲也悄无声息地增长了。那极其强烈的权力欲，与她显著的政绩一样昭然于天下。

公元106年，殇帝不幸夭折。按理说，这次应该轮到刘胜继承皇位了。但邓绥依然没有给他机会。而是立和帝之侄刘祜为帝，是为汉安帝，年仅13岁。于是，邓绥再次以皇太后的身份临朝听政。

刘祜初登基，朝中重臣三公之一周章对邓绥的专权不满，上书要求邓绥拥立刘胜为帝，邓绥却置之不理。于是，周章便联络亲信，想通过谋变的方式让邓绥把权力交出来，事情败露后，周章畏罪自杀。邓绥借此大肆清除异己，牵连极广，毫不手软。

随着安帝年龄的增长，这一时期的邓绥提高了警惕，臣下的奏疏中，凡有提到要她归政者，便严厉惩处。郎中杜根就因此被邓绥派人装入一个大口袋中，用杖活活打死，然后弃尸城外，还不许他的家人收尸；平原郡吏成翊世也明知山有虎，偏向虎山行，屡劝太后隐退深宫，结果被坐罪系狱。

刘祜27岁时，邓绥手握重权仍然不肯放手，连她的亲弟弟邓康都看不下去，劝其还政。勃然大怒的邓绥一点也不给情面，将这个唱反调的弟弟免职，并把他从族籍上除名，向世人表明自己的态度。至此，邓绥依然牢牢地掌握着朝政大权。

人追求权力的本质在于拥有支配和决定权，以确保自己利益之最大。权力的魔力对邓绥也是同样有效力的。不过，她也懂得充分利用手中的权力营造施展才干的大舞台。

执政期间，邓绥在政治、文化上显得非常开明，她厉行节约，兼用外戚、宦官，用人得当，处事适当。她还焦心勤勉，自强不息，注重经史学术，教化天下，使宫中形成了一股读书的风气。

在经济上，她临朝之初，水旱十载，四夷外侵，盗贼内起。她日夜操劳，躬自处置，实行鼓励农业生产的政策，兴修水利，灌溉农田，便利交通，增收节支，减轻赋税，救济灾民，终使岁还穰丰，因此汉政权得以渡过难关。

另外，她听从虞诩等人良策，以赦免战俘、安抚和谈的办法转守为攻，使羌人暴动得以平息；采纳西域都护任留班超之子班勇的进谏，通西域、抗匈奴，安定并州、凉州，使西线多年无战事。

公元 121 年，邓绥积劳成疾，年仅 41 岁就咯血重病而亡，共摄政达 16 年之久。邓绥死后，与和帝合葬顺陵，谥号为熹皇后。

历史评说

虽然有梦兆预示璀璨的前程，但邓绥相信天上是不会掉馅饼的，所有的荣华富贵必须靠自己的双手去争取。如果要用一个字来形容邓绥的性格，那就是"忍"，邓绥比所有的女人都会忍能忍，也正是靠忍，她才能够打败阴后，赢来自己所要的爱情与地位。

就是这样一个奇女子，仍然具有很大的争议性，甚至有人把阴鸷、两面派这样的帽子扣在邓绥的头上。因为她身为皇后、太后却临朝称制，号令自出。然而，我们忽略了邓绥的焦心勤勉，自强不息，使西汉一度政治清明，再次兴旺，四夷重又归附。纵观历史，像这样在内遭家难、外遭天灾的情况下振兴国家，功德巍巍的女主还未见过。

邓绥死后，刘祜执政无能，宦官当道，受制阎后。外诛大臣，内废太子，东汉王朝迅速走向下坡路。而邓绥的政绩则越发彰显，成为东汉政绩最好和声誉最高的皇太后。

千古风流人物，雨打风吹，孰是孰非，每个人心中都有一杆秤。

名家圈点

兴灭国，继绝室，录功臣，复汉室……巍巍之业，可望而不可及，荡荡之勋，可诵而不可名。——东汉歌谣

太后奉行节约，杜绝奢侈，立陛下为天下之主，安定汉室。——(东汉)刘毅：

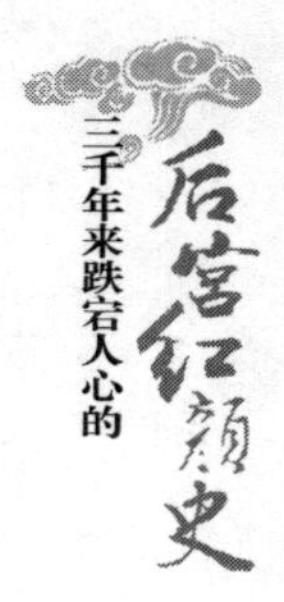

邓后称制终身，号令自出，术谢前政之良，身阙明辟之义，至使嗣主侧目，敛衽于虚器，直生怀懑，悬书于象魏。借之仪者，殆其惑哉！然而建光之后，王柄有归，遂乃名贤戮辱，便孽党进，衰斁之来，兹焉有征。故知持权引谤，所幸者非己；焦心恤患，自强者惟国。是以班母一说，阖门辞事；爱侄微愆，髡剔谢罪。将杜根逢诛，未值其诚乎！但蹊田之牛，夺之已甚。——（南北朝）范晔：《后汉书·和熹皇后纪》

3 隋文帝杨坚皇后（独孤氏）

——一夫一妻制的先锋

背景身世

独孤氏（公元 543~602 年），名伽罗，隋朝云中（今大同）人，周大司马独孤信之七女，隋文帝杨坚皇后，史称“文献皇后”。

独孤氏是南北朝时期北方的名门望族，他们原先居住在代北地区，独孤家是该部少数民族的首领。北魏建国，魏孝文帝进行改革，把都城从平城迁到洛阳，独孤家作为朝廷重臣也随皇室迁到洛阳。

据说，独孤伽罗的母亲怀孕时曾梦见有明月入怀，独孤信认为女儿或许将来是大富大贵之身，疼爱有加，着意培养。独孤伽罗从小就谙悉上层社会的各种生活礼仪和规范，加之身世显赫，貌美动人，士家大族趋之若鹜，慕名求婚者络绎不绝。

北魏分裂，孝武帝西迁长安时，杨忠屡立战功，位列仅次于独孤信的柱国大将军之职。独孤家与杨家可谓是世交，独孤信见杨忠之子杨坚状貌雄伟，武艺绝伦，识量深重，故将女儿许配为婚，时年 14 岁。

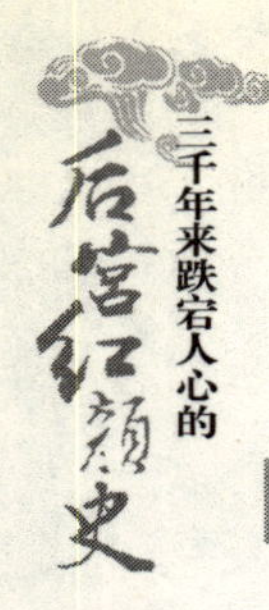

“从一而终，忠贞不贰”是如今夫妇之间互相约束的一种美德。独孤氏是历史上有载的第一位鲜明捍卫一夫一妻制的女性，更值得称道的是她使一代天子也能遵循这一伦理，创造了中国帝王婚姻史上的一段传奇与佳话。

辅佐丈夫登上皇位

郎才女貌，门当户对。独孤氏婚后柔顺恭孝，谦卑自守，很受杨坚宠爱。一日夜半之时，她不无担忧地对杨坚说：“以夫君的文才武略日后必大有作为，夫君此时对妾身恩爱，恐怕日后一旦有权势必然会忘记今日夫妻情谊，另寻他欢了。”

杨坚立即严肃起来，起身对独孤氏发誓，此生誓无异生子，否则必遭天谴。后来，杨坚虽然日常在朝廷做事，经常随军出征，但凡有闲暇之时他必定回家陪同娇妻。

杨坚和独孤氏的婚后生活美满幸福。但是时间不久，这种幸福的生活就被打破了，独孤氏的父亲被诛，家族也几近没落，这对独孤氏是一个非常重大的打击，几乎改变了她的性格，而性格决定了命运。

历史上的西魏政权一直为宇文泰所控制，文帝、废帝、恭帝都在宇文泰的操纵下先后上台。到恭帝时，西魏已名存实亡，被宇文泰 15 岁的儿子宇文觉取代，建立北周，一切大事均由皇叔宇文护裁夺。西魏柱国大将军赵贵等人对摄政的宇文护不满，想借机发难，但由于策划不周事泄，独孤信受牵连被诛。在杨坚等人的积极活动下，独孤氏其他成员的性命得保。

父亲的被诛以及家族的没落，使独孤氏对政治斗争的残酷无情有了初步而深刻的认识，她慢慢地成熟起来，逐渐改变了以往淑女的形象，在政治上成为丈夫的得力助手。

当时的孝闵帝宇文觉和杨坚颇有交情，他深知杨坚之才，又顾忌北周宋太祖曾指杨坚有帝王之相。做了皇帝之后，他为了拉拢杨坚，不断赏赐杨坚珍贵之物，并赐予高爵位，但不授予实权。

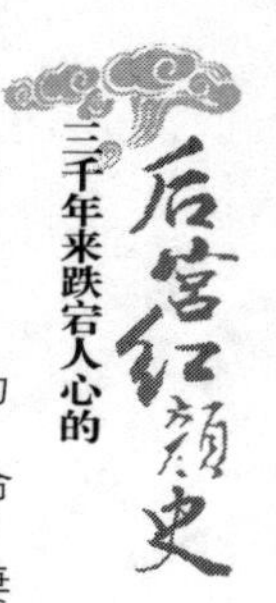

独孤氏敏感地意识到，皇帝对丈夫的“厚恩”是个不祥的预兆，多次告诫丈夫为人不可张扬，更不能表现出有大志向来。于是，杨坚听从妻子的劝诫，处处隐忍，命手下私底到处传播流言，说自己宠爱妻子独孤氏，皇帝每有赏赐就全部送给了妻子，以讨其欢心。这样时间一长，宇文觉渐渐认为杨坚不过是一个胸无大志之徒，而独孤伽罗是一个贪财好利的女人，对两人放松了警惕。

这样一过便是20年，杨坚表面上看起来隐忍、谦让，但才能与功勋还是日益显露，最终被新帝宇文邕（武帝）封为北周上柱国，掌握了全国的兵马大权，在朝廷中的势力也一天天壮大起来。等到父亲杨忠去世的时候，他顺利地继承了父亲的爵位，并加封为隋国公。

独孤氏为杨坚生有一女五子，长女杨丽华做了皇太子宇文赟，即后来的周宣帝的太子妃。然而，皇室对杨坚的猜忌并没有因此而消除。被皇族的压力笼罩着，杨坚更加韬光养晦，加倍小心。

周宣帝即位之后，独孤氏还利用进宫探望女儿的机会，万分嘱咐已为皇后的女儿务必小心谨慎地侍候皇帝，举止贤良、待人宽厚，以免引起麻烦。即使如此，性情残暴多疑、刚愎自用的周宣帝仍曾恶狠狠地对杨丽华说：“你父若有不敬之处，我必定诛杀你们一家！”

有一次，周宣帝秘密布置了大量的卫士在大殿两边，并派亲军持器械前去请杨坚来皇宫议事。他吩咐手下，一旦杨坚不敢前来，或者有其他举动，立即将他拿下。

杨坚一见卫士携带武器，知道大事不妙，不知道该如何处理，独孤氏见事情紧急，再做其他准备已经来不及，规劝丈夫从容应对必能化险。杨坚见事已至此，只得按妻子的嘱咐行事，整理好衣装，面色沉稳地随卫士来到皇宫，从容不迫，对答如流。宣帝找不出杨坚的罪名，便对他夸奖了一番，并放了回去。

不久，周宣帝因病崩逝，年幼势弱的静帝即位，杨坚以大丞相的身份辅政新帝。当时，各种矛盾急剧激化，北周政权危机四伏，有杨氏代周的传言。独孤氏对杨坚曰：“大事已然，骑兽之势，必不得下，勉之！”

杨坚如今大权在握，又看到当前宇文氏的统治已处于风雨飘摇之中，形势对自己这样有利，充满了信心。但他感觉取代北周有违人臣之道，独孤氏反问道：“夫君忘记了当年为人臣虽忠心却不安全吗？”

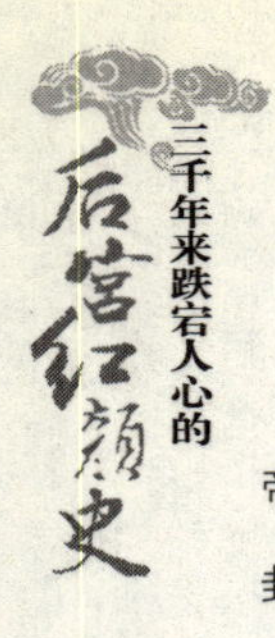

公元581年，在独孤氏的鼓励下，杨坚废掉周静帝，尽杀了宇文氏诸王，自称皇帝，建立了隋王朝，号称隋文帝。杨坚对患难与共的独孤氏深怀感激之情，即位后，封独孤伽罗为皇后，长子杨勇立为太子。

与文帝并称“二圣”治国

宣帝性多疑，喜怒无常，生活糜烂奢侈，从不过问治政得失，不听群臣进谏，王公大臣、后妃被诛戮、黜免者不可胜数，以至于朝政黑暗，内外恐惧，人人自危。

多年动荡的生活使独孤氏在政治上更加成熟，她清楚地看到这一弊端。做了皇后后，她更加兢兢业业地辅佐隋文帝，做了很多有益之事，处处都可以确信她是位才智过人的女性。

隋文帝勤于政事，每日坚持早朝，无论身体如何还是天气有变，从不懈怠。每次杨坚早朝，独孤氏都要乘辇与隋文帝并车前行到前殿，然后在殿后等候隋文帝与百官朝会、商议国事。

到退朝后，独孤氏和隋文帝再一起并行回宫。路上，她会同隋文帝谈起朝会的情况，一旦发现隋文帝处理政事有不妥之处，她必然婉言进谏，直说得隋文帝心中折服，点头称是。

这样日复一日，时间久了，隋文帝就连处理日常政务也征求独孤氏的意见，而独孤氏“雅好读书，识古达今”，都能提出很合隋文帝心意的见解。宫中上下对她特别敬重，还把她与文帝并称为“二圣”。

据史书记载，隋文帝为人勤俭节约，毫无奢侈之风。殊不知，隋文帝的勤俭在很大程度上来自于独孤氏的劝诫。独孤氏与隋文帝平日饮食，只要不是大礼享祀或国宴，“所食不过一肉而已”，绝无浪费铺张。

独孤氏不仅自己崇尚节俭朴实，从不铺张浪费，也要求子女一体遵行。她与隋文帝的三个女儿个个知书达理，端庄贤淑，与人和睦相处。她还曾告诫过太子杨勇，自古君王从未有因奢侈而长久的。

当时突厥与隋贸易，有明珠一盒，价值八百万，幽州总管殷寿让独孤氏买下，她婉言谢绝道：“现今戎狄屡次侵犯，将士们应战疲劳，不如用这八百万奖赏有功之士。”

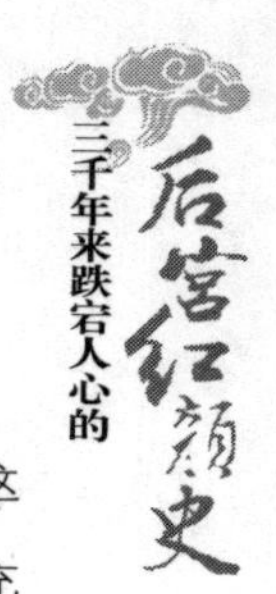

此举立刻朝野传闻，受到百官称赞。

从这件事，足以领略到独孤氏的不同凡响和作为政治家的非凡风度。当然，这也说明她提倡节俭，正是考虑到国家的利益。所以，这一时期“内外率职，府帑充实，百官禄赐及赏功臣，皆出于丰厚焉”，隋文帝终成一代治世。这其中，独孤氏功不可没。

中国历代王朝，外戚倚仗皇后的权势得高位者很多。独孤氏权势浩大，连皇帝都敬她三分，但是她深知外戚得势的局面往往不长久，如汉初曾飞黄腾达一时的吕氏外戚集团，最终落得满门抄斩的下场。因此，她对家人加以种种限制，从不因为自己受宠而随便施恩于娘家人。若是亲族犯了国法，独孤氏便毫不犹豫，并且态度极为坚决。

有一次，大都督崔长仁触犯国家王法，按律当处以斩刑。隋文帝考虑到崔长仁是独孤氏的表兄弟，有意赦免其罪。独孤氏闻知，态度坚决地说：“国家之事，怎能因亲私之情而置国法于不顾呢?”在她的一再坚持下，崔长仁被依法处斩。

隋文帝每一项政治举措几乎都留下了独孤氏的痕迹。可以这么说，独孤氏在隋代建立后的历史大变革时期作出了自己的贡献。隋文帝能做出“开皇之治”的历史功绩，实在是有她的不小功劳。

可以说，独孤氏之所以能使杨坚恪守“一夫一妻”的原则，数十年如一日地专享丈夫的宠爱，独居帝宫后宫之首，也正是凭着她对丈夫、对大隋江山的极大贡献。

将“一夫一妻制”贯彻于政

独孤氏的贤惠世人皆知，但是为了维护隋朝的统治、为了捍卫自己的爱情，她也不乏强硬的政治手腕。婚后，独孤氏就让丈夫发誓他这一生之中不能与除了她之外的任何女人生孩子。当上皇后后，她更是严格约束后宫妃嫔们的言行举止，还不准她们随意接近皇帝。

在独孤氏的把持之下，整个后宫一片静谧肃穆的气氛，妃嫔们虽然心中不满，但顾及独孤氏至高的地位和强硬的手腕，只能严守规定，没有一个敢冒着生命危险去接近皇上，后宫三千佳丽如同虚设。

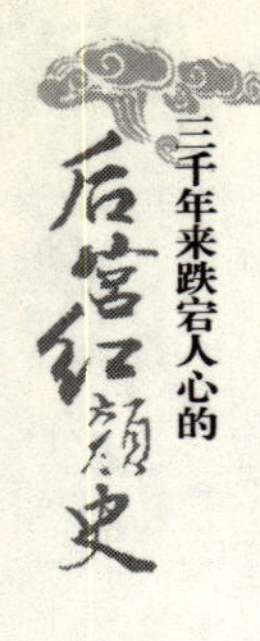

一次，独孤氏受了些风寒小病卧床，在宫中调养。隋文帝闲着无事，就悄悄地带了两名内侍去了仁寿宫，巧遇了后宫奴婢尉迟贞，文帝的感情一发而不可收拾，对尉氏宠幸至极。

独孤氏得知后，顿时气得咬牙切齿。等到隋文帝一走，立即派人传来尉迟贞。尉迟贞花容失色，跪倒求饶。独孤氏二话不说，命令手下的宫女太监一齐动手，可怜一个千娇万媚的美人，不到片刻时光就香消玉殒了。

独孤氏余怒未息，待隋文帝早朝结束后，说有礼物献给皇上，然后将众人屏退，拿出一个盒子。隋文帝十分纳闷，打开盒子一看，竟然是尉迟贞的头颅，不禁大叫，又痛又恨。

隋文帝顿感万念俱灰，任凭独孤氏怎样喊，他头也不回地走出了皇后寝宫。宫门外面恰好有一匹马，杨坚跨到马背上，鞭一挥，那马便放开了四蹄，径出东华门。

隋文帝这一走，可慌了独孤氏，她立即派人去请亲密大臣高颎、杨素。两位大臣骑马顺道追上杨坚，请皇帝回宫。文帝泪流满面，叹息曰："吾虽为天子，却身不由己！要天下又有何为？"

高颎正色说："圣上错了，得天下艰难，守成治安更不易，怎能为了一个妇女，反将天下看轻？还请圣上早早回宫，免得人心惶惑。"隋文帝听了，沉吟片刻，才返回宫中。

这时，城中的百官，备齐了车驾，纷纷来迎。独孤氏也觉自己做得过分，跪于宫门前迎驾请罪。再加高、杨二位重臣连连苦劝，文帝才勉强谅解了皇后，不计前嫌。

从此之后，隋文帝变得规矩了许多，他共有 5 个儿子，都是与独孤氏所生。独孤氏算得上中国最早提倡一夫一妻制的人，并且极其认真地身体力行。不过从另一方面来看，这也促进了隋文帝把所有的精力投入到政事上，在隋朝历史上有所作为。

独孤氏不仅要求自己的丈夫"从一而终"，对身边的群臣及诸子都以这个标准作为对其道德的衡量尺度。若是他们与妾关系亲密，多生育子女，就劝皇上不要重用。

高颎是隋国的开国元老，而且是独孤氏两代家臣，德高望重，但因为他和妾生了个儿子，独孤氏便天天对隋文帝进言："高颎如此厚待小妾，是不值得信任的人，怎么能够重用他呢？"结果，高颎被慢慢地疏远了，最后还被罢免了丞相之职，提早

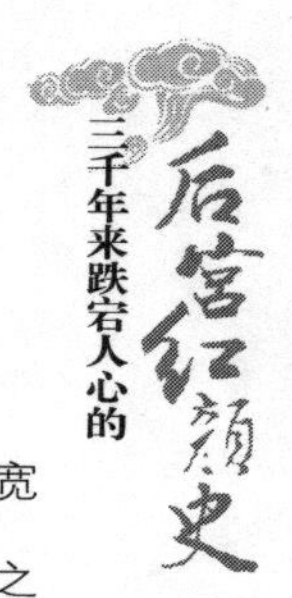

回乡养老了。

更要命的是太子也是因为同样的原因被废。当时太子杨勇生性率直，为人宽厚，但宠幸侧妃，对正妃不理不问，结果独孤氏对他没有好脸色，并取消了其太子之位，立杨广为太子。原因很简单，杨广和母亲一样提倡“一夫一妻制”，就只和妻子萧氏相处，

公元602年8月，独孤氏病逝永安宫中，终年59岁，葬于太陵，谥号文献皇后。隋文帝没了约束，开始宠幸后妃，可见独孤氏对他的威慑力。不幸的是由于年事已高，隋文帝很快便重病不起，被杨广所谋杀。

不知独孤氏死后是否有知，那个表面上与正妻如胶似漆、感情专一的杨广实则荒淫无度、性情残暴，公元618年，隋亡。独孤氏所谓的“一夫一妻”制捍卫了自己的爱情和地位，却也间接地毁了整个隋朝。

历史评说

杨坚在娶独孤氏的时候，便立下“此生誓无异生子”的誓言。正为这一誓言，杨坚始终不肯纳妾立妃，六宫虚设，专宠独孤氏。而独孤氏也才会倾其一生，为丈夫的建功立业付出一切。

独孤氏是一位聪慧伶俐、又有胆识的奇女子，她不仅是隋文帝生活中的好伴侣，更是政治上的好帮手。杨坚能在动荡局势下改朝换代，并使隋朝得到良好的发展，与独孤氏的参与、谋划是分不开的。当历代北周皇室一心想杀掉有帝王之表、雄韬伟略的杨坚，以除后患时，独孤氏劝诫丈夫处处隐忍，然后千方百计地暗中周旋，机智对待，最终使杨坚化危为安，顺利地登上了帝王之位。

高居皇后之位后，她勤俭自奉，雅好读书，识古达今，更加兢兢业业地辅佐隋文帝，做了很多有益之事，最终帮助隋文帝成为一代治世，并与文帝一起被尊称为“二圣”，这实为古来众多后妃中，难能可贵的殊荣呀！

作为一个女人，独孤氏倾其一生所做的一切，其实只有一个目的：为了捍卫爱情！为了回报丈夫始终不渝的爱。虽说她严治后宫的手段有些残忍，可处于当时特殊的地位，如果不那样，怎么能治理一个秩序严谨的后宫，从而让隋文帝专心致力

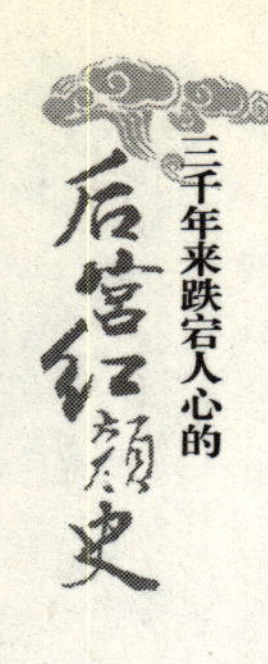

于朝政呢！

独孤氏是历史上有载的第一位鲜明捍卫一夫一妻制的女性，更值得称道的是她使一代天子也能遵循这一伦理，可谓千古绝唱。虽然此后社会风气依然如故，但丝毫不削减她的铿锵风采。

名家圈点

高祖与后相得，誓无异生之子。——(唐)魏征等:《隋书·列传第一》

4 唐太宗李世民皇后(长孙无垢)

——贤明通达的典范

背景身世

长孙无垢(公元601~636年)，北魏皇族拓跋氏之后，生父长孙晟为隋右骁卫将军、著名外交家，平突厥之功臣；生母高氏，为北齐皇族后裔，名臣高士廉之妹。

生活在这样的家庭中，长孙无垢从小就博闻强识，聪明伶俐，知书达理。曾有卜卦的人说她“坤厚载物，德合无疆，贵不可言”，以后必将为“辅相天地之宜而左右人也”。

长孙无垢本应该是一个幸福的人，但因父亲的去世，人生变得凝重起来。因其母为父亲的续弦，所以父亲去世后，8岁的长孙无垢和哥哥长孙无忌被异母兄弟赶出了家门，寄居在舅舅高士廉家。

在舅舅的主持下，13岁的长孙无垢嫁给了当时太原留守李渊的次子、年方17岁的李世民，日后逐渐成为秦王妃、太子妃，唐太宗的皇后。她因贤德出名，是中国史上最为著名的贤后。

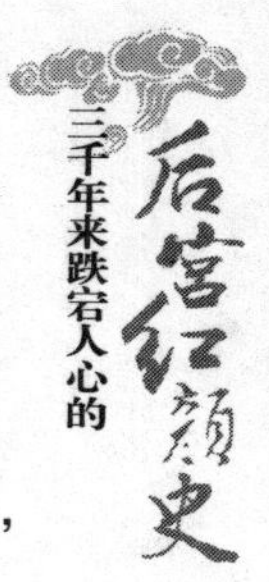

红颜风云

长孙无垢13岁嫁入李家，从李家媳妇到秦王妃，再到太子妃，直到大唐皇后，在伴君如伴虎的情况下，她做什么事都能应付自如，被公认为千古第一贤后。那么，她都有过怎样的心理变化和成长故事呢？

支持丈夫玄武门兵变

常言道："妻贤夫祸少，妻贪夫招罪。"长孙无垢嫁到李家时，年龄虽小，但已能尽行妇道，悉心侍奉公婆，相夫教子，是一个非常称职的媳妇，深得丈夫和公婆的欢心。

而李世民少年有为，文武双全，20岁时便有王者之风，能折节下士，疏财广招天下豪杰；21岁随父亲李渊在太原起兵，亲率大军攻下隋都长安，使父亲登上天子宝座，开辟大唐王朝。

李渊称帝后，封李世民为秦王，负责节制关东兵马。在李世民征战南北期间，已被加封为秦王妃的长孙氏紧紧追随着丈夫四处奔波，为他照料生活起居，从而使他在作战中更加精神抖擞，所向无敌。数年之内，李世民就挥兵扫平了中原一带的割据势力，完成了大唐统一大业，被加封为天策上将，位置在其他诸王公之上。

李世民文武双全、威重功高，自然令当时骄横自大、有勇无谋的太子李建成不安。所以，李建成处心积虑地要把这颗"眼中钉"、"肉中刺"除掉。与此同时，李世民的弟弟李元吉觊觎皇帝宝座已久，一心想一举越过李建成、李世民两重障碍。于是，两人联合起来处处给李世民设陷阱。

当三兄弟之间的嫌隙日益加深之时，长孙无垢心里明白，斗争十分尖锐复杂，要想保全自己，取得胜利，必须走得正，站得直，让别人想找碴也找不着。日久见人心，相信真相自会大白于天下。

为了帮助丈夫建立一个有利的环境，长孙无垢尽心尽孝地侍奉公公李渊，在嫂子和弟媳中，她多承担家务，处处忍让、顺从，尽量让她们挑不出刺儿，找不到借口，竭力消除他们对秦王的误解。

李建成和李元吉屡次暗害李世民都没有得手，便采取釜底抽薪的策略，准备入

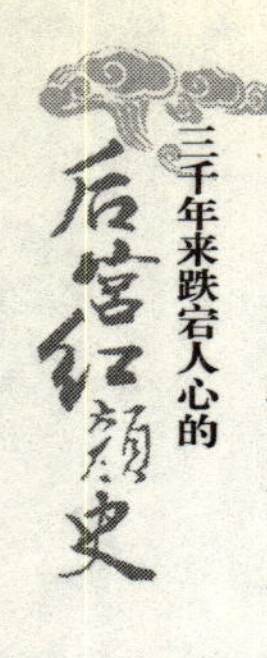

朝借机除掉李世民。李世民得知情况后不得不孤注一掷，立即召集有限的兵力，准备伏兵玄武门，袭杀李建成和李元吉。在力量对比悬殊的情况下，这一搏是仅有的一线战机，也是成败的关键所在。

决定命运的时刻到了！

玄武门前夕，长孙无垢没有迂腐地用礼法来阻拦李世民选择暴力。相反，她为他备好了战衣，自己也毅然跨上战马，追随李世民到玄武门，亲切、坚定地慰勉每一位即将和丈夫并肩血战玄武门的将士，全体将士无不为之感动。

通过玄武门兵变，李世民顺利除掉了李建成和李元吉，被立为太子。第二年，即公元 627 年，李渊因年事已高而禅位，李世民被封帝，号唐太宗。长孙无垢随即被立为皇后，此时她 26 岁。

为了弥合李氏兄弟濒临破裂的关系，长孙无垢在过去的几年中曾尽心竭力地孝顺唐高祖，努力周旋于妯娌间，设法在深宫中走动，以自己的表现为丈夫消解误会。当一切和解的努力注定徒劳后，这个柔弱的女子毅然支持丈夫武力解决问题，亲临战场慰勉将士们，最后在玄武门赢得了整个天下。

玄武门之变是中国历史上最残忍的一次皇权之争，但长孙无垢在玄武门以最大的诚意慰勉将士的身影，塑造了盛唐时代里，一个柔美庄重、激荡人心的政治形象，她勇敢之极，明智至极。

“下怀其仁”管理后宫

虽然当上了至高无上的皇后，长孙氏却并不因此而骄矜自傲，反而觉得肩上的担子更重了，她一如既往地保持着贤良恭俭、胸怀大度的美德，也试图改变唐太宗弑杀兄弟登位的形象。

长孙皇后深知，战乱刚结束，国家困难重重，她不贪权，更不贪钱，一生崇尚节俭。为了在宫廷内部树立勤俭节约的风气，她曾亲自率领后宫嫔妃们栽桑养蚕，体会男耕女织的艰难。

历代后宫的关系都很复杂，但是长孙氏做什么事都能应付自如，深得后宫中各类人物的敬佩和爱戴，谁都愿意听从她的安排，没有人争风吃醋，更没有人争夺继

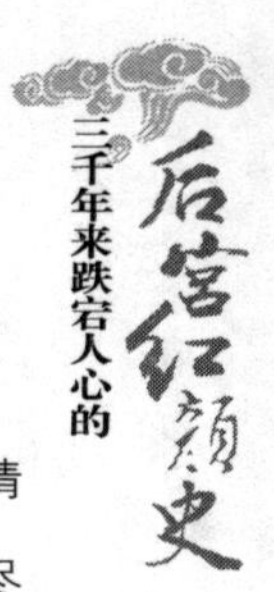

承权。整个后宫宫纪肃整，秩序井然，温暖和谐，这在历代是极少有的。

对于年老赋闲的太上皇李渊，长孙氏侍奉得十分恭敬而细致，每日早晚必去请安，时时提醒太上皇身旁的宫女怎样调节他的生活起居，像对亲身父亲一样尽心尽力地尽孝道。

对后宫的妃嫔，长孙氏非常宽容和顺，待之如亲姐妹，相处得非常融洽，她不妒忌李世民宠其他的妃嫔，相反还常规劝李世民要公平地对待每一位妃嫔，不要亲近这个疏远那个。妃嫔、宫女生病时，她总会亲自去探望，并体贴地加以安慰、照顾。

更为难得的是，只要是太宗的孩子，不管是嫡出庶出，长孙氏都待如己出加以爱护。豫章公主生下后，母亲因为难产而死，长孙氏想到自己父亲早死，年幼失怙的情形，主动收养豫章公主，给公主的母爱甚至超过了自己的亲生儿女，宫中人很受感动。

有时，唐太宗下朝回到后宫，遇到不顺心的事，会严厉训斥侍役者。这时，长孙氏也会装作很生气的样子，命令将侍役者抓起来，并请求亲自来处置，绝不轻饶。等到太宗过了愤怒期，她才开始慢慢调查处理，把事情的经过曲直告诉太宗，既取得太宗的谅解，又绝不冤枉一个好人。

长孙氏的贤惠与善良，公正与明智体现了一个很高的道德水准。她的举止，被史书称为"下怀其仁"，即下面的人都感怀她的仁德，就如同将军仁爱，战士乐死一样。

这些虽然是小事，但都显示出长孙氏不同凡响的智慧，那是一种柔性的力量，看不见摸不着，但无处不在。这是长孙氏的力量，也是长孙氏的智慧，更是默默无闻的奉献。

为什么这么说呢?因为长孙氏认为唐太宗少年登基，夙兴夜寐、日理万机，很辛劳，到了后宫应该有一个很安定舒适的生活和休息环境，这样才能把整个身心投入到管理国家大事中。唐太宗之所以能够创造出轰轰烈烈、引人注目的伟业，长孙氏功不可没。

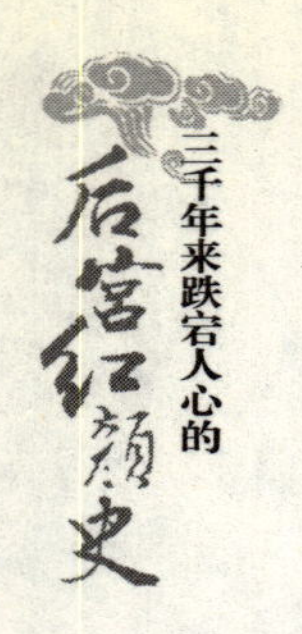

“保家安国”的聪明皇后

其实，不论是在历史事实中还是唐太宗的认识中，长孙氏绝不仅仅是一位优秀的后宫管理者。实际上，她一直是唐太宗的高参，特别是在重大问题上。因此，长孙皇后去世后，唐太宗称：“顾内失吾良佐，哀不可已已。”

长孙氏自幼勤奋读书，知识渊博，与太宗私下闲谈时，引经据典、滔滔不绝。唐太宗对长孙氏十分信任和欣赏，一些军国大事及赏罚细节等国家大事，回到后宫后常常与她提及。

长孙氏深知妇人乱政专权的祸害，认为国家大事应由皇帝与大臣们商量决定。一旦太宗与她提到朝政，她就很郑重地说：“母鸡司晨，终非正道，我是妇道人家，怎能随意议论国家大事。”太宗不听，还是对她说得滔滔不绝，但她始终沉默不语。

唐太宗坚持要听她的看法，长孙氏拗不过，说出八个字：“居安思危，任贤纳谏。”这八个字虽然短小，但是长孙皇后深思熟虑的结果，既给唐太宗指明了方向，又没有细枝末节的建议和束缚。

李世民牢记“居安思危”与“任贤纳谏”，时常在公务之暇，召集武官们演习射技，名为消遣，实则为督促武官勤练武艺，并以演习成绩作为他们升迁及奖赏的重要参考。由此属下人人自励，不敢疏怠，国家长期兵精马壮，丝毫不怕有外来的侵犯。

不过，该说话时，长孙氏还是会说。她懂得如何巧妙利用母性和妻性的“润滑剂”，对太宗进行温柔而不伤体面的提醒。谏议大夫魏征就是长孙皇后从唐太宗手中救下的一个谏臣。

魏征是一个敢于犯颜直谏的耿介之士，他常对唐太宗的一些不当的行为和政策，直截了当地当面指出，并力劝他改正，唐太宗对他颇为敬畏，常称他是“忠谏之臣”。但有时在一些小事上魏征也不放过，甚至小题大做，让唐太宗常常觉得面子上过不去。

有一次，魏征劝阻唐太宗郊外狩猎。唐太宗回宫后，余恨未消，狠狠地对长孙氏说：“魏征这个老东西太不像话了，他经常当着满朝文武的面使我难堪，真是可恨。我哪天只有亲手杀掉他，才能泄心头之恨！”

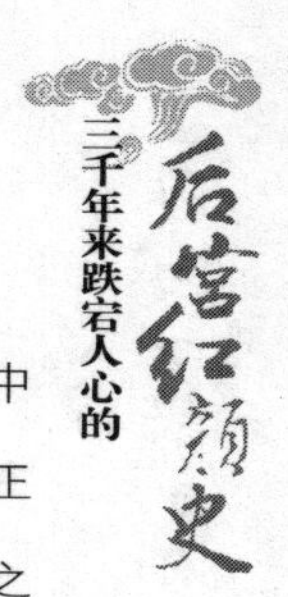

长孙氏柔声细语问明了原由，默默退出，回到寝宫，穿上朝服，叩首即拜，口中直称："我听说只有君主贤明，能采纳忠言才能有正直的大臣出现。魏征是少见的正直忠臣，这当然是因为您贤明、能采纳忠言的缘故了。有这样的君和臣，乃我大唐之幸，我要向您表示祝贺。"

唐太宗听了恍然大悟，把原来对魏征的怨愤都转为内心的敬佩。正因为有长孙氏这样的"贤内助"，唐太宗才避免了许多不必要的过失，赢得了一批赤胆忠心的大臣，最终成为一位圣明君王。

长孙氏的哥哥长孙无忌文武双全，早年即与唐太宗是至交，又在玄武门之变中立有大功，因此，太宗把他视为知己，打算任他为宰相，执掌朝政。长孙氏听说后，对太宗说："妾既然已托身皇宫，位极至尊，实在不愿意兄弟同朝为官。汉朝的吕后、霍光之家，可为前车之鉴。"万不得已，唐太宗只好让长孙无忌作不实际掌管政事的开府仪司。

由于隋末连年的战争烽火，唐朝正处于百业待兴时期，人民迫切需要一个安定的环境，发展生产，休养生息。唐太宗即位后，长孙氏建议他下诏轻徭薄赋，不修宫苑，实行均田制、租庸调制鼓励生产等治国安邦的良策，这些措施都深受人民欢迎。

史书上说长孙皇后是一位"保家安国"的聪明皇后，此言非虚。即使到病重时，她仍然不忘以大唐的江山社稷、黎民百姓为重。

公元 636 年，长孙氏身染疾病，且愈来愈重，服用了很多药物，但病情没有丝毫好转。这时，太子李承乾向长孙氏秘密请示用赦免囚徒和度人入道等方法，祈求保佑皇后。

长孙氏严肃地摇了摇头说："生死有命，富贵在天，这不是人力所能达到的。况且，大赦是国家的大事，随便使用必定会有损于国家的政体，怎能因为我一妇人而误了国家大事呢？"

太子不敢违背母命，便把这件事告诉了房玄龄，房玄龄又转告给了太宗。太宗与大臣们听了莫不感动，一致请求太宗大赦天下，就连魏征也没有反对。谁知，长孙氏还是拒绝道"皇上若真那样办，我只求速死"。太宗只好作罢。

公元 636 年，长孙氏逝于立政殿，年仅 36 岁。弥留之际，她尚殷殷嘱咐唐太宗善待贤臣，不要让外戚位居显要，并请求死后薄葬，一切从简。

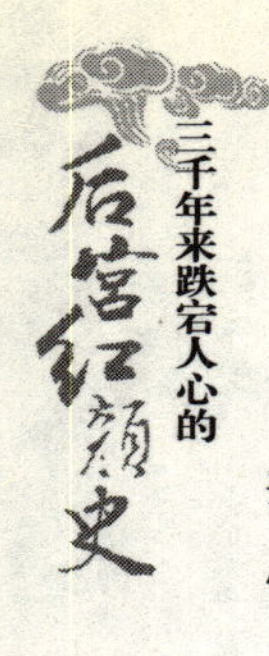

失去长孙氏后，千古一帝唐太宗悲恸万分，下令建筑了气势雄伟宏大的昭陵，并在皇宫花园中建观望台，以便能常常看到昭陵。观望台建好后，他常常遥望昭陵，怅然若失。

唐太宗李世民久经战场，浴血奋战，英勇盖世，长孙氏能够如此长久地活在他心中，不能不说她有着非常独特的魅力和非凡的智慧。

历史评说

唐太宗之所以能成为千古一帝，开创李唐江山和“贞观之治”盛世，除了其自身贤明、智勇双全和手下的一大批谋臣武将外，与妻子长孙皇后的辅佐也是分不开的。

或许是因为受家庭的影响，长孙皇后具备贤明通达的品德。这种品德使她能事事以大局为重，理性地处理事务。这种理性不仅表现在对待家族、后宫嫔妃们的事情上，更体现在对待朝廷股肱之臣的态度上。

她宽容忍让，委曲求全，和公婆、妯娌、嫔妃们和平相处，以过人的智慧和贤德帮助了丈夫；她时刻给唐太宗敲警钟，要做一个明君，虚心接纳群臣的谏言，多为黎民百姓着想；她还理智地坚持“不参与国事”、“不做重臣”等理念。

长孙皇后的做法很简单，但历史上很多皇后宠妃，却没有几个人能真正做到。可以说，长孙皇后所具备的这种理性与贞观时期的理性行政是一脉相传的。

虽然这位贤德皇后才36岁便匆匆离世，但她赢得了唐太宗及所有人的赞誉和敬仰，留下了所有男人都向往的那种安谧的美丽，给人们留下永久的感动和温暖的传奇，更为后世树立了贤妻良后的典范！

名家圈点

唐太宗不是无过，皇后是个完人。——佚名

坤德既轨，彤管有炜。韦、武丧邦，毒侔蛇虺。阴教斯僻，嫔风浸毁。贤哉长孙，母仪何伟。——（五代后晋）刘昫等:《旧唐书》

诗人美后妃，辅佐君子、求贤审官，国家将兴，必有淑哲之配，儆戒以成君

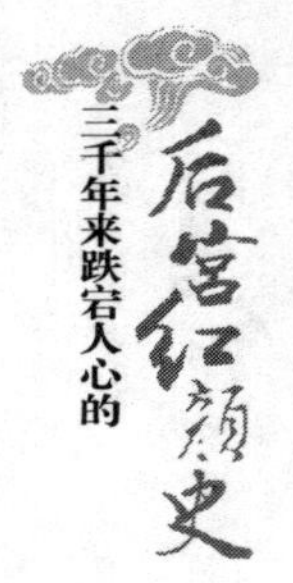

子之德。若长孙皇后感悟太宗，其可谓贤矣。——（宋）范祖禹：《范太史集》

惟长孙后，性好读书。献可替否，裨益讦谟。采古女则，益昭其德。允兹后焉，正是四国。——（明）茅坤：《全像评林古今列女传》

三代以来，皇后之有贤德者，唐长孙氏为最。后仁孝俭素，好读书。常与太宗从容商略古事，因而献替裨益弘多。——（清）周召：《双桥随笔》

5 明太祖朱元璋皇后(马秀英)

——辅弼夫君定江山

背景身世

马皇后(公元1332~1382年)，名秀英，淮西宿州新丰里人，明太祖朱元璋的“良妻”与“良相”。因其在妇女皆缠足的元代坚持不裹脚，故被后人称为“马大脚娘娘”。

马家原本是富甲一方的大户，因幼年父母双亡，马秀英被父亲的至交、濠州红巾军郭子兴收养为义女。郭子兴非常重感情，讲义气，他与妻子张氏把马秀英当亲生女儿一样精心抚养。

马秀英聪明伶俐，长大后出落得面貌端庄，神情秀逸，一举一动都透着一股大家风范，郭子兴夫妇十分钟爱她。待马秀英21岁时，将之许配给帐下计谋多、有决断的部将朱元璋，即日后的明太祖。

红颜风云

马秀英凭自己不凡的气度、超人的智慧，帮助朱元璋成就了大业。被封为皇后后，她时常用自己的言行规劝、影响朱元璋，对大明江山可谓贡献颇多，就连朱元璋也称其为“犹国之良相”。

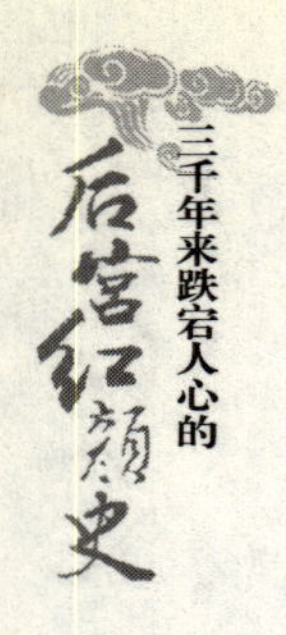

屡救丈夫于危难之中

马氏温柔贤惠，聪明善良，为人淳朴，有了这样一位贤妻良母，雄才大略的朱元璋，更是作战勇猛，屡建军功，深得郭子兴的信任和重用。夫妻二人可谓是生活、事业双丰收。

福兮祸依，正因为朱元璋深受重用，引起了周围许多人的忌妒，特别是郭子兴的两个儿子郭天叙和郭天爵。两兄弟没有多大本事，他们害怕父亲将来把兵权交给朱元璋，就想方设法地对朱元璋加以陷害。

郭子兴虽然为人磊落、重用人才，但有一个缺点就是过于贪财，如果部将把战利品送给他，他会非常高兴。而相反，如果哪位将军把战利品据为己有，他就会心怀不满。

朱元璋军纪严明，不许手下官员抢劫财物，自然无从进纳。郭天叙和郭天爵抓住这一点大做文章，屡次向父亲谗言朱元璋私吞战利品。时间一长，郭子兴信以为真，对朱元璋渐渐冷淡起来。

一次，朱元璋对郭子兴作出的一项军事行动表示反对，郭子兴怀疑朱元璋怀有二心，图谋不轨，一怒之下将他幽禁起来思过。郭天叙和郭天爵落井下石，瞒着父亲暗中下令，让看守人员断绝了朱元璋的饮食供给，意图活活饿死他。

马氏见丈夫被幽禁，心中十分焦虑，便想方设法接近关押丈夫的房屋，并知道了朱元璋被断食的事情。朱元璋虽然明知是人陷害，但又不知道是不是郭元帅本意，所以夫妻二人不敢声张，马氏每天偷偷前来送饭。

这一天，马氏把熟饼藏在衣服里准备给丈夫送去，途中却遇张夫人，张夫人见她心神慌张，就拉她到卧房里盘问。马氏垂头不语，结果胸部被饼烫得生疼，她才急忙解开衣服，哭诉原由。

张夫人心疼不已，当即把郭子兴叫来。郭子兴大为惊讶，马上下令将朱元璋放了出来，调查清楚事情后，怒气冲冲地将两个儿子大骂了一顿，又每人重重责打20大板。

马氏是个聪明人，他从义父义母的交谈中，听出了是义父怀疑朱元璋把得来的

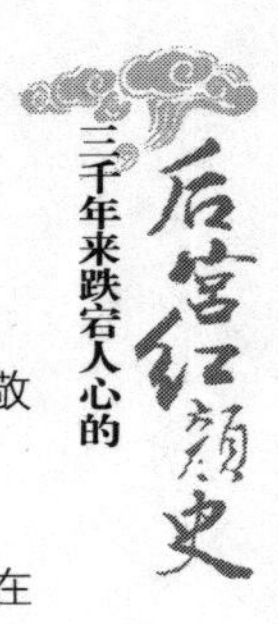

财物占为己有，于是她便经常把自己的金银首饰送给两人，假说是朱元璋让她孝敬父母的，这样，朱元璋才得以平安无事。

久而久之，家里的日子有些拮据了。当时因战乱缺乏食粮，马氏平日里自己在家省吃俭用，把粮食和好的食品都留给朱元璋，以至于有时候自己都要饿肚子。

公元 1360 年，朱元璋与陈友谅对垒时，马氏为了助丈夫一臂之力，亲自带领将士的妻女为部队制衣做鞋，士气大振。谁知，朱元璋在阵中不幸受了箭伤，无法行走，对方追击猛烈，生命岌岌可危。

马氏得知后，心急如焚。她立即假扮成一名村姑，冲进敌人的包围圈中。找到受伤的朱元璋后，马氏将其背在自己的背上，冒着飞箭，向部营飞奔而去，朱元璋最终得救了，她受伤了。

这些事朱元璋铭记于心，对马氏更加情深意重。即使做了皇帝后，朱元璋还经常在臣将面前说起往事，还夸马氏所表现的这些贤德足可以与大唐的长孙皇后相媲美。

夫妻二人共同度过了 15 年患难与共的征战生涯。在马氏这个贤内助的辅佐下，朱元璋大军经过南征北战，扫平了其他起义军，又回过头攻下了不堪一击的元都，统一了中国。

公元 1368 年，朱元璋称帝，建立了中国历史上又一个强大的帝国——明朝，定都南京，建元“洪武”。朱元璋不忘夫妻的患难之情，情深意重，册封马氏为皇后。

仁慈微谏母仪天下

身为皇后，马氏以“贤、德、勤”管理后宫，使后宫呈现出和平、安宁、互敬互爱的气氛。不仅如此，她还深知忠臣贤士、平民百姓对朝廷的重要性，十分关心、保护他们。

一次，部下搜罗了元宫中大批的珍宝玩物，朱元璋非常高兴地叫马氏一同欣赏，谁知马氏见了这些宝贝，不屑一顾地说：“这宝物是凶物，元朝就是因为有了这些宝物而不能保住国家的，陛下要这些做什么呢?”

朱元璋一听明白了，忙叫人将珍宝抬走，马氏忙拜贺说：“危亡起于细微，妾与陛下起于贫贱，今贵为帝后，最怕生出骄纵奢侈。贤士才是真正的宝物，愿陛

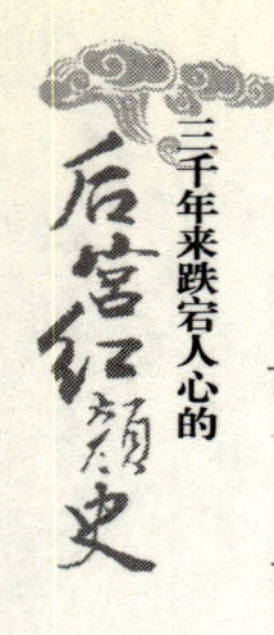

下珍惜!"

以珠宝为粪土,以人才为宝物,朱元璋和马氏这样的思想对安定明朝的江山起了重要的作用。

马氏经常以一个女性的细心关心和重视忠臣贤士。每日早朝议事,若事情较多就常常要延续至晌午,按惯例奏事官吏就在殿堂上用餐。一天,马氏命人取来午餐菜肴品尝,觉得味道欠佳,随即向朱元璋建议:"人主奉宜薄,而养贤宜厚,否则怎能笼络贤德之士?"朱元璋深以为然,下令改善午餐的质量。这虽是一桩小事,却使官员们十分感激,当然也就更加尽力于朝廷。

又有一次,朱元璋巡视太学回宫后,马氏关切地问:"太学有多少生徒?"朱元璋说有几千人。马氏又问道:"太学生有朝廷供给食用,但却没有另外的俸银,他们的妻儿怎么办?"马氏的话引起了朱元璋的重视,于是诏令定期赐给太学生家属粮食,太学生从此无后顾之忧,一心治学。

朱元璋起于贫贱,身世坎坷,因而表面上虽然睿智英明,从容纳谏,但他生性多疑,不断想寻找借口屠戮功臣宿将。因为马氏经常婉言规劝,朱元璋多少有所节制,才避免了不少悲剧的发生。

赦免大学士宋谦就是其中的一个事例。

宋谦是有名的文人学士,明代开国时的许多典章制度、礼乐刑政文典都出自他的手笔,被朱元璋尊称为"开国文臣之首"。他曾经辅佐朱元璋19年,68岁时告老还乡。几年后,宋谦的孙子因为胡惟庸的事情受株连,72岁的宋谦也遭到朱元璋的怀疑,被定为死罪,危在旦夕。

马氏闻讯后,向朱元璋进言道:"宋先生辅佐您多年,为明朝贡献很大,不会有反意。更何况,他如今年逾古稀,还能发挥什么作用?"但是朱元璋拒绝了马氏的说情。

第二天,马氏的午膳全是素食,不见酒肉,朱元璋问何故。马氏垂泪答称:"一日为师终生为父,普通百姓家为孩子请老师,尚且将尊师之礼奉行一生,何况我们天子之家呢?妾是在为宋先生做福事啊!"朱元璋不由得恻然心动,赦令宋谦不死。

免诛和州参军郭景祥之子也是一个典型。有人告密说郭景祥的儿子想要持槊杀父。朱元璋不辨消息真假,便要派人杀掉郭景祥的儿子。马氏正颜劝说道:"郭景

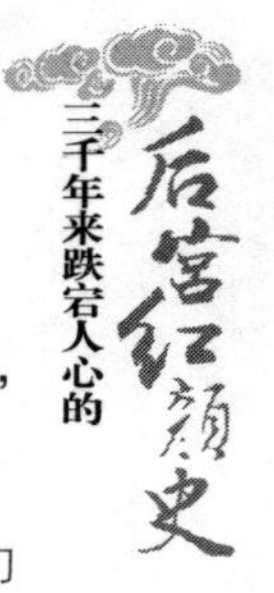

祥只有一个孩子，别人说的也许不是实际情况，杀了他恐怕就会断绝郭景祥的后代，先了解情况再定夺也不迟。”经过认真了解情况后，朱元璋果真发现此事为虚。

更难能可贵的是，每逢文武官员夫人入朝，马氏都不忘送礼品，并与她们亲切交谈，就像对待自己的家人一样。如此一来，忠臣贤士都尽心尽力地为明朝廷作贡献。马氏的仁慈不但保护了重臣，同时也保护了平民百姓。

有一年春节，朱元璋命令全城人家在自家门上贴上一个“福”字。其中有户人家不识字，竟把“福”字贴倒了。第二天，朱元璋上街查看，看到这家倒贴“福”字，一气之下下令满门抄斩。马氏忙解释道：“百姓们知道您今日来访，故把福字倒贴，意为福到，不是吗？”朱元璋一听哈哈大笑，下令放人，一场大祸终于消除了。

还有一次，朱元璋与谋士刘伯温微服私访元宵节灯会，看到一幅图画谜面——一个大足妇人，怀抱一个大西瓜，眉开眼笑，模样十分滑稽。朱元璋不解其意，向刘伯温请教，刘伯温则诡笑着说：“可回宫问皇后娘娘。”

当晚回宫后，朱元璋迫不及待地向马氏提起此事，马氏淡然一笑，说“此图为淮西大脚妇人也，想必是说妾。”朱元璋大怒，认为这简直是侮辱皇后，立即要传旨捕拿制图者。马氏大度地劝解道：“佳节吉日，与民同乐。何况妾本是大足，说又何错？”

从这些事情中都可以看出，马氏不仅要求丈夫不能因个人喜怒来处罚人，而且也是她仁慈与大度的体现，不愧为一个母仪天下的皇后。与此同时，马氏也是天下诸多良士的知音，这在历朝历代是不多见的。

干预朝政又重于辅佐

马氏之所以与众不同，是因为她不但有贤德，而且有才能，成功打破了朱元璋“后妃虽母仪天下，然不可使干政事”的理论，理直气壮地既当皇后，又当皇上的“秘书”。

有一次，马氏问朱元璋：“如今天下老百姓安居乐业了吗？”朱元璋不高兴地回答：“这不是你应该问的。”马氏振振有词地回敬道：“陛下是天下之父，妾身为天下之母，子民的安康，难道我不能过问吗？”朱元璋无言以对。

朱元璋所有的札记，都由马氏亲自执笔记下。每当朱元璋有所感慨和言论，她

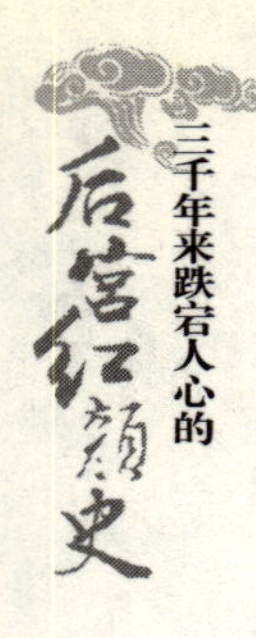

都仔细地记录下来，无论事态如何复杂，她均能排布得条理分明，字句清楚，毫无疏漏之处。

明朝新建，百姓财力匮乏，马氏倡导勤俭廉洁风尚。她不但自己厉行节约，而且时时不忘提醒大功告成的皇夫，注意实行休养生息的政策，不要加重人民的负担。在她的感化下，朱元璋免除三年的劳役和赋税，督促官员们廉洁守法，要各地驻军屯田垦荒。这样，明朝初年的农业生产有了明显的发展，新建立的明王朝统治也巩固下来。

为了能使朱家子孙日后能长久地统治天下，疑心重重的朱元璋设立了“锦衣卫”特务机构，专门监视、侦察大臣的活动，弄得大臣们个个提心吊胆，朝廷上处处充满了紧张、肃穆的气氛。

马氏见状，担心不已。怎么样才能使皇上不再疑心，给大臣们一个安全的环境，安心地辅佐朝政呢？她常常委婉劝说朱元璋要善待大臣：“陛下不忘与我共同度过的贫贱岁月，为重情重义。君臣扶助比夫妇扶助要难，但愿您也能不忘与臣下共同度过的艰难岁月。”

除此之外，她建议将权力分开，集中皇权。大臣的权力减少了，皇上的权力增加了，这一减一加就可以使朝廷上下各司其职，大臣欲图谋反而力不足，而不必再搞“锦衣卫”特务机构。

朱元璋马上予以采纳，取消丞相职位，由自己直接管辖吏部、户部、礼部、兵部、刑部、工部的尚书；又废了掌握军权的大都督府，改设左、右、中、前、后五个都督府，分别训练兵士，由皇帝统领。这样一来，朝廷上下各司其职，政局也便稳定了下来。

为了报答马氏的美德与佐治之功，朱元璋数次提议赐予皇后族人以高官厚禄，马氏总是坚决谢绝，她说：“外戚干政，易乱朝纲，官职恩赐外家，实非遵法！”明代外戚享受高爵厚赐，但不被授予高职，严禁干预政事的规矩就是马皇后定下来的。

鉴于历代宦官乱政的教训，善于以史为镜的马氏特别在这方面给朱元璋出了主意。明朝廷严格规定，内臣不得兼任文武官职，不得着臣冠服，不得与外廷诸司有文书往来，并在宫门前竖下铁牌，上写着：“内臣不得干预政事，犯者斩！”如此一来，杜绝了宦官乱政之弊。

据说，浦江人郑谦十代同堂，千人同居共食，家族融洽和乐，被郡守赐予一块

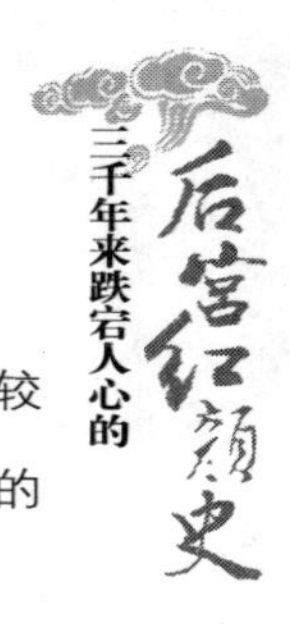

但不管武则天的初衷是哪一种，太平公主与武氏的联姻使她与母亲的关系较之以往更加亲密了起来，她的人生发生了重大转折，开始真正成为卷入宫廷政治的风云女性，而她正好具有这方面的天赋，于是从此欲罢不能，并沉迷于此。

武周末年，武李两家矛盾尖锐化，武则天召回庐陵王李显，立他为太子。同时，她也开始有意让太平公主和上官婉儿以及她的两个男宠张昌宗、张易之逐渐掌握权力。

一时间，男宠张昌宗、张易之兄弟，权倾朝野，骄横难制。宪台宋豫多次要除掉二张，都因为武则天的阻拦而失败。武太后晚年时，二张又收买了包括李迥秀、杨再思、苏味道和李峤等众多宰相在内的官僚，更加目中无人。

后来，武则天重病不起，宠臣张易之和张昌宗深感朝不保夕，将国事揽于己怀，密谋反叛，造成了太子无法亲政，群臣不得召见的局面。对此，诸武不安，李氏宗室也感到危机重重。

公元 705 年，李家的拥护者、宰相张柬之发动兵变，逼武则天逊位给太子李显，即唐中宗。太平公主虽是武家儿媳，但政治上一直是李家的拥护者。面对这种局势，她联合其兄李旦站在太子一边，帮助他们对付二张和诸武。

在此次事变中，太平公主颇有胆略，而且功不可没，被唐中宗封为“镇国太平公主”。

铲除韦氏匡复李唐

在武则天时期，太平公主基本上是收敛的，但在唐中宗复位之后，跳动不安的掌权野心，促使着她逐渐走到幕前，积极参与政治，并且大露峥嵘。

为了表达拥位之恩，中宗曾特地下诏免太平公主对皇太子李重俊、长宁公主等人行礼的特殊待遇，这让意图乱政篡权的韦氏与安乐公主怀恨在心，太平公主意识到韦氏是自己的死敌，于是大力培植亲信人马，想与之一分高下。

中宗是少有的昏庸之君，他内由韦氏、安乐任意摆布，外由宗楚客、纪处讷等奸臣摆布。在他的治理下，奸夫淫妇充斥宫廷，官场腐败透顶，国家弊端重重，阶级矛盾激化。

后来，太子李重俊谋反。韦氏与安乐公主趁机陷害太平公主与相王李旦兄妹，立皇后。

史书称马皇后为“千古贤后”，在封建时代，她是贤妻良母的典范，是“母仪天下”者中的佼佼者。她对后世影响极大，明、清诸后乃至民妇皆以其为楷模，争相仿效。

名家圈点

家有良妻，犹国之良相。——(明)朱元璋

我后圣慈，化行家邦。抚我育我，怀德难忘。怀德难忘，于万斯年。毖彼下泉，悠悠苍天。——(明)佚名

从太祖备极艰难，赞成大业，母仪天下，慈德昭彰——(清)张廷玉等:《明史》

第三章
不按常规出牌的幕后推手

野心是可怕的，特别是欲将天下收入自己囊中的野心。这些女人一上场，政局的动荡不安、血雨腥风、悲云惨雾就无法避免了。她们获得了无人能及的满足感，也付出了常人无法想象的代价。

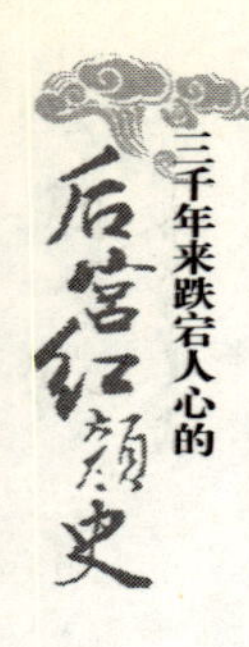

贵之家以及蕃属之国。唐高宗看中了薛绍，薛绍父亲薛曜为光禄卿，母亲是高宗的妹妹阳城公主。

太平公主与驸马薛绍的感情很好，生有二男二女，但是这次婚姻却不长久，7年后薛绍被判了死刑，只留下太平公主和四个嗷嗷待哺的孩子，那么这个婚姻悲剧究竟是如何造成的呢？

原来，在高宗逝世后，政权掌在了武则天的手中，武则天开始打压李唐的势力，薛绍因兄长薛顗参与了谋反而受到牵连。对此，《资治通鉴》是这样记载的："绍以太平公主故，杖一百，饿死于狱。"

面对这突如其来的家庭悲剧，太平公主逐渐明白了作为公主，她是逃脱不了政治的，她积极投身于已经执掌大权的母亲武则天的麾下，热衷政治的太平公主从此出现在了中国的历史舞台上。

武则天见太平公主政治才能突出，善于机变，很像自己，便常与之商议政事。太平公主也十分乖巧，知道母后专制，律法严峻，因而行事比较收敛，内与谋，外检畏，并很快显示出了多权略的特点。

太平公主的政治才华首次显示在除掉薛怀义的密谋活动中。薛怀义是武则天的男宠，因受宠多年变得骄横无比，争风吃醋，引起了武则天的厌恶，决定秘密处死他。太平公主授意乳母张夫人、建昌王武攸宁等人，密挑宫中健妇一百多名，积极准备。

后来，薛怀义闯进内宫时，太平公主令健妇们冲上去，把薛怀义捆绑起来，拴到树上勒死。尸体扔上垃圾车，运到白马寺，对外称暴毙。这件事做得十分利索，没有留下罪证。

正当太平公主暗自体味血腥的政治斗争时，母亲武则天"赐予"了她第二次婚姻。此时高宗已死，武则天正在紧锣密鼓地改朝换代，为了抬高自己的身价，顺利建立武周政权，她需要把李姓皇帝的女儿与武氏家族联姻。女婿选定为武承嗣，他是武则天的大侄子。

也有人说，这次婚姻是武则天为了保护太平公主而采取的手段，武则天在太平公主第二次结婚的两个月后，即公元690年7月正式登基，对李家宗室处处打压，太平公主因为成为了武家的儿媳而避免了危险。

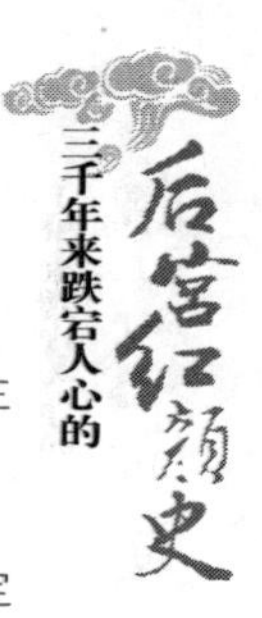

排除异己，密谋废了明皇李隆基，其中掌握羽林军的常元楷和李慈经常出入公主府。公元713年6月，太平公主认为发动政变的时机已经成熟。

此时，太平公主已经站在了唐朝历史发展道路的中央，她的一举一动都将决定唐朝未来的走向。

尚书左丞张说从洛阳派人献给李隆基一把佩刀，目的是催促他先下手为强。谋士王琚对李隆基说："现在的局势太紧张了，万一公主先下手，后悔就晚了！必须立即行动。"

李隆基请王琚坐在身边，说道："你说得对，父皇的同胞只剩下太平公主，我想劝父皇杀掉她，怕伤他的心；但如果不处死她，她很可能篡位，国家就会大乱，黎民百姓也会遭殃。"

公元713年，李隆基突然起事，与亲信率家兵三百余人，首先杀了太平公主安插在身边的朋党，然后追捕太平公主。太平公主惊恐万状，先逃入南山寺，三日后返回家中，被李隆基赐死。

历史评说

太平公主虽然名为太平，但她短暂的一生很不太平。从小就生活在浓重的权力纷争之中，把她身不由己地推向了权力中心，刺激着她那颗跳动不安、蠢蠢欲动的掌权野心。

作为处在政治塔顶的人物，太平公主的一生随着唐朝的发展而发展，她一生参与了铲除二张、逼母退位、消灭韦后一党等许多重大的政治行动，见证了从武周末年到玄宗初期，大唐政治局势的风云变幻，是真正影响了这段历史时期的风云人物！

太平公主虽然纵横捭阖、得意一时，但来自政治权益的诱惑和污秽根深蒂固地浸染了她，她骄横放纵，屡屡参政，以至意图谋反，最后用自己悲情的生命在纷繁复杂的大唐宫廷留下了自己的一份斑斓。

假使太平公主不集"三千宠爱于一身"，容貌平平，心机平平，和其他公主一样寻常，或许她也会碧草斜阳、轻裘快马地诗意活着；也会锦衣玉食，丰禄阜饷地安享人生！

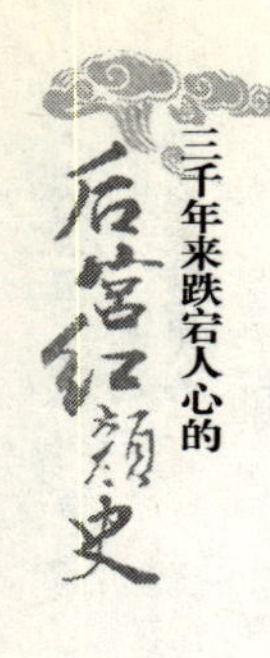

人也坚定了跟随刘邦起兵的信念。

起义的形势不明朗，刘邦只好率领手下整日游荡在芒砀的山林水泽之中，他对妻子总是能准确地找到自己感到很不理解。吕雉解释说你隐藏的地方，时常有一片云气笼罩，跟着这片云就一定能找到你。

当越来越多的人知道刘邦为赤帝之子、有帝王之气后，纷纷投靠了过来，而刘邦更加坚信自己是真龙天子转世，增强了坚持斗争的信心，慢慢地形成了自己的集团。

事实上，所谓的赤帝之子、帝王之气只是吕雉为了鼓励刘邦而和哥哥编撰出来的。吕稚能够借用当时风行的迷信帮助丈夫树立大志，使其走上了自己期望的政治道路，不可不说她是一个聪明机智、具有远见卓识的非常女性。

不久，沛县城里纷纷传说刘邦已经走上了反秦道路，并且要攻占县城，杀死所有秦朝官吏。沛县县令紧张起来，将吕雉母子一起抓进了监狱，逼迫刘邦出山营救妻儿，好乘机将他和他的手下一网打尽。

吕雉遇困，刘邦顿时失去了消息来源和后方供应，深深地不安起来。这时候，吕雉通过关系给刘邦捎来话，劝他一定不要贸然进城，要等力量足够壮大时一举攻下沛县，刘邦深以为然。后来，刘邦和萧何、樊哙等人加紧谋划，里应外合，终于一举攻下了沛县，救出了吕雉母子，做了沛公。

吕雉的智慧使得刘邦未能贸然而行，避免了被剿灭的危险，也使自己得以大难不死。她不露痕迹地成了丈夫政治道路上志同道合的伙伴，真正地走上了夫唱妇随打天下的道路。

后来，刘邦与项羽开始了长达 4 年的楚汉争霸，项羽在睢水大败刘邦。乱军之中，吕雉为了不让刘邦绝后，费尽心机地将刘盈姐弟藏起来，她与公公一起成了项羽的俘虏。

当吕雉和公公成为项羽俘虏时，刘邦不仅不想办法搭救，反而成了缩头乌龟，死不出战。项羽大声高呼要刘邦投降，否则就要烹了他的父亲。刘邦却满不在乎地说："我们曾经结拜为兄弟，我的父亲也是你的父亲，你要是将他烹了，别忘了分给我一碗肉羹"。项羽又说要杀死吕雉，刘邦居然笑嘻嘻地说："你爱杀就杀，悉听尊便吧。"

刘邦对自己的薄情寡义，加上先后在沛县县令、西楚霸王军营中受尽折磨和凌

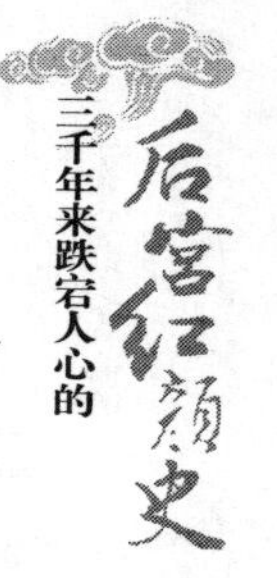

辱，这些求生不得求死不能的经历，使吕雉养成了坚毅和不屈的性格，彻底明白了自己要成为一个什么样的人。

残酷诱杀异姓诸侯王

公元前202年，刘邦于垓下一举全歼楚军，楚汉战争正式结束，刘邦登基为皇帝，正式建立了汉王朝。与刘邦同生死、共患难的吕雉理所当然地当上了皇后，成为母仪天下的人中之凤。

国家虽已建立，但天下初定，国家事务千头万绪，政权亟待巩固，身为皇后的吕雉从一个农妇，摇身一变成为刘邦不可或缺的得力助手，并为她日后掌权做了充分准备。

起初，汉朝朝廷是一个所谓布衣将相之局，因为朝臣、诸侯王大多为农民起家，又与刘邦一起出生入死，在朝堂上经常做出失礼的行为，如饮酒争论、醉后喧哗，甚至拔剑击打宫殿的支柱。

吕雉深为这种情况担忧，她劝刘邦为人君须有人君的尊严，为人臣须有人臣的礼仪，如此朝廷才能长久。刘邦觉得很有道理，就让原来的秦博士叔孙通率众弟子制定了新的宫廷礼仪。

若有违法者一律斩杀，自此朝廷上再无人敢喧闹，秩序井然，尊卑分明，刘邦的皇帝尊严大大加强，刘邦私下里对吕雉说："我今天才真正知道了当皇帝的尊贵呀！"

当初为了能够击败项羽，刘邦分封了许多异姓诸侯王，如韩信、彭越，他们手握重兵，实力强大，其封地跨有诸郡。夺取天下之后，为了巩固自己的统治势力，刘邦开始屠杀功臣，吕雉出谋划策，比刘邦更是心狠手辣，成为开路先锋。

楚王韩信通晓军事，其智慧才能出类拔萃，诸将无人能及，就连刘邦也自叹弗如，而且手握重兵。吕雉对韩信早有防范，认为应除之以绝后患，刘邦念于他功劳巨大，贬为淮阴侯，并迁居京城。

公元前196年秋，阳夏侯陈豨造反，刘邦御驾亲征，临行前，安排吕雉与萧何留守京师。吕雉认定这是除掉韩信的绝好时机，她同丞相萧何周密策划，设计了一个擒拿韩信的计谋。

吕雉派萧何向韩信谎称刘邦已经在前线取得了重大的胜利，望大臣们入宫朝贺。韩信

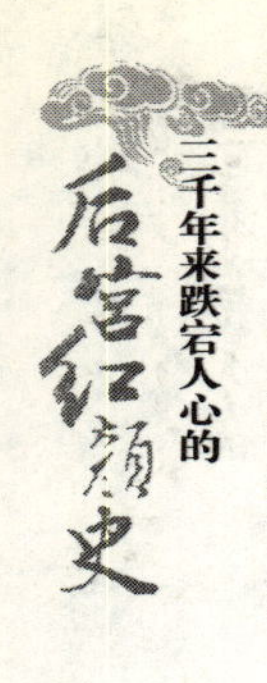

的状。李隆基此时虽为太子，但太平公主的权势仍是强大的，他只好采取了以退为进的手段，上奏姚元之、宋璩离间骨肉，请给予罢免，以证明自己没有“离间姑兄”的阴谋。

后来，睿宗以贬姚元之为申州刺史、宋璩为楚州刺史作为代价，来换取太平公主迁到蒲州。右羽林大将军岐王隆范和薛王隆业兵权被剥夺，御林军归太子掌管，这对太平公主十分不利。

宰相窦怀贞、崔湜、岑羲是太平公主的心腹，宰相刘幽求跟右羽林将军张啼密谋，把三个人杀死。不料，张啼竟把密谋泄露了出去。李隆基为了自保，忍痛向睿宗汇报张啼、刘幽求、邓光宾的罪状，太平公主则力奏将三人处死，由于李隆基的侧面保护，三人被流放到外地，保住了性命。

双方矛盾不仅没有缓和，而且公开化了。左右为难的睿宗竟萌发了不愿意做皇帝的念头。他召集三品以上官员商议，说：“朕素怀淡泊，不以天子为贵。昔日为太子时，就曾让位给中宗。后又居皇叔，坚辞不就。今天想传位给太子，卿等有何高见?”

消息传出，无论是太子集团还是公主集团都大感意外，但彼此对立的两大势力出于各自的利益，竟在“传位”问题上观点一致。

太子李隆基以退为进，马上上表推辞，就连监国也要辞掉。拥护太平公主的殿中侍御史和逢尧对睿宗说：“陛下为天下所敬仰，时年半高，不算寿高，传位太早了一些。”

最后，睿宗只好打消传位的主意，但颁布诏书：“政事皆取太子处分，若军马刑政、五品以上除授，凡事先与太子商量，再奏闻。”这样一来，太子的权力扩大了，太平公主十分紧张。

太子监国一年后，政治清明，国家太平，睿宗再次表传位的决心。他真诚地对李隆基说：“你小小年纪竟能除掉韦、武党羽，你有治国的能力呀！你理应为天子，你若不从，就等着在我的灵柩前即位吧！”李隆基即位，是为唐明皇。

太平公主不得已而求其次，劝睿宗大权自己掌握。于是，睿宗自称太上皇，下达的诏书为“诰”，五天一次在太极殿朝见群臣。李隆基自称“予”，下达的诏书叫做“制”，每天在武德殿朝见群臣。大政事由睿宗处理，其他的交给李隆基处理。

这时候，太平公主也自蒲州回到长安，她吸取往日失败的教训，加紧安插亲信，

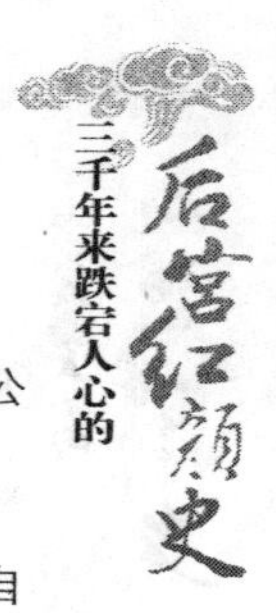

环的专宠，超过了过去的武惠妃。长期下去恐引起非议，为了名正言顺，唐玄宗于公元745年，颁布诏令，册立杨玉环为贵妃。

唐玄宗自废王皇后之后，从未立过皇后，因此，杨玉环虽为贵妃，实为皇后，自此走上了自己人生道路的顶峰。

集三千宠爱于一身

当杨玉环充分地享受到了皇宫的荣华富贵和皇权带来的虚荣心的满足时，她又很快蜕变成了另外一个人。大唐王朝一个沉湎于纸迷金醉、祸国殃民的贵妃就这样诞生了。

对于皇帝的宠爱，杨贵妃心里清楚得很。她知道自己因为美，才得到皇帝的宠爱。因此，她十分注意护肤养颜，悉心打扮自己，宫中为她织锦刺绣的人就有数百之众。她的金银首饰更是精益求精，灿烂夺目。

在得到杨玉环之前，唐玄宗曾经宠爱梅妃，梅妃是个才貌双全的奇女子，不仅亭亭玉立，宛如梅花，气质不凡，而且长于诗文，精通乐器，善于跳舞。她的惊鸿舞，唐玄宗直到宠爱杨贵妃后还会时时欣赏。

杨玉环暗地里醋劲大发，害怕唐玄宗重新爱上梅妃，便费尽心机地做了一部《霓裳舞衣曲》，仙乐奏起，杨玉环长袖翻飞，环佩叮咚，宛如仙女下凡，令唐玄宗心动不已，真是“回眸一笑，六宫粉黛无颜色”。

唐玄宗善歌舞，通音律，后宫粉黛三千，杨贵妃之所以能使玄宗永远对她迷恋，主要在情趣上、感情上与玄宗相投合，能拴住他的心。正所谓佳人易求，知音难觅，玄宗得到杨玉环这位红颜知己，自是宠爱不已。

自此，无论唐玄宗巡行何处，杨玉环都是不离左右。唐玄宗对后宫嫔妃、宫女、歌伎，统统不感兴趣了。他大举为她建造宫苑，在骊山温泉宫造了端正楼作为梳洗之所，设置蓬花汤，为沐浴之地。

杨玉环很清楚，自己的姿色对唐玄宗何等重要，国不可一日无君，而君却不可一日无她。于是她也越发专横起来，竟几次搞得已经累官至骠骑大将军、进开府仪同三司的高力士十分难堪。

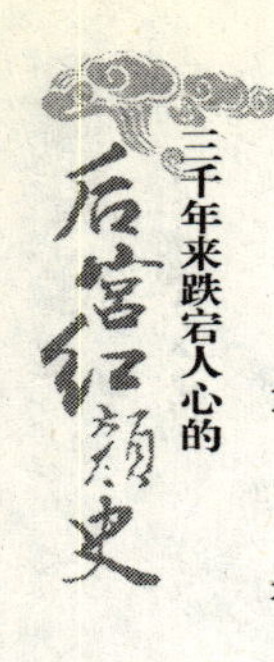

无名的一代女皇，她开始一个个地打击敌手。

为了完全地掌控朝政，吕雉偷偷地和亲信审食其说："朝廷中的大将当年和高祖出生入死，后来对皇帝称臣，现在又要他们来辅助年轻的皇帝，他们怎么会甘心呢?我看不如把他们一个个除掉，也免得日后生些麻烦。"

这个消息传到大将郦商耳中。郦商对审食其说："这不是给自己制造危险吗?陈平和灌婴带着10万兵马驻守在荥阳，樊哙和周勃率领20万兵马在平定燕代，如果他们听说皇帝刚刚死去朝廷想杀害他们，那他们联合起来造反不就坏事了吗?"

审食其把这话转告吕雉，吕雉也觉得暂时还不能轻举妄动，便将目标转向了戚夫人。她让人剃光戚夫人的头发，用铁链锁住她的双脚，又给她穿了一身破烂的衣服，关在一间潮湿阴暗破烂的屋子里，让她一天到晚舂米，舂不到一定数量的米，就不给饭吃。

当时，戚夫人和刘邦的儿子如意在赵国做诸侯王，戚夫人就一边舂米，一边唱着哀歌："子为王，母为虏。终日舂薄暮，常与死为伍。相离三千里，当使谁告汝！"

吕雉听到戚夫人的哀歌后，就把如意从赵国封地上召到京城里来准备杀掉他。惠帝和刘如意的关系甚好，在他知道母亲要害如意时，便亲自将如意接到宫中，整天和如意形影不离，使得吕雉难以下手。

直到有一天，汉惠帝带着侍从去打猎，把正在熟睡的刘如意独自放在了家里。吕雉得知后，马上派人将刘如意毒死。汉惠帝回到宫中，发现刘如意已死，悲痛欲绝。

此时的吕雉已经有些疯狂，她要把自己在楚国忍辱偷生、备受刘邦冷落的愤怒统统发泄出来，她命人砍掉戚夫人的手脚，并挖去她的双眼，给她灌了哑药，称之为"人彘"，扔到了臭气熏天的厕所里。

一次，在汉惠帝的执意要求下，吕雉带着他来看望戚夫人。惠帝看到曾经那样温柔贤淑的戚姬，如今沦落到如此地步，顿时失声号啕，使人告之说："此非人所为，臣为太后子，终不能治天下。"此后，惠帝日饮为淫乐，不听政，死于公元前188年8月，年仅24岁。

从这些斩草除根、赶尽杀绝的做法中，我们可以看出吕雉是一个很有心计的女人，该出手时就出手，并且步步为营，心狠手辣，不达目的誓不罢休，而且决不给对手任何回击的机会。

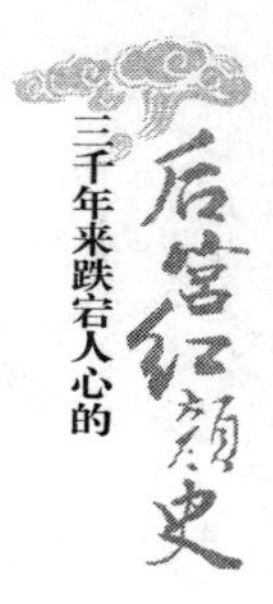

处心积虑，构建吕氏政权

汉惠帝的张皇后没有儿子，为了平定朝廷重臣的心，吕雉将后宫一个嫔妃之子夺去，并声称是张皇后的儿子，立他为少帝，又将这个嫔妃杀了灭口，被尊称为太后的吕雉顺理成章地临朝称制，并采取各种残酷的手段，扫清了自己统治路上的障碍。

为了进一步巩固自己的权势，吕雉开始了对刘姓子弟的杀戮。“比杀三赵王”，“灭梁、赵、燕以王诸吕”，“分齐为四”，同时大封娘家吕姓为侯，吕氏家族很快构成了支撑吕雉专政局面的一股重要力量。

起初，吕雉对封吕氏为王之事特别小心，因为刘邦当年和众大臣们立有誓约，“非刘氏而为王者，天下共击之”，这是吕雉册封吕氏的一个重大的阻碍。于是，她试探性地征求了大臣们的意见。

左丞相陈平和太尉周勃深知“白马盟约”虽然掣肘，但如今吕雉的野心已经无法阻挡，为了保住性命他们没有明确反对，并且说高祖临朝而封刘氏，太后临朝自然可以封吕氏。吕雉的胆量更大了起来，她决心乘机建立吕氏政权。

吕雉从压力比较小的事情做起，她先封已经死去的父亲吕公为宣王，长兄吕泽为悼武王。由于二人已经不在世了，所以朝臣并没有太多的反对意见，但这却打破了高祖不得封非刘氏为王的誓约，开启了封吕氏为王的先例。

当时机成熟之际，吕雉就开始了分封吕氏为王的部署。她示意大臣张释提议，并且由大臣们共同签署，割出齐国的济南郡建立吕国，册封吕泽的长子郦侯吕台为吕王，第一个吕姓王就这么产生了，而且并没有费太多周折，吕雉的政治目的迈出了第一步。

经过一段时间的苦心经营，吕家的势力已经盘根错节地从中央伸到了地方，牢牢地控制了国家的命脉，把满朝文武的性命捏在手中，这样，任谁也不敢反对吕雉了。

不过，吕雉绝不是一个毫无远见的女流之辈，她深知汉朝的江山是刘邦打下来的，刘氏的势力并不是一时所能撼动的，她必须使刘吕两家交好，才有可能借机夺取江山。

为了强化吕氏和刘氏的关系，吕雉封齐王刘肥之子刘章为朱虚侯，楚王刘交之

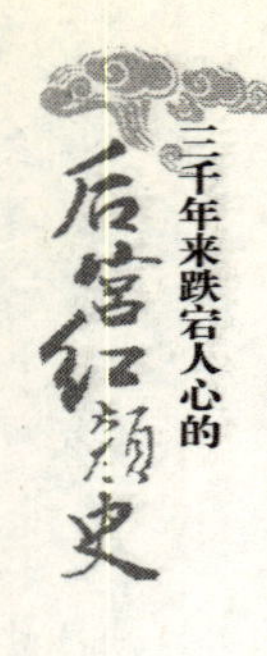

事，否则，对我们极为不利！”杨玉环心里隐隐约约地体会到了丈夫的难处，可她自认为做王妃就已经很满足了。

不久，武惠妃病逝，唐玄宗痛惜不已，追封她为贞顺皇后，同时立忠王李亨为太子。寿王痛楚地对杨玉环说：“从今之后，我的日子不好过了。”杨玉环也凄然泪下。

武惠妃薨后，唐玄宗遍寻后宫竟无一人可取而代之，于是陷入了痛苦和思念当中，整日愁眉不展。

他的心事自然瞒不过高力士，高力士追随玄宗多年，早在玄宗做临淄王时就侍立在身边，多年以来，他正是凭借善于察言观色、揣摩心理，才得到了玄宗的宠信。高力士经过几番思索，想起了杨玉环。

当高力士说出“杨玉环”这个名字时，唐玄宗自然满心欢喜；可在一转瞬间，他想起杨玉环是自己的儿媳，天下皆知，自己怎么能够抢夺儿子的正妃呢？事关伦理道德，他不能不有几分犹豫。

高力士早有潜词，侃侃奏道：“皇上贵有天下，若喜爱一女子却得不到，岂不是徒有虚名吗？我们让杨玉环先出家，就可以堵上天下人的嘴。高宗皇帝纳父妃武太后，不是早已有先例了吗？”

于是，在唐玄宗的默许下，高力士委托已经出家的玉真公主，移花接木地将杨玉环从寿王府带到了骊山华清宫。寿王惧怕父亲的威严，更惧怕皇帝的权势，对此无可奈何，杨玉环也表现出了无奈的悲哀。

杨玉环与寿王做了几年的恩爱夫妻，旧情实难割舍，对唐玄宗的态度总是很冷淡。但她毕竟是一个柔弱女子，见唐玄宗对自己态度真诚，渐渐地也就以身相许了，玄宗恍惚的精神状态陡然消失。

在骊山华清宫居住一段日子后，唐玄宗起驾返回京都长安，杨玉环也以道士的身份随之入宫。因杨玉环当时所住的宫殿叫太真观，从此之后，她又有了一个皇帝赐给的尊号“太真”。

唐玄宗已是50多岁的老人，杨玉环却是刚满20岁的青春年华，犹如一朵含苞欲放的花儿，因此杨玉环一入宫，就迅速得到了玄宗的宠爱，日夜与她纵情于声色犬马之中。

光阴似箭，唐玄宗与杨玉环偷偷摸摸地做了近5年的秘密夫妻。唐玄宗对杨玉

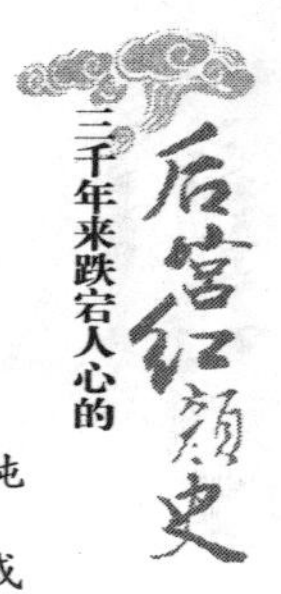

人感慨长生殿的信誓旦旦不过是逢场作戏而已。

杨玉环之死，真的是罪有应得吗？平心而论，她不过是个只爱锦衣玉食的单纯的美女而已，对自己的生活和命运难以自持，假如唐玄宗对她能爱得理智一点，或者爱得明智一点，或许将是另一番景象……然而，历史没有重来的可能，她的一生自有后人评说。

名家圈点

云想衣裳花想容，春风拂槛露华浓；若非群玉山头见，会向瑶台月下逢。一枝红艳露凝香，云雨巫山枉断肠；借问汉宫谁得似？可怜飞燕倚新妆。名花倾国两相欢，长得君王带笑看；解释春风无限恨，沉香亭北倚栏杆。——(唐)李白：《清平调》

新丰绿树起黄埃，数骑渔阳探使回。霓裳一曲千峰上，舞破中原始下来。——(唐)杜牧：《过华清宫绝句》

天生丽质难自弃，一朝选在君王侧。回眸一笑百媚生，六宫粉黛无颜色……春宵苦短日高起，从此君王不早朝。承欢侍宴无容暇，春从春游夜专夜。后宫佳丽三千人，三千宠爱在一身。——(唐)白居易：《长恨歌》

5 后唐庄宗李存勖皇后(刘玉娘)

——心狠手辣的悍妇

背景身世

刘玉娘(?~公元926年)，后唐庄宗皇后，魏州成安(今河北成安)人。出身于贫寒的普通百姓之家，幼年丧母，与父相依为命。父亲刘叟自称刘山人，以挖草药在乡间行医治病及占卜为生。

2 汉元帝刘奭皇后(王政君)

——摧毁大汉帝国的女人

背景身世

王政君(公元前71~公元13年),今河北正定县人,汉元帝刘奭皇后,汉成帝刘骜生母。她一生经历七朝,是汉朝四世的太皇太后,历尽沧桑,最终断送了汉朝刘姓的江山。

王政君出身于官宦之家,其父王禁是一个小官——廷尉史。王禁嗜酒好色,娶了好几个小妾,王政君的生母李氏失宠,后改嫁。虽生在这样的家庭环境中,王政君却出落得如花似玉,婉顺贤惠。

后来,父亲给王政君许配婚事,未过门未婚夫忽然死亡,后改嫁给东平王做姬妾,未进王府门而东平王死。许嫁之人暴病而亡,父王禁十分奇怪,找人算了一卦,算卦之人说:"你的女儿大贵不可言,普通人是无法承受的,将来所嫁之人一定是显贵之人。"

王禁喜出望外,悉心教王政君读书写字,弄琴鼓瑟。王政君本来天资聪明,又勤奋好学,很快琴棋书画、声乐歌舞样样精通。18岁那年被召入宫,做了太子刘奭的宫女。

红颜风云

"外戚政治"又叫"裙带政治",继吕雉大力发扬外戚专权之后,王政君将外戚政治发展到极致,以至使自己无孙,皇室无刘姓嫡传,使刘姓的汉王朝终于异姓为王,她成了西汉王朝的终结者之一。

费尽心机保太子之位

入宫一年有余,王政君一直默默无闻,与太子没有一次接触的机会,更别提当

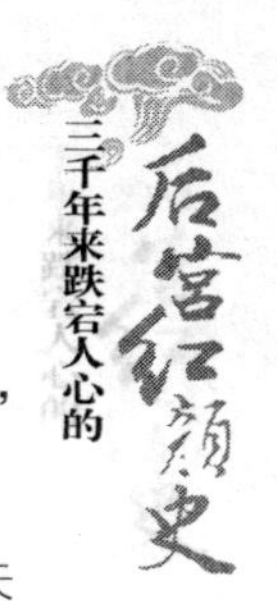

宠妃生贵子了。正在她感到意气消沉的时候，一个偶然的机会使她得以崭露头角，这便是皇太子刘奭的爱妃司马氏病死。

司马氏临死前对皇太子刘奭说："妾本不该死，都是你那些妃嫔忌妒我受宠，天天诅咒我才这样的。"从此，刘奭便对姬妾们都恨之入骨，连看都不愿看她们一眼，终日里郁郁寡欢，精神不振。

汉宣帝怕太子忧伤过度，令皇后挑选五名宫女，供太子选妃，命运将王政君推向了太子妃的候选人之中。当时，王政君的位置离太子最近，并且穿一件绣着红色花边的艳服，在五人之中非常显眼。

太子还陷于思念爱妃司马氏的悲痛之中，对皇后煞费苦心为他挑选的美人丝毫不感兴趣，可是又不忍辜负皇后的一番苦心，就勉强指着王政君说："这个还可以。"

于是，皇后命人将王政君送到太子东宫。谁知这一临幸，王政君就有了身孕，十月分娩，生了一个儿子。而在此之前，太子后宫的姬妾数十余人，"御幸"长达七八年之久，都未曾生育过。这对王政君的一生是至关重要的。

嫡长皇孙的出生，让汉宣帝喜不自胜。太子刘奭性格柔仁，宣帝有些不喜欢他，又不忍心废他，心里很矛盾。有了孙子，宣帝觉得有了希望，他亲自为孙子取名"骜"，精心培养。

公元前 49 年，汉宣帝驾崩，太子刘奭即位，是为汉元帝，立年仅 3 岁的刘骜为太子，王政君被立为皇后。然而，此时的王政君是否真的就母以子贵了呢?事实上，受太子刘骜的牵连，王政君的皇后宝座差点被掀翻。

原来，太子刘骜软弱无能，又沉迷于酒色，不求上进，元帝渐渐地觉得他不堪胜任一国之君。而且，当时宠妃傅昭仪所生的定陶共王刘康，德才兼备，多才多艺，处事不凡，深受元帝钟爱。

元帝想废掉刘骜，改立刘康为太子。王政君和太子知道后，忧惧不安，茶饭无味。王政君母子就找到元帝的宠臣史丹，双双跪倒在史丹面前，请求史丹拥护刘骜为太子。

一次，汉元帝病重，一人独寝，史丹突然跪于卧榻之旁，涕泣满面地说："皇太子以嫡长子而立，已十几年了，天下臣民，无不归心。现在我听说陛下要废当今太子，

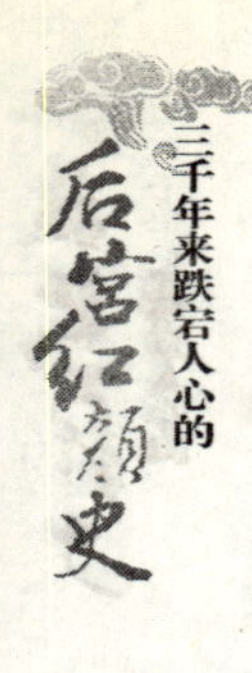

疑。在杨玉环的苦苦哀求下，玄宗终于屈服了。

大唐早已朝纲不正，国力衰微，根本无力抵御。两个月后，安禄山攻下洛阳，自称大燕国皇帝。唐玄宗只好抛弃京城，带着杨玉环及部分皇族成员踏上了西逃的路途。

一路上滴水难寻，口干舌燥，无处觅食，饥饿难忍，将士们本来就有怨气，这样一来军心开始浮动。行至马嵬驿准备休息时，杨国忠见将兵们拖拖拉拉，怒不可遏。众将士早就对杨国忠不满，于是一阵刀枪之后，杨国忠被乱刃分尸。将士们余怒未消，又接连杀死了随行的杨国忠的儿子、诸位夫人。

唐玄宗在驿馆内听到外面有骚动战乱的声音，便命令高力士出去询问，结果高力士回报说："杨国忠及杨氏族人意图谋反，将兵们已将其诛灭，并且请求诛杀杨贵妃，恐日后贵妃犹计前嫌。"

看到将兵们已经将驿馆团团围住，唐玄宗十分清楚，眼下最重要的是安定军心，但是他实在不忍心诛杀爱妃。这时候，门口传来一阵骚动之声，高力士大呼："众怒难犯，现已无法镇服，皇上如不速决，割爱正法，恐祸及皇上自身。"

杨玉环早已听到了外面的动静，她心惊胆战，希望玄宗能够庇护她。然而，一声"皇上赐贵妃死"打破了她的幻想。事已至此，她知道已经无可挽回，遂自缢于佛堂前的梨树上，时年 38 岁。

自"马嵬之变"后，太子李亨在灵州自行登基，是为唐肃宗，尊唐玄宗为太上皇。唐玄宗回到长安后被唐肃宗软禁于太极宫，整日郁郁寡欢，于公元 762 年病死，终年 77 岁。

历史评说

很久以来，杨玉环被人们一直骂为祸水。无可否认，唐玄宗当政前期较为勤政、英明，因此出现了"开元盛世"；正是因为杨玉环的出现，唐玄宗勤政之心丧失贻尽，把唐朝拖入了无可避免的深渊。

杨玉环生集三千宠爱于一身，享尽人间荣华富贵，纵然令人艳羡，但是在大难临头之际，她还是被最爱自己的君王当做了政治靶子、替罪羔羊。她的下场不禁令

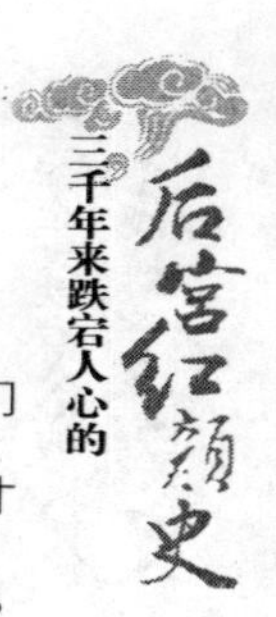

刘玉娘不等看完，气得柳眉倒竖、玉口生烟，令左右将儿子痛打一顿，赶出门外。李存勖赶忙劝止，告诉她不过是开开玩笑，并且赏了很多赏赐，刘玉娘的怒气才算平息。后来，李存勖再也不敢探根溯源地追究了，毕竟美人比一个老人重要得多。

公元 923 年，李存勖以少胜多、出奇制胜，直捣后梁京都汴城，一举灭了后梁，一统北方。李存勖将首都由魏州迁往洛阳，成了统一中原的大皇帝，年号“同光”，史称后唐。

这时候，躲过出身寒门的危机后的刘玉娘，当皇后的想法更加迫切，为此她真可谓费尽心机。她知道立皇后乃朝廷大事，必须争得权臣的支持才行，于是私下派心腹伶人与宦官去拉拢宰相豆卢革和掌军权的枢密使郭崇韬。

豆卢革一向惯于见风使舵，早就想找机会巴结李存勖宠幸的刘氏，看到刘氏派人上门求助，便满口应允。而郭崇韬为人稍为耿直一些，他开始并不愿意支持刘氏做皇后。

由于接连遭到一帮宦官的诋毁，郭崇韬内心不安，他的部下见刘氏主动派人联系，便对郭崇韬说：“陛下最宠刘氏，立皇后是早晚的事，大人不如先行向陛下奏请册立刘氏为正宫皇后，陛下必然会感激你的，而刘氏也定会支持你的，如此一来宦官也就无法再加害你了。”

郭崇韬听从了部下的建议，第二天便联合豆卢革等大臣上奏李存勖，请立刘氏为皇后。

一直想封刘玉娘为后的李存勖，手握豆、郭两人的奏章，如获至宝，满心欢喜。后来，李存勖借大臣之口正式册封刘玉娘为皇后，并封韩氏为贵妃，伊氏为德妃。至此，刘玉娘坐在了大富大贵的交椅上。

为享专宠，处心积虑

贵为国母的刘玉娘，不但没有成为李存勖的贤内助，帮他治理国家，反而骨子里掩藏着的与生俱来的贪婪与凶悍逐渐显现，比先前更加骄横。李存勖后来死于乱军之中，和她的倒行逆施有很大的关系。

天下平定后，李存勖别无挂碍、一身清闲。刘玉娘舒长袖曼妙舞动，李存勖又喜

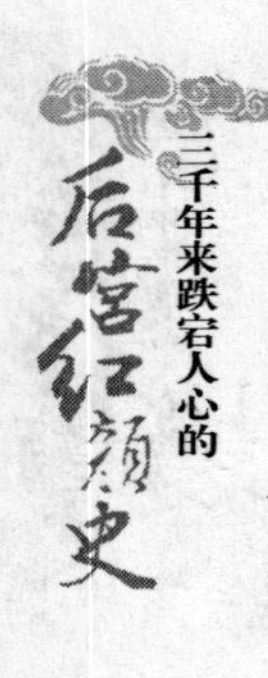

不久，哀帝请求王政君准许追尊生父定陶恭王为恭皇，并加封祖母傅氏和生母丁氏为皇后。后来，他借口“汉家之制，推亲以显尊尊”，把傅氏由帝太太后改封为皇太太后，称永信宫，丁氏为帝太后，称中安宫，与太皇太后王政君的长信宫并驾齐驱。

哀帝原本就对王氏家族不满，便借机对王氏家族实施打击。对王根及王况之父王商所荐举为官的人，或予以罢免，或贬为庶人。这样，王氏外戚的势力受到削弱，以大司马辅政的王莽也被迫辞官。

说起王莽，就是日后代汉建新的新朝皇帝。他是王政君三弟王曼的儿子，王氏势力的核心人物之一。王莽政治头脑成熟，手段高超，他对王政君曲有礼义。当年王凤生病，王莽服侍左右，以至于蓬头垢面，被王政君所喜爱。

公元前 22 年，汉成帝在王政君的举荐下任命王莽为黄门郎，后先后升为射声校尉、骑都尉及光禄大夫侍中。汉哀帝即位后，王政君又下诏让王莽辅政，这些都给了王莽绝好的施展才华、扩大政治势力的机会，也为其最后当皇帝做了充足的准备。

后来，哀帝迫于王政君的压力，便以王政君的名义，下诏将王莽召回，并让他执政。由此可见，当时王家外戚的政治利益虽然遭到了威胁，但王政君还是实际掌权者。

公元前 1 年，哀帝驾崩，哀帝无子，王政君掌握了象征最高权力的传国玉玺，迎立中山王刘兴年仅 9 岁的儿子刘衎为帝，是为平帝。

平帝年幼无知，又体弱多病，不能临政。于是，王政君临朝称制，行使皇帝的权力，任命王莽为大司马，操纵军政大权。从此，王莽掌握了实际权力，政治野心逐渐暴露，在朝野上大肆清除政敌。

他先是逼迫王政君赶走自己的叔父王立，之后二奏弹劾何武与公孙禄，将他们免去官职。后又以各种罪名陆续罢免了中太仆史立、南郡太守毋将隆、泰山太守丁玄、河内太守赵昌等二千石以上的高官，剥夺了高昌侯董武、关内侯张由等的爵位。

王莽知道要维持自己的地位就必须强化自己在朝中的势力，他一方面主动巴结当时深受王政君和朝野敬重的三朝元老孔光，一方面逐渐培植自己的党羽，以其堂弟王舜、王邑为腹心，用自己的亲信甄丰、甄邯主管纠察弹劾，平晏管理机事事务。

当王政君对王莽的政治野心有所意识时，王莽派党羽纷纷向王政君上奏自己的

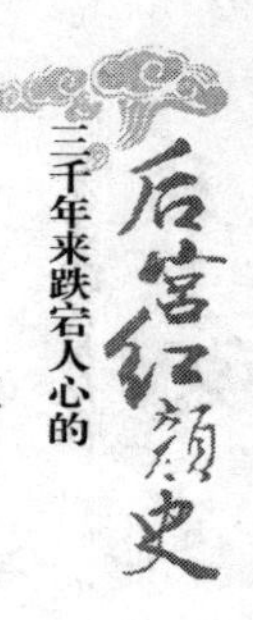

功劳。一旦王政君要加官封禄，王莽就磕头哭泣，坚决推辞。王政君见他一副忠心耿耿的样子，就不再怀疑。

公元5年，年幼的平帝死去。皇室成员中元帝一宗已经绝嗣，宣帝曾孙辈中为侯王者数十人，但均已年长。王莽为了控制新君，推荐宣帝玄孙辈中年龄最小、年仅2岁的广戚侯子刘婴为君，并假说已占卜为大吉，王政君也就认同了下来，立刘婴。

公元9年，王莽将小皇帝刘婴废黜。建国号为“新”，年号为“始建国”，就这样，王莽的新朝取代了汉朝。王政君的权力被架空，这才如梦初醒，后悔自己太轻信王莽，养虎遗患，成了西汉王朝的终结者。

公元13年，王政君带着无尽的哀怨与悔恨离开了人世，终年84岁。她是中国历史上最长寿的皇后之一。

历史评说

王政君生于汉宣帝时，一生经历7朝，她有着得天独厚无人能及的好运，稀里糊涂地走上了皇后之路，却又为了保住既得利益，糊里糊涂地断送了汉朝刘姓的江山。

王政君的为人可以拿红楼梦中的一个人物来比拟，便是邢夫人，王熙凤说“邢夫人禀性愚弱，只知奉承贾赦以自保，次则婪取财货为自得”。对于王政君来说，一则是任儿子胡作非为，二则让王家一门飞黄腾达。王莽的发迹，恰是王政君裙带政治的结果。

可以说，如果汉朝没有王政君这个皇后，没有她一手缔造的“群弟世权，更持国柄，五将十侯，卒成新都”局面，就不会发生侄子王莽篡位建立“新”朝替代汉朝的悲剧。

王政君在西汉政治舞台上处于政治权力的核心，一生表面荣耀，却满含着沧桑的孤独和寂寞，在难言之中了结了自己一生的悲歌传奇。这是失败的一生，是孤独终老的一生。

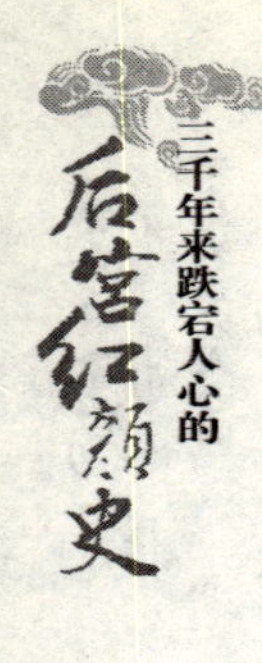

方，指日可待。公元923年，李存勖在魏州（河北大名县西）称帝，号庄宗，国号为唐。

由于生有一子，又得李存勖的宠爱，刘玉娘逐渐有了做皇后的强烈愿望。但但那时社会风气不是太好，尤其是宫中嫔妃，都以出身高贵为荣，刘玉娘不想暴露微贱的出身，便和别人说父亲是个名医且早死。

而李存勖确曾打算立刘玉娘为皇后，但遭到曹氏的反对。曹氏认为立皇后是朝廷大事，刘玉娘出身低微，不应考虑。李存勖是个孝子，便服从了，立后之事暂缓。但皇后一日不立就有成功的希望，对此刘玉娘心里很清楚。

正当她与后宫皆出身名门的韩氏、伊氏争夺皇后之位，互相攀比门望高低时，一日邺城行宫门前来了一个老汉，声称自己是刘玉娘的亲爹，请求见一见他失散多年的女儿。

岳父不是早逝世了吗?李存勖心有怀疑，但转念一想，森严的宫门上，平民百姓再胆大也不敢瞎起哄，便令其进宫。为了辨明真假，他派人找来当年带走刘氏的将校袁建丰，让他辨认。

袁建丰原原本本地汇报了当年掳刘玉娘的情形，又遵旨前去辨认，回头悄声禀报："臣最初在成安城北见到刘氏时，就是这个老头保护着她，当时他就留着黄胡须，所以臣还能认得出来。"李存勖听罢，正要准备亲自迎接岳父。

不料，身子尚在殿外的刘玉娘一边跨步进殿，一边厉声制止："臣妾当年离开家乡的时候，明明记得父亲不幸死于乱兵之中，所以臣妾已经没有生身父亲活在世上了。这个老家伙明显是想冒充皇亲，讹诈皇家！陛下还记得大唐德宗年间那个冒充沈太后的高氏女子吗?!"

李存勖听了，觉得她的话不无道理，一时犹豫不决。刘玉娘见李存勖相信了自己的话，立即传令侍卫，将那名老汉暴打一顿，立即轰出邺城！

可怜的刘父气得昏死过去，醒来之后号啕大哭。亲生骨肉一别十多年，欣闻女儿大富大贵，满心欢喜憧憬着父女团聚的幸福美好时刻，不料亲生女儿数典忘祖、嫌贫爱富，不仅不认亲爹，还痛下毒手。刘父一瘸一拐地逃离邺城，从此再也没有了消息。

对这件事情，李存勖一直心存疑虑，为进一步探明虚实，李存勖曾亲自操刀，带着儿子和一班伶人排了一出戏，这出戏取材于那个行宫门外的老汉，戏名为《刘山人寻女》。

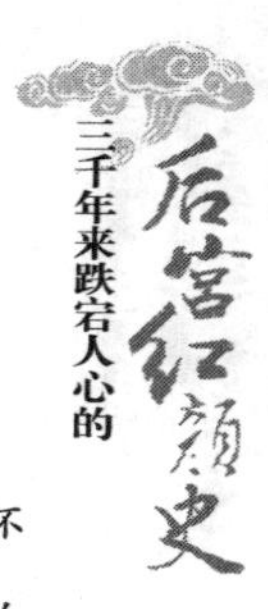

历史评说

刘玉娘，一个无情无义的不孝女，一个贪婪无知的小女人，一个落井下石的坏老婆。不论是《旧五代史》、《新五代史》还是《资治通鉴》，无不认定她是后唐亡国的罪魁祸首。

因为贪图荣华富贵，她费尽心思媚惑李存勖，残忍地棒笞贫寒生父。不仅如此，她还直接影响了庄宗李存勖的心智，使李存勖与自己一起疯狂地聚财敛民，宠信宦官伶人，诛杀功臣勋将，搞得民怨四起，国力衰败，最后也将自己和皇上的性命搭上了。

可怜李存勖这一世枭雄，长于军事而短于政治，南征北战十余年却只坐了三年的江山，最后居然还死在自己所挚爱的皇后之手，真是英雄末路悲歌多，令人唏嘘起蹉跎。

刘玉娘跌宕起伏的一生，给了我们哪些启示呢？那就是：水能载舟亦能覆舟，钱何尝不也是如此？它能够使人富贵，也能够使人堕落，甚至送掉性命。

名家圈点

故方其盛也，举天下之豪杰莫能与之争；及其衰也，数十伶人困之，而身死国灭，为天下笑。夫祸患常积于忽微，而智勇多困于所溺，岂独伶人也哉！——(北宋)欧阳修：《新五代史·伶官传》

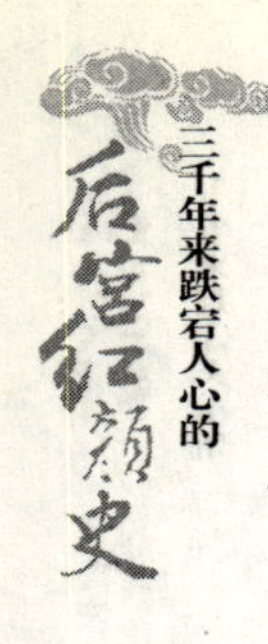

不断在父亲孙权面前称赞孙亮的好处。而且为了与潘氏建立良好的关系，孙鲁班还做了一回媒人，将自己的侄孙女许给了孙亮为妃子。

在孙鲁班和孙霸的共同努力下，公元250年，孙权不顾大臣们的反对，废掉了孙和的太子身份，立年仅8岁的孙亮为太子，同时立潘氏为皇后。这个罪犯之女，想不到孙权空缺多年的皇后宝座，竟然让自己轻易地坐上了。

效仿吕后，未落善终

潘氏虽然妩媚动人，性格中却充满野心。在成为皇后之后，为了稳定和巩固自己的皇后地位，她完全见不得孙权宠爱后宫中的其他嫔妃们，一旦发现苗头，便立即出手对其进行陷害。据说，就连贤良大度的袁夫人，也在潘皇后的攻击范围之内。

袁夫人是东汉末年的豪门之子袁术的女儿，袁家被曹操打败之后沦落到了吴国后宫之中，并得到了孙权的青睐。据说孙权也曾有过册立袁夫人为皇后的打算，但袁氏自知没有生下儿子，所以便主动推辞，说她自己不想当皇后，打消了孙权的念头。

袁夫人与世无争、安然自得的胸襟和气度令人钦佩。但是，在潘氏眼里，任何人都可能是她的对手，她仍然将袁夫人视为眼中钉、肉中刺，不断对其进行迫害，甚至还想将她置于死地。

潘氏不仅对嫔妃们百般提防，而且对待宫女内侍们也是趾高气昂。据说，在潘氏还是纺织女工的时候，曾遭到过一些人的欺负和嘲弄，于是在改变命运之后，她便借助权势对曾经欺负过自己的人进行了变本加厉地报复。

此种做法虽然解了一时之气，却也在无形中为她自己树立了很多的敌人，为她最终的惨死埋下了隐患。与此同时，她的一系列迫害他人的做法孙权也并不是没有耳闻，他对潘氏大失所望，并迁怒到了儿子孙亮的身上，曾想过再次更换太子，这令潘氏大为不安。

令潘氏没有料想到的是，就在她刚坐上后位半年多，孙权便一病不起。眼看重病在身的孙权活不了几天，潘氏一边履行着照顾丈夫的义务，一边却向官员孙弘请教汉朝时期吕后专权的相关事宜。此时的潘氏已经真实地尝到了掌握权力的快感，她不想失去这一切，希望自己能像吕后一样做一代女霸主。

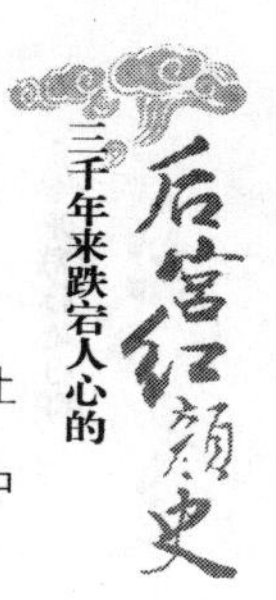

潘氏这些太过张扬的举动，一方面激起了大臣们的不满和愤怒，另一方面也让后宫的众多嫔妃和宫女侍从们纷纷担心起来，她们害怕潘氏一旦真正夺取了朝中政权，便会进行更为残酷的打压和迫害。

有一次，潘氏在照顾孙权时因过度疲劳，回寝宫中昏睡。嫔妃和宫女侍从们杀心大起，便一起合谋先下手为强，于是趁潘氏昏睡之际用布帛将她缢杀，并统一口径，一致对外宣称她是身染急病而死的。

然而，没有不透风的墙。孙权还是知道了这场谋杀的真相，尽管他不满潘氏平时的所作所为，但还是十分愤怒地将参与谋杀的人全部杀死。但即便如此，也终究不能挽回潘氏的生命。

红颜薄命固然是可怜的，但潘氏的早逝却似乎让人觉得死有余辜，是她自己没有掌握好分寸，任野心肆意增长，最终摧毁一切。不过，值得一提的是，潘氏的死似乎也并不是全无好处的。

面对被谋杀的潘氏，孙权终究还是做不到无情无义，他决定既往不咎，原谅了潘氏。于是，孙亮顺利地以皇太子的身份继承了吴国的皇位，潘氏也因此又多了一个身份，即吴国的国母。

或许正是因为凭借着幸运因素登上了皇位，因此孙亮这个皇帝做得很不稳固。短短几年后，身为皇族宗室的孙綝发动谋反成功，废黜了孙亮的帝位，将其贬为会稽王。两年后，孙亮因病去世，结束了他短暂的生命。

孙亮最终的命运让人又不得不为潘氏的过早离世而产生一丝丝的可惜，因为如果有颇具政治头脑和野心的潘氏在世的话，恐怕孙亮的皇位就不会那么容易被人抢走了。

历史评说

潘氏的一生可谓是大起大落，先是从一个官吏之后沦为了地位低下的纺织女工，后来又凭借着美貌而得到了皇帝的荣宠，再凭借儿子的势力先后登上了皇后和国母的位置，获得了一人之下、万人之上的崇高之位。但对于这一切，她却并不满足，她的野心在肆意疯长，甚至升起了想要控制政权之心，从而也犯了后宫中的大忌。

令废除的赋税他也恢复了。有了孔谦这个先例，其他官吏纷纷效仿，层层加重了剥削力度，致使百姓流亡他乡，兵士挨饿受冻。

刘玉娘总以自己出身低贱为耻，现在越级当上皇后，她把这归功于佛的缘故。因此笃信佛教，大量施舍寺院僧侣，形成一个不劳而获的特殊利益阶层。

许州节度使温韬因为刘皇后迷信佛教，投其所好，就把自己的私宅让出作为佛寺。结果经刘皇后荐举，得到了李存勖的宠信。

郭崇韬本来对刘玉娘做皇后出过力，但后来他领兵平定四川地区之后，一些宦官因捞不到油水，便向刘皇后诬陷郭崇韬独吞四川财物，还想自立谋反。刘皇后和李存勖听信谗言，不辨是非，竟向郭崇韬下了诛杀令，毁掉了国家栋梁。

百姓们由于缺粮食吃，竟将妻子儿女出卖，或者到山里挖野菜充饥，但常常有在半路饿死的。国家的危急越来越严重，而李存勖只顾享乐，刘皇后更在金钱里醉生梦死，不知命在旦夕。

公元**926**年，赵在礼于邺城举旗谋反。李存勖派义兄李嗣源率军前去平叛，岂料李嗣源与兵变将士合为一处，以肃奸兴唐的名义，反戈一击，先行拿下汴梁（今河南开封），进而乘胜杀回洛阳。

李存勖得信，连忙脱下戏装，亲自带兵抵抗。养兵千日用兵一时，这时候，他才发现军心早已动摇，将士们一个个委靡不振，不肯再为他卖命。一番激战后，李存勖被流矢射中，急忙把箭拔出，呻吟着口渴。

与此同时，身在后宫的刘玉娘一看大势已去，忙着拾掇自己的金银细软，盘算起逃跑的出路。当宦官们找到她，急报圣上中箭受伤，口渴难耐时，刘玉娘不但不去亲自探望李存勖一眼，反而叫宦官送去一碗酪浆。

李存勖刚刚喝下酪浆，便一命呜呼。这是因为，对于身受箭伤的人，喝水还有活的希望，喝酪浆无异于鸩毒，非死不可。众兵士见昔日威严的天子落得如此凄惨下场，不忍其尸骨再遭羞辱，"聚兵器而焚之"，洛阳大乱。

刘玉娘得知李存勖死后，也不去探视，携带着金银珠宝，与李存勖的弟弟李存渥在骑兵保护下逃出洛阳城，直奔晋阳。李存渥后来也被部下杀死，刘皇后走投无路，只好隐匿在一所尼姑庵，后被新皇帝李嗣源逮住，被赐自尽。

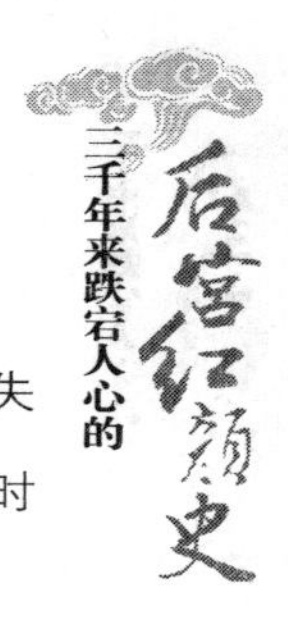

关于这件不幸的遭遇，班固在《汉书·外戚传》里写姑祖母班婕妤“有男，数月失之”。不过，令班婕妤欣慰的是，汉成帝仍似以前一般宠爱着她，天天同她在一起，时刻不离她的左右，无人可比。

由于班婕妤宠极一时，班氏一家也随之贵显。班婕妤的父亲班况此时已辞官还第，家有黄金千斤，奴婢成群，富贵莫比；班婕妤的几个兄弟也都加官晋爵，被委以朝廷要职。

失子的痛苦无情地折磨着班婕妤，她现在最需要的是再育一个皇子，但是很长时间过去了，她却再也没能怀孕。后宫中因为年老色衰失宠，致悲惨遭遇的例子屡见不鲜，聪明如斯的班婕妤怎能不晓得?!

班婕妤骨子里是一个安分守己、容易满足的人，因此也没有窥探皇后之位的野心，她和许皇后相处得如同姐妹。此刻，她所考虑的是如何才能保持自己现有的地位，或者说更加持久。

既然无法生育子女，难走“母以子贵”这一条路，班婕妤只能靠自己了，她开始倾向于用自己的言行影响汉成帝，好使汉成帝成为一个勤政的明君。

汉朝时期，皇帝在宫苑巡游，专门乘坐一辆黄金大辇车，绫罗为帷幕，锦褥为坐垫。汉成帝为了能够与班婕妤形影不离，就特别令人制作了一辆较大的辇车，可以坐两个人，以便同车出游。

与皇上同车共辇，这是众妃嫔求之不得的一件风光差事，班婕妤却婉辞谢绝，她说：“妾观古时的图画，贤圣之君皆有名臣在侧，夏、商、周三代末主乃有嬖女。今陛下欲与妾同辇，几与三代末主相似，妾不敢奉命！”

皇太后王政君听说此事后，对班婕妤的深明大义极为赞许，称赞道：“古有樊姬，今有班婕妤。”樊姬是春秋时代楚庄公的夫人，楚庄王刚即位时喜欢打猎，樊姬怕他因此耽于政事，便不吃狩猎来的禽兽肉。楚庄王改过自新，三年而称霸天下。

王太后将樊姬与班婕妤相提并论，足见对其评价之高。这使得班婕妤的地位在后宫更加尊贵，班婕妤更是自励，加强在“妇德”、“妇容”、“妇才”、“妇工”等各方面的修养，希望能对汉成帝产生更大的影响。

可惜的是，对贪玩好色的汉成帝来说，班婕妤一席义正词严的话语无疑是一种大煞风景的做法，令他顿觉失望。这种失望可能是一种敬畏，但最直接的结果就是

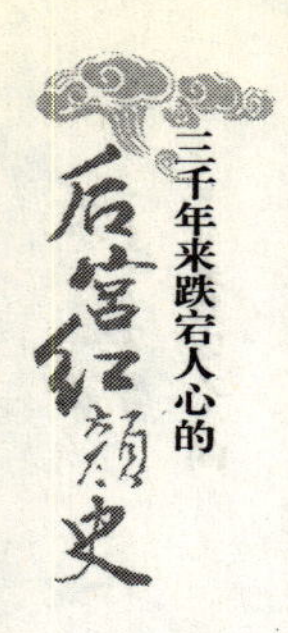

太子妃之位险被废

随着时间的推移，贾南风从娘家带来的妒忌品性也暴露无遗。她虽然对太子不中意，但不允许宫中其他女人接近太子得到宠幸，否则就醋海生波，闹得人仰马翻，毫不留情。在这一点上，她和母亲非常相似，甚至就是如出一辙。

有一次，她听说司马衷的一个美貌娇艳的妃妾怀了孕，心里充满了妒意，便命手下人手持画戟，猛击那个妃子的腹部，生生地打得胎儿流产坠地，血肉模糊，惨不忍睹。

晋武帝得晓此事后，十分恼怒，曾一度想将她废掉。外戚杨珧提醒道："陛下，贾氏生性妒忌，固然可恨，但贾充乃是晋朝的元勋，后世子孙都应得到宽宥。贾南风是他的亲生女，陛下岂可忘了贾家的功德?"再加上司马衷生母杨皇后的一再劝说，晋武帝也就不再追究。

不过，武帝仍认为，贾南风居然如此不知收敛，若是不给她点儿厉害瞧瞧，怕不知道宫中的规矩，便命其闭门思过。正值妙龄年华的贾南风依旧做太子妃，却终日宫门幽深，其凄戚悲苦可想而知。

贾南风这次没有被废，总算侥幸。但后来因为司马衷的太子地位一度发生动摇，几乎被废，她就称得上是心惊胆战了。

当时，不少忠正清直的大臣为国家前途着急，纷纷向晋武帝提出：太子"纯质"、"有淳古之风"，恐怕将来不堪奉继大统。其中，太子少傅卫瓘一直想劝武帝另立储君，但不敢明讲，只好假装酒醉，用手抚着御座说："这座位实在是太可惜了！"

事实上，大臣们所谓"纯质"、"有淳古之风"只是委婉的说法，事实上太子司马衷是一个整天只懂吃喝玩乐、不务正业、痴呆无能的呆子。历史上曾经有把晋惠帝司马衷称为白痴皇帝的记录。

一年夏天，司马衷在华林园玩耍，听到水中蛤蟆在叫，便问随从："这蛙鸣是为官还是为私呀?"在场者啼笑皆非，侍郎贾胤在旁打圆场说："在官田上叫就是为官，在私田上叫就是为私。"

又有一年闹灾荒，老百姓没有饭吃，到处都有饿死的人。有人把情况报告给已做了皇帝的司马衷。司马衷对百姓饿死甚为不解，惊讶地问大臣："没有饭吃，他们为什么不吃肉粥呢?"

发生在司马衷身上的这样可笑的事情实在太多了，因此贾南风时常对这个傻瓜太子大发无名之火，甚至怒斥他。司马衷被她弄得莫名其妙，战战兢兢，后来登上王位后也对这位年纪稍长的妻子畏惧几分。

晋武帝对司马衷的才智心中有数，备感烦恼，只好与杨芷杨皇后商议。杨皇后当然不愿儿子的地位被动摇，便接口说道:“立嫡以长不以贤，是万古不易的法则，陛下能无故改变吗?”武帝没再言语。

然而，朝廷上对太子的议论却在升级，已有大臣公开提出应选明德至亲的齐王攸继承皇位。晋武帝知道再也无法等闲视之了。终于，他想了一条妙计，在所有朝廷大臣面前检验太子的办事才干。

这一天，晋武帝大摆宴筵，下令东宫所有官员无论职位高低一律赴宴。然后，派人给太子送去一个密件，内有急需处理的政府公文。武帝再三叮嘱，务必令太子立即决处，不得稽留，待处理完毕，再亲自带回。

接到密函时，贾南风不禁惊出一身冷汗。她立刻想到此函关系到太子的地位与自己的前程，不敢掉以轻心，于是想出一计，让外人替太子作答，又让太子重新誊写一遍，交给信使。

晋武帝看到答书，见说得有板有眼，头头是道，顿时喜形于色，立即派人在殿上诵读。众人先是一副迷惑不解的样子，后领会到皇上此次设宴的用意，自此再也不对太子议论纷纷了。

虚惊一场之后，贾南风开始意识到懦弱无知的太子根本成不了大气候，她要想方设法在宫中树立自己的地位，好为以后的皇后之位打下基础。于是，她更加处心积虑地阻止太子和其他妃嫔接触。

用强硬手段除掉对手

公元 290 年 4 月，晋武帝司马炎病死，太子司马衷登基即位，历史上称为晋惠帝。贾南风顺理成章地被立为皇后，杨芷被立为皇太后。贾南风妒忌阴毒、残忍无情，又足智多谋，她一出场，西晋皇室内的血雨腥风、悲云惨雾就无法避免了。

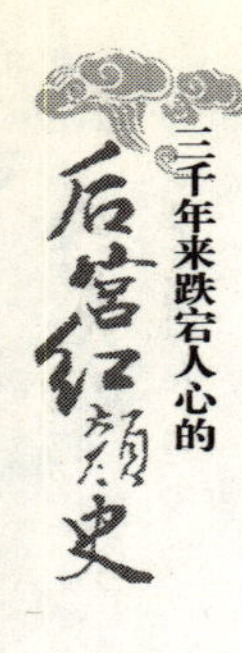

期儒家思想的熏陶，班婕妤并不怎么怨天尤人，她以一颗恬退隐忍之心，默默地等待着命运的安排。

在汉成帝面前，班婕妤不像其他嫔妃那样对皇帝那样谨小慎微，唯唯诺诺，甚至搔首弄姿、献媚争宠，而是举止有度，沉稳持重，不娇不媚。她这样的气质深深地吸引了看惯了奴颜媚态的汉成帝。

班婕妤美而不艳，丽而不俗，无须浓妆艳抹、刻意修饰，便自有一种诱人的魅力。但是，她深知美丽在拥有三千佳丽的后宫中是很难长远的，她还需要发挥自己的优点。

班婕妤的文学造诣极高，尤其熟悉史事，常常能引经据典，出口成章，妙手成文。因此，她常给汉成帝讲古代帝王的故事，如他们的政绩、好恶、品格，以及历朝的典章制度、礼仪风情、民俗掌故等，使汉成帝既听得入神，又增长见识，乐于与她聊天。

班婕妤擅长音律，既写词又谱曲，她写的词和谱的曲有感而发，有的放矢，她常常作赋弹琴，使汉成帝在丝竹声中，进入忘我的境界。

班婕妤的歌舞虽然不是一流，但她的舞姿却别有韵味，每一个舞步似乎都蕴涵着美的力量。她常常款款起舞，迎请汉成帝一起跳。汉成帝喜欢观舞，却不会跳舞，班婕妤便主动教给他。

这个女子是如此多才多艺，汉成帝把与班婕妤在一起视为极大的乐趣，一种有别于枕席之乐的享受。对汉成帝而言，班婕妤不仅仅是他的侍妾，更是他的良师益友。

正是因为这些，班婕妤在后宫佳丽中显得超群出众。很快，她便得到了汉成帝的专宠，被封为婕妤，搬进了增成舍居住。婕妤是嫔妃中的第 2 级，地位相当于上卿，仅此于皇后。

初入“增成舍”，汉成帝对班婕妤恩爱有加，真是情意缠绵，如胶似漆。为了显示厚爱，汉成帝还经常携她离宫到别馆去游玩、栖宿。不久，班捷妤便暗结珠胎，并在别馆产下了一个男婴。

有了皇上的专宠，又喜添贵子，这是后宫每一个女人所梦寐以求的，也是后宫地位的保证。正当班婕妤欢喜地做着一个贤妻良母时，不料这位仅仅几个月的小皇子却突然因病夭折了。

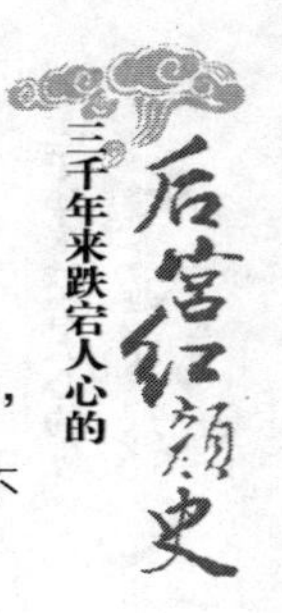

在《长信宫怨》中，班婕妤描绘了一个顾影自怜，摒绝繁华，效法古代贞女烈妇，甘愿幽居长信宫中，孤灯孑影，房寒风冷的形象。这首诗赋无限的悲凉情怀，使人不忍卒读，肝肠寸断。

班婕妤没有留下更多的诗赋给后人，但从仅存的几篇诗赋中我们足以领略到她万人难及的才情。她成为辞赋发展史上极少的女作家之一，也是较早的五言诗的创造者。

又过了11年，即绥和二年(公元前7年)，汉成帝驾崩于未央宫。王太后让班婕妤担任守护成帝延陵的职务。班婕妤伴着冢形碑影，又孤独地生活了5年后离世，年约40余岁，葬于延陵。

今天，在陕西咸阳周陵乡严家窑延陵东北约六百米处，有班婕妤墓。历经沧桑之后，土冢已日渐矮小，但班婕妤的满腔幽怨却不时飘散出来，引来诸多同情和叹惋。

历史评说

“古有樊姬，今有班婕妤”，名门之女班婕妤美貌、才智都有，算得上一个出类拔萃的女子，她因人品才学一度为皇帝宠爱，但从某种意义上来说，她又何尝不是为此所害？她拘于礼法，正规正矩，一心想辅佐成帝成盖世明主，只可惜，她遇人不淑。

在汉成帝眼里，宫廷女子的作用本来就是讨皇帝的欢心，是否有才倒不重要。尽管班婕妤在后宫中谨守礼教，温婉明达，行事端正，但是她既没有赵飞燕起舞绕御帘的轻盈，也缺乏赵合德月夜入浴的妖娆妩媚，更关键的是论手腕她远不是赵氏姐妹的对手，这就注定了她悲惨的命运。

班婕妤，一个世间少有的好女人，却偏偏没有一份与之匹配的爱情，其短暂的人生经历从盛极到衰极，后半生竟成了皇宫怨妇的代言人。她充满哀愁的诗赋，不但感动着后世诸多宫中失意嫔妃，也使许许多多的失意文人为之长叹。

试想，这位有见识、有德操的贤淑女子，倘若遇到的是周宣王、楚庄王，或是后来的唐太宗，甚至是朱元璋，又当如何？或许，她今天留给我们的辞赋就是另一番情致了。

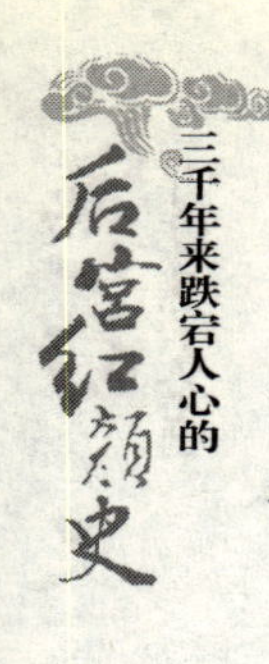

帝的长子，为才人谢玖所生。愍怀太子从小就聪明伶俐，颇解事体，深得祖父武帝的喜爱。

为了达到长期有效控制朝政的目的，贾南风一直想废掉愍怀太子。怎么办呢？她诈称自己怀孕，并弄了些绢布塞到衣服里，掩人耳目。临产时，把妹妹贾午的儿子抱到宫中收养，结果被揭穿。

但是，已经染上了"权"瘾的贾南风岂会善罢甘休，既然自己没有儿子，那就先临朝听政吧，一场改换太子的政治风暴来临了！

贾南风派人对外大肆宣扬愍怀太子不知自重、奢靡威虐的举止，为废黜太子造舆论。而愍怀太子被糜烂的宫廷生活所熏染，不愿意读书，常在宫中设市肆，与手下小宦官游乐玩耍，这也给了贾南风把柄。

公元299年，贾南风诈称惠帝有病，要愍怀太子觐见。太子入宫后，贾南风故意避而不见，派人端来三升酒，以皇帝所赐为由，让太子全部饮下。圣命难违，愍怀太子喝得酩酊大醉。

这时，贾南风又让黄门侍郎潘岳模仿着愍怀太子的口吻书写了一篇表文，表文曰："陛下宜自了，不自了，吾当入了之。中宫（贾后）又宜速自了，不自了，吾当手了之。已与谢妃（谢玖）约定同时发难，灭绝后患，立吾儿司马道文为王，蒋氏（太子妃）为皇后……"然后，逼迫神志不清的愍怀太子照样抄写一遍，交给了惠帝。

惠帝见愍怀太子要他自己了结自己，如此大逆不道，就同意贾后立即下诏"赐死"，并将愍怀太子的表文与诏书宣示于公卿大臣。张华等人认为此事关系国运盛衰，请求惠帝要谨慎行事，以防有诈。

贾南风见状，立即命人拿出愍怀太子平日所上的十几份奏章，众人反复比较笔迹，也没有比出个所以然来，但谁也不敢断言不是太子手笔。直到夕阳西下，大殿内的争议仍没有结果。

贾南风担心节外生枝，便指使黄门侍郎潘岳投案自首，承认与愍怀太子谋逆的事情。众大臣再也无法相争，愍怀太子遂被囚禁到金墉城，后又被送到许昌的旧宫幽禁起来。

贾南风长期的专制统治，引起了朝臣的不满。这次，愍怀太子被废后，贾南风以其所收养之子代替其位置，朝野内外众情愤怒。右卫督司马雅等人开始密谋废掉皇

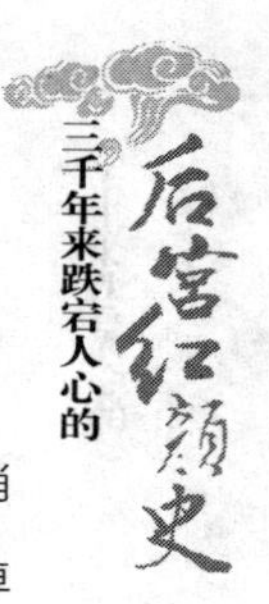

后贾南风。

他们故意差人放出风去，说宫中有人想匡复太子废掉皇后。贾南风得知这一消息，感到非常恐慌，为了断绝众人的念头，也为了自己能长期擅权，她断然决定除掉太子。

公元 300 年 3 月，贾南风令人配制了毒药，然后派宦官孙虑伺机毒杀愍怀太子。愍怀太子唯恐遭人谋害，终日小心翼翼，孙虑难以得手，便借其上厕所的机会用药杵将其活活打死。

见时期成熟，司马雅立即借为愍怀太子报仇之名，秘密联络了梁王司马肜、赵王司马伦、齐王司马冏等宗室诸王，共同起兵，废贾南风为庶人，诛杀了贾南风的党羽数十人。

从此，贾南风结束了她一手遮天的政治生活。但是，她的死并没有换来天下太平，相反开启了“八王之乱”，西晋王朝元气大伤，大一统的中国陷入了“五胡十六国”的分裂局面，长达几百年。

历史评说

晋惠帝懦弱无能，贾南风狡诈阴毒、残忍无情，又足智多谋。故西晋政权，从贾南风立为皇后之日起，政局便处于动荡不安中，血雨腥风、悲云惨雾就无法避免了。

虽然是一名女子，但贾南风“妒忌多权诈”，她伺机除掉身边的每一个对手，先因妒忌手持画戟致其他妃妾流产，以图谋不轨的罪名除掉太傅杨骏和皇太后杨芷，又借刀杀人除去重臣王亮与卫瓘，接着嫁祸于人将楚王司马玮送上了断头台，又三番五次地置愍怀太子于死地。

一路杀过来，她将掌权的欲望表现得淋漓尽致，相貌不佳的她不仅在宫里站稳了脚跟，而且将懦弱无能的晋惠帝任意摆布，将朝政大权招揽于一身，成为西晋政治上的一大霸主。

可叹，贾南风本是一个聪明强悍的女子，但她善妒的品性及强烈的权力欲望却促成和推动了晋朝政局混乱、国祚不延的局面，还成为晋朝“八王之乱”纷争的直接诱因。西晋的衰落，贾南风难辞其咎。

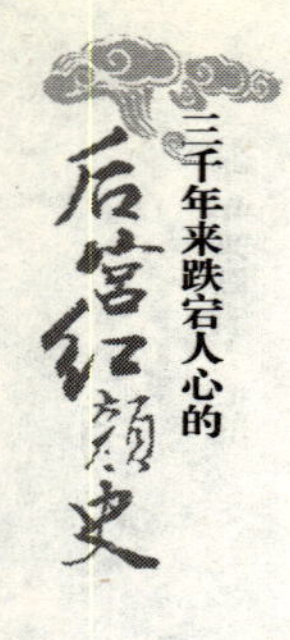

出入君怀袖，动摇微风发。

常恐秋节至，凉飙夺炎热。

弃捐箧笥中，恩情中道绝。

在这篇《急歌行》，又名《团扇诗》中，班婕妤以用洁白细绢剪裁的团扇自喻，实在是贴切不过的了。炎炎夏日，主人对扇子自然爱不释手，形影相随；凉秋时节，则被弃置箱中。文字清新，情绪哀怨，而表达的思想却委婉含蓄，有一种怨而不怒的气度。

宫墙之内的嫔妃们，大多数人的命运与这扇子又相差多少呢？团扇本是西汉时期嫔妃仕女的饰品，自班婕妤之后，便成了红颜薄命、佳人失爱的一种象征性标志，故又称“班女扇”。

后宫没有了班婕妤和许皇后，赵氏姐妹如鱼得水，赵飞燕被册封为皇后，赵合德也成了昭仪。然而，这一切在班婕妤看来都与自己毫无关联了，她心如止水、形同槁木。

“长恨人心不如水，等闲平地起波澜”，班婕妤回顾入宫以来的荣辱浮沉百感交集，上天又为何这般不公平呢？作恶多端的赵氏姐妹顺水顺舟，安分守己、不悖“妇德”的自己却半路翻船，她觉得冤屈，也感到无奈。惆怅之极，也只能作赋伤悼自己的坎坷遭遇。

《隋书·经籍志》著录有一卷她的作品，后来多数散失，仅存《自悼赋》、《捣素赋》、《怨歌赋》等几篇。在这些文章中，班婕妤均真切地抒发了自己在宫中苦闷的情感。其中，最有名的一首诗赋是《长信宫怨》。

人生若只如初见，

何事秋风悲画扇？

等闲变却故人心，

却道故人心易变。

骊山语罢清宵半，

泪雨零铃终不怨。

何如薄幸锦衣郎，

比翼连枝当日愿。

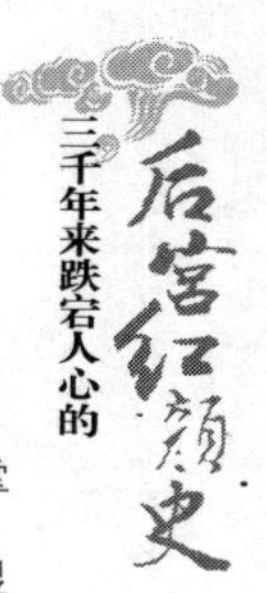

韦氏为皇后。

刚当上皇帝皇后的李显和韦氏春风得意，认为只要有了帝后的名分就等于掌握了全盘局势。尤其是韦氏，她立即迫不及待地要丈夫提拔自己的娘家人，而李显也预备提拔岳父韦玄贞当侍中，把韦后的娘家人都封官。

这样的人事安排发到中书令裴炎手里，他立即加以劝阻。李显很生气地说："我是皇帝，想怎么干就能怎么干！就算把天下让给我的岳父，我也甘心，何况一官位有什么大不了的？"

为了避免皇帝"说到做到"，更怕得罪皇帝自己性命堪虞，裴炎只好禀报武则天。武则天听后大怒，立即下诏废黜李显为庐陵王，立李显的同胞弟弟李旦为帝，改元文明。

需要提一下的是，韦氏并非李显的元配夫人。李显的第一个妻子为赵氏。武则天与赵氏的母亲常乐公主素有仇隙，后常乐公主被武则天贬出京，赵氏则被关在内侍省被活活饿死。自己的王妃死于非命，李显却并不敢表示一丝一毫的不满。武则天对儿子如此驯服，甚是满意，李显得以代替李贤为帝。

说起来，韦氏是赵氏的继任人，但她似乎并没有从赵氏的遭遇中得到足够清醒的认识，对武则天的手段还太缺乏了解。更重要的一点，李显似乎也颇有同感，虽然两个哥哥先后被废，姨母、表姐也陆续死于非命，但他并没有认识到母亲在其中的作用。

就这样，闯下大祸的李显和妻子韦氏领着一堆年幼的儿女、一群哭哭啼啼的姬妾，垂头丧气地离开了曾经呼风唤雨的长安城，在重兵的"护送"下，前往流放地房州（今湖北房县）。

在房州清苦度日的李显不但平日被人监视，长安城里的特使还经常专程前去察看他的情形。李显左思右想，终于明白母亲几度废立太子和皇帝，是因为她自己想当皇帝。洞悉这一切后，他整日里活得心惊肉跳。每逢洛阳传来李姓皇室子孙遭诛杀的消息，他就夜不安眠；每当朝廷派使节前来房州，他都以为他们是奉母亲之命来杀自己的，心中无比恐怖。

在这样的情形下，韦氏与李显患难与共，经常给丈夫排解悲愁、惶惧情绪，以自己的实际行动为丈夫打气。当武则天派使节探察他们时，她不但不畏惧，还伶牙俐齿地与之周旋，多次救李显于危难之中。

韦后的宽慰和支持，让李显感激不已，甚至成了他精神上的依赖和支柱。据说他曾经满怀感激地对韦氏发誓“假如我有朝一日能重登皇位，一定不会忘了你的恩情，从你所愿绝不加以禁制。”

如此惊恐凄惶，生不如死的日子，李显和韦氏整整过了14年。在那样险峻的环境里，韦氏对李显患难与共、不离不弃14年，从青丝云髻等到华发初生，这实在不是一般女子所能为的。

昏庸乱朝谋专政

公元699年，李显被武则天召回京城，重新被立为太子。公元705年，李显光荣复位，改年号为“神龙”。中宗复位后，韦氏被立为皇后。韦氏对中宗说了这样一句话：”14年的苦难我们已经受够了，现在就要过自由自在的天子生活了。”

这一句话分量沉重，它毁了一个帝王，也害了一国百姓。

当时，东突厥攻掠陇右，西突厥别部突骑施部攻陷安西都护府。而内地则水旱为灾，户口逃散，民不聊生，饿死病死的总计数千人。但是，韦氏却劝说中宗撂下国家大事，到处吃喝玩乐。

当时天气严寒，北风凛冽，北方胡人裸身戏水，舞蹈自如。中宗和韦氏到洛阳城的南门楼多次观看泼寒胡战，而后也身穿轻裘，像胡人一样潇洒嬉闹，从早到晚，不知疲倦。

一年元宵节，中宗和韦氏脱去龙凤袍，换上百姓装，带领大臣到大街上观赏花灯。中宗采纳韦氏的意见，放出几千名宫女到宫外看花灯。结果，一半以上的宫女都跑掉了。

又有一次，中宗在皇宫内召见百官，韦氏觉得没有意思，便命令三品以上的官员抛球和拔河。朝臣多数是文官，不好嬉戏，尤其是那几个上了年纪的大臣，体力不支，拔河时随着长绳扑倒在地，一时站不起来，手脚乱舞，丑态百出。中宗和韦氏见状，开怀大笑。

在中宗的放任骄纵、唯命是从下，韦氏对权力的欲望越来越强烈！她无时不刻

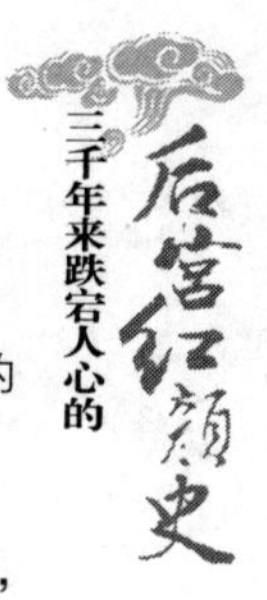

不希望自己也能够像当年的武则天那样操纵皇帝和朝政，乃至于登上为所欲为的女皇宝座。

为了这个远大的目标，她将宰相武三思和昭容上官婉儿一一拉拢到自己手下，不仅如此每临朝时她即置幔坐殿上，预闻政事，干预朝政。她不仅要求中宗追封父亲韦玄贞为王，还要求把韦氏外戚全安排在朝廷的要害部门任职，中宗一一应请。

按照规定，只有和皇帝同姓的人才能封王。韦氏的企图是如此明显，当初拥立李显登位的张柬之、敬晖、桓彦范等大臣十分焦急，于是向中宗上书，反对韦氏临朝听政。

虽然中宗压根不买账，但这仍然引起了韦氏的高度警觉，她决定先下手为强，与武三思、上官婉儿商量了“明升暗降”之策：将张柬之封汉阳郡王、敬晖封平阳郡王、桓彦范易姓韦氏封扶阳郡王、崔玄暐封博陵郡王、袁恕已封南阳郡王，合称“五王”，如此罢免了功臣的实际权力。

为了不让储位之争重演，老谋深算的韦氏将自己的两个亲生女儿的婚事也安排得滴水不漏：长女永泰郡主嫁给了武承嗣的儿子武延基，次女安乐郡主则嫁给了武三思的儿子武崇训。

第二年，李显庶女定安公主驸马王同皎计划诛杀韦氏与武三思，不幸事泄被杀，王同皎被诛。仍然对“五王”不放心的韦氏趁机将“五王”也罗织了进去，将他们统统贬放为边远州县的司马。

为了赶尽杀绝，武三思又暗中命人写了一张要求废后的榜文，将榜文张贴在长安城中的天津桥上。李显闻讯大怒，命御史大夫李承嘉追查。

李承嘉屈于韦氏的势力，回报说，贴子是“五王”所为，他们蓄意谋反，因此诽谤皇帝清名。韦氏乘机请求诛杀五人的三族，中宗不肯答应，将五人流放边陲，后还是被矫诏杀害。

韦氏恃宠专横，权重一时，朝中形成一个以韦氏为首的专政集团。这令大多数朝中大臣和皇族都不能接受，尤其是太平公主更不能容忍韦后的野心竟敢超过自己。韦氏因此对相王李旦和太平公主怀恨在心。

随着权力越来越大，韦氏觉得皇太子李重俊是未来的障碍。中宗的太子李重俊，非韦氏所生。于是，韦氏勾结武三思、安乐公主与其夫武崇训等经常在中宗面前诋

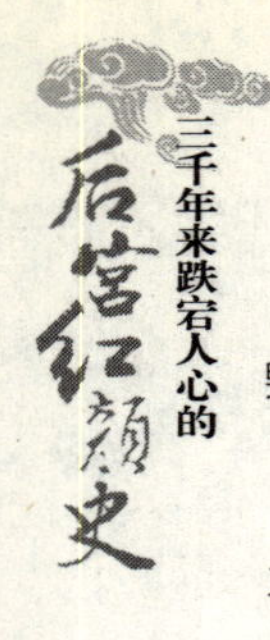

毁李重俊，安乐公主甚至请中宗废太子，立自己为皇太女。

李重俊甚为不平，后发动部分羽林军杀死武三思与武崇训，谋诛韦后、安乐公主，因相从的羽林军倒戈，政变失败，李重俊被杀。武、韦集团权势依旧不减。

在调查李重俊政变事件的时候，韦氏便指使党羽诬告李旦和太平公主，说他们是李重俊的后台。李显大惊失色，信以为真，幸好有御史中丞萧至忠拼命劝阻，李显才没有下杀弟杀妹的决心。

这件事情成为韦家外戚和李家皇族彻底撕破脸的转折点。但是，由于中宗对韦氏唯命是从，有意偏袒，韦氏一方明显占了上风，而太平公主和李旦只能忍气吞声地背着"罪名"，伺机而动。

谋杀亲夫临朝摄政

除掉了太子李重俊后，韦氏更加肆无忌惮。有一次，她自称自己衣箱中裙子上有五色祥云升起，命画工画下，让文武百官看。五色祥云乃帝王之兆，韦氏的野心已暴露无遗，朝中大臣群情激愤，议论纷纷。

这时，前许州司兵参军燕钦融上书中宗，指斥韦氏干预朝政，揭露她图谋不轨，告诫皇上不可不防。中宗阅后，召燕钦融上朝当面询问。燕钦融慷慨陈词，毫无惧色。中宗沉吟许多，让燕钦融暂时退下。

谁知，韦氏很快得知这个消息，燕钦融还没有走出朝门，她便指使亲信兵部尚书宗楚客派人将燕钦融追了回来，然后当着中宗的面，在大殿的庭石上将燕钦融摔死。

中宗虽然是个"和事天子"，但还是被韦氏如此无法无天、草菅人命的举动惊呆了，对她的态度也迅速发生了转变。再见韦氏时，他便耷拉着脸，一副闷闷不乐的样子。

此时的韦氏，再也不是那个与中宗患难与共的质朴女子，她的心灵早已被欲望填满。她见中宗真起了疑心，一个想法在她的脑海里渐渐放大，即除掉丈夫，君临天下！

安乐公主猜中了母亲的心事，不但不劝阻，反而大力支持。她盼着母亲临朝后，自己能做"皇太女"，于是不断地劝说母亲，要当机立断，谋权篡位。母女俩合谋进鸩，毒死了中宗。

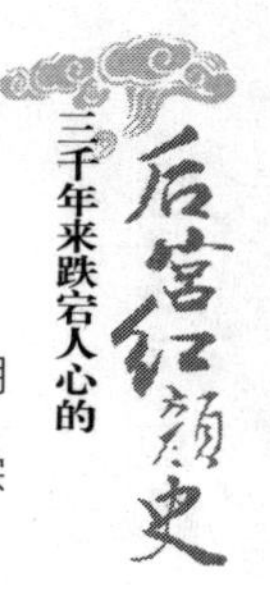

下一步怎么办呢?韦氏心里并没有过细的筹划。特别是想到对于中宗之死,朝中大臣可能出现的议论、猜测和指责,她就更加感到不安。想来想去,她决定对中宗秘不发丧,召自己的亲信入宫商议对策。

经过一番讨论之后,他们决定立温王李重茂为皇太子。为了防止政局动荡,韦氏命令刑部尚书裴谈、工部尚书张锡处理国政,在东都留守;左金吾大将军赵承恩、左监门卫大将军薛崇简率领五百精兵前往均川。

接下来,韦氏又下令从各府调来五万人马,分左右营屯驻京城,以她的哥哥,任太子少保(辅佐太子的官员)的韦温总负其责,韦温的儿子和韦后的其他兄弟掌管左、右营和羽林军,保卫皇宫。

一切布置妥当之后,韦氏才开始在太极殿为中宗发丧,宣布立李重茂为皇太子,尊自己为皇太后临朝摄政。

临朝摄政后,韦氏更是加快了谋权篡位的脚步。她一面临朝称制封赏李氏皇族,一面将台阁政职、内外兵马大权以及中央禁军诸营统管的要害职务,统统换成自己的党羽和族人担任。

韦后之心,已是路人皆知。

公元710年,不甘待毙的太平公主暗中与早有计划的相王李旦第三子李隆基通谋兵变,并于6月20日晚突袭后宫。惊慌失措的韦氏在拼命抵抗之后,被追兵斩首,韦家班全军覆没,李家重掌政权。

历史评说

在封建王朝,女人要想站在男人的肩膀上,登上政治权力的顶峰,并非一件易事。武则天处心积虑多年,一步一席一叩首做到了,但连她自己都说过,此乃前无古人后无来者之举。的确,历史造就奇迹的机会不多,给了一个女人,不会再给另外一个女人。

韦氏无时不刻不希望自己也能够像当年的武则天那样操纵皇帝和朝政,乃至于登上为所欲为的女皇宝座。她很幸运地依附上一个对自己唯命是从、放任骄纵的皇帝,可惜的是,这个男人没有能够让她站在他的肩膀上俯瞰历史。

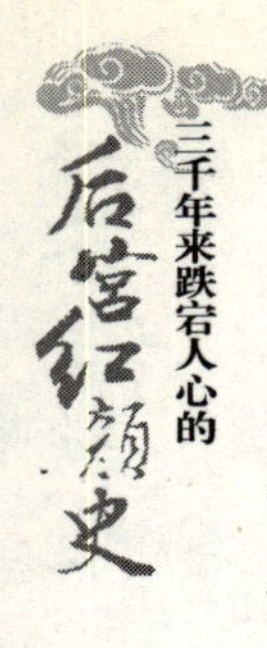

韦氏虽说也掌权一时，但最终未能称帝，韦姓天下也只是支撑片刻。我们不免要思考，为什么同为政治高手，未能有同样的硕果呢？难道是上天造化，身不由己吗？其实不然，因为武则天心怀整个天下，她重视以施德的方式来治天下，而韦氏怀的是自私自利的狭小心胸，那永不满足的欲望将她一步步推向灭亡的深渊。

由此看来，虽然韦氏和武则天一样是踏着众多人的鲜血走上政治顶峰的，但是历史不会给予她和武则天同样的评价，贪婪、狠毒、骄纵等贬义词与她如影相随、难脱干系。

名家圈点

韦后是唐中宗李显的皇后，曾参政中宗神龙、景龙年间，提出了许多专门提高女性地位的措施，包括改易制度、大造符瑞舆论、参与大祭等。这些提高女性地位的行动固然与她本人的政治企图密切相关，但所透露出的女性意识是真实存在的。——马微

6 清文宗咸丰帝宠妃（慈禧）

——垂帘听政的"老佛爷"

背景身世

慈禧太后（公元1835~1908年），名叶赫那拉·杏贞，咸丰帝的妃子，同治帝生母，光绪帝养母，又称"西太后"、"那拉太后"、"老佛爷"，是1861年至1908年间清朝的实际统治者。

慈禧出身于满洲镶蓝旗一个官宦世家，是叶赫那拉氏孝慈高皇后的后裔。慈禧的祖父景瑞，在刑部山东司任郎中。外祖父惠显，在山西归化城当副都统。父亲惠征是吏部任笔帖式的八品文官，后屡有升迁。

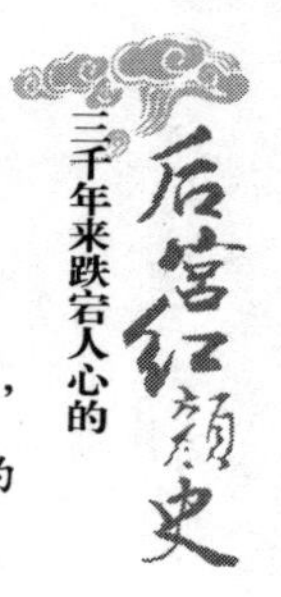

慈禧自幼聪明伶俐，博学多才，能书善画，因此深得父母宠爱。在她16岁之时，恰逢咸丰帝广选天下美女充实后宫，她因风韵独特被选中，迈出了她人生旅途中的第一步，从此一个末代王朝的命运便与“慈禧”这个名字在风雨中共飘摇。

红颜风云

长期以来，在人们的心目中，慈禧是一个穷奢极欲、昏庸无能的女人，对付内乱专横残暴、心狠手辣，对于外辱一味割地赔款、求和息事。既然如此，她又如何能在中国动荡不安、杀机四伏的时期以太后之尊垂帘听政近半个世纪呢?恭亲王奕䜣、李鸿章、左宗棠等能人都能唯她马首是瞻?历史上的慈禧究竟是怎样一个女人呢?

发动“辛酉政变”大权独揽

慈禧入宫后，因风韵独特被封为贵人，安置在圆明园的“桐荫深处”。既是贵人，在宫里就有了职位和品级，生活待遇比一般没封号的宫女要自在得多，也高得多了。

慈禧每天对镜梳妆，精心打扮，日盼夜梦能接近咸丰，出人头地。可是，贵人上面有贵妃、皇后等别的女人，咸丰帝哪里顾及得过来。所以，很长一段日子里，慈禧都不曾见过皇帝的人影。

就这样无声无息地在这儿待下去吗?不!慈禧可不是一个坐以待毙、等着天上掉馅饼的人，她冥思苦想了一番，把每个月积蓄起来的月银交给了总管太监安德海。世路难行钱做马，在两人的“合作”下，咸丰帝顺顺当当、平平安安地走到了“桐荫深处”。

慈禧是一个艳丽多姿的女人，自然让咸丰帝倾心不已，当天宠幸。第二天，慈禧便从“桐荫深处”搬往蓬岛瑶台。最大的胜利是她腹怀龙胎，生下了咸丰帝唯一的皇子载淳。

封建宫廷讲究“母以子为贵，子以母为荣”，慈禧的境遇来了个一百八十度大转弯，她被封为懿贵妃，位置只在皇后钮祜禄氏之下。这是她在宫廷夺权的斗争中走出的最关键的一步。

慈禧出身官僚世家，加之在宫中生活了一段时间，她深知宫闱政治的明争暗斗极端残酷，要想做胜利者，一要不惜一切手段保住自己的地位，二要不断地努力谋

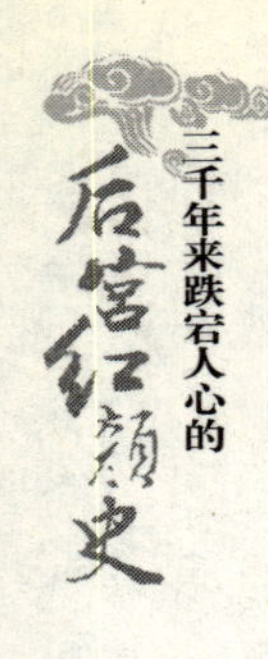

求高位。

咸丰帝体弱多病，再加之当时内忧外患，经常疏于政事，耽于声色，慈禧与咸丰帝朝夕相伴，咸丰帝无心批阅的奏章，慈禧便主动代为批答。久而久之，她对朝章制度、朝廷内外局势和驾驭臣下之道，都有了粗略了解。“辛酉政变”是慈禧所展示的第一次权术，她在少女时代和后宫争宠中历练出来的所有智慧，被淋漓尽致地发挥出来了。

公元1856年，英法联军发动了第二次鸦片战争，攻进北京城，咸丰帝带着亲信大臣及后宫妃嫔逃往承德避暑山庄。次年，咸丰帝就染病而死，临死前宣布6岁的载淳即位，并任命载垣、端华等八位大臣辅政，慈禧也升为“圣母皇太后”。同时，规定分赐皇太后及皇帝的“同道堂”、“御赏”玺为下达圣谕的符信，一切军政事务由辅政大臣处理。

慈禧由贵妃升为皇太后，可谓是后宫人人所梦寐以求的。然而，这并不能让已经沾涉权术的慈禧满意。她串通东宫慈安太后指示御史董元醇奏请皇太后垂帘听政，但八大臣以清朝无此先例，令军机处拟旨斥驳，并以“搁车”示威。

秋后，慈禧趁咸丰帝灵柩回京，单独召见咸丰之弟恭亲王奕䜣密谋政变之策，又联合朝中大学士贾祯、户部尚书沈兆霖、刑部尚书赵光等人，将载垣、端华、肃顺处死，其他五人革职或遣戍，即“辛酉政变”。

公元1862年，同治帝正式即位，由于其年幼无知，实行两宫太后共同垂帘听政。由于东宫慈安太后是位性情温和的女子，对政治不感兴趣，两宫太后的垂帘听政变成慈禧独揽大权。

慈禧以一个女人少有的胆识、谋略和才干，联合皇后、恭亲王奕䜣发动政变，除掉了八位顾命大臣，达到垂帘听政，把握权柄的目的，登上了晚清的政治舞台。此后，这个26岁的年轻寡妇携着一个懵懂无知的孤儿，挑起了大清帝国首脑的重任。

撑持风雨飘摇的大清帝国

经过200年的发展，当时的清朝是一个内忧外患不断的国家，堪称“古今未有之变局”。因此，慈禧这位宫廷头号女人不得不使出浑身解数，以撑持风雨飘摇的大清帝国。

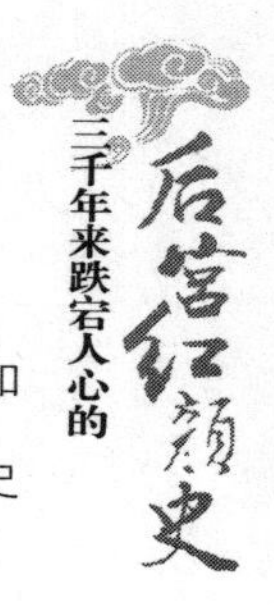

慈禧最大的一个动作是，支持洋务派在19世纪60~90年代期间，以“自强”和“求富”为口号，在军事、政治、经济、教育及外交等方面进行一系列的革新运动，史称“洋务运动”。

洋务运动是中国发展近代工业化的开始，在洋务运动成果的支持下，国家的军事实力得到巩固，清廷得以平叛内部反抗势力，防止外来侵略者的入侵，使中国处于相对稳定的政治局面。很难设想，如果没有慈禧的支持，洋务运动怎么可能在强大守旧势力的阻扰下延续30多年！

事实上，洋务派每提出一事，必招致顽固派和清流党的攻讦，朝廷上无一日安宁。面对顽固派和清流党的嚣声，慈禧太后巧妙地施展其政治手腕，逐渐地减少来自他们的阻力。

公元1866年，洋务派拟在同文馆加设天文馆、算学馆，选派科甲正途出身的人进馆学习。此议一出，文渊阁大学士、理学大师倭仁便率首反对。他认为以中国之大，何患无才，“何必师事洋人”。

慈禧见倭仁振振有词，即令他保举数员精通自然科学的中国教师，另行设馆授徒，以与同文馆的洋教习相比试。倭仁见慈禧动了真格，赶快申辩，说所谓中国“不患无才”，不过是自己“以理度之”，“况奴才并无精于天文、算学之人，不敢妄保”。

清流派代表人物张佩纶也曾经领教过慈禧太后的厉害。中法战争期间，张佩纶放言高论，以谈兵事为能，对洋务派的军事外交政策不屑一顾。慈禧顺水推舟，任命张佩纶为福建海疆大臣，到前线指挥作战。

据《中法兵事本末》记载：“张佩纶闻炮声，即从船局后山潜逃。是日大雷雨，张佩纶跣而奔，中途有亲兵曳之行……适有廷寄到，督抚觅张佩纶不得，遣弁四探，报者赏钱一千，遂得之。”张佩纶的色厉内荏，慈禧的治人之术，由此可见一斑。

一系列丧权辱国的条约签订后，国门一次次被打开，在慈禧太后的批示下，清政府设立了主管外交的总理衙门，专门管理南北各通商口岸的商务和处理各类对外事务的南、北洋通商大臣。

处在一个社会大变革的时代，慈禧作为掌权者支持改革无疑是明智的，但是她对西方先进的科学技术知之甚少，对改革的进程和目标从未有过足够的通盘考虑，只是在外力的刺激下被动地调整政策，甚至也作出了很多愚蠢的决定。这也表

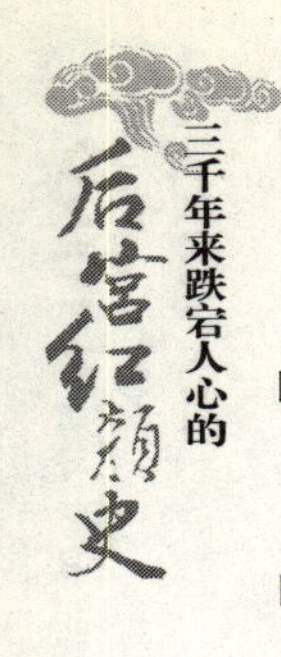

明慈禧没有一个卓越政治家的远见卓识和雄韬伟略，直接阻碍到洋务运动的实绩。

慈禧垂帘听政期间，两次鸦片战争暂时满足了列强的贪欲；洋务运动后清王朝的军事实力有所提高；工商业有了初步发展，进一步促进了国家的发展，史称“同治中兴”。

但在另一方面，慈禧又十分残忍。她依靠曾国藩的湘军，李鸿章的淮军，先后镇压了太平天国、捻军以及回民和苗民起义。公元 1864 年 7 月 19 日，湘军攻破太平天国的首都天京时，分段搜杀，三日之间，杀害太平军将士十余万人，“秦淮河尸首如麻”。

扼杀“戊戌变法运动”

1873 年，18 岁的同治帝亲政，两宫太后撤帘归政，但同治帝仍难摆脱慈禧的干预。公元 1875 年，同治帝病逝。慈禧立侄子兼外甥 4 岁的载湉为帝，改年号为“光绪”。

光绪初年，为了达到二度垂帘听政的目的，慈禧曾使用了种种手段，但慑于朝中有人反对，终日心中不乐。心腹太监李莲英猜知心事，便令人在万寿寺按慈禧的模样塑造了一尊观世音像，尊称慈禧为“太后老佛爷”。自此，老佛爷这个称呼便从万寿寺传遍京城，慈禧也就心安理得地垂帘听政了。

公元 1865~1870 年中亚浩罕汗国侵略者阿古柏侵入并且窃据了新疆大部分地区；公元 1871 年，沙俄出兵占领伊犁地区。公元 1875 年，慈禧采纳陕甘总督左宗棠的建议，出兵新疆，清军于公元 1878 年 1 月收复新疆。1881 年，中俄通过谈判，中国收回伊犁大部分地区。

公元 1881 年 4 月 8 日慈安暴亡，终年 45 岁。因死得突然，故有传为慈禧所害之说。从此慈禧实现一宫独裁。

公元 1883~1885 年爆发了中法战争，双方在军事上互有胜负，但以慈禧为首的清政府却主张“乘胜即收”，与法国签订了《中法新约》，又使法国获得了不少侵略利益。接着，慈禧把责任推给军机处大臣，将他们全部革职，史称“甲申易枢”，完全掌控了朝政。

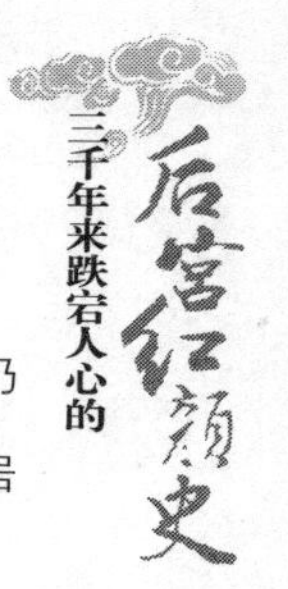

公元 1889 年 2 月，光绪大婚，名义上由光绪帝亲政，但朝内一切用人行政，仍由慈禧一人决定。“上（光绪帝）事太后谨，朝廷大政，必请命乃行”，光绪帝实际仍居于傀儡地位。

慈禧太后不仅强权霸政，还是一个自私的独裁者，将天下一切都视为自己的私有品。为了满足个人的欲望，她常常置国家面临的经济危机于不顾，挥金如土，大肆挥霍。在某种程度上说，这加快了清王朝灭亡的步伐。

公元 1894 年，慈禧为了举行 60 寿辰庆典，大举挪用海军经费，修缮颐和园，布置点景，广收贡献。是年，适逢日本发动中日甲午战争。有人提出停止颐和园工程，移作军费时，慈禧大发雷霆，说出了：“今日令吾不欢者，吾亦将令彼终生不欢”的话。

当时，中国处于被侵略一方，获得了军心和民心的拥护，加上北洋舰队和新式淮军，应该说实力不弱。但是为了不影响自己的六旬庆典，慈禧提出避战求和的方针，并希望外国出面干涉，尽快结束战争。

由于战机一再延误，这场关系时局的战争遭到惨败，以慈禧为首的主和派下定决心向日本求和，最终签订了丧权辱国的《马关条约》。条约大大加深了中国的殖民地化进程。

中日甲午战争失败后，列强掀起瓜分中国的狂潮。为了救亡图存，资产阶级改良派发起维新变法运动。公元 1898 年 6 月光绪帝发布“明定国是上谕”（即《明定国是诏》），实行变法。

但是，这些措施涉及了清王朝的政治体制，触动了满洲贵族和众多封建官僚的利益。随着变法的深入，慈禧深怕光绪会摆脱自己的控制，于是在光绪皇帝宣布变法的第五天，迫使其连下三谕，把军政大权、人事任免权都牢牢地抓在了自己手中。

9 月中旬，光绪皇帝几次密诏维新派商议对策，两次召见袁世凯，授予侍郎。企图让袁世凯派兵包围颐和园，杀死慈禧最信任的内务府大臣荣禄。结果，被袁世凯出卖。

9 月 21 日凌晨，慈禧太后突然从颐和园赶回紫禁城，直入光绪皇帝寝宫，将光绪皇帝囚禁于中南海瀛台；然后发布训政诏书，再次临朝“训政”，杀害了谭嗣同等六人，扼杀了戊戌变法运动。

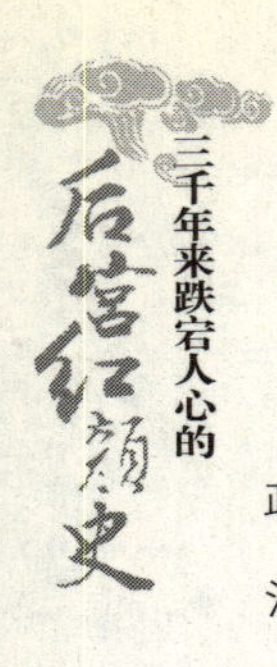

“戊戌政变”是慈禧借“戊戌变法”玩的又一次漂亮的权术，此时的慈禧作为政治人物已经非常老辣，轻易玩弄权术于股掌之间，确保了自己在清政府的统治地位。

清政府终沦为列强傀儡

国内各阶层矛盾、统治阶级内部矛盾日益尖锐，义和团运动爆发了。在如何对待义和团的政策上，慈禧经过了激烈的思想斗争，其间还夹杂着列强的干涉。

义和团初起山东时，慈禧太后是主剿的，先后派李秉衡、张汝梅、毓贤以及袁世凯进行镇压。这一方面固然出于其反动统治阶级的本能；另一方面，则因为义和团力量不大，没有引起她的重视，还谈不上利用。

当义和团到直隶后，慈禧太后的主剿态度发生了转变。这一转变的显著标志，是她在公元1900年6月6日上谕里第一次明确称义和团为“国家赤子”(见《义和团档案史料》)，由主剿变为主抚。

慈禧太后之所以由主剿变为主抚是否因为直隶义和团镇压不了，或者她不想镇压了呢?显然不是。恰恰相反，她既想报列强之仇，又想镇压义和团。问题在于，当时她还没有一种力量能够同时解除这两种力量的威胁，只能“两害相权取其轻”。

当时谁对她的统治权威胁最大呢?戊戌变法以来的经历告诉她：是列强。公元1898年她发动政变囚禁光绪的举措，遭到洋人的极力干涉，她越来越感到自己的统治权受到了洋人的威胁。因此，她产生了利用“扶清灭洋”的义和团对付列强的想法。

公元1900年6月10日，列强不顾清政府的阻拦，正式组建八国联军，由级别最高的英国军官西摩尔为统帅，美国军官麦卡加拉为副统帅，率军自天津向北京进发。

由于沿途许多铁路已被义和团拆毁，再加之义和团的坚决抵抗，西摩尔在杨村陷入困境，被迫后撤，又在归途中遭到义和团聂士成部的攻击，最终于6月26日败回天津租界。

6月20日，德国公使克林德在乘轿去总理衙门途中被虎神营士兵枪杀，使馆中

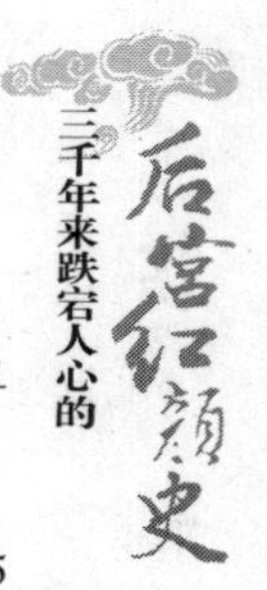

的外国卫队得知后，结队外出寻衅，于是义和团开始攻打使馆。次日，慈禧以光绪之名写了十二道绝交书，与列强“宣战”。

慈禧太后真的是要倾全国之力与外敌决一死战吗?事实证明，宣战只持续了5天。列强要求清政府完全剿灭义和团，并且不顾清政府的反对，坚持联合侵华，慈禧的决心开始动摇。

7月20日，她连日派人向使馆送西瓜、蔬菜、米面等物，又令荣禄前往慰问各国使臣；还分别致国书于俄、英、日、德、美、法等国元首，请他们出面“排难解纷”、“挽回时局”。

8月2日，联军约4万人自天津出发，6日攻陷杨村，7日清廷任命李鸿章为全权大臣，即日致电各国外交部，先行停战。但列强执意要攻入北京，并于8月14日攻入北京。

次日凌晨，慈禧带着光绪帝仓皇出逃北京，奔往太原、西安。令奕劻、李鸿章为全权大臣，把战争的责任推到义和团身上，与列强进行谈判。9月7日，清廷下令对义和团“痛加剿除”。

义和团的迅猛发展部分得益于清廷的支持，在清廷态度变化后，许多义和团组织迅速消亡。北京失陷标志着义和团运动的失败。八国联军攻占北京后兵分数路，向南进犯保定，向西进犯山西，向北进犯张家口和山海关，所到之处烧杀抢掠，在中国犯下了滔天罪行。

为了收拾残局，慈禧派人于公元1901年9月7日与列强签订了空前屈辱的《辛丑条约》。这标志着清政府完全成为帝国主义列强在中国的代理人，清政府已经成为中国人民革命的主要对象。

公元1904年日俄战争爆发，战场正是在中国东北，以慈禧为首的清政府竟然宣布“中立”，东北人民遭受巨大苦难，中国主权再一次被严重践踏。国内人们普遍意识到君主立宪优于君主专制，要求清政府进行宪政改革。

为了应对这种危机，慈禧不得不作出要立宪的姿态，1905年派五大臣出洋考察，1906年又宣布预备立宪，1908年颁布《钦定宪法大纲》，内容仿照德国和日本的宪法，维护皇帝的“君上大权”，过渡期更长达9年。

慈禧推行的变法虽也取得一些成效，但当时一些思想先进的人，如陈天华、邹

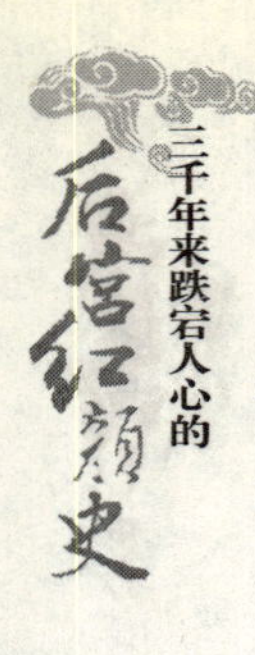

容等人，已看穿这只是清廷拖延策略的骗局，它所维护的是帝国主义列强和满洲贵族等上层统治者的利益，从而产生要推翻清朝的革命思想，这种思想在社会上也有泛滥之势。

公元 1908 年 11 月 14 日，光绪帝死。慈禧命立醇亲王载沣子、年仅 3 岁的溥仪为帝，年号宣统。次日，慈禧逝世，终年 74 岁，葬于河北遵化定东陵。公元 1911 年辛亥革命一声炮响，结束了慈禧苦心经营 48 年之久的清王朝，也结束了中华大地上长达两千余年的封建集权帝制。

历史评说

后妃不能干预朝政，这是清代的祖制。但是，慈禧凭着自己的聪明机巧，将这一祖制彻底打破，通过“垂帘听政”之途，操纵同治、光绪两朝皇帝，掌握清朝朝政达 48 年之久，是历史上“垂帘听政”时间最长的皇太后。

慈禧的权力生涯面临着严峻考验，她不仅要面对世界列强的肆意欺凌，更要应付国内日薄西山、摇摇欲坠的局面。可以说，当时的大清犹如惊涛骇浪中的一叶孤舟，举措稍有不当，国家随时可能分崩离析。面对如此错综复杂、风云变幻的局面，即使是男人，或许也不敢介入那段乱世。但慈禧却纵横捭阖，玩弄权术，对各派势力或利用或打击，以女子的身份掌握朝政、权倾一时，不能不说她拥有独特的能力和人格魅力。

作为封建权力的中心人物，慈禧的强权霸政、骄奢淫逸，以及她对外国入侵者的不断让步，导致近代中国急剧衰落和落后。

慈禧作为清政府的主事人，她的立场注定是维持自己的最高统治地位，而不能和中华民族的立场完全一致。中国滑向半殖民地半封建的深渊，这实在是中国的悲剧，也是她个人的悲剧！

不管怎么说，清末历史所记载的每一事件无不跟慈禧太后有着千丝万缕的联系，她对中国历史的命运产生过重要的作用，是中国近代史上最有权势和最具影响力的人物。

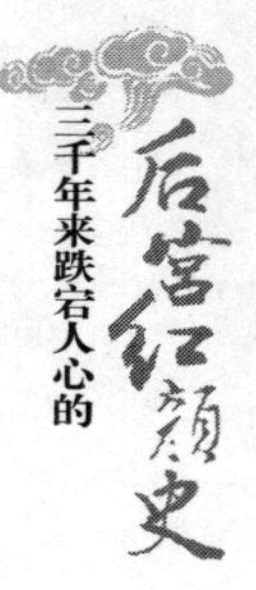

名家圈点

牝鸡司晨，女人当政。数千年的中华历史中究竟有几人？唐代武则天，辽金萧太后……可有谁曾经历如此多风波：宫廷政变、外国入侵、国内起义、皇帝争权……仍把持大权不松手？——《中华名人传记·慈禧传》

第四章

扰乱政局的红颜祸水

她们或许有绝美的容颜，或许有出色的才情，或许有高明的心计，总之当她们掌控了处于权力巅峰的男人，历史的航向就这样改变了……

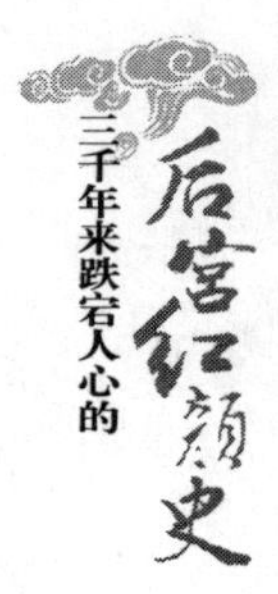

1 秦庄襄王王后(赵姬)

——扰乱朝纲的女人

背景身世

赵姬(?~前228年),其真实姓氏失载。秦庄襄王的王后,秦始皇的生母,中国历史上第一位皇太后,一生生活在政治阴影中。

赵姬的真实姓氏无从考证,因她是赵国人,故被称为"赵姬"。关于赵姬的出身,众说纷纭,莫衷一是。有人说赵姬出身于邯郸富豪之家,而更为人熟知的是赵姬曾经流落烟花之地,是邯郸的歌舞妓。

因生得袅娜娉婷、楚楚动人,而且聪明伶俐,赵姬被吕不韦以巨资赎身,纳为妾,后她又被吕不韦拱手转送给秦国公子异人,也就是日后的秦庄襄王,赵姬也从而成为影响中国历史进程的女人。

红颜风云

秦始皇的名字,在中国历史上非同寻常,他是中国历史上第一个皇帝。但至今谁是他的亲生父亲依然是众说不一,这在很大程度上是由秦始皇的母亲赵姬引发的。作为一个连接吕不韦、异人、秦始皇的关键人物,赵姬有着怎样的人生,曾对历史产生了什么影响呢?

被当做"鱼饵"献给异人

提起赵姬,我们还得从战国末期齐、楚、燕、韩、魏、赵、秦七雄纷战说起。当时,赵国与秦国实力相当,赵国在名将廉颇的指挥下,两度击败了秦国的进攻。而且,在

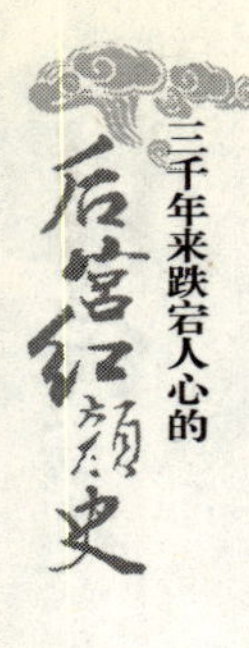

渑池会上为和氏璧，赵国宰相蔺相如以其惊人的胆略挫败了秦国的外交攻势。秦昭襄王为了集中力量侵吞其他国家，送太子安国君的儿子异人入赵作为人质，与赵暂时交好。

公元前265年至前259年的某个时期，阳翟大商人吕不韦经过赵国国都邯郸看到了在赵国做人质的秦太子之子异人。他精明地意识到未来的天下非秦莫属，这位暂时不得志的王子比买卖珠宝更有利可图，便千方百计地与异人结交，并结成了无话不谈的至交。

吕不韦给异人分析形势，他说：秦昭王已是人之将老，你的父亲安国君是太子，不久将当上秦王。安国君有二十多个儿子，你不居长，又不为他所喜爱，将来很难当上太子，但我可以帮助你。

异人在异地举目无亲，有个人替他设想将来的政治路途，他感激万分，表示自己一旦当上秦王，将与吕不韦共有秦国。他甚至还对天发誓："我若脱祸返秦，荣登君王宝座，若负此恩此德，天道不容，身遭惨死！"

吕不韦以千金赠异人，让其结交宾客，造成良好的声誉。又西去秦国，通过贿赂和阴谋，取悦秦太子宠妃华阳夫人，并说服了华阳夫人收异人为义子，诱使安国君答应日后立异人为太子。

吕不韦返回赵国后，与异人的交情越加深厚。吕不韦深谋远虑，赢得了异人的信任，但他觉得这仅是实现他的宏伟计划的第一步，而另一个阴谋正在他的心中酝酿。这时候，赵姬出场了。

赵姬是吕不韦不惜重资买来的妾，袅娜娉婷，楚楚动人。吕不韦实告赵姬说："异人现在质于赵，没有妻子，我欲将你进献给异人，日后你我夫妇可取秦之天下！"赵姬欣然应许，表示听从吕不韦的摆布。

赵姬是一个敏锐、有心计、有实际操作能力的女人。正是因为她具备了如此过人的能力，所以她才能够从社会底层脱颖而出，一点一点改变自己的人生，一步一步实现了自己的理想。

一天，吕不韦邀异人到府内欢宴，酒到半酣，令赵姬盛装出来劝酒。异人见赵姬云鬓轻挑，娥眉淡扫，玉步轻移，香风袭人，禁不住目眩心迷，目不舍离，赵姬也秋波婉转。

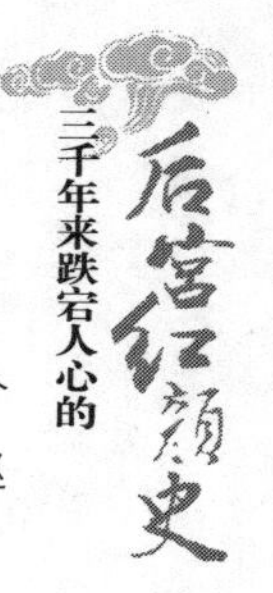

吕不韦见异人已经着迷，遂借口有事，暂行告退，命赵姬继续陪异人饮酒。异人一见吕不韦离席，求之不得。凭他的直觉，赵姬对他颇怀好感，异人便举步上前将赵姬一把搂住。

不料，吕不韦却闯了进来，见状怒不可遏，斥责异人怎敢调戏其爱姬，太不够朋友了。

异人见状浑身颤抖，立即跪下求饶，连称该死。

吕不韦看到时机成熟，装作沉思了一会儿说："好吧，你既看中了她，就送给你。"

异人开始以为是听错了，当他确定这是真的时，真是欣喜若狂，连连作揖，感谢吕不韦大恩。

对此，《史记》记载："异人从不韦饮，见而请之，不韦佯怒，既而献之。"

异人得到赵姬之后，与赵姬日夕绸缪，不觉八个月有余，赵姬生了一子，生得隆准长目，方额重瞳，生下来就有牙齿。因孩子生日是正月元旦，便取名为赵政，即后来的秦始皇。

虽然赵姬被吕不韦当做"鱼饵"献给了异人，但赵、吕二人的旧情并未了断，藕断丝连。至于秦始皇究竟是赵姬与异人还是与吕不韦所生，恐怕连赵姬本人都不一定说得清楚明白。

三年后，秦赵失和，赵国打算杀害异人，吕不韦得知消息后贿赂守吏，带着异人逃出了邯郸，赵姬和赵政则被留在赵国，过着东躲西藏、颠沛流离、心惊胆战的日子。

公元前 251 年，秦昭襄王谢世，太子安国君即位为秦王，即孝文王。安国君即位之后，立子异人为太子。于是，赵国主动找到赵姬和赵政，非常礼遇地将他们送回秦国。赵姬终于结束了在赵国 9 年噩梦般的生活。

后来，孝文王逝世，异人名正言顺地做了秦国的国君，是为秦庄襄王，尊华阳夫人为皇太后，立赵姬为皇后，立嬴政为太子，吕不韦为相国，并加封文信侯，食邑十万户。

至此，吕不韦和赵姬苦心经营了几年的如意算盘，算是初步成功了。赵姬在实现个人抱负的过程中，一点一点褪去了风尘女子的痕迹，并平步青云，一跃成为人上人。

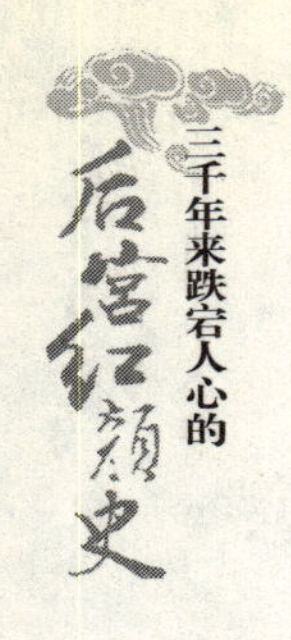

几经风云乱始乱终

转眼间又是3年,庄襄王过着糜烂的宫闱生活,精血耗尽元气大伤,赵姬夜夜献宠,使尽妖媚之能事,庄襄王贪欢成瘾,不久便衰弱不堪。一次在床上缠绵玩乐时,庄襄王中风身亡,年仅36岁。

13岁的嬴政登上国君的宝座,尊赵姬为皇太后。因为嬴政年幼无法理朝政,便由太后赵姬听政。国事都委任吕不韦,称为"仲父"。

代为行使国家元首批准权的玺印一直由赵姬掌管,但由于赵姬本人不关心政治,她一直没有实际行使过代嬴政执政的权力,使得这项重要权力成为一种形式。在相当长的时间里,秦国内政外交全靠吕不韦全面打理。

这样的结果,无疑对吕不韦和赵姬是一个回报。他们运筹帷幄,处心积虑,苦心经营,让事情一步一步按照他们的设想运行,最后拥有了想拥有的地位。如果抛开道德和信义不谈的话,吕不韦和赵姬确实是成功者。

庄襄王逝世的时候,赵姬年纪不到30岁,耐不住深宫寂寞,便常常假借商议政事,召吕不韦进入自己的后宫,秘密来往。而嬴政还是少年,不知其中隐秘,所以两个人暗地往来,与夫妻相似。

在赵姬看来,这样做既满足了自己的情欲,又以独特的方式酬谢了吕不韦使自己飞黄腾达的知遇之恩,同时她又能把吕不韦这位显赫人物笼络在自己身边。于是,两人的特殊关系持续了较长一段时间。

嬴政一天天长大懂事,身为丞相的吕不韦深知自己不可再与太后纠缠。因为无论如何,嬴政是没有办法接受仲父与母亲的苟且之事的,他们二人的奸情一旦暴露在嬴政面前,对吕不韦来说将是一场毁灭性的灾难。

可是,赵姬还是一如既往、死死缠住吕不韦。有史记载"始皇帝益壮,太后淫不止"。吕不韦弃商从政,官至相国,走的任何一步棋都带有政治的战略眼光,此时更是不敢得罪赵姬,便开始绞尽脑汁,寻求脱身之计。

结果,吕不韦竟然找到了一位猛男嫪毐。赵姬闻之,果欲私得之。但是怎么能名正言顺地将嫪毐送进宫中,避免遭受众人的非议呢?吕不韦和赵姬商量了一个

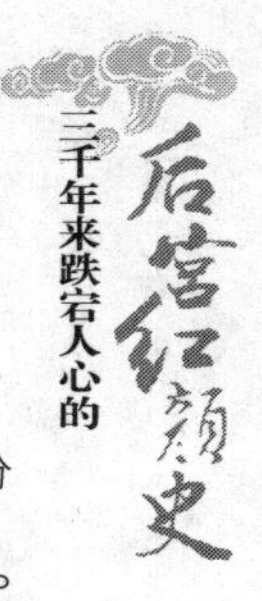

两全其美的办法——让嫪毐以“宦官”的身份入宫！

先让人告发嫪毐犯了宫刑罪，然后赵姬事先私下里送给主管宫刑的官员一份重礼，这些官员收了重礼，又知道这是太后交办的事，所以整个宫刑全是装装样子。最后，受过“宫刑”的嫪毐，以宦官的身份进宫服侍太后。

嫪毐很快把宫中寂寞的赵姬哄得欢喜连天，赵姬对他的宠爱日日渐深，并让他掌管后宫的一切权力。嬴政不知晓真相，在母亲的一再要求下，封嫪毐为长信侯，赐他数千奴婢，食邑山阳。嫪毐一夜暴富，家中奴仆数千。

不久，赵姬怀孕了。嫪毐与赵姬密商，买通卜人，诈言宫中不利母后，应该迁居避祸。嬴政不知有诈，就请母后徙往雍宫。从此母子不在一处，不必顾忌，赵姬连生两个男婴。

嫪毐是一个很有野心的年轻人，政治手腕与吕不韦不相上下，他与赵太后相好后，培植自己的私人力量，结党营私。不可思议的是，想通过嫪毐当官而到嫪毐家中做门客的人有一千多人，嫪毐一下子成为当时秦国与吕不韦并驾齐驱的豪门。

公元前 238 年，秦王嬴政离开咸阳，到秦国旧都雍举行冠礼，开始带剑亲政。嫪毐利用赵太后掌管的秦王御玺及太后玺征发县卒及卫卒、官骑、戎翟郡公、舍人，乘机发动叛乱想称王。

嬴政派相国昌平君、昌文君出兵镇压，与嫪毐战斗。嫪毐集团在秦国正规军的攻击下被打得落花流水，嫪毐被处死。后来嬴政得到密报，说嫪毐不是阉人，与太后有奸情且生子，嬴政大怒。结果，嫪家被满门抄斩，两个儿子也被杀，宾客尽数判刑，还免去了太后的封号，将其囚禁于雍城负阳宫，并表示永远不再相见。

把事情真相全部弄清后，相国吕不韦难逃其责，被免去相国职务，后被逐回洛阳，最后逐回到蜀地。吕不韦知道秦王嬴政不会放过自己，绝望地饮毒酒自尽于蜀地。

此事在秦国一时间闹得沸沸扬扬，举国上下议论纷纷。秦王下令：有敢为太后事诤谏者杀无赦，先后有 27 人因此被杀，陈尸于宫墙阙下。齐人茅焦又冒死请谏，他力陈秦王为了得天下人心，不可冒不慈不孝的罪名，秦王为之所动，遂迎太后归咸阳，住回甘泉宫。

再次住进甘泉宫的赵姬，此时已经没有皇太后的权力欲望，也没有了女性的情

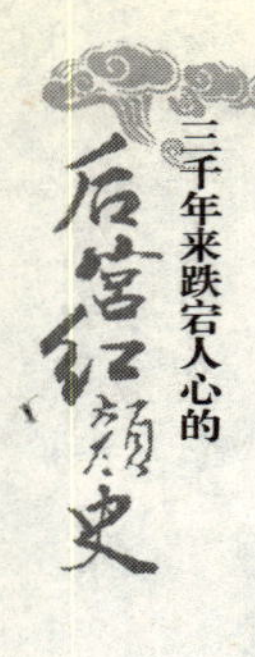

感欲望，也可以说她已经看淡了人生的起起落落。公元前228年，赵姬抑郁而亡。

历史评说

在中国历史上，有一种女人是主动选择走上政治舞台的，譬如汉代的吕雉、唐代的武则天，她们的性别劣势并不能遏制其心中的权力欲火；但也有一种人是被动陷于政治旋涡的，譬如赵姬。

虽然她是历史上第一个以无名无分、无权无势的身世走上皇太后宝座的女性，但是她没有把国家作为自己的责任，而是把偌大的秦王宫变成了自己自娱自乐的宫殿，特别是她寡居后，与吕不韦私通，私幸嫪毐等，铸就了她一生最大的悲剧，更给后世留下了生性淫荡、纵容男宠专权、误国误民的坏女人形象。

但从另一方面来看，赵姬终其一生，都不过是政治棋盘上的一颗棋子与牺牲品。对吕不韦而言，她是政治投资的筹码；对异人而言，她是泄欲释压的工具；对嫪毐而言，她又成了夺权争势的借口；对儿子而言，她又是显其仁孝之心的摆设。

情人、丈夫、男宠、儿子个个无情，都为了各自的目的把一个女性的幸福践踏在脚下，这期间的酸甜苦辣、荣辱廉耻，唯有赵姬独自品尝；作为她的第一个恩人兼情人的吕不韦无法知道，她的名誉丈夫子楚更无从知晓，最后威胁她的男宠嫪毐以及囚禁她的儿子也无从体会。

名家圈点

姬自匿有身，至大期时，生子政。——（西汉）司马迁：《史记》

2 汉成帝刘骜皇后(赵飞燕)

——心狠手辣的舞蹈家

背景身世

赵飞燕(公元前45年~前1年),原名宜主,汉成帝刘骜最宠幸的皇后,吴县(今江苏省苏州市)人。她善歌善舞,体态纤美,因其“身轻若燕,能作掌上舞”,故得“飞燕”之名。

赵飞燕自幼十分贫苦,但她却具有西汉王朝的皇家血统,她的母亲是姑苏郡主、江都亲王刘建的孙女,嫁于江都郡国江都中尉赵曼,后与人私通并生下了赵飞燕、赵合德姐妹两人。赵曼知道这件事后大发雷霆,命家仆将两姐妹丢弃。过了三天后,姑苏郡主亲往视探,两个孩子竟然还活着,郡主实在于心不忍,就又把她们抱回来,送到情夫冯万金家。

在生父家,姐妹二人一天天长大。以母亲身份出现在她们身边的是另一个女人——李阳华。李阳华曾是江都易王刘非的宠姬,后被遣出王宫,她善于装饰和媚术,在她的栽培和教育下,赵飞燕姐妹出落成了人间少见、世上罕有的绝代奇葩。

后来,冯家家道中落,赵飞燕姐妹辗转流落到首都长安,阳阿公主见二人容貌绝代,体态轻盈,人也伶俐,便令其演歌习舞,充作府中的舞伎。几年下来,赵飞燕已能歌如莺语,舞如飞燕,技艺远在群芳之上。一时间,声名鹊起,名誉长安城。

红颜风云

赵飞燕为后世留下了许多传说,而她的生平事迹远不止今天为人熟知的身轻若燕、掌中起舞。在政治斗争异常残酷的深宫后院中,她心机用尽、毒媚逼人,以柔弱身姿独挡千夫所指,使汉成帝上演了置江山社稷于不顾,“爱美人不爱江山”的古

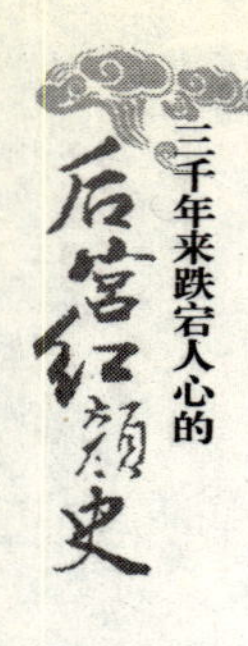

代版本。如此奇女子，她的人生从何处始，往何处去？

寻常“燕”飞入帝王家

汉代自高祖开国以后，历经惠、文、景、武四帝，文治武功，卓有绩效，但从昭、宣开始，霍光秉政，到元帝时，外戚王氏开始独揽朝纲。而汉成帝刘骜统治时期，西汉王朝已经面临外戚擅权的危机。

汉成帝素性好色，自当太子时便纵情于声色之中，及登帝位，更是一味地猎艳图欢，他把朝政大权交给舅舅王凤和几位异母兄弟后，自己则整日逍遥于挥霍享受之中。

公元前 **18** 年的一天，成帝微服来到了阳阿公主的府第，阳阿公主盛情款待，唤出了几名美女歌舞助兴。环佩金玉声中，飞燕款款而来，只见她面如姣花，目似秋水，体态轻盈。歌舞起处，似花枝轻颤，如燕子点水，一曲未尽，便有万种风情，妙不可言。

汉成帝深深地被赵飞燕的美貌与舞姿所吸引，对于看中的美人，他是绝不会放过的。席罢，他和阳阿公主提出要带赵飞燕回宫。君命不可违，阳阿公主只得做个顺水人情，将飞燕献给了成帝。

赵飞燕是一个天生的心理学家，她深知对付男人的欲擒故纵之术，入宫后一连三夜拒绝成帝的召幸，激起了成帝强烈的征服之心，夜夜临幸，并且封她为婕妤。在汉朝后宫妃嫔地位高低的排序中，婕妤仅次于皇后，赵飞燕真可谓是一步登天。

初封婕妤，后宫议论纷纷，都认为赵飞燕出身低微，只不过是个惯于蛊惑的货色，难登大雅之堂。赵飞燕非常有心机，她谨言慎行，处处小心翼翼，尤其对皇后很恭谨，从而消除了皇后的戒心，待之如姐妹；赵飞燕又刻意低声下气地与宫中粉黛结好，也逐渐化解了后宫佳丽对她的敌意，从而创造出一个有利于自身发展的良好环境。

当然，赵飞燕很清楚，自己所得到的一切都归功于美貌。她得意于自己的美，这是她的资本，这是她吸引皇帝宠爱的武器，是她赖以立身的支柱。于是，她每天都在竭尽全力，去挖掘自己身体的美，如经常变换发髻样式，所选用的脂粉非常讲究，饰

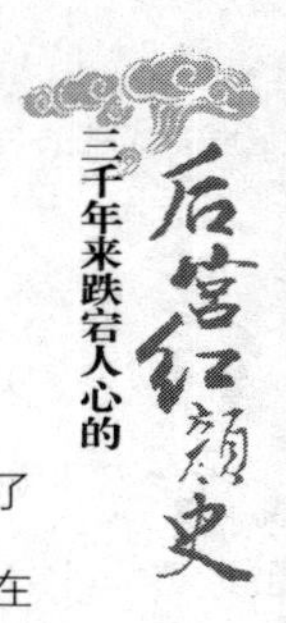

物追求豪华和精致。

当然，她还知道，仅凭相貌还不能完全征服君王，还要有美的舞姿和步态。为了讨成帝的欢心，她自己创作了很多舞蹈，如"踽步"是赵飞燕擅长的独特的舞步，在当时除了她之外，恐怕没有第二个人能跳出这个舞步来，而且每个动作都有新招，姿态也是完美之极。

一次，在招待外国使节的宴会上，成帝别出心裁地令人用手托起一个水晶盘，然后赵飞燕在盘上歌舞。当时，赵飞燕载歌载舞，潇洒自如的精彩表演把使者们看得一个个目瞪口呆，成帝十分开心，也更加宠爱于她。

赵飞燕在心术上也颇有修为，她很快认识到成帝贪恋女色，骄奢专横，却又胆小怕事；爱慕虚荣，喜欢浪漫，却又优柔寡断的性格弱点。

于是，她决定对症下药，在成帝面前一方面表现得格外殷勤、温顺，出色地施展女人特有的本事和魅力。另一方面，她又常常恃宠出尔反尔、撒娇耍赖、又痴又癫，不断吊高汉成帝的胃口，从而增加了自身扑朔迷离的诱人魅力。

赵飞燕所做的所有这些，都使成帝如迷如醉，如痴如狂，成帝甚至还曾十分得意地对其他嫔妃们直接夸耀道："飞燕丰若有余，柔若无骨，妩媚动人，宫中无人可与相比！"

从此，拥有资本又善于利用资本的赵飞燕彻底赢得了汉成帝的专宠，在后宫佳丽中成为最耀眼的一颗明珠。

搬来"救兵"，宠冠后宫

女人多小气且爱忌妒，尤其是深宫里的女人争风吃醋更甚。由于成帝对赵飞燕极其宠爱，引起了后宫其他嫔妃的不满，各种各样的诅咒和讥讽便飘进了赵飞燕的耳朵里。

赵飞燕意识到后宫就好比一个危机四伏的战场，随时都可能爆发战争。如果这场战争是以美丽决定胜负的话，那么她稳操胜券，可是若论心机和计谋自己就有些寡不敌众了，怎么办呢？

此时，身边的女官樊嫕看出了赵飞燕的心事，便进言说："这皇宫里的哪个女

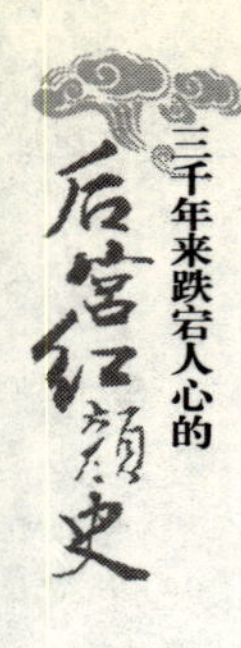

人都不是省油的灯?一个个都拼命向皇上献媚,就连一向劝皇帝少近女色的班婕妤,都向皇帝推荐自己的心腹侍女。你也该趁早计划,将自己人引进宫来,彼此有个照应。"

赵飞燕立即想到了自己的孪生妹妹赵合德,妹妹虽与自己是孪生,可脾气、秉性和自己大不一样。妹妹想得出做得到,好胜心强,从来不吃亏。如果有她在身边,自己不就多了个帮手吗?

为了维护自己的专宠地位,赵飞燕不仅决定要将妹妹带进宫来,而且还联合妹妹对成帝施了小计。

一次,赵飞燕起床后对镜轻轻抽泣,成帝见状,慌问原因。赵飞燕趁机说道:"我有一个孪生妹妹,从小相依为命,如今我在宫中享受荣华富贵,却留她一个人在宫外孤苦伶仃。"

成帝一听,高兴地问:"哦,既然是孪生,那么你们二人的相貌应该相似,不知道她是不是和你一样漂亮?"

赵飞燕回答:"合德比我漂亮不止十倍呢!"

成帝吃惊地问道:"这天底下难道还有比你更美的女子吗?我倒要看看。"于是,成帝令内侍持符节宣赵合德进宫,谁知内侍却空手而返,并回话:赵合德说若没有姐姐的亲笔书信,她不能奉诏。

见成帝非常纳闷,赵飞燕马上解释说:"这是我妹妹的精细之处,她担心进宫以后会夺去您对我的宠爱,遭到我的不满,这才有意回避您。现在我就给她写一封信,向她宣示陛下的恩德就是了。"

成帝哈哈大笑道:"你告诉她,她若进宫后,朕对你将更加宠爱,而且对你们姐妹二人一视同仁。"

在成帝的焦急等待中赵合德终于出现了。赵合德虽然比不上赵飞燕娇美,但她丰满的身躯状若含苞待放的蓓蕾,肌肤酷似粉装玉琢,和赵飞燕的体态形成了互补,别有一番魅力。

好色的汉成帝十分喜欢,笑道:"朕原来以为天下的美色都已经在皇宫中了,可和你们姐妹二人相比,那些佳丽现在都黯然失色,变成了庸脂俗粉。"随即便命赵合德住进了昭阳宫。

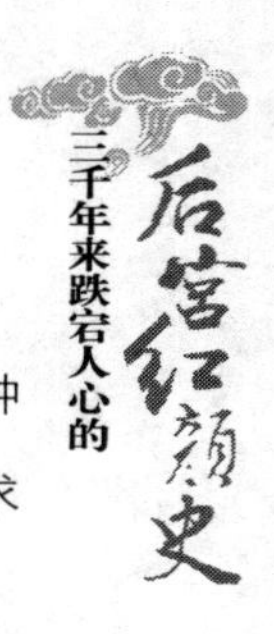

自从汉成帝一次无意间窥见了赵合德洗澡后，窥视赵合德沐浴就成为他一种新鲜的刺激，汉成帝还把赵合德叫做“温柔乡”，说“我当终老是乡，不愿效武帝之求白云乡了”。这话出自皇帝之口虽然有些荒唐，但后来果然应证。

成帝整天与赵氏姐妹饮酒狂欢，赵氏姐妹更是变着花样地给成帝找乐。很快，赵合德被升为婕妤。至此，赵飞燕不单死死地拴住了成帝的心，还让妹妹和自己一起宠冠后宫。

搞垮皇后取而代之

赵飞燕从妹妹立即受宠的事实，轻易地看穿了成帝刘骜是个好色之徒，一旦人老珠黄，等待她的就只能是晚景凄凉。认识到这一点后，她有了更远大的目标。那就是如何利用皇帝登上富贵的巅峰。

于是，赵飞燕以宠妃的姿态向着早已地位较高的许皇后、班婕妤二人发动进攻，一场女人的战争遂在后宫展开。赵飞燕要打击的第一个目标是成帝的元配——许皇后。

许皇后身世高贵，才貌双全，而且与成帝有着非比寻常的渊源。她是汉宣帝元配许平君皇后的侄女、大司马车骑将军平恩侯许嘉的掌上明珠。在长达十多年的时间里，许皇后也曾达到了专宠的目的。然而，年长色衰、没有儿子做依靠，使许皇后日渐失宠。

同时，掌管朝政大权的皇太后王政君是个庸碌无为的女人，她最大的梦想就是让娘家沾儿子的光千秋富贵，而辅政重臣许嘉权倾一时，对王家外戚的专权构成了较大的威胁，王政君忌恨不已，并多次对儿媳许皇后展开打击，王、许两家的矛盾日益加深。

有了这些条件，赵氏姐妹喜在心里，她们决定静观其变，利用王、许两家之间的矛盾扳倒许皇后，取而代之。

有一段时间，长安城内黄雾漫天，终日不散，而且全国时常出现一些日蚀、地震、洪水之类的“阴盛”之兆。朝臣们纷纷暗自议论这是天象示警，是因为老天不满王家外戚如此反常的升迁。

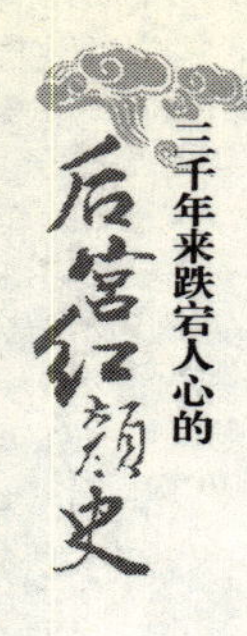

于是，王政君和王氏诸人决定把这些不祥之兆转嫁到其他人的头上，才能让朝臣不再盯着王家。那么，转嫁给谁最合适呢？许皇后！她们向成帝说这些不吉利的天灾星象是因为许皇后在后宫失德。

许皇后自认一直谦恭守礼，家族也从没有做过什么非分之事，怎么能够忍受背这样的黑锅。她愤懑难抑，立即向成帝正式上书抗议，义正严词地要为自己讨一个说法。

然而，事情已经无可挽回。成帝下令，裁减许皇后的所有开支，不但是日常仪仗衣食被削减，就连许氏家族的待遇，都一律降级。不久，许嘉也被皇帝女婿劝退，回家养老去了。西汉王朝的权力，都落在了王家人的手里。

此时，早已对皇后之位窥探已久的赵氏姐妹，意识到这正是夺取皇后之位的最佳时机，她们要给整件事添上最后一块砖。然而，许皇后没有什么过错，要使朝臣答应把她废黜，可不是一件容易的事。

就在这个时候，后宫中发生了一件事情：王美人莫明其妙地流产了。这个机会立刻就被赵飞燕利用起来了。她上书成帝，告发许皇后的姐姐许谒行巫术诅咒后宫已怀身孕的王美人和大司马大将军王凤，还把班婕妤也扯了进去。

宠妃说的话，那还能有错？！成帝立即火冒三丈，太后王政君更是勃然大怒。她早想跟姓许的翻脸了，何况她们竟犯下了这样不可赦免的大罪！结果，许谒被斩，许皇后被废并幽禁于昭台宫，不久又被赐自裁。班婕妤虽然免予惩处，却不得不匿居于长信宫中。

在今天看来，所谓巫蛊之术不过是些荒诞不稽的法术，但由于汉武帝晚年相信巫蛊，导致皇家内部自相残杀，元气大伤以后，诸帝都对巫蛊恨之入骨。而且成帝即位多年无子，王美人腹中的婴儿直接关系到皇统的延续，身居台辅的王凤成败关系到王氏一门的荣辱兴衰，难怪成帝和王太后大怒。赵飞燕这一招用得够准、够狠！

皇后被废，最有可能被选为皇后的班婕妤也匿居了。赵飞燕志得意满，竭尽所能，使出混身解数讨好成帝，缠着成帝立她为后。然而，王政君却嫌弃赵飞燕出身微贱，对立后之议倍加阻挠。后来，成帝托人多次说情，并封赵氏姐妹的义父赵临为成阳侯，王政君才勉强同意。

公元前16年，也就是入宫两年之后，赵飞燕终于如愿以偿，被册立为皇后，赵

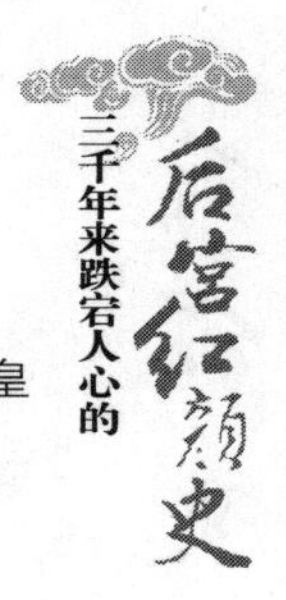

合德也被封为昭仪，两人并得宠幸，权倾后宫。一个出身卑贱的歌舞伎，竟然登上皇后的宝座，这在历代宫廷中都不多见。

“啄皇孙”，断了皇室血脉

入主中宫后，赵飞燕喜悦之情是不言而喻的，她不失时机地尽情享乐，随心所欲。汉成帝为了讨其欢心，命人在太液池中起瀛洲台，作千人舟。台竣舟成之后，两人时常登上瀛洲台遥见帝京繁华，俯视宫苑景物，笑傲云霓，兴寄烟霞，心中为之怡乐。

为了体现对赵合德的迷恋，成帝给她建造了一座昭阳舍，这是汉宫中从未有过的豪群殿宇。然而，赵合德并不满意，她认为昭阳舍位置太远，她想住到皇宫的最中心地带去。于是，成帝再一次大举动工，在皇后宫的“远条馆”附近，为赵合德新建了一座“少嫔馆”。

这是一个包括露华殿、含风殿、博昌殿、求安殿等的宫殿群，还有温室、凝室、浴兰室。殿宇之间都以曲廊相连，最终通往远条馆。所有的建筑上都饰以黄金白玉，璧为表里，变化万千。

自此，赵飞燕靠着她和妹妹的美色完全将成帝的注意力吸引过来了，荣冠三宫。然而她知道，在这个男尊女卑、母凭子贵的时代，要想保住皇后的桂冠就必须要有一张王牌——生皇子！

可是，赵飞燕却一直无法怀孕。不但她如此，连妹妹赵合德也一直无法怀孕。这样的日子过了很久，后来原因终于被宫廷女医生上官妩给找了出来：问题在于姐妹俩的独门美容秘方“息肌丸”。

“息肌丸”是对赵氏姐妹有养育之恩的江都王之姬李阳华传给她们的。此丸塞入肚脐内直接融入身体，能够使女人肌肤润泽，格外光彩照人。然而“息肌丸”的主要配方却是可致流产堕胎的药物——麝香。两人多年使用麝香，早已对生育功能产生了不可逆转的损害。

这消息对于赵飞燕来说真好比是晴天霹雳。然而赵飞燕没有想到，就在她们对自己的生育功能表示完全绝望的时候，后宫中其他的女人却开始陆续地怀孕了。原

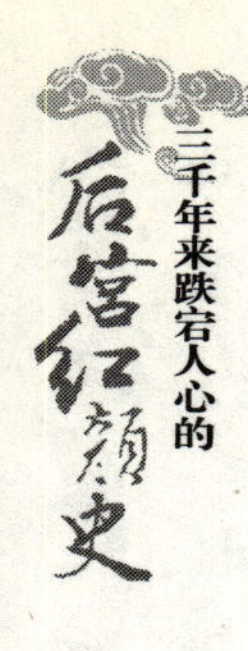

来，成帝见赵氏姐妹一直未能孕育，也开始为立嗣之事考虑，便时常躲开她们的注意，宠幸其他嫔妃。

联想到许皇后因为无子而后位不保，再加上自己没有亲族作强有力的后盾，赵飞燕内心很焦急和痛苦，深深地为自己将来的命运担忧，她对这些能够生育的女人恨之入骨。

在忌妒之心的驱使下，赵飞燕不能容忍别的妃子生下龙种，于是，一场扫荡后宫的腥风血雨拉开序幕了。史料中有“生下者辄杀，堕胎无数”的记载，民间也流传着“燕燕，尾涎涎，张公子，时相见。木门仓琅琅，燕飞来，啄皇孙，皇孙死，燕啄矢”的童谣。

当时，担任皇宫女教习的是位美貌如花的宫女，名叫曹宫，她才貌双全，通晓《诗经》，被成帝临幸后秘密生下了一个男孩。对于年逾四十而尚无子的成帝来说这可是一件天大的喜事。但是，当这件事传到赵飞燕姐妹耳朵里时，她们立即和成帝大吵大闹起来，最后曹姬落了个服毒身死的下场，婴儿也不知下落。

赵飞燕谋杀了曹宫母子之后不久，同样的悲剧又降临到了许美人的身上。许美人的姓氏就代表了她高贵的身份，和前任许皇后一样，她来自宣帝发妻许平君的家族，住上林苑涿沐馆。

许美人怀孕后，成帝心中窃喜，于是带着许美人瞒着赵飞燕暗中让御医探视，又私下里派自己的亲信送给许美人名贵的养身补品。后来，许美人生了一个皇子，刘骜得知消息，自然心花怒放，一面派人对许美人母子妥善照料，一面盘算怎样才能将儿子抱进宫中抚养。

终于，成帝找了一个黄道吉日，趁赵飞燕兴高采烈之际，结结巴巴地向她招认罪行。这对赵飞燕姐妹又是一个晴天霹雳。许美人出身高贵，而且拥有雄厚的关系，这已使赵飞燕在心理上产生自卑，因自卑而恐惧，所以一旦反击，也更为强烈。

在赵飞燕的指导下，赵合德先是泪涕交流，大哭大闹。接着又宣布自己要绝食自尽。成帝顿时慌了手脚，派人下诏书给许美人，许美人看了诏书后，把孩子装到一个小箱里，交了出去。曹宫母子的惨剧，再度上演。

曹宫和许美人与她们所生的孩子虽然死得凄惨，总算还在史书上留下了一笔正式的记载。还有更多身份低下的宫女，由于身份低下，对她们和她们所生孩子的

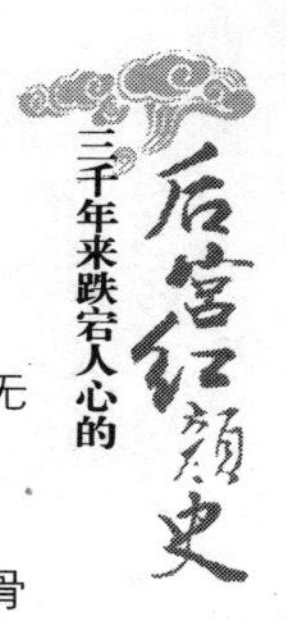

处理，赵氏姐妹就办得更是干净利索，这些母子们连痕迹都没有留下，就消失得无影无踪。

赵氏姐妹的残忍令人发指，而成帝的昏庸无能也无以复加，看着自己的亲生骨肉被害而不加阻拦。渐渐地，成帝性功能丧失，他不得不承认自己将要断子绝孙的事实，于是决定召见皇侄定陶王刘欣和皇弟中山王刘兴一起来朝，从两人中选择皇位继承人。

刘欣的祖母傅太后对这次召见早已心中有数，因此她在后宫大撒金钱，尤其是赵飞燕，更是受了她的大量贿赂。赵飞燕知道皇帝不可能再有儿子，便与傅太后倾心结纳，不段地为刘欣说好话，坚定了成帝立刘欣为储的决心。元年前 8 年，成帝正式下诏，册定刘欣为皇太子。

公元前 7 年，汉成帝暴死于赵合德的床上，朝廷民间俱为震惊，王政君太后和全体群臣声讨赵氏姐妹祸国殃民，赵合德自知难逃罪责，于是自杀身亡。新任皇帝汉哀帝刘欣因对赵飞燕力荐之功念念不忘，封其为皇太后，并且免追其咎，众人不得不偃旗息鼓。

在整个风云变幻的权力斗争过程中，赵飞燕审时度势地坚定地站在了傅家这一边。因为她除此之外别无选择，她希望自己至少能在傅太后和刘欣的保护下，平安地度过剩余的人生。

但好景不长，公元前 1 年，在傅太后死后不久，26 岁的哀帝刘欣也一命呜呼，汉平帝即位。赵飞燕被贬为孝成皇后，一个月后又被废为庶人，至成帝延陵守陵悔罪，不久被逼自尽。

历史评说

尽管出身有争议，但赵飞燕舞技超群却是公认的。赵飞燕的舞蹈确实练到了“登峰造极”的地步，可算是前无古人后无来者。

优美的舞步、婀娜的身姿、美不胜收的容貌，使赵飞燕得到了成帝的专宠，再到一国之母，不能不说她的手段颇为高明。但是这个女人却由于心狠手辣和忌妒心强，最终使自己也死在了宫廷斗争之中。

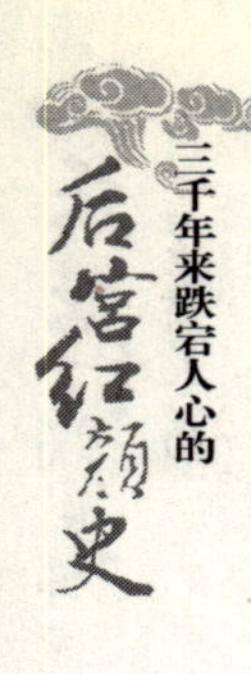

为了巩固自己在后宫的地位，赵飞燕和妹妹赵合德用尽心机，无所不做，排除异己、谋财害命。虽然入宫见妒采取自保措施，属于人之常情，但她们对宫中母子们一连串的谋杀，致使成帝绝嗣，就残忍得近乎变态了，在历史上留下的骂名也数不胜数。

不过，从另一个角度来看，汉成帝似乎更让人们感到气愤：堂堂一个君主居然昏庸到看着自己的亲生骨肉被害而不加阻拦。如果他可以明智一点，相信赵飞燕也不会有权倾后宫的机会，导致自己到死连个子嗣都没有。

在男性的政治场域中，"红颜祸水"之说已纵横历史数千年，然而，从古至今能够称得上祸水的女人还是屈指可数的，赵飞燕便是其中一个以美貌、舞姿淫惑皇帝、覆灭家国的代表性人物。

名家圈点

水色箫前流玉旧霜，赵家飞燕侍昭阳。掌中舞罢箫声绝，三十六宫秋夜长。——(唐)徐凝:《汉宫曲》

长安白日照春空，绿杨结烟垂袅风。披香殿前花始红，流芳发色绣户中。绣户中，相经过。飞燕皇后轻身舞，紫宫夫人绝世歌。圣君三万六千日，岁岁年年奈乐何。——(唐)李白:《阳春歌》

苦心膏沐不论赀，富贵人生各有时。直使中流畏仙去，君王何啻似婴儿。——(宋)张耒:《赵飞燕》

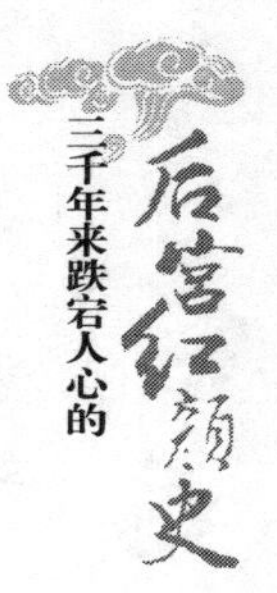

3 唐高宗李治之女（太平公主）

——独享尊荣的女霸王

背景身世

太平公主（约公元665~713年），唐高宗李治之女，生母武则天。上有两个哥哥，也就是后来的唐中宗和唐睿宗。在唐朝众多的公主中，她最受宠爱，权倾一时，被称为"几乎拥有天下的公主"。

太平公主8岁时，以替已经去世的外祖母荣国夫人杨氏祈福为名，出家为女道士，太平一名，乃是她的道号。虽然号称出家，她却一直住在宫中，一直到吐蕃派使者前来求婚，点名要娶太平公主。武后不舍得，又不好直接拒绝，便为太平公主修了太平观，借口公主已经出家来避免和亲，直到十三四岁时还俗。

红颜风云

太平公主，被父母视若珍宝，独享尊荣，是中国历史上一个无人与之媲美的公主。她原本可以过得很快乐，无忧无虑，但却因跳动不安的掌权野心，给自己的人生奠下了重重的哀伤与悲凉。

因婚姻卷入宫廷政治

关于太平公主的相貌，《史书》上讲"丰硕，方额广颐"。意思是说，太平公主长得丰满强壮，宽额大脸。唐代以丰满为美，在当时太平公主算是一个美人了。待太平公主情窦初开时，唐高宗和武则天开始为女儿物色丈夫。

在唐前期，公主的择婿是一种政治需要，一般都要选择外戚姻家、功勋之家、世

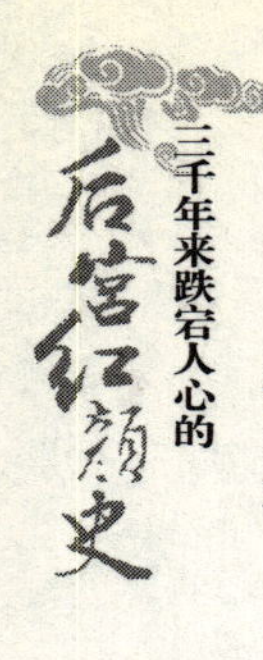

贵之家以及蕃属之国。唐高宗看中了薛绍，薛绍父亲薛曜为光禄卿，母亲是高宗的妹妹阳城公主。

太平公主与驸马薛绍的感情很好，生有二男二女，但是这次婚姻却不长久，7年后薛绍被判了死刑，只留下太平公主和四个嗷嗷待哺的孩子，那么这个婚姻悲剧究竟是如何造成的呢？

原来，在高宗逝世后，政权掌在了武则天的手中，武则天开始打压李唐的势力，薛绍因兄长薛顗参与了谋反而受到牵连。对此，《资治通鉴》是这样记载的："绍以太平公主故，杖一百，饿死于狱。"

面对这突如其来的家庭悲剧，太平公主逐渐明白了作为公主，她是逃脱不了政治的，她积极投身于已经执掌大权的母亲武则天的麾下，热衷政治的太平公主从此出现在了中国的历史舞台上。

武则天见太平公主政治才能突出，善于机变，很像自己，便常与之商议政事。太平公主也十分乖巧，知道母后专制，律法严峻，因而行事比较收敛，内与谋，外检畏，并很快显示出了多权略的特点。

太平公主的政治才华首次显示在除掉薛怀义的密谋活动中。薛怀义是武则天的男宠，因受宠多年变得骄横无比，争风吃醋，引起了武则天的厌恶，决定秘密处死他。太平公主授意乳母张夫人、建昌王武攸宁等人，密挑宫中健妇一百多名，积极准备。

后来，薛怀义闯进内宫时，太平公主令健妇们冲上去，把薛怀义捆绑起来，拴到树上勒死。尸体扔上垃圾车，运到白马寺，对外称暴毙。这件事做得十分利索，没有留下罪证。

正当太平公主暗自体味血腥的政治斗争时，母亲武则天"赐予"了她第二次婚姻。此时高宗已死，武则天正在紧锣密鼓地改朝换代，为了抬高自己的身价，顺利建立武周政权，她需要把李姓皇帝的女儿与武氏家族联姻。女婿选定为武承嗣，他是武则天的大侄子。

也有人说，这次婚姻是武则天为了保护太平公主而采取的手段，武则天在太平公主第二次结婚的两个月后，即公元690年7月正式登基，对李家宗室处处打压，太平公主因为成为了武家的儿媳而避免了危险。

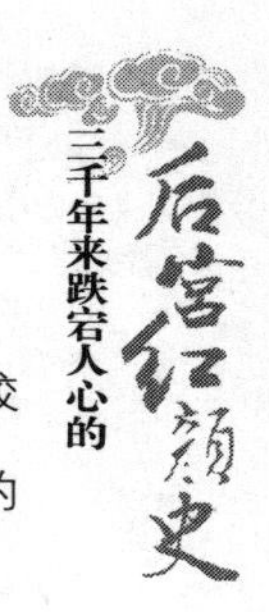

但不管武则天的初衷是哪一种，太平公主与武氏的联姻使她与母亲的关系较之以往更加亲密了起来，她的人生发生了重大转折，开始真正成为卷入宫廷政治的风云女性，而她正好具有这方面的天赋，于是从此欲罢不能，并沉迷于此。

武周末年，武李两家矛盾尖锐化，武则天召回庐陵王李显，立他为太子。同时，她也开始有意让太平公主和上官婉儿以及她的两个男宠张昌宗、张易之逐渐掌握权力。

一时间，男宠张昌宗、张易之兄弟，权倾朝野，骄横难制。宪台宋豫多次要除掉二张，都因为武则天的阻拦而失败。武太后晚年时，二张又收买了包括李迥秀、杨再思、苏味道和李峤等众多宰相在内的官僚，更加目中无人。

后来，武则天重病不起，宠臣张易之和张昌宗深感朝不保夕，将国事揽于己怀，密谋反叛，造成了太子无法亲政，群臣不得召见的局面。对此，诸武不安，李氏宗室也感到危机重重。

公元 705 年，李家的拥护者、宰相张柬之发动兵变，逼武则天逊位给太子李显，即唐中宗。太平公主虽是武家儿媳，但政治上一直是李家的拥护者。面对这种局势，她联合其兄李旦站在太子一边，帮助他们对付二张和诸武。

在此次事变中，太平公主颇有胆略，而且功不可没，被唐中宗封为“镇国太平公主”。

铲除韦氏匡复李唐

在武则天时期，太平公主基本上是收敛的，但在唐中宗复位之后，跳动不安的掌权野心，促使着她逐渐走到幕前，积极参与政治，并且大露峥嵘。

为了表达拥位之恩，中宗曾特地下诏免太平公主对皇太子李重俊、长宁公主等人行礼的特殊待遇，这让意图乱政篡权的韦氏与安乐公主怀恨在心，太平公主意识到韦氏是自己的死敌，于是大力培植亲信人马，想与之一分高下。

中宗是少有的昏庸之君，他内由韦氏、安乐任意摆布，外由宗楚客、纪处讷等奸臣摆布。在他的治理下，奸夫淫妇充斥宫廷，官场腐败透顶，国家弊端重重，阶级矛盾激化。

后来，太子李重俊谋反。韦氏与安乐公主趁机陷害太平公主与相王李旦兄妹，

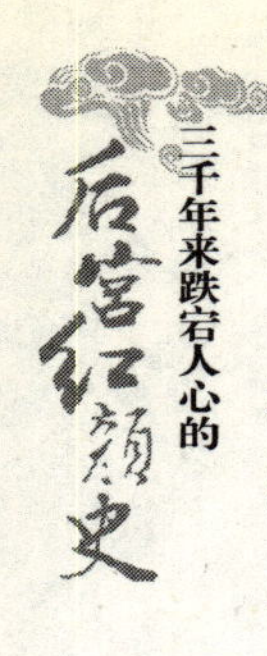

遂诬告他们与太子同谋，因主审官御史中丞萧至忠对中宗流泪进谏："陛下富有四海，不能容一弟一妹，而使人罗织害之乎！"太平公主与李旦得以幸免于难，但与韦氏的敌对已明显白热化。

公元710年6月，唐中宗被韦氏与安乐公主毒死。太平公主联合上官婉儿一起草拟遗诏，立温王李重茂为皇太子，皇后知政事，相王李旦参谋政事，试图在韦氏与皇族之间谋取平衡，但宗楚客与韦后党羽商议，改相王李旦为太子太师，架空了李旦，打破了这一平衡。

7月，太平公主派其子薛崇简与刘幽求一起参与了李隆基等诛杀韦后的行动，自己在宫中做内应，一举铲除了庞大的韦氏集团。这其中的道理很简单，即太平公主可以让父家李氏掌权，也可以让母家武氏掌权，就是不能允许韦氏占有天下。

太平公主在这次斗争中还起了一个重要作用，即在处理小皇帝李重茂的问题上。政变成功后，李旦宣布即位，可是小皇帝仍坐在御座上不动。在场的李旦、李隆基都不知该怎么办，只有这位太平大公主敢于上前对皇帝说："此非儿座"，将他提下御座，让四哥李旦登位，是为唐睿宗。

公元705年到公元710年，是太平公主最受磨难的6年。但由于她善于周旋，巧用谋略，为铲除韦氏，匡复李唐立下大功，晋封万户，三子封王，迈入权力的巅峰，其后无出其右。

结党营私权震天下

太平公主"沉敏多谋略"，又曾辅佐过武则天处理政事，因此睿宗经常受她意见的左右。每遇国家大事，睿宗总去请她前来参与决策。从此，太平公主越发权倾朝野。

睿宗登基后，遇到的最大问题是立谁为嗣君。宋王李成器是长子，但他既无功劳，又无才干；李隆基功劳大，威望高，理应立为太子，但立太子有嫡长制继承法。究竟立谁呢？

太平公主与李隆基的关系是很好的。在政变中，里应外合，配合默契。而且，太平公主认为李隆基比李成器年轻，又没有什么政治经验，以后定会顺从她的意见行事，便主张立李隆基为太子。最终，睿宗立李隆基为太子。

有时，太平公主因事不能上朝，每见群臣们有奏，睿宗总会问："这件事与太平妹商量了吗?"于是，宰相们只好跑到公主府上请示，太平公主批示后，睿宗签字就可执行了。

太平公主为了扩大自己的政治影响，收买了大批有才之士，并且多次向睿宗举荐。睿宗后期，朝中"宰相七人，五出其中，文武之臣，大半附夕"。自宰相以下，罢升只要太平公主的一句话，所以《资治通鉴》说她"权倾人主"，《唐书》道她"权震天下"，绝非妄语。

正在太平公主得意之时，一件意想不到的事情发生了。刚刚被立为太子的李隆基居然指使黄门侍郎崔日用，向太平公主的亲信寻找是非，结果太平公主的亲信被罢免。

太平公主见李隆基如今不但不念自己的恩情，反而将矛头直指自己，恐怕对自己在政治上不利，便打算改立软弱无能的李成器为太子，以便自己能长久地专权，新的政治斗争开始了。

废黜太子李隆基有一个很好的理由，那就是"太子非长，不当立"。于是，太平公主指使心腹宣扬这种观念，在李隆基身边安插亲信，监视他的行动，甚至亲自拦住上朝的宰相，要求他们废立太子。

几个月前，太平公主要求以功劳建储，立李隆基为太子，如今又出尔反尔，打出维护嫡长制的旗号。面对太平公主咄咄逼人的废黜太子活动，李隆基深感不安，姑侄之间的矛盾日益加深。

姚元之、宋璩等正直大臣坚决支持李隆基，他们对外戚及诸公主干预朝政十分不满，便向睿宗秘密上奏："太平公主把持朝政，对太子十分不利。请将宋王及豳王贬为刺史，罢免岐、薛二王左、右御林军将领的职务，使左、右御林军归太子掌握。将太平公主迁到洛阳。"

"朕如今没有亲兄弟了，只剩太平一个亲妹妹，怎能迁到洛阳!"睿宗听了二人的话，非常不安。半年来，他看到太平公主与太子之间的矛盾激化，既不想放纵公主，又不想废了太子，便将宋王李成器贬为同外刺史，希望能息事宁人，从中调和。

当太平公主得知姚元之和宋璩的密奏后，怒气冲冲地跑到睿宗那里告李隆基的状。李隆基此时虽为太子，但太平公主的权势仍是强大的，他只好采取了以退为进的手段，上奏姚元之、宋璩离间骨肉，请给予罢免，以证明自己没有"离间姑兄"的阴谋。

后来，睿宗以贬姚元之为申州刺史、宋璩为楚州刺史作为代价，来换取太平公主迁到蒲州。右羽林大将军岐王隆范和薛王隆业兵权被剥夺，御林军归太子掌管，这对太平公主十分不利。

宰相窦怀贞、崔湜、岑羲是太平公主的心腹，宰相刘幽求跟右羽林将军张啼密谋，把三个人杀死。不料，张啼竟把密谋泄露了出去。李隆基为了自保，忍痛向睿宗汇报张啼、刘幽求、邓光宾的罪状，太平公主则力奏将三人处死，由于李隆基的侧面保护，三人被流放到外地，保住了性命。

双方矛盾不仅没有缓和，而且公开化了。左右为难的睿宗竟萌发了不愿意做皇帝的念头。他召集三品以上官员商议，说："朕素怀淡泊，不以天子为贵。昔日为太子时，就曾让位给中宗。后又居皇叔，坚辞不就。今天想传位给太子，卿等有何高见?"

消息传出，无论是太子集团还是公主集团都大感意外，但彼此对立的两大势力出于各自的利益，竟在"传位"问题上观点一致。

太子李隆基以退为进，马上上表推辞，就连监国也要辞掉。拥护太平公主的殿中侍御史和逢尧对睿宗说："陛下为天下所敬仰，时年半高，不算寿高，传位太早了一些。"

最后，睿宗只好打消传位的主意，但颁布诏书："政事皆取太子处分，若军马刑政、五品以上除授，凡事先与太子商量，再奏闻。"这样一来，太子的权力扩大了，太平公主十分紧张。

太子监国一年后，政治清明，国家太平，睿宗再次表传位的决心。他真诚地对李隆基说："你小小年纪竟能除掉韦、武党羽，你有治国的能力呀！你理应为天子，你若不从，就等着在我的灵柩前即位吧！"李隆基即位，是为唐明皇。

太平公主不得已而求其次，劝睿宗大权自己掌握。于是，睿宗自称太上皇，下达的诏书为"诰"，五天一次在太极殿朝见群臣。李隆基自称"予"，下达的诏书叫做"制"，每天在武德殿朝见群臣。大政事由睿宗处理，其他的交给李隆基处理。

这时候，太平公主也自蒲州回到长安，她吸取往日失败的教训，加紧安插亲信，

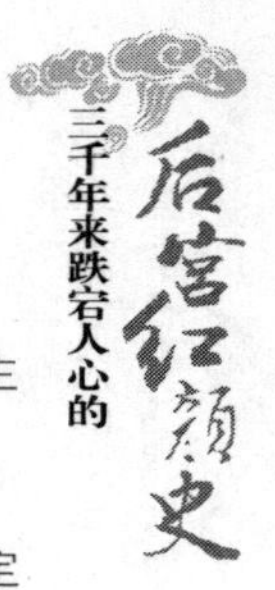

排除异己，密谋废了明皇李隆基，其中掌握羽林军的常元楷和李慈经常出入公主府。公元713年6月，太平公主认为发动政变的时机已经成熟。

此时，太平公主已经站在了唐朝历史发展道路的中央，她的一举一动都将决定唐朝未来的走向。

尚书左丞张说从洛阳派人献给李隆基一把佩刀，目的是催促他先下手为强。谋士王琚对李隆基说："现在的局势太紧张了，万一公主先下手，后悔就晚了！必须立即行动。"

李隆基请王琚坐在身边，说道："你说得对，父皇的同胞只剩下太平公主，我想劝父皇杀掉她，怕伤他的心；但如果不处死她，她很可能篡位，国家就会大乱，黎民百姓也会遭殃。"

公元713年，李隆基突然起事，与亲信率家兵三百余人，首先杀了太平公主安插在身边的朋党，然后追捕太平公主。太平公主惊恐万状，先逃入南山寺，三日后返回家中，被李隆基赐死。

历史评说

太平公主虽然名为太平，但她短暂的一生很不太平。从小就生活在浓重的权力纷争之中，把她身不由己地推向了权力中心，刺激着她那颗跳动不安、蠢蠢欲动的掌权野心。

作为处在政治塔顶的人物，太平公主的一生随着唐朝的发展而发展，她一生参与了铲除二张、逼母退位、消灭韦后一党等许多重大的政治行动，见证了从武周末年到玄宗初期，大唐政治局势的风云变幻，是真正影响了这段历史时期的风云人物！

太平公主虽然纵横捭阖、得意一时，但来自政治权益的诱惑和污秽根深蒂固地浸染了她，她骄横放纵，屡屡参政，以至意图谋反，最后用自己悲情的生命在纷繁复杂的大唐宫廷留下了自己的一份斑斓。

假使太平公主不集"三千宠爱于一身"，容貌平平，心机平平，和其他公主一样寻常，或许她也会碧草斜阳、轻裘快马地诗意活着；也会锦衣玉食，丰禄阜饷地安享人生！

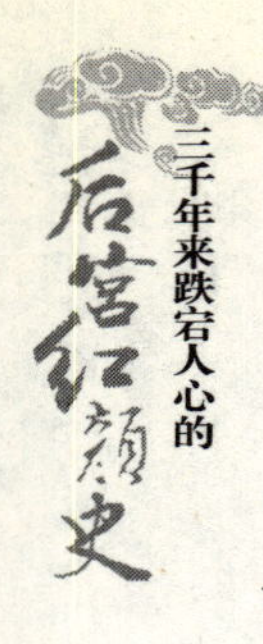

还有一点，自武则天以后唐朝陆续出现了韦后、安乐公主、太平公主等一批做着揽政夺权梦的女人。但自太平公主以后，这种现象再也没有出现。从这个意义上说，太平公主的死在很大程度上起到了结束唐朝“女人干政”的作用。

名家圈点

姚、宋为相，邪不如正；太平用事，正不如邪——（五代后晋）刘昫：《旧唐书》

时宰相七人，五出主门下。又左羽林大将军常元楷、知羽林军李慈皆私谒主。主内忌太子明，又宰相皆其党，乃有逆谋。——（北宋）欧阳修等：《新唐书》

4 唐玄宗李隆基贵妃（杨玉环）

——终结盛世的“元凶”

背景身世

杨玉环（公元719~756年），唐玄宗李隆基的宠妃，其父杨玄琰为蜀州司户。杨玉环出生于“天府之国”蜀州，出生时因其天生丽质，右臂上长着一个淡绿色的环记，故得“玉环”之美名。

由于双亲相继逝世，十岁左右的杨玉环被寄养在叔父杨玄璬家中，后又迁往洛阳。杨玄璬时任河南府土曹，无儿无女，将杨玉环视如己出，爱护有加。在他的精心栽培下，杨玉环精通音律，擅长歌舞，并善弹琵琶。

这位含苞欲放的小姐引起了豪门子弟的爱慕和追求。后来，唐玄宗和武惠妃抵达洛阳为寿王李瑁挑选妃子，杨玉环入选。不久，年仅16岁的杨玉环正式进入皇宫，成为寿王妃。

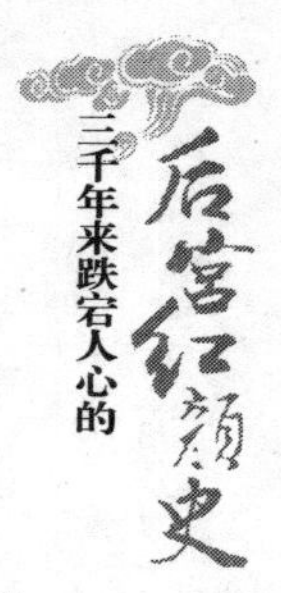

红颜风云

杨玉环被列为中国古代四大美人之一，不仅仅因为她有绝美的容颜、出色的舞姿，更因为她能集三千宠爱于一身，“回眸一笑百媚生，六宫粉黛无颜色”，她是爱情中的胜利女性，但也是政治斗争的牺牲品，最后落了一个“宛转蛾眉马前死”，“君王掩面救不得”的悲惨命运。

昔日儿媳被立为公公贵妃

虽然寿王身边不缺少年轻美貌的女子，但杨玉环凭借着自己的才貌双全使寿王对自己情有独钟，夫妻恩爱和美，并且还有一双儿女，真是锦上添花，婆婆武惠妃自然也对她倍加宠爱。

但是，杨玉环这种幸福而平静的生活很快就被打破了，正如历史所记载，她成为了公公唐玄宗的爱妃。杨玉环与唐玄宗是如何产生感情的呢?要说“罪魁祸首”，婆婆武惠妃自然难逃关系。

当时，唐玄宗自王皇后去世之后，再也没有另立皇后，武惠妃在宫中实际上代替皇后之位。武惠妃为武则天之后，继承了武氏族人的机智和阴狠，此时她致力于为寿王谋求太子之位。

在武惠妃的活动下，朝廷渐渐发生了一系列重大变故。唐玄宗先是基罢免了宰相张九龄，提拔李林甫为宰相。接着以异谋罪名将太子李瑛、鄂王李瑶、光王李琚废斥为庶人，后杀死。

三位皇子连续被杀，群情喧哗。议论自然认为是武惠妃所为，寿王也成了人们议论的中心。寿王李瑁迟迟不被立太子之位，惠妃不便向玄宗直接挑明，心事越来越重，病倒在床榻。

听说婆婆病倒了，杨玉环主动进宫侍奉。前来探视的唐玄宗觉得杨玉环像年轻时的武惠妃，于是对她多加留意了一番。杨玉环尽心尽力，将自己的贤惠勤劳表现得淋漓尽致，更讨得了唐玄宗的欢心。

回到寿王府后，杨玉环把婆婆的病况告诉李瑁，李瑁皱着眉头说：“但愿母后无事，否则，对我们极为不利！"杨玉环心里隐隐约约地体会到了丈夫的难处，可她自认为做王妃就已经很满足了。

不久，武惠妃病逝，唐玄宗痛惜不已，追封她为贞顺皇后，同时立忠王李亨为太子。寿王痛楚地对杨玉环说："从今之后，我的日子不好过了。"杨玉环也凄然泪下。

武惠妃薨后，唐玄宗遍寻后宫竟无一人可取而代之，于是陷入了痛苦和思念当中，整日愁眉不展。

他的心事自然瞒不过高力士，高力士追随玄宗多年，早在玄宗做临淄王时就侍立在身边，多年以来，他正是凭借善于察言观色、揣摩心理，才得到了玄宗的宠信。高力士经过几番思索，想起了杨玉环。

当高力士说出"杨玉环"这个名字时，唐玄宗自然满心欢喜；可在一转瞬间，他想起杨玉环是自己的儿媳，天下皆知，自己怎么能够抢夺儿子的正妃呢?事关伦理道德，他不能不有几分犹豫。

高力士早有潜词，侃侃奏道："皇上贵有天下，若喜爱一女子却得不到，岂不是徒有虚名吗?我们让杨玉环先出家，就可以堵上天下人的嘴。高宗皇帝纳父妃武太后，不是早已有先例了吗?"

于是，在唐玄宗的默许下，高力士委托已经出家的玉真公主，移花接木地将杨玉环从寿王府带到了骊山华清宫。寿王惧怕父亲的威严，更惧怕皇帝的权势，对此无可奈何，杨玉环也表现出了无奈的悲哀。

杨玉环与寿王做了几年的恩爱夫妻，旧情实难割舍，对唐玄宗的态度总是很冷淡。但她毕竟是一个柔弱女子，见唐玄宗对自己态度真诚，渐渐地也就以身相许了，玄宗恍惚的精神状态陡然消失。

在骊山华清宫居住一段日子后，唐玄宗起驾返回京都长安，杨玉环也以道士的身份随之入宫。因杨玉环当时所住的宫殿叫太真观，从此之后，她又有了一个皇帝赐给的尊号"太真"。

唐玄宗已是50多岁的老人，杨玉环却是刚满20岁的青春年华，犹如一朵含苞欲放的花儿，因此杨玉环一入宫，就迅速得到了玄宗的宠爱，日夜与她纵情于声色犬马之中。

光阴似箭，唐玄宗与杨玉环偷偷摸摸地做了近5年的秘密夫妻。唐玄宗对杨玉

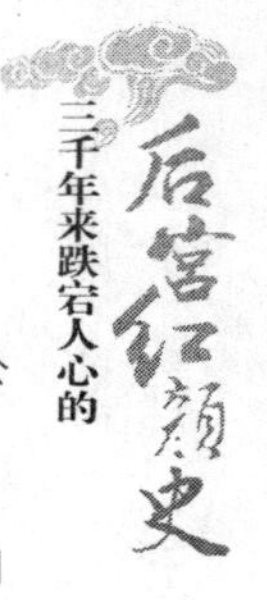

环的专宠，超过了过去的武惠妃。长期下去恐引起非议，为了名正言顺，唐玄宗于公元745年，颁布诏令，册立杨玉环为贵妃。

唐玄宗自废王皇后之后，从未立过皇后，因此，杨玉环虽为贵妃，实为皇后，自此走上了自己人生道路的顶峰。

集三千宠爱于一身

当杨玉环充分地享受到了皇宫的荣华富贵和皇权带来的虚荣心的满足时，她又很快蜕变成了另外一个人。大唐王朝一个沉湎于纸迷金醉、祸国殃民的贵妃就这样诞生了。

对于皇帝的宠爱，杨贵妃心里清楚得很。她知道自己因为美，才得到皇帝的宠爱。因此，她十分注意护肤养颜，悉心打扮自己，宫中为她织锦刺绣的人就有数百之众。她的金银首饰更是精益求精，灿烂夺目。

在得到杨玉环之前，唐玄宗曾经宠爱梅妃，梅妃是个才貌双全的奇女子，不仅亭亭玉立，宛如梅花，气质不凡，而且长于诗文，精通乐器，善于跳舞。她的惊鸿舞，唐玄宗直到宠爱杨贵妃后还会时时欣赏。

杨玉环暗地里醋劲大发，害怕唐玄宗重新爱上梅妃，便费尽心机地做了一部《霓裳舞衣曲》，仙乐奏起，杨玉环长袖翻飞，环佩叮咚，宛如仙女下凡，令唐玄宗心动不已，真是"回眸一笑，六宫粉黛无颜色"。

唐玄宗善歌舞，通音律，后宫粉黛三千，杨贵妃之所以能使玄宗永远对她迷恋，主要在情趣上、感情上与玄宗相投合，能拴住他的心。正所谓佳人易求，知音难觅，玄宗得到杨玉环这位红颜知己，自是宠爱不已。

自此，无论唐玄宗巡行何处，杨玉环都是不离左右。唐玄宗对后宫嫔妃、宫女、歌伎，统统不感兴趣了。他大举为她建造宫苑，在骊山温泉宫造了端正楼作为梳洗之所，设置蓬花汤，为沐浴之地。

杨玉环很清楚，自己的姿色对唐玄宗何等重要，国不可一日无君，而君却不可一日无她。于是她也越发专横起来，竟几次搞得已经累官至骠骑大将军、进开府仪同三司的高力士十分难堪。

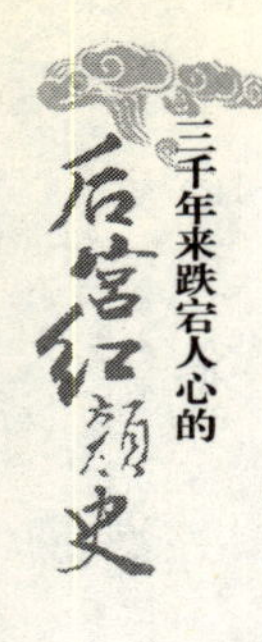

一次，杨玉环谱《清平乐》曲，却感觉到词句用尽，想不起好的词句来，便将大名鼎鼎的诗仙李白引进宫中。李白一向恃才傲物，这时又喝得酩酊大醉，竟然口称脚上穿的靴不好，要高力士替他脱靴。

高力士假装没有听见，唐玄宗也置若罔闻，杨玉环看他们没有反应，就上前为李白研墨。见贵妃亲自动手，玄宗立即以目光示意高力士为李白脱靴，高力士只好行事。

还有一次，杨玉环一时兴起，竟要高力士唱歌制曲。高力士知道一个太监唱起歌来定会十分难听，坚决不唱，杨玉环借着玄宗的威势，竟然扬言要打高力士一百个嘴巴，一千下屁股。虽然最后没有打足实数，但也打得高力士血肉淋漓，声声哭救。

杨玉环爱吃鲜荔枝，但荔枝极易腐烂，五天之后，色味皆变。于是，唐玄宗一道圣旨下去，五里换马，十里换人，马不停蹄，日夜兼程，命人在岭南算好荔枝成熟的天数，摘下荔枝后由特使快马加鞭，送到长安。

诗人杜牧感叹曰："长安回望绣成堆，山顶千门次第开。一骑红尘妃子笑，无人知是荔枝来。"为了求得杨玉环一人欢喜，唐玄宗不知累死了多少马匹，踏坏了多少庄稼。

唐玄宗的英明睿智在温柔乡里渐渐消磨……

宛转娥眉马前死

杨氏家族仗着唐玄宗对杨玉环的专宠，也正式开始了鼎盛一时的权贵生涯。杨玉环的父亲被追封为太尉、齐国公；母亲被封为梁国夫人；叔父任光禄卿、工部尚书；3个姐姐分别被封为"韩国夫人"、"虢国夫人"、"秦国夫人"。一时间，唐朝几乎快成了杨家的天下。

其中，杨国忠的发迹就源于杨玉环。杨玉环常在唐玄宗面前替堂兄杨国忠美言，唐玄宗宠爱杨玉环，就任命杨国忠为金吾兵曹参军。杨国忠是一个有政治野心的人。在宫内，他经常接近贵妃，小心翼翼地侍奉玄宗，投其所好；在朝廷，则千方百计地巴结权臣。

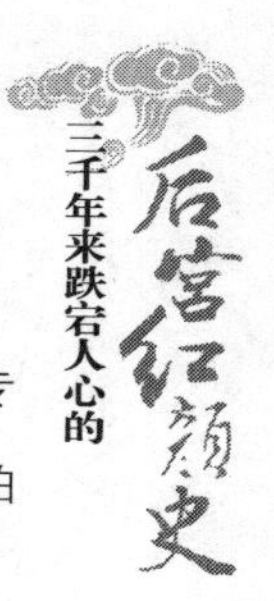

在不到一年的时间里，杨国忠连升9次，升至宰相高位，权倾朝野。杨国忠又专横跋扈，好大喜功，他擅自发动了对边疆少数民族的战争，结果损兵折将。杨国忠怕唐玄宗怪罪下来，于是就让杨玉环谎报军情。

唐玄宗竟然信以为真，论功行赏，给了杨国忠一大笔赏赐。杨国忠更是肆无忌惮，为所欲为，以致民不聊生。

杨玉环不但大力推举帮助兄长杨国忠揽权，还与安禄山联系密切，认其为义子。安禄山是个胡人，他作战勇猛，却长相古怪，生得又肥又白。张九龄做宰相的时候，曾认定安禄山有反相需及早除掉。但是玄宗不相信，还指责张九龄以貌取人。

有了这一次危险经历，看似憨厚忠实，实则为人狡诈，善于揣摩上意的安禄山更加小心谨慎，他一方面四处挥洒金钱，收买人心，使得自己在朝野有较好的口碑；一方面多次入京觐见唐玄宗，极尽媚陷之能事。

一次，唐玄宗见安禄山肚腹肥大，便问："腹中何物，竟如此庞大？"安禄山应声答道："臣腹中无他物，唯赤心耳！"还有一次，玄宗举行寿宴，安禄山参拜完玄宗后，不参拜一旁的太子。玄宗问他，为何不参拜太子，安禄山装傻说："只知道有皇帝，不知道太子是何职位。玄宗说："太子即是储君，朕走后由他继承皇位。"安禄山上前大哭，说自己只愿皇帝延年益寿，从未想过皇帝会离去，玄宗更认为他忠心。

安禄山的这些行为，越发得到了唐玄宗的宠信。唐玄宗屡屡提升安禄山，使他一人身兼平卢、范阳、河东三镇节度使，掌握了全国三分之一的兵力。

宫内宠爱杨玉环，朝廷里杨国忠擅自弄权，朝廷外安禄山招兵买马，在乱臣贼子的祸乱下，唐王朝江河日下，形势一片危机。

很快，杨、安之间的矛盾激化起来，有两虎不相容之势，杨国忠便时时在玄宗面前讲安禄山的坏话。杨玉环想在两者之间调和，便将杨国忠的话转述给安禄山，安禄山渐渐地起反意。

公元755年，安禄山以讨伐杨国忠为名，在范阳起兵20万向长安进发，一路势如破竹，很快就打到了长安城下，这就是著名的"安史之乱"。唐玄宗得知了安禄山反叛的消息，相当震怒，决定任命太子李亨为监国，自己亲自率军讨伐安禄山。

此时，杨国忠找到了杨玉环，请求她劝说唐玄宗放弃"禅位"的念头。原来，杨国忠曾与李林甫株连太子的党羽数百家，与太子的矛盾非常深。太子监国，他必死无

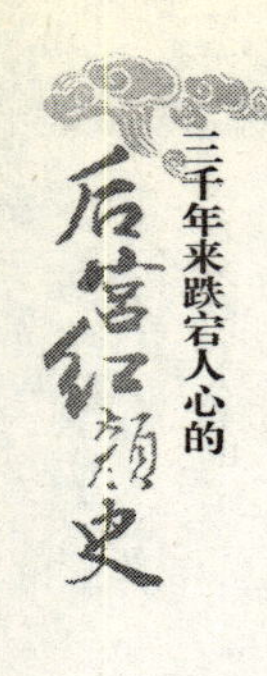

疑。在杨玉环的苦苦哀求下，玄宗终于屈服了。

大唐早已朝纲不正，国力衰微，根本无力抵御。两个月后，安禄山攻下洛阳，自称大燕国皇帝。唐玄宗只好抛弃京城，带着杨玉环及部分皇族成员踏上了西逃的路途。

一路上滴水难寻，口干舌燥，无处觅食，饥饿难忍，将士们本来就有怨气，这样一来军心开始浮动。行至马嵬驿准备休息时，杨国忠见将兵们拖拖拉拉，怒不可遏。众将士早就对杨国忠不满，于是一阵刀枪之后，杨国忠被乱刃分尸。将士们余怒未消，又接连杀死了随行的杨国忠的儿子、诸位夫人。

唐玄宗在驿馆内听到外面有骚动战乱的声音，便命令高力士出去询问，结果高力士回报说："杨国忠及杨氏族人意图谋反，将兵们已将其诛灭，并且请求诛杀杨贵妃，恐日后贵妃犹计前嫌。"

看到将兵们已经将驿馆团团围住，唐玄宗十分清楚，眼下最重要的是安定军心，但是他实在不忍心诛杀爱妃。这时候，门口传来一阵骚动之声，高力士大呼："众怒难犯，现已无法镇服，皇上如不速决，割爱正法，恐祸及皇上自身。"

杨玉环早已听到了外面的动静，她心惊胆战，希望玄宗能够庇护她。然而，一声"皇上赐贵妃死"打破了她的幻想。事已至此，她知道已经无可挽回，遂自缢于佛堂前的梨树上，时年 38 岁。

自"马嵬之变"后，太子李亨在灵州自行登基，是为唐肃宗，尊唐玄宗为太上皇。唐玄宗回到长安后被唐肃宗软禁于太极宫，整日郁郁寡欢，于公元 762 年病死，终年 77 岁。

历史评说

很久以来，杨玉环被人们一直骂为祸水。无可否认，唐玄宗当政前期较为勤政、英明，因此出现了"开元盛世"；正是因为杨玉环的出现，唐玄宗勤政之心丧失贻尽，把唐朝拖入了无可避免的深渊。

杨玉环生集三千宠爱于一身，享尽人间荣华富贵，纵然令人艳羡，但是在大难临头之际，她还是被最爱自己的君王当做了政治靶子、替罪羔羊。她的下场不禁令

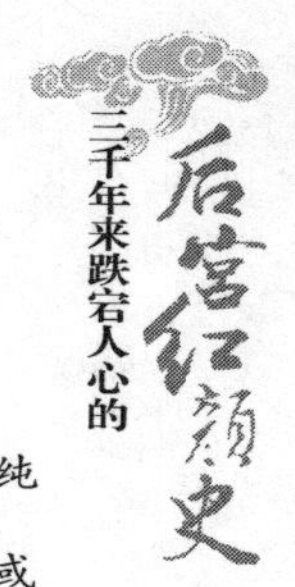

人感慨长生殿的信誓旦旦不过是逢场作戏而已。

杨玉环之死,真的是罪有应得吗?平心而论,她不过是个只爱锦衣玉食的单纯的美女而已,对自己的生活和命运难以自持,假如唐玄宗对她能爱得理智一点,或者爱得明智一点,或许将是另一番景象……然而,历史没有重来的可能,她的一生自有后人评说。

名家圈点

云想衣裳花想容,春风拂槛露华浓;若非群玉山头见,会向瑶台月下逢。一枝红艳露凝香,云雨巫山枉断肠;借问汉宫谁得似?可怜飞燕倚新妆。名花倾国两相欢,长得君王带笑看;解释春风无限恨,沉香亭北倚栏杆。——(唐)李白:《清平调》

新丰绿树起黄埃,数骑渔阳探使回。霓裳一曲千峰上,舞破中原始下来。——(唐)杜牧:《过华清宫绝句》

天生丽质难自弃,一朝选在君王侧。回眸一笑百媚生,六宫粉黛无颜色……春宵苦短日高起,从此君王不早朝。承欢侍宴无容暇,春从春游夜专夜。后宫佳丽三千人,三千宠爱在一身。——(唐)白居易:《长恨歌》

5 后唐庄宗李存勖皇后(刘玉娘)

——心狠手辣的悍妇

背景身世

刘玉娘(?~公元926年),后唐庄宗皇后,魏州成安(今河北成安)人。出身于贫寒的普通百姓之家,幼年丧母,与父相依为命。父亲刘叟自称刘山人,以挖草药在乡间行医治病及占卜为生。

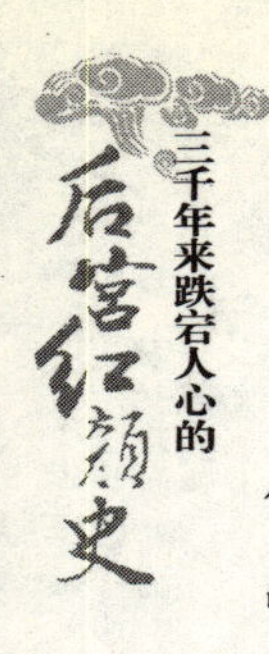

晋梁交战时，晋王李克用率兵攻打魏州，占领成安。当时领兵的将校是袁建丰，他见刘玉娘长得眉清目秀、俊俏伶俐，便将她抢掠。兵马返回晋阳，袁建丰将刘玉娘献给了晋王妃曹氏，在王府里做了一名小侍女。

被掳走的刘玉娘哭天喊地地离开了父亲，当时的她并不知道，自己将来会富贵至极，而且自己的命运竟然会和一个国家的兴衰捆绑在一起。

红颜风云

李存勖英武睿智，征战十余年，纵横中原，统一北方，建立了后唐，为天下人称道。但这位有为之君，夺取天下之后就与从前判若两人，日益蜕变成一个骄奢淫逸的狂徒。这一切主要源自他的皇后刘玉娘贪腐吝啬、刻薄寡恩……

媚惑夫婿得以专宠

初入王府时，刘玉娘还时刻想着不幸离散的父亲，哭求着要求回家。曹氏看她秀美可人，便好言安慰她，衣着光鲜，饮食优裕。日子久了，比家里富裕的生活使刘玉娘逐渐将往事淡忘了，也适应了王府的生活。

到了及笄之年，刘玉娘出落得更是漂亮。曹氏对刘玉娘的伶俐与容貌喜在心中，便有意培养她，让人教她歌舞笙簧，唱念做打、吹拉弹唱。刘玉娘聪明乖巧，样样学得有模有样，很快便技压群芳，受曹氏宠爱冠于诸婢。

李克用英年早逝，长子李存勖接替王位，肩负起光复唐室的重任。李存勖将父亲给的三支箭供奉在晋阳家庙中，每临出征就请出一支箭来，放在一个精致的锦囊丝套里，带着上阵，凯旋之日再送还家庙，表明完成了任务。

公元911年，李存勖在高邑（河北高邑县）打败了朱全忠亲自统率的50万大军。9年后，他又率领以步兵为主力的10万晋军，以寡敌众，大破号称30万的契丹骑兵，将不可一世的阿保机赶回北方，而后又与后梁朱温展开了连番厮杀。

作为一个母亲，曹氏不愿意让李存勖常年征战在外，使自己日夜为之操心。李存勖则说："先父遗愿不敢忘记，此仇必报，军机不可贻误，请母亲原谅。"为让母亲放心，李存勖在邺都驻扎期间，一年中曾不辞辛劳四次探望母亲，将士和百姓无不

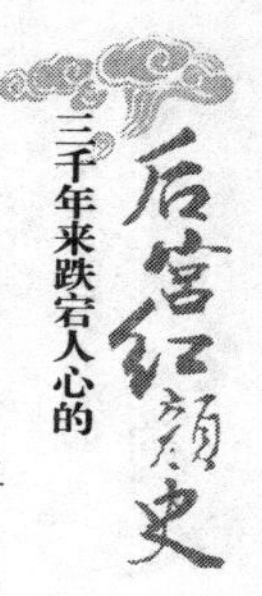

为他的仁孝所感动。

曹氏对儿子异常宠爱，对刘玉娘的容貌与伶俐也是喜在心中。等到刘玉娘成年时，曹氏就很自然地想到将她送给李存勖侍奉左右，那样自己也就会非常放心。

战事间歇，李存勖班师回到晋阳，到王府给母亲请安。曹氏在王府摆下酒宴为儿子接风洗尘，让刘玉娘用心梳洗打扮了一番后，吹笙助兴、表演歌舞。李存勖从小就精通音律，自然是心情大好，又见刘玉娘娇媚百态，楚楚动人，他怦然心动。

曹氏见状，心中暗喜，随即做主将刘玉娘赐给儿子为妾。李存勖谢过母亲，又选择了良辰吉日举行了婚礼。之所以为妾是因为在刘玉娘之前，李存勖已有两位夫人，正妃韩氏和次妃伊氏。

初做王妃的日子，刘玉娘深知自己出身低微，能晋身嫔妃之列就知足了，所以她很是温顺本分、性情谦逊。然而，人的本性是万难持久掩藏的，一旦有了合适的土壤，一定会发芽生长。

一年半以后，刘玉娘为李存勖生下一个儿子。李存勖看儿子非常像自己，很是宠爱，赐名继岌。在那个“母以子贵”的时代里，李存勖对刘玉娘更是加倍宠爱；但是刘玉娘已经不满足了，她使出浑身解数，暗中较劲，媚惑李存勖。

从小就聪明伶俐的刘玉娘细微地观察到，丈夫除了战场拼杀，生活上最大的爱好就是歌舞戏剧，于是她灵机一动，在府中召来众多伶人，演歌舞给晋王取乐。如此体贴入微，李存勖对刘玉娘自然是爱上加爱。

刘玉娘趁热打铁，有一天见李存勖看得津津有味，便依在身边建议道：“大王戎马倥偬，劳累枯燥，妾真想带上这帮伶人随夫出征，一则可以照顾夫君，二来能为您解闷消遣，关键时候还可以鼓舞士气。”

这一提议打仗、听戏两不误，李存勖听罢大加赞赏。随后，每当出征时，便让刘玉娘随侍军帐。杀伐间隙有一帮伶人歌舞助阵，在李存勖看来，无异于神仙般的享受。刘玉娘由此得以专宠，很快被封为魏国夫人。

暴杵亲父，攀上后位

经过十多年的南征北战，后梁已成强弩之末，中原大地悉数归于李存勖，一统北

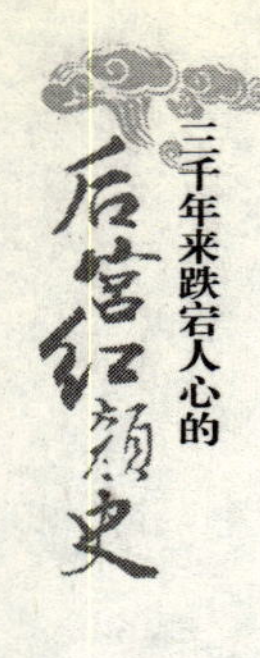

方，指日可待。公元923年，李存勖在魏州(河北大名县西)称帝，号庄宗，国号为唐。

由于生有一子，又得李存勖的宠爱，刘玉娘逐渐有了做皇后的强烈愿望。但但那时社会风气不是太好，尤其是宫中嫔妃，都以出身高贵为荣，刘玉娘不想暴露微贱的出身，便和别人说父亲是个名医且早死。

而李存勖确曾打算立刘玉娘为皇后，但遭到曹氏的反对。曹氏认为立皇后是朝廷大事，刘玉娘出身低微，不应考虑。李存勖是个孝子，便服从了，立后之事暂缓。但皇后一日不立就有成功的希望，对此刘玉娘心里很清楚。

正当她与后宫皆出身名门的韩氏、伊氏争夺皇后之位，互相攀比门望高低时，一日邺城行宫门前来了一个老汉，声称自己是刘玉娘的亲爹，请求见一见他失散多年的女儿。

岳父不是早逝世了吗?李存勖心有怀疑，但转念一想，森严的宫门上，平民百姓再胆大也不敢瞎起哄，便令其进宫。为了辨明真假，他派人找来当年带走刘氏的将校袁建丰，让他辨认。

袁建丰原原本本地汇报了当年掳刘玉娘的情形，又遵旨前去辨认，回头悄声禀报："臣最初在成安城北见到刘氏时，就是这个老头保护着她，当时他就留着黄胡须，所以臣还能认得出来。"李存勖听罢，正要准备亲自迎接岳父。

不料，身子尚在殿外的刘玉娘一边跨步进殿，一边厉声制止："臣妾当年离开家乡的时候，明明记得父亲不幸死于乱兵之中，所以臣妾已经没有生身父亲活在世上了。这个老家伙明显是想冒充皇亲，讹诈皇家!陛下还记得大唐德宗年间那个冒充沈太后的高氏女子吗?!"

李存勖听了，觉得她的话不无道理，一时犹豫不决。刘玉娘见李存勖相信了自己的话，立即传令侍卫，将那名老汉暴打一顿，立即轰出邺城!

可怜的刘父气得昏死过去，醒来之后号啕大哭。亲生骨肉一别十多年，欣闻女儿大富大贵，满心欢喜憧憬着父女团聚的幸福美好时刻，不料亲生女儿数典忘祖、嫌贫爱富，不仅不认亲爹，还痛下毒手。刘父一瘸一拐地逃离邺城，从此再也没有了消息。

对这件事情，李存勖一直心存疑虑，为进一步探明虚实，李存勖曾亲自操刀，带着儿子和一班伶人排了一出戏，这出戏取材于那个行宫门外的老汉，戏名为《刘山人寻女》。

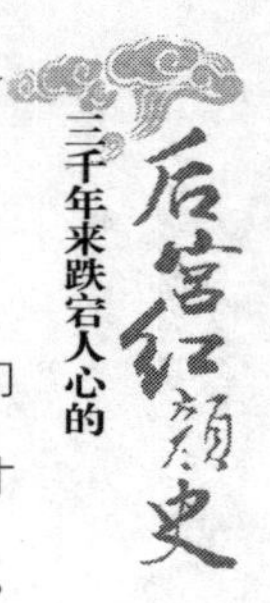

刘玉娘不等看完，气得柳眉倒竖、玉口生烟，令左右将儿子痛打一顿，赶出门外。李存勖赶忙劝止，告诉她不过是开开玩笑，并且赏了很多赏赐，刘玉娘的怒气才算平息。后来，李存勖再也不敢探根溯源地追究了，毕竟美人比一个老人重要得多。

公元923年，李存勖以少胜多、出奇制胜，直捣后梁京都汴城，一举灭了后梁，一统北方。李存勖将首都由魏州迁往洛阳，成了统一中原的大皇帝，年号“同光”，史称后唐。

这时候，躲过出身寒门的危机后的刘玉娘，当皇后的想法更加迫切，为此她真可谓费尽心机。她知道立皇后乃朝廷大事，必须争得权臣的支持才行，于是私下派心腹伶人与宦官去拉拢宰相豆卢革和掌军权的枢密使郭崇韬。

豆卢革一向惯于见风使舵，早就想找机会巴结李存勖宠幸的刘氏，看到刘氏派人上门求助，便满口应允。而郭崇韬为人稍为耿直一些，他开始并不愿意支持刘氏做皇后。

由于接连遭到一帮宦官的诋毁，郭崇韬内心不安，他的部下见刘氏主动派人联系，便对郭崇韬说：“陛下最宠刘氏，立皇后是早晚的事，大人不如先行向陛下奏请册立刘氏为正宫皇后，陛下必然会感激你的，而刘氏也定会支持你的，如此一来宦官也就无法再加害你了。”

郭崇韬听从了部下的建议，第二天便联合豆卢革等大臣上奏李存勖，请立刘氏为皇后。

一直想封刘玉娘为后的李存勖，手握豆、郭两人的奏章，如获至宝，满心欢喜。后来，李存勖借大臣之口正式册封刘玉娘为皇后，并封韩氏为贵妃，伊氏为德妃。至此，刘玉娘坐在了大富大贵的交椅上。

为享专宠，处心积虑

贵为国母的刘玉娘，不但没有成为李存勖的贤内助，帮他治理国家，反而骨子里掩藏着的与生俱来的贪婪与凶悍逐渐显现，比先前更加骄横。李存勖后来死于乱军之中，和她的倒行逆施有很大的关系。

天下平定后，李存勖别无挂碍、一身清闲。刘玉娘舒长袖曼妙舞动，李存勖又喜

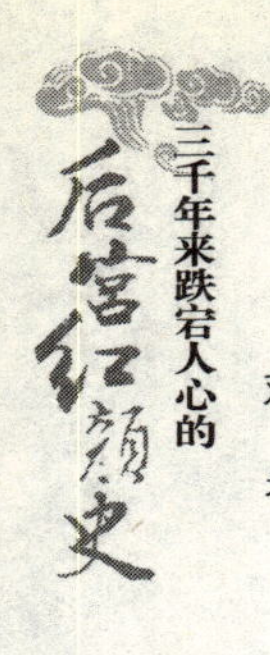

欢化装演戏，两人携带着一班伶人天天丝竹管弦玩乐于宫中，活活一对趣味相投的神仙伴侣。

女人，尤其是后宫女人的忌妒心特别强。刘玉娘登上皇后之位后，比先前更加骄横。她处处设防，后宫年轻美艳的女子，任谁也难近皇帝的身边。这既是为了继续享受皇上的专宠，也是为了保住自己的位置。

百密难免一疏，李存勖曾宠幸过一个美女，并生下皇子。刘皇后知道后，醋意大发，担心起自己的后位来，必欲除之而后快。那些天，她处心积虑琢磨的就是如何赶走这个美人。

这一天，李存勖派人召属将李绍荣（后梁的降将）入宫赐宴，以示对他的抚慰。李存勖知道他妻子刚死，言谈之中顺口说道："爱卿节哀，不必为此过于伤感，改日朕一定亲自为你再选一位贤良美妻。"

坐在一旁的刘玉娘听了，便趁机让人唤来李存勖宠爱的那个美女，说道："陛下既然如此关爱李将军，何必再待来日，不如将眼下这个美女赐给李将军为妻吧。"言毕不等皇上表态，便示意李绍荣跪拜谢恩。

李绍荣正在诧异，犹豫着不知如何是好，见皇后表情并非玩笑，便慌忙跪下谢恩。刘皇后立即命人将这个美女先送到了李绍荣的府上，李存勖内心大为不快，又不便在臣子面前发作，好几天对刘玉娘不理不睬，但又无可奈何。

擅权谋私，干预朝政

比起这个妇人的贪婪，一点醋意实在是小巫见大巫了。刘玉娘将权力当成牟取个人利益的工具，且以贪婪、吝啬出名，将金银财富、聚敛家当看得比江山社稷还要重。

税收本应收入国库，李存勖却听信刘玉娘的主张，将国家的财赋划分为内外府库，州县供奉的钱财就纳入外府库，充当军事和政治费用；藩镇所贡献的钱财则送入内府库，归皇后主管。

由于李存勖连年征战，军队人数众多，消耗庞大，国用不足，以至于常常出现将士无粮饷补给、外府库枯竭付不出银两的尴尬困窘局面；而内府库金银堆积如山，刘皇后却舍不得拿出一点以解国家急需。

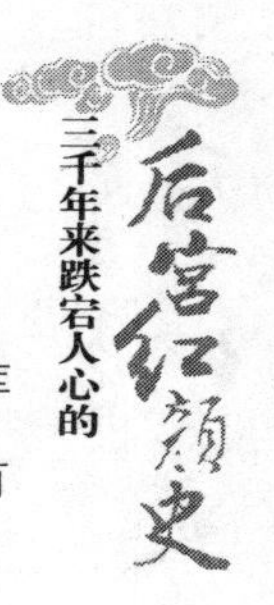

朝中耿直的大臣，出于保卫后唐安全的考虑，几次三番建议李存勖，将内府库的银两暂作公用，废除地方的苛捐杂税，以收揽民心。谁知，刘玉娘闻言后，振振有词："我们夫妇苦熬多年才得以富贵，难道不该肆意享受吗？"

已经满脑子戏文的李存勖一时竟不知如何应对，于是依旧奢侈享乐毫不收敛，与刻薄寡恩的皇后刘氏一起疯狂敛财，预先征收河南第二年的赋税以供自己享用。

民不聊生，将士缺乏粮饷怨声载道，宰相豆卢革又一次祈请皇上发放一些内府库的钱财赏赐将士，以解燃眉之急，等日后再如数补还给刘皇后。刘皇后一听脸色大变，回屋拿出日常用的银盆两个，又将皇子满喜等三人领出来，让豆卢革卖了犒赏将士。

遇上如此蛮不讲理的无赖泼妇，宰相豆卢革还能有什么办法，只好悻悻地赶紧拜辞而去。

占有内府库无数财宝之外，刘玉娘还不知足，派人到全国各地经商贩卖物品，低进高出，从中渔利。为了多销商品，她竟将干鲜果品以自己的名字"玉娘"命名出售。

刘玉娘是古代最注重使用和保护自己姓名商标权的人了，你不能不佩服这个女人敛财的智慧。"玉娘"牌一出，宫廷御用产品，百姓自然趋之若鹜，争相购买尝鲜，财源滚滚而来，生意无人能及。

张全义历侍三朝，地位尊崇，又是当时的豪富之家。刘皇后为贪财还曾认大臣张全义为义父，经常到义父家游玩吃喝，还常收受贵重物品。张全义也是善于察言观色之人，每遇节日便命人送金银玉器、奇巧珍宝入宫给刘皇后，以保住自己的权势和富贵。

上行下效，各处的藩镇见状岂能放过此机会？也纷纷挖空心思巴结刘皇后，以巩固自己的权势，每年各处向朝廷进贡的财物，事先都要准备两份，有一份是专门孝敬刘皇后的。

刘玉娘的贪财已经到了误国误民的地步，但更可恶的是她还直接干预朝政，决定了几位大臣的命运。

刘玉娘向李存勖推荐善于聚敛钱财的孔谦做租庸使，孔谦为尽可能地多搜刮民财，便打着改革的旗号绕过藩镇直接下令到州县催交赋税，就连已经被李存勖明

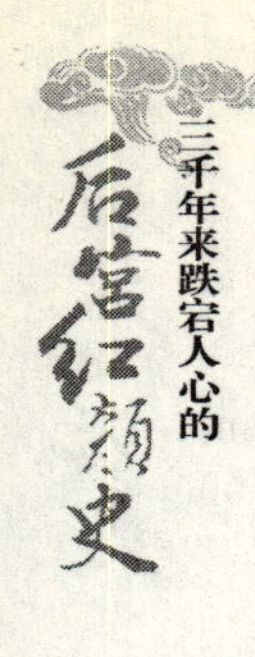

令废除的赋税他也恢复了。有了孔谦这个先例，其他官吏纷纷效仿，层层加重了剥削力度，致使百姓流亡他乡，兵士挨饿受冻。

刘玉娘总以自己出身低贱为耻，现在越级当上皇后，她把这归功于佛的缘故。因此笃信佛教，大量施舍寺院僧侣，形成一个不劳而获的特殊利益阶层。

许州节度使温韬因为刘皇后迷信佛教，投其所好，就把自己的私宅让出作为佛寺。结果经刘皇后荐举，得到了李存勖的宠信。

郭崇韬本来对刘玉娘做皇后出过力，但后来他领兵平定四川地区之后，一些宦官因捞不到油水，便向刘皇后诬陷郭崇韬独吞四川财物，还想自立谋反。刘皇后和李存勖听信谗言，不辨是非，竟向郭崇韬下了诛杀令，毁掉了国家栋梁。

百姓们由于缺粮食吃，竟将妻子儿女出卖，或者到山里挖野菜充饥，但常常有在半路饿死的。国家的危急越来越严重，而李存勖只顾享乐，刘皇后更在金钱里醉生梦死，不知命在旦夕。

公元926年，赵在礼于邺城举旗谋反。李存勖派义兄李嗣源率军前去平叛，岂料李嗣源与兵变将士合为一处，以肃奸兴唐的名义，反戈一击，先行拿下汴梁（今河南开封），进而乘胜杀回洛阳。

李存勖得信，连忙脱下戏装，亲自带兵抵抗。养兵千日用兵一时，这时候，他才发现军心早已动摇，将士们一个个委靡不振，不肯再为他卖命。一番激战后，李存勖被流矢射中，急忙把箭拔出，呻吟着口渴。

与此同时，身在后宫的刘玉娘一看大势已去，忙着拾掇自己的金银细软，盘算起逃跑的出路。当宦官们找到她，急报圣上中箭受伤，口渴难耐时，刘玉娘不但不去亲自探望李存勖一眼，反而叫宦官送去一碗酪浆。

李存勖刚刚喝下酪浆，便一命呜呼。这是因为，对于身受箭伤的人，喝水还有活的希望，喝酪浆无异于鸩毒，非死不可。众兵士见昔日威严的天子落得如此凄惨下场，不忍其尸骨再遭羞辱，“聚兵器而焚之”，洛阳大乱。

刘玉娘得知李存勖死后，也不去探视，携带着金银珠宝，与李存勖的弟弟李存渥在骑兵保护下逃出洛阳城，直奔晋阳。李存渥后来也被部下杀死，刘皇后走投无路，只好隐匿在一所尼姑庵，后被新皇帝李嗣源逮住，被赐自尽。

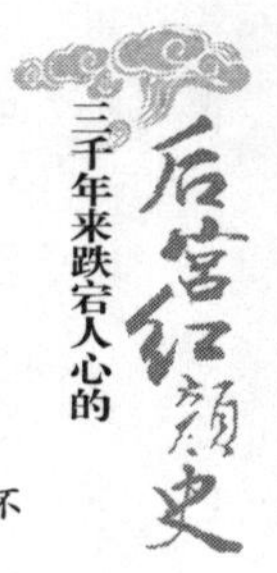

历史评说

刘玉娘，一个无情无义的不孝女，一个贪婪无知的小女人，一个落井下石的坏老婆。不论是《旧五代史》、《新五代史》还是《资治通鉴》，无不认定她是后唐亡国的罪魁祸首。

因为贪图荣华富贵，她费尽心思媚惑李存勖，残忍地棒笞贫寒生父。不仅如此，她还直接影响了庄宗李存勖的心智，使李存勖与自己一起疯狂地聚财敛民，宠信宦官伶人，诛杀功臣勋将，搞得民怨四起，国力衰败，最后也将自己和皇上的性命搭上了。

可怜李存勖这一世枭雄，长于军事而短于政治，南征北战十余年却只坐了三年的江山，最后居然还死在自己所挚爱的皇后之手，真是英雄末路悲歌多，令人唏嘘起蹉跎。

刘玉娘跌宕起伏的一生，给了我们哪些启示呢？那就是：水能载舟亦能覆舟，钱何尝不也是如此？它能够使人富贵，也能够使人堕落，甚至送掉性命。

名家圈点

故方其盛也，举天下之豪杰莫能与之争；及其衰也，数十伶人困之，而身死国灭，为天下笑。夫祸患常积于忽微，而智勇多困于所溺，岂独伶人也哉！——(北宋)欧阳修：《新五代史·伶官传》

第五章
高处不胜寒的国色天香

后宫的国色天香处于富贵荣华的顶峰，但是由于她们的命运总是与政治的需要、王朝的兴衰紧密联系在一起，其命运比常人更难以预测和把握。从顶峰上跌下来，成为悲剧人物的绝代红颜也为数不少。

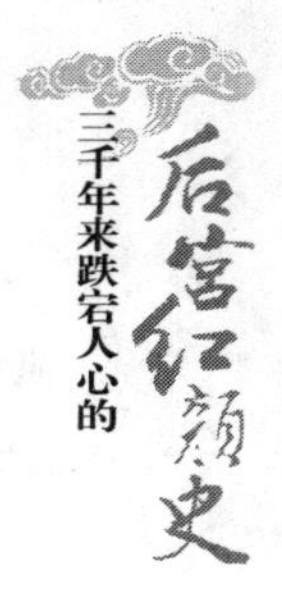

1 汉成帝刘骜婕妤(班婕妤)

——一腔哀愁在怨词

背景身世

班婕妤(公元前48~公元2年),汉族,祖籍楼烦(今山西朔县宁武附近)人,汉成帝刘骜之妃,善诗赋,有美德。初为少使,立为婕妤。婕妤并非其名,而是汉代后宫嫔妃的称号。她因被封婕妤,后人一直就沿用这个称谓,以至其真实名字无从可考。

在两汉,班氏一门是非常显赫的家族,文武勋功,德行学问,财富威信,都极一时之盛。班婕妤是越骑校尉班况的女儿,从懂事时起,父亲便教班婕妤认字读书,写诗作画、弹琴鼓瑟。

在这样的家庭氛围之中,班婕妤广读博览,加上天赋资质,班婕妤的学识远非当时一般人可及,成为远近闻名的才女。当然,班氏在家中接受最多的还是恪守"妇德"的教诲,儒家思想在她幼小的心灵上打下了深深的烙印,影响到她后来的一生。

红颜风云

班婕妤不是普通的女子,她天资卓越,有着令人羡慕的美丽和才情,享受了宠冠后宫的无尚荣耀。但是,在赵飞燕的绝世美色和高明计谋下,她最终还是没能逃脱色衰失宠的宿命,其哀怨悲惨的一生真是让人欷歔不已。

不幸丧子,转而辅君

班婕妤和众多的女子一样，是因汉成帝登基后大选美女得以入宫的。刚开始时,她只任少使之职(汉代宫中的妃嫔分为14级,少使是其中的第11级)。由于长

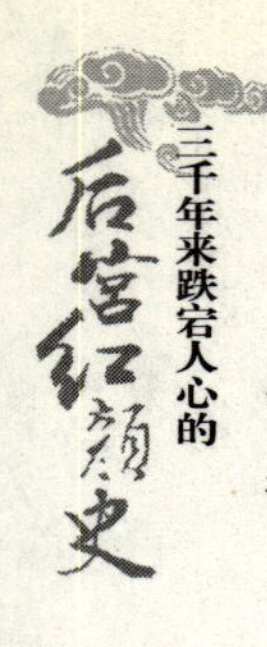

期儒家思想的熏陶，班婕妤并不怎么怨天尤人，她以一颗恬退隐忍之心，默默地等待着命运的安排。

在汉成帝面前，班婕妤不像其他嫔妃那样对皇帝那样谨小慎微，唯唯诺诺，甚至搔首弄姿、献媚争宠，而是举止有度，沉稳持重，不娇不媚。她这样的气质深深地吸引了看惯了奴颜媚态的汉成帝。

班婕妤美而不艳，丽而不俗，无须浓妆艳抹、刻意修饰，便自有一种诱人的魅力。但是，她深知美丽在拥有三千佳丽的后宫中是很难长远的，她还需要发挥自己的优点。

班婕妤的文学造诣极高，尤其熟悉史事，常常能引经据典，出口成章，妙手成文。因此，她常给汉成帝讲古代帝王的故事，如他们的政绩、好恶、品格，以及历朝的典章制度、礼仪风情、民俗掌故等，使汉成帝既听得入神，又增长见识，乐于与她聊天。

班婕妤擅长音律，既写词又谱曲，她写的词和谱的曲有感而发，有的放矢，她常常作赋弹琴，使汉成帝在丝竹声中，进入忘我的境界。

班婕妤的歌舞虽然不是一流，但她的舞姿却别有韵味，每一个舞步似乎都蕴涵着美的力量。她常常款款起舞，迎请汉成帝一起跳。汉成帝喜欢观舞，却不会跳舞，班婕妤便主动教给他。

这个女子是如此多才多艺，汉成帝把与班婕妤在一起视为极大的乐趣，一种有别于枕席之乐的享受。对汉成帝而言，班婕妤不仅仅是他的侍妾，更是他的良师益友。

正是因为这些，班婕妤在后宫佳丽中显得超群出众。很快，她便得到了汉成帝的专宠，被封为婕妤，搬进了增成舍居住。婕妤是嫔妃中的第 2 级，地位相当于上卿，仅此于皇后。

初入“增成舍”，汉成帝对班婕妤恩爱有加，真是情意缠绵，如胶似漆。为了显示厚爱，汉成帝还经常携她离宫到别馆去游玩、栖宿。不久，班捷妤便暗结珠胎，并在别馆产下了一个男婴。

有了皇上的专宠，又喜添贵子，这是后宫每一个女人所梦寐以求的，也是后宫地位的保证。正当班婕妤欢喜地做着一个贤妻良母时，不料这位仅仅几个月的小皇子却突然因病夭折了。

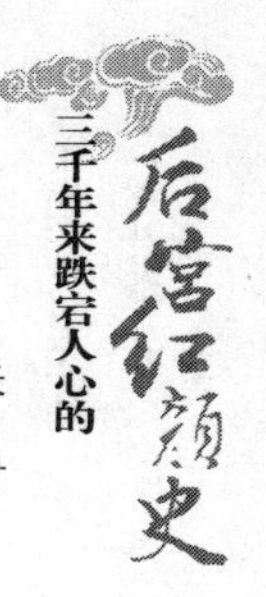

关于这件不幸的遭遇，班固在《汉书·外戚传》里写姑祖母班婕妤“有男，数月失之”。不过，令班婕妤欣慰的是，汉成帝仍似以前一般宠爱着她，天天同她在一起，时刻不离她的左右，无人可比。

由于班婕妤宠极一时，班氏一家也随之贵显。班婕妤的父亲班况此时已辞官还第，家有黄金千斤，奴婢成群，富贵莫比；班婕妤的几个兄弟也都加官晋爵，被委以朝廷要职。

失子的痛苦无情地折磨着班婕妤，她现在最需要的是再育一个皇子，但是很长时间过去了，她却再也没能怀孕。后宫中因为年老色衰失宠，致悲惨遭遇的例子屡见不鲜，聪明如斯的班婕妤怎能不晓得?!

班婕妤骨子里是一个安分守己、容易满足的人，因此也没有窥探皇后之位的野心，她和许皇后相处得如同姐妹。此刻，她所考虑的是如何才能保持自己现有的地位，或者说更加持久。

既然无法生育子女，难走“母以子贵”这一条路，班婕妤只能靠自己了，她开始倾向于用自己的言行影响汉成帝，好使汉成帝成为一个勤政的明君。

汉朝时期，皇帝在宫苑巡游，专门乘坐一辆黄金大辇车，绫罗为帷幕，锦褥为坐垫。汉成帝为了能够与班婕妤形影不离，就特别令人制作了一辆较大的辇车，可以坐两个人，以便同车出游。

与皇上同车共辇，这是众妃嫔求之不得的一件风光差事，班婕妤却婉辞谢绝，她说：“妾观古时的图画，贤圣之君皆有名臣在侧，夏、商、周三代末主乃有嬖女。今陛下欲与妾同辇，几与三代末主相似，妾不敢奉命！”

皇太后王政君听说此事后，对班婕妤的深明大义极为赞许，称赞道：“古有樊姬，今有班婕妤。”樊姬是春秋时代楚庄公的夫人，楚庄王刚即位时喜欢打猎，樊姬怕他因此耽于政事，便不吃狩猎来的禽兽肉。楚庄王改过自新，三年而称霸天下。

王太后将樊姬与班婕妤相提并论，足见对其评价之高。这使得班婕妤的地位在后宫更加尊贵，班婕妤更是自励，加强在“妇德”、“妇容”、“妇才”、“妇工”等各方面的修养，希望能对汉成帝产生更大的影响。

可惜的是，对贪玩好色的汉成帝来说，班婕妤一席义正词严的话语无疑是一种大煞风景的做法，令他顿觉失望。这种失望可能是一种敬畏，但最直接的结果就是

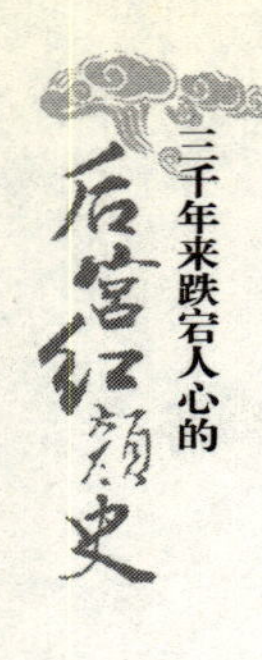

对这个女人再也提不起兴趣了。

惨遭冷遇，又蒙陷害

春去秋来，岁月流逝，能够挑起汉成帝兴趣的女人接踵而来，班婕妤被冷落在了一边，难得见上汉成帝一面。昔日门前车马喧闹的“增成舍”，此时变得冷冷清清。

班婕妤身边有个名叫李平的侍女，年轻貌美，而且十分伶俐。为了使汉成帝能够体味自己的一片苦心，并唤起昔日旧情，班婕妤便亲手将李平装扮一番，送她到汉成帝那里。

谁知，见异思迁的汉成帝，早将班婕妤对他的温情抛到九霄云外，他立刻喜欢上了正当妙龄的李平。李平出身微贱和汉武帝的卫皇后经历相似，汉成帝就赐姓卫，李平由卑贱的侍女跃为地位高贵的卫婕妤。

俗话说：“福无双至，祸不单行”。正当班婕妤红颜消退，玉容渐老，失意苦闷之际，一场飞来横祸又给她以沉重的打击。赵飞燕、赵合德姐妹先后入宫了，她们凭着姿色和心计，令汉成帝倍加宠爱，后宫无人可及，姐妹俩灼焰熏天。

赵氏窥探皇后的位子已久，飞扬跋扈，残害异己，千方百计对在位的许皇后和班婕妤加以打击，以达到消灭情敌的目的。糊涂的汉成帝色令智昏，许皇后和班婕妤的景况每况愈下。

许皇后的姐姐许谒十分痛恨赵飞燕姐妹，无可奈何之余想出一条下策，在孤灯寒食的寝宫中设置佛堂，每天早晨和傍晚诵经礼拜，祈求妹妹早生贵子，多福多寿，也诅咒赵氏姐妹灾祸临门。

此事很快被谄媚之人告诉了赵飞燕，赵氏姐妹灵机一动，趁机陷害，说许后在宫中设坛诅咒后宫已有身孕的王美人和汉成帝的舅舅王凤。当时，汉成帝尚无子嗣，他寄希望于王美人；王氏一族意图专政，与握有朝政大权的许氏家族素有矛盾。

因此，汉成帝和王太后得到情报后，毫无意外地大发雷霆。结果，许谒被诛，许皇后被废黜昭台宫中，许氏家族的待遇，都一律降级。

班婕妤是赵氏姐妹的情敌，自然也在陷害之中。一封告密札声称：班婕妤深知内情，但她隐而不报，涉嫌与许皇后合谋。开始汉成帝并不相信与世无争、独善其身

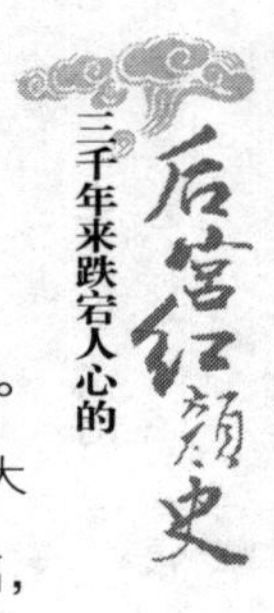

的班婕妤会参与此事，但经赵飞燕再三挑拨，居然听信谗言，致使班婕妤身陷囹圄。

既遭冷遇，又蒙无端陷害，班婕妤感到无比冤屈和愤慨，在汉成帝审讯自己的大殿上，她满含着怒气、怨气地回答道："死生有命，富贵在天。修身正行尚且不能获福，作奸犯恶还能有什么指望，倘若神明有知，就不会听信犯上诬惑的诅咒；假如神鬼根本无知，就是诅咒了又有什么用？妾断不会干这种勾当！也更不屑做这种勾当！"

班婕妤的一番对答，句句在理，成帝听了深以为然，他见班婕妤形容憔悴，全无昔日风采，又念及以前的恩爱，动了恻隐之心，便命班婕妤退居后宫，不予追究，并且厚加赏赐，以弥补心中的愧疚。

秋扇见弃满腔怨

汉成帝终日迷恋赵氏姐妹，不理朝政，朝中大权外落王氏，西汉政治更加黑暗。而得势的赵氏姐妹并不就此满足，为了保住自己的既有权势，她们不择手段地迫害异己，史料记载"生下者辄杀，堕胎无数"。

班婕妤见自己年老色衰，再也不可能得到汉成帝的宠爱，苦等下去只有失望。而且赵氏姐妹气势咄咄逼人，恐怕自己再也经不起她们没完没了的排挤、陷害了。不如好自为之，急流勇退，明哲保身。左思右想之后，她启奏汉成帝，前往长信宫供养年迈多病的王太后。

得到汉成帝恩准后，班婕妤怀着凄凉酸楚的心情，告别了伴她经历过荣辱宠贬的"增成舍"。这虽然是班婕妤心灰意冷的无奈之举，但也不能不说这是她的高明过人之处。

把自己置于王太后的羽翼之下，班婕妤就再也不怕赵飞燕姐妹的陷害了，但也得不到汉成帝的宠爱了。山盟虽在，情已成空，这是才情无限的班婕妤始料不及的。

在长信宫中，每天除了陪侍王太后烧香礼佛之外，班婕妤别无他事可做。才女自古多情多愁，班婕妤也不例外。生活的清静常令她禁不住回忆过去备受皇帝宠爱的情形，而孤寂中无人问津的现实又让她内心充满怨愤，感叹道：

新裂齐纨素，皎洁如霜雪。

裁作合欢扇，团圆似明月。

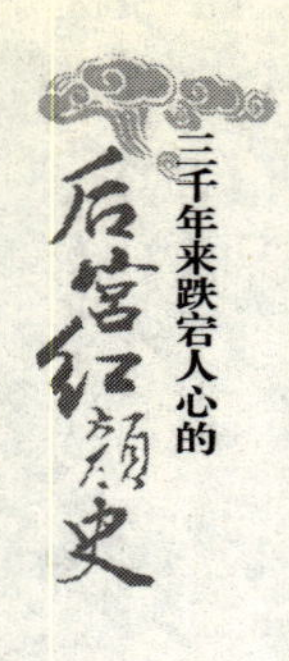

出入君怀袖，动摇微风发。

常恐秋节至，凉飙夺炎热。

弃捐箧笥中，恩情中道绝。

在这篇《急歌行》，又名《团扇诗》中，班婕妤以用洁白细绢剪裁的团扇自喻，实在是贴切不过的了。炎炎夏日，主人对扇子自然爱不释手，形影相随；凉秋时节，则被弃置箱中。文字清新，情绪哀怨，而表达的思想却委婉含蓄，有一种怨而不怒的气度。

宫墙之内的嫔妃们，大多数人的命运与这扇子又相差多少呢？团扇本是西汉时期嫔妃仕女的饰品，自班婕妤之后，便成了红颜薄命、佳人失爱的一种象征性标志，故又称"班女扇"。

后宫没有了班婕妤和许皇后，赵氏姐妹如鱼得水，赵飞燕被册封为皇后，赵合德也成了昭仪。然而，这一切在班婕妤看来都与自己毫无关联了，她心如止水、形同槁木。

"长恨人心不如水，等闲平地起波澜"，班婕妤回顾入宫以来的荣辱浮沉百感交集，上天又为何这般不公平呢？作恶多端的赵氏姐妹顺水顺舟，安分守己、不悖"妇德"的自己却半路翻船，她觉得冤屈，也感到无奈。惆怅之极，也只能作赋伤悼自己的坎坷遭遇。

《隋书·经籍志》著录有一卷她的作品，后来多数散失，仅存《自悼赋》、《捣素赋》、《怨歌赋》等几篇。在这些文章中，班婕妤均真切地抒发了自己在宫中苦闷的情感。其中，最有名的一首诗赋是《长信宫怨》。

人生若只如初见，

何事秋风悲画扇？

等闲变却故人心，

却道故人心易变。

骊山语罢清宵半，

泪雨零铃终不怨。

何如薄幸锦衣郎，

比翼连枝当日愿。

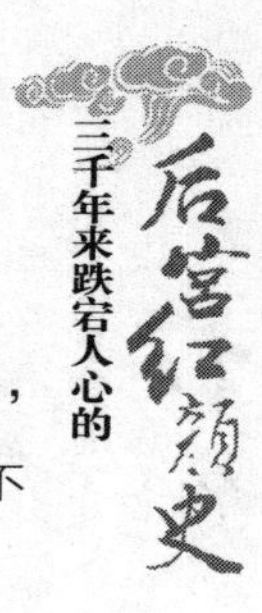

在《长信宫怨》中，班婕妤描绘了一个顾影自怜，摒绝繁华，效法古代贞女烈妇，甘愿幽居长信宫中，孤灯孑影，房寒风冷的形象。这首诗赋无限的悲凉情怀，使人不忍卒读，肝肠寸断。

班婕妤没有留下更多的诗赋给后人，但从仅存的几篇诗赋中我们足以领略到她万人难及的才情。她成为辞赋发展史上极少的女作家之一，也是较早的五言诗的创造者。

又过了11年，即绥和二年（公元前7年），汉成帝驾崩于未央宫。王太后让班婕妤担任守护成帝延陵的职务。班婕妤伴着冢形碑影，又孤独地生活了5年后离世，年约40余岁，葬于延陵。

今天，在陕西咸阳周陵乡严家窑延陵东北约六百米处，有班婕妤墓。历经沧桑之后，土冢已日渐矮小，但班婕妤的满腔幽怨却不时飘散出来，引来诸多同情和叹惋。

历史评说

“古有樊姬，今有班婕妤”，名门之女班婕妤美貌、才智都有，算得上一个出类拔萃的女子，她因人品才学一度为皇帝宠爱，但从某种意义上来说，她又何尝不是为此所害？她拘于礼法，正规正矩，一心想辅佐成帝成盖世明主，只可惜，她遇人不淑。

在汉成帝眼里，宫廷女子的作用本来就是讨皇帝的欢心，是否有才倒不重要。尽管班婕妤在后宫中谨守礼教，温婉明达，行事端正，但是她既没有赵飞燕起舞绕御帘的轻盈，也缺乏赵合德月夜入浴的妖娆妩媚，更关键的是论手腕她远不是赵氏姐妹的对手，这就注定了她悲惨的命运。

班婕妤，一个世间少有的好女人，却偏偏没有一份与之匹配的爱情，其短暂的人生经历从盛极到衰极，后半生竟成了皇宫怨妇的代言人。她充满哀愁的诗赋，不但感动着后世诸多宫中失意嫔妃，也使许许多多的失意文人为之长叹。

试想，这位有见识、有德操的贤淑女子，倘若遇到的是周宣王、楚庄王，或是后来的唐太宗，甚至是朱元璋，又当如何？或许，她今天留给我们的辞赋就是另一番情致了。

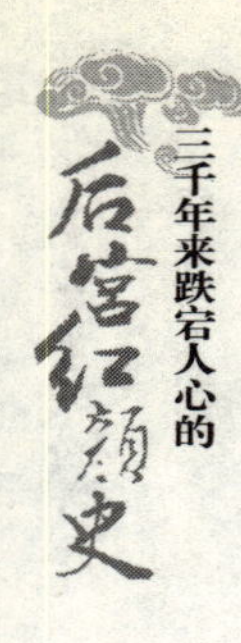

名家圈点

旧爱柏梁台，新宠昭阳殿。守分辞方辇，含情泣团扇。一朝歌舞荣，夙昔诗书贱。颓恩诚已矣，覆水难重荐。——(唐)徐惠:《相和歌辞·长门怨》

飒飒霜飘鸳瓦，翠幕轻寒微透。长门深锁悄悄，满庭秋色将晚。眼看菊蕊，重阳泪落如珠，长是淹残粉面。鸾辂音尘远。无限幽恨，寄情空殢纨扇。应是帝王，当初怪妾辞辇，陡顿今来，宫中第一妖娆，却道昭阳飞燕。——(北宋)柳永:《斗百花》

从李都尉迄班婕妤，将百年间，有妇人焉，一人而已。——(南北朝)钟嵘:《诗品》

2 晋惠帝司马衷皇后(羊献容)

——五废六立的两朝皇后

背景身世

羊献容(?~公元322年)，晋朝时泰山南城人，她不但是晋惠帝司马衷的第二任皇后，也是前赵末帝刘曜的皇后。外祖父孙旂，兖州刺史，疑平南将军、假节；祖父羊瑾，尚书右仆射；父羊玄之，尚书郎。

出身高门的羊献容十几岁就肤凝白雪，眉目如画，丰姿绰约、宛若仙人。她以出色的外表，得以进宫，并在贾南风之后被立为晋惠帝司马衷的皇后，不料却赶上了西晋末年大动乱的时代。

红颜风云

西晋“八王之乱”，司马氏家族内部祖孙三代之间互相残杀，是我国历史上规模最大、伤亡最重、后果最坏的政治斗争。在错综复杂、变幻无端的纷乱中，羊献容遭遇的忧逼折辱，终古未闻。她富于戏剧性的命运，在古今中外众多皇后中也许是独一无二的。

丈夫无能，被五废五立

对羊献容来说，她的第一场婚姻注定是不幸的。她的丈夫，即有名的白痴皇帝晋惠帝司马衷。他在《史书》上最出名的事迹是：天下荒乱，百姓饿死，他疑惑地问“何不食肉糜”！

面对这样的皇帝，手中有点权势的人都会有点蠢蠢欲动的愿望。晋惠帝的前皇后贾南风权欲熏心，利用汝南王司马亮等宗室力量，杀害了太傅杨骏，废掉太后杨芷，又以谋反罪诬杀了汝南王等，自己实际掌握了大权，后被赵王司马伦、合梁王彤、齐王冏等毒杀。

皇后既然死了，当然要立新后，司马伦趁机安插自己人占据这个位置。亲信尚书令孙旂就推荐了自己的外孙女羊献容。就这样，这个据说“姿容秀美，有倾城之色”不到20岁的少女被推上了血火交织的政治祭坛。

据《晋书·后妃传》记载，羊献容入宫时，“衣中有火”，这被大家认为是吉兆。然后，相信当时身着盛装，被正式册立为皇后的羊献容，无论如何都很难意想到自己日后离奇的命运。

对于惠帝司马衷来说，比起丑恶的贾南风，这个貌美的新皇后就像天赐的礼物，因此他对羊献容很宠爱。但是，这样一个愚钝懦弱的丈夫身处政治风暴的中央，是根本不可能为妻子带来任何意义上的幸福。

后来，居功自傲的赵王司马伦就迫不及待地意图篡权，他让孙秀假装兵变，逼迫惠帝逊位，自己登基当上了皇帝。做皇后不到一年的羊献容第一次失去了皇后的冠冕，和惠帝一起被软禁到在前太后、前皇后、前太子先后被谋杀的不祥之地——金墉城。

不过，赵王司马伦的篡位很快激怒了各个司马家族的诸侯，不久，成都王司马颖、齐王司马冏、长沙王司马乂联合发兵围攻京城洛阳，自立为王的司马伦兵败被杀，羊献容的外族父孙旂也被斩杀。惠帝和羊献容被迎回，再度回到了皇帝、皇后的位置。

齐王司马冏入朝辅政，掌握了朝政大权，其他诸王又不满了。于是，河间王司马颙联合长沙王司马乂再度起兵讨伐齐王司马冏，三王军队在京城混战三天三夜，最

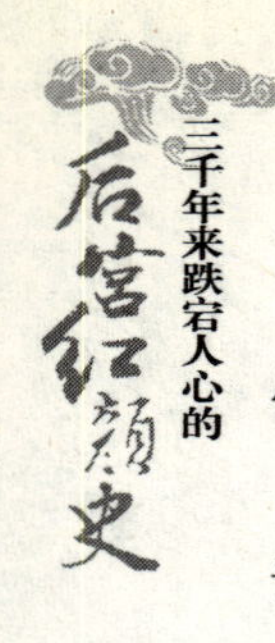

后齐王兵败被杀。

长沙王司马乂担任了新的“执政官”后，河间王司马颙又联合成都王司马颖来讨伐长沙王司马乂。司马乂兵败被烧死，司马颖掌握大权，逼惠帝下诏将羊献容废为庶人，羊献容第二次失去后冠。

在此期间，司马颖拿羊玄之做靶子，“乂论功不平，与右仆射羊玄之、左将军皇甫商专擅朝政，杀害忠良，请诛玄之、商，遣乂还国。”成都王军队节节进逼，羊玄之在惊恐中死去。

司马颖的封地在成都，掌握了大权之后，他命守将石超留守洛阳，自己则离开洛阳，回成都遥控国事。中书令东海王司马越联络众大臣起事，赶走了石超。羊献容再度被迎回中宫，复立为皇后。

很快，成都王司马颖联合河间王司马颙再度起兵，东海王司马越拥奉惠帝御驾亲征。河间王司马颙的部将张方乘虚而入，攻进入无防备的京城洛阳，又抓住了惠帝和成都王司马颖。

张方将惠帝废立，羊献容再度失去后冠，被囚禁到金墉城。重新组建的朝廷迁至长安，晋惠帝这个傀儡因仍是各方的需要，前往长安留台。羊献容虽然留守洛阳，但再度回到后位。

同年同月，不知出于什么原因，掌握军队实权的中领军兼京兆太守的张方第四次废掉了羊献容。到 11 月，立节将军周权诈称有皇帝密旨，宣布恢复羊献容后位。

尔后，洛阳县令何乔发兵杀死周权，刚刚被释放出来的羊献容再次被废，又一次莫名其妙地被关进了金墉城。

诸王政权走马灯似的交替不休，最初还要逼皇帝下旨废后，后来王爷、将军，甚至一个小小的洛阳县令，说废就能够废掉自己，羊献容意识到自己的境遇越来越惨，皇后只是空有其名，竟然连一个小小县令都奈何不了。于是，她更加处处小心隐忍，韬光养晦。

与此同时，河间王司马颙以羊献容屡为奸所立为由，拟了一份诏书，赐死。司隶校尉刘暾与尚书仆射荀藩、河南尹周馥等人坚决抵制，上表抵制赐死诏书，羊献容才免于一死，但再次被废立。

直到公元 306 年，惠帝回到洛阳，同时正式下诏羊献容复后位。惠帝无智无能

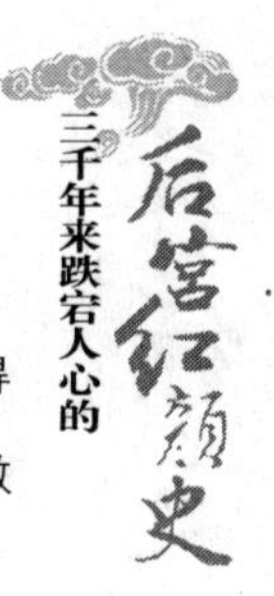

难以依靠，嫡系势力已经散失的羊献容开始重视与朝臣的关系。她知道自己当初得到了刘暾的保护，便特意派人送了一份感谢信，并多次向惠帝推荐刘暾，最终刘暾被升为光禄大夫。

惠帝回到洛阳以后，羊献容以为生活终于可以趋于平静了。但是这种平静并没有持续多久，就被一个惊天霹雳打破了——惠帝驾崩了，终年48岁。羊献容成为了可怜的寡妇。

已经看清政治权谋的羊献容马上意识到，皇位很有可能会为皇太弟司马炽继承。司马炽与自己是叔嫂关系，一旦他为帝的话，自己就不能称为皇太后。于是，她暗中派人接太子清河王司马覃入宫，想立他为皇帝。

可惜羊献容没有成功，司马炽即位，是为晋怀帝。他给了羊献容一个"惠帝皇后"的尊号，让她住到弘信宫。

从匈奴女俘到献文皇后

在晋宗室诸王内部为争权夺势激战不休的时候，与汉人杂居的匈奴、羯、鲜卑、氐、羌等少数民族趁势迅速崛起。匈奴人刘渊先称大单于、汉王，更于公元308年称帝，史称"后汉"，不断派兵攻晋。

公元316年，西晋为汉国(前赵)所灭。当时没于汉国的西晋皇族数以百计，女人尤其是宫中的美女们则成了匈奴官兵上佳的战利品。

美丽是一种是生存的本钱，或许也能增加生存的概率。洛阳城破是一场大浩劫，可是却使羊献容的命运出现了神奇的转机。此时羊献容年过30，国破家亡，多经磨难，孤苦寡居使她更添一份迷人的魅力。刘曜一见钟情，将她带回了自己的领地。

羊献容原本是刘曜的俘虏，但是多年的磨难已经使她变成了一个了不起的女人。她被迫充当刘曜的侍妾，不可能不觉得屈辱，然而她拿出了在金墉城里磨炼出来的耐力，宠辱不惊，安忍待时，终于俘获了刘曜的心。

男人也虚荣，他希望自己是女人所有的男人中最强的一个。雄才大略如刘曜者，也不例外。有一次，他似乎漫不经心地问羊献容："我和那个司马衷，你到底喜欢谁？"

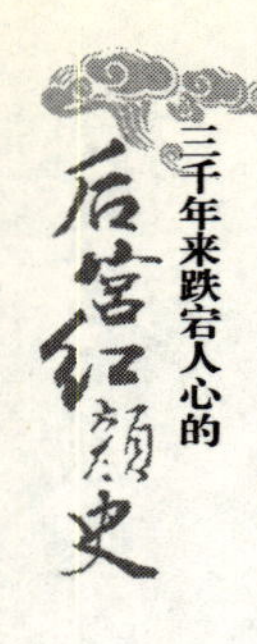

羊献容慷慨激昂地说了一番话:“你是开国君主,他是亡国暗夫,不要说国家社稷,就连自己都保不住,更别提保护老婆孩子了。自从嫁了你,我才知道天底下有所谓真丈夫”。一席话,说得刘曜心花怒放,从此对她更是倍加宠爱了。

在当时尴尬的境遇中,有些人认为羊献容的回答具有讨好的成分,还说她“无耻”,忘了国仇家恨。然而,事实上羊献容很大程度上是出于真心。试想,她当初嫁给一个白痴皇帝,饱经耻辱、惨痛绝伦,如今刘曜颇有英雄气概,对自己宠爱备至,天地之差。

她享尽刘曜的千般宠爱,并先后为他生下三个儿子刘熙、刘袭和刘阐,刘曜因为她的缘故,甚至换掉他喜爱的前妻卜氏之子刘胤,而终立刘熙为中山王世子,羊献容为中山王妃。

此时,后汉君王刘粲,荒淫无道,杀害了众多族人和大臣,包括刘曜的母亲和哥哥。公元318年,刘曜发动政变后即皇位,迁都长安,改国号为“赵”,史称“前赵”,立羊献容为皇后,刘熙为太子。

从使者手中接过皇帝刘曜的诏书,被正式册立为赵皇后的一刻,羊献容也许想起了五废五立的坎坷经历,也许想起了金墉城里朝不保夕的岁月,也许想起了洛阳城破被掳时的惊恐……

公元322年,羊献容因病去世。羊献容死后谥封“献文皇后”,刘曜亲自建陵,“亲如粟邑以规度之”。待到墓成之后,“葬妻羊氏,墓号显平陵。大赦境内殊死巳下,赐人爵二级,孤老贫病不能自存者帛各有差”,可谓极尽哀荣。

可是好景不长,公元329年,刘曜建立的前赵覆灭,不过这一切羊献容都不会知道了。一个女人,假如不能生逢其时,那么,能死逢其时,也是一种难得的幸运。

历史评说

羊献容是一个有着离奇命运,充满传奇色彩的女子,她是在中国历史皇后之路上走得最曲折的一个,是唯一一个同时曾为两国皇后的女人。

她是无辜的,可怜的。她一当上惠帝的皇后,诸王政权就走马灯似的交替不休,她成了手中有军队的野心家们任意利用的一块招牌,身不由己,或挂或摔,只不过

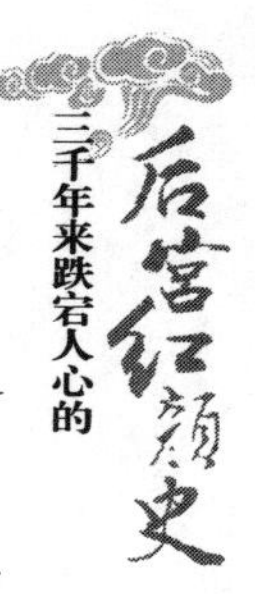

被他们当作显示权威的一种标志。她命途的大起大落，起落无常，在中国封建史是一个典型。

五废五立，一般人可能都不能忍受这样的折磨，可是羊献容却顶住了一次又一次折辱打击，逃脱了一次又一次明刀暗箭的袭击，最后否极泰来，不仅得到了真挚的爱情，而且还重新登上了皇后的宝座，这其中除了她貌美惹怜外，还与她超强的意志力以及夹缝中求生存的智慧不无关系。

因为她是“失节之妇”，幸福建立在国破家亡之上，后世无数人鄙视、嘲讽、骂名千秋。但作为一个没有政治野心的女人来说，她历经千辛万苦，终于赢得了还算美满的结局，着实应该得到尊重和祝福。

名家圈点

晋惠帝皇后，泰山南城人。祖瑾，父玄之，立为皇后。八王之乱中几经废立。怀帝即位，尊后为惠帝皇后，居弘信宫。洛阳败，没于刘曜。曜僭位，立为皇后。曜甚爱宠之，生曜二子而死，伪谥献文皇后。——(唐)房玄龄等:《晋书》

3　隋炀帝杨广皇后(萧氏)

——乱世风流伴君侧

背景身世

萧氏(?~公元647年)，隋炀帝杨广的皇后。生于后梁国都江陵(现常州)，年岁不详，有书说她比杨广长三岁，不知真假。父为西梁孝明帝萧岿，母为张皇后。

萧氏本来应该是个娇贵的公主，但是由于出生于二月，江南风俗视为不祥，萧岿弃之，堂弟萧岌收养。萧岌夫妇没有儿女，自然对萧氏百般疼爱，精心教导。可是萧氏刚刚8岁的时候，萧岌夫妇就先后去世了，她辗转由舅父张轲收养。张轲家境

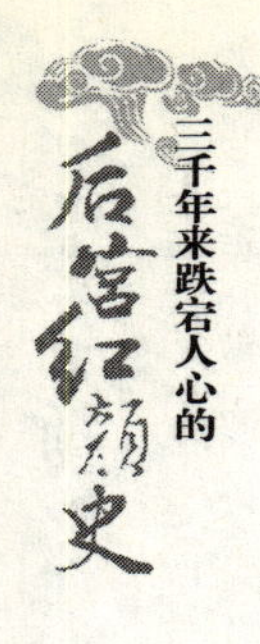

贫寒，萧氏也要跟着他们劳作，过着清苦的日子。

杨坚建立隋朝后，次子杨广被立为晋王。文帝希望从向来关系良好的西梁国选位公主为晋王之妃。萧岿大喜过望，觉得如果能和隋文帝结为儿女亲家，自己的统治也就没有后顾之忧了。但占卜所有留在身边的女儿，结果却皆不宜，最后想到这个抛弃的女儿萧氏，占卜后，居然大吉，于是萧氏就被送进隋朝后宫，封为晋王妃。

红颜风云

萧皇后一生几易其主，身份一再改变，历尽了世间沧桑的变迁。历史上像她这样数经改朝换代，总伴君王之侧的女人屈指可数。她天生丽质，娇媚迷人，至于说她美到什么程度，绝不是用语言可以描述出来的……从她的人生经历中，我们或许大致可以领略。

7年苦情，戏助君登位

众所周知，隋炀帝杨广奢侈淫逸，性情猜忌，心胸狭隘，对内暴殄天物，对外积极进攻，造成百姓荒不择食，困苦不堪。后来编写史书的人给他的谥号“炀”，是最贬义的一种。

萧氏在这样一个臭名昭著的暴帝、风流皇帝身边平平安安生活了近20年，而且备受礼敬，使隋炀帝享乐也不忘了自己。她有什么“秘诀”吗?在此期间，她又度过了怎样的生活呢?

入隋宫时萧氏年仅9岁，所以接入宫后并未马上成婚。隋炀帝杨广生母独孤皇后见她美丽动人，端庄贤淑，十分喜欢，把她当成是自己的女儿抚养，并为她请了许多师傅，教她读书、绘画、弹筝。萧氏天资聪慧，学什么像什么，四五年下来诗文音律样样通晓，而且知书达礼，落落大方。

转眼到了开皇十三年(公元593年)，受命镇守扬州的晋王杨广回到京都长安，在隋文帝与独孤皇后的安排下，与萧氏完婚。萧氏被晋封为晋王妃，这一年她刚满13岁，杨广25岁。

萧氏婚后的生活应该还是比较幸福的，至少杨广为了获得母亲独孤皇后的欢心，不纳美妾，妻妾就萧氏一人。萧氏先后生下了两个儿子，即后来的太子杨昭和齐

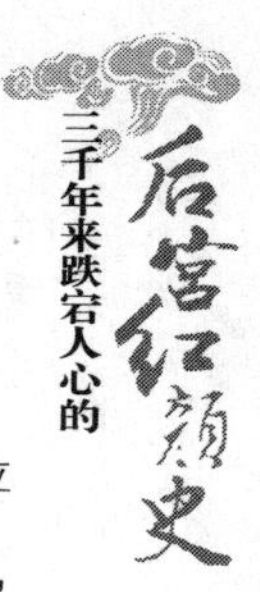

王杨暕。

完婚之后，有政治野心的杨广就立即拉拢权臣杨素等人与大哥杨勇展开储位之争。偏偏此时，已立为太子的杨勇因冷落了正房太子妃元妃而宠爱偏房云昭仪，引起了严治后宫的母亲独孤皇后的不满。

杨广乘虚而入，故意在母亲面前极力装出一副仁孝正派的样子，还有意作出疏远萧妃专心政务的姿态；而聪明识体的萧妃也一本正经地与他配合，还不时到独孤皇后那里哭诉杨广只顾政务冷落了自己。

他们夫妻的一唱一和打动了独孤皇后的心，终于废除杨勇太子之位，把杨广推上了太子宝座，萧氏成为太子妃。这时距离杨广与萧妃完婚已经 7 年了，也就是说，他们在独孤皇后面前整整演了 7 年的苦情戏。

不久，杨广经过一番紧锣密鼓的策划密谋，提前登上了皇帝宝座，史称隋炀帝。册封萧氏为皇后，杨昭为太子。这时杨广 36 岁，萧氏才 24 岁。

本有后，德无奈遇炀帝

萧氏一直想做一个称职的好皇后。隋炀帝即位之初大修宫室，营建东都洛阳，先建了显仁宫，后来又修建了西苑。他还广泛搜罗海内外的奇材异石，将佳木珍草充实其中。然后，从应征而来的天下美女中，选出 16 人封作四品夫人，分别主持各院。

萧氏劝谏道："母后驾崩之前，曾与臣妾谈及䒼家之道，一要俭朴，二戒女色，现在皇上所作所为，恐怕不是国家的福气。"可是隋炀帝依旧不为所动，认为人生在世，就要及时行乐。

宣华夫人陈氏是南朝陈宣帝的女儿，陈后主的妹妹，天性聪慧，姿貌无双。陈国灭亡后，陈氏进入了隋文帝的后宫，后来又被隋炀帝选为妃嫔。隋炀帝几乎夜夜都流连在宣华夫人的寝宫之中，不理朝政。

于是，萧氏就找借口把宣华夫人逐出皇宫，送到仙都宫去居住，想要让她远离杨广。可是自从宣华夫人远离后，为她所迷的隋炀帝惘然若失，郁郁寡欢，脾气也越来越暴躁，根本不理睬萧氏。

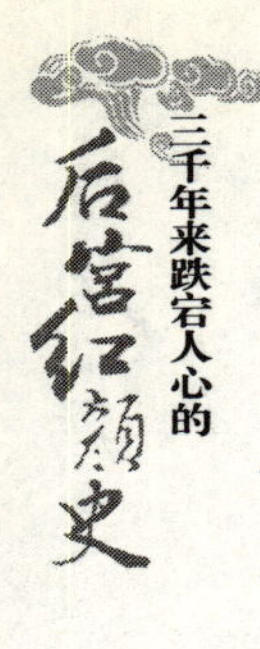

见此，萧氏知道采取强行隔离政策并不能换回风流丈夫的心，便诚恳地对炀帝说："妾因笃念夫妻之情，才劝陛下遣去宣华夫人；不料陛下如此眷恋，倒把妾看作是妒妇而不可理喻，是妾求亲而反疏也。不如传旨，召宣华夫人入宫，朝夕以慰圣怀，妾也能分享陛下之欢颜。"

其实，不能不说这是明智的举措，皇帝拥有三宫六院、成群嫔妃，又素有古制，自己也不具备独孤皇后那样的专制本事，不去惹他反而保全了自己。正因为萧皇后的忍让大度，所以沉湎于酒色的隋炀帝对她一直相当礼遇。

史书中记载隋炀帝的子女有三子二女，其中二子一女为萧氏所生：元德太子杨昭、齐王杨暕、南阳公主。

为了饱览江南的秀色，隋炀帝下令开凿了连及苏杭的大运河。然而，这一切的奢华都是建立在人民的痛苦之上的，不断的横征暴敛使得老百姓怨声载道。萧后为此上疏《述志赋》。

《述志赋》全文：

承积善之余庆，备箕帚于皇庭。恐修名之不立，将负累于先灵。乃夙夜而匪懈，实寅惧于玄冥。虽自强而不息，亮愚蒙之多滞。思竭节于天衢，才追心而弗逮。实庸薄之多幸，荷隆宠之嘉惠。赖天高而地厚，属王道之升平。均二仪之覆载，与日月而齐明。乃春生而夏长，等品物而同荣。愿立志于恭俭，私自兢于诫盈。孰有念于知足，苟无希于滥名。惟至德之弘深，情弗迩于声色。感怀旧之余恩，求故剑于宸极。叨不世之殊眄，谬非才而奉职。何宠禄之逾分，抚胸襟而未识。虽沐浴于恩光，内惭惶而累息。顾微躬之寡昧，思令淑之良难。实不遑于启处，将有情而自安！若临深而履薄，心战栗其如寒。夫居高而必危，每处满而防溢。知恣夸之非道，乃摄生于冲谧。嗟宠辱之易惊，尚无为而抱一。履谦光而守志，且愿守乎容膝。珠帘玉箔之奇，金屋瑶台之美；虽时俗之崇丽，盖哲人之所鄙。愧絺绤之不工，岂丝竹而喧耳。知道德之可尊，明善恶之由己。荡嚣烦之俗虑，乃伏膺于经史。综箴诫以训心，观女图而作轨。遵古贤之令范，冀福禄之能绥。时循躬而三省，觉今是而昨非。嗤黄、老之损思，信为善之可归。慕周姒之遗风，美虞妃之圣则。仰先哲之高才，慕至人之休德。质非薄而难踪，心恬愉而去惑。乃平生之耿介，实礼义之所遵。虽生知之不敏，庶积行以成仁。惧达人之盖寡，谓何求而自陈。诚素志之难写，同绝笔于获麟。——出自《北史·卷一十四》

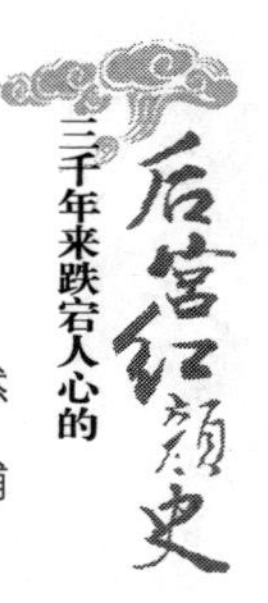

后人指斥萧后既不能在杨广生前助他“成君之德”，反而“成君之过”。萧后虽然贵为皇后，她也是没有力量进行自辩和自拔的，只能写下《述志赋》来寄托自己“辅佐君子之心”的心迹。

隋炀帝拿来一看，当读至“思竭节于天衢，才追心而弗逮，实庸薄之多幸，荷隆宠之嘉惠”时，点头称赞，并认为皇后太自谦了，继读至“原立志于恭俭，私自兢于诫盈，孰有念于知，苟无希于滥名”，看出皇后是以赋进谏，便再也不愿看下去了。据说他还曾顾镜自照，对萧氏说：“这么好的头会被谁砍下来呢?”

隋炀帝依然我行我素，又两次巡游江都，一次巡游长城，三次发兵征伐高句丽，耗资甚巨，横征暴敛。也许是对丈夫失去信心了吧，萧氏从此就不再多说，不闻不问了。

公元618年，太原留守李渊攻下长安，右屯卫将军宇文化及密谋兵变，有人禀告萧氏，萧氏令其上奏。隋炀帝闻奏大怒，竟把上奏的宫人斩首，以后宫人再向皇后禀及兵变消息，萧后叹气道：“天下事一朝至此，已不可挽救，奏报了，只有增加烦恼而已。”

最后，右屯卫将军宇文化及策动禁军，在寝殿西阁缢杀了刚满50岁的杨广，立秦王杨浩为帝。隋炀帝贵为一国之君，死时竟然连个棺材也没有，萧氏令宫人撤床为棺埋葬了他。

辗转人生，几经波折

萧氏虽半老徐娘、但风韵犹存，宇文化及早就垂涎于她，意欲将其纳为偏房，便以子女的性命相要挟。萧氏的处境可想而知，想活命就只有逆来顺受。这个仪态万方的女人成了宇文化及的囊中之物，大隋皇后的威仪顿时烟消云散。

宇文化及的狂妄行为很快就招来了杀身之祸。在中原起兵的窦建德，势如破竹，直捣江都。宇文化及带着萧氏退守魏县，自立为许帝，称萧氏为淑妃。不久，魏县被攻破，窦建德杀死了宇文化及。

而窦建德也被萧氏的美丽和高贵所吸引，纳她为妾，暂安置于武强县。窦建德的原配妻子曹氏是一个醋意颇重又十分厉害的女人，常常对萧氏撒泼发怒。一代贵

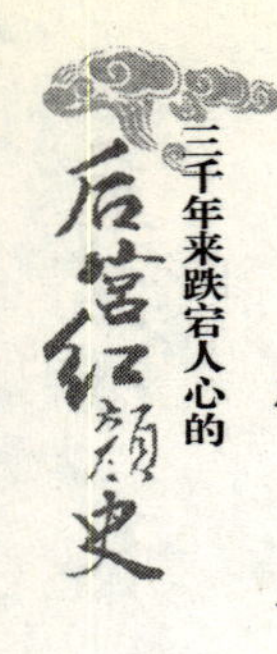

后的悲惨境遇可想而知。

当时，北方突厥人的势力发展迅速，大有直逼中原之势。突厥处罗可汗的妻子义城公主是萧氏的小姑（即杨广之妹），她四处打听到杨家人的下落，便派使者去武强县迎接萧氏及其孙子杨政道、侄孙萧嗣业。窦建德不敢和突厥起正面冲突，无奈只得把萧氏交出。

中原频频的战混已让萧氏心有余悸，为了平复自己的情绪，更希望在完全不同的环境里开始自己新的生活，她决定远走大漠。萧氏本以为自己这下可以平静地度过后半生了。

没有想到，天生美质难自弃。突厥可汗同样也看中了她卓卓迷人的风韵，无奈的萧氏便由大隋的皇后变成了塞外番王的爱妃。后来老可汗死了，按照突厥的风俗，萧氏又被新任可汗接纳为妃，与义成公主姑嫂二人共侍一夫。

后来，兵部尚书李靖进军突厥，大败突厥颉利可汗。萧氏和孙子杨政道等人立即投奔到李靖的营帐中，后来终于被护送回京城。再次回到中原，萧氏不由得想起了从前的富贵与屈辱，忍不住泪流满面。

萧氏入朝时，虽然时年 48 岁，但依然诱人眼目、动人心弦，再加上饱经离乱而孕育出来的楚楚可怜的情态，唐太宗李世民一见倾心，不顾世俗流言，封其为昭容，这就样，萧氏又成了大唐天子的爱姬。

唐太宗为萧氏举行了一次盛大的宴会。席间，他问："眼前的场面与当时的隋宫相比如何？"杨广奢靡，隋宫繁华无人可比，但萧氏只是平静地说："陛下乃是开基立业的君主，何必要和一个亡国之君比较呢？"

唐太宗立即明白了萧氏话中的含义，为了避免重蹈隋炀帝的覆辙，他在宫中励精图治，崇尚俭节。而萧氏成熟女人的风韵和见识，也使唐太宗为繁重国事所累的心得到抚慰。

萧氏在唐宫中度过了 18 年平静的岁月，于贞观二十一年（公元 647 年）三月溘然而逝，享年 67 岁。唐太宗下诏宣布以皇后礼仪将萧皇后葬于杨广之陵，上谥愍皇后。

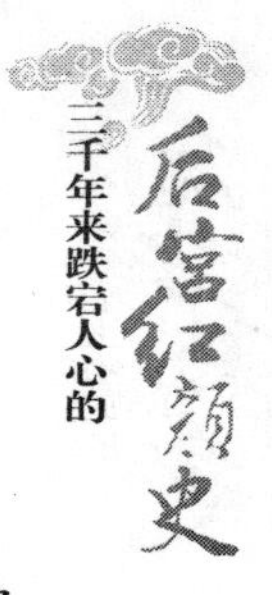

历史评说

萧氏自14岁作了晋王妃后，便开始不断地被迫更换身份，历经了隋炀帝的皇后、宇文化及的淑妃、窦建德的宠妾、两代突厥番王的王妃，最后又成了唐太宗李世民后宫中的昭容。

可怜的萧氏因为自己的美貌，就这样先后辗转于好几个男人的手里，经历了南北朝、隋、唐几个朝代。曾贵为皇后，也曾屈尊为他人的侍妾，有承欢于帝王的殊荣，也有委身于异族的无奈。千般沧桑、万种风流，萧氏的人生经历似乎恰好印证了这八个字。

后人指斥萧氏既不能在杨广生前助他“成君之德”，又不能在他身后保持贞洁，因而认为她是声名狼藉的皇后。其实，萧氏身为一个无力抗拒现实势力的弱势妇女，随波逐流是她一生的主要特点，也是一种难言的无奈。

名家圈点

后性婉顺，有智识，好学解属文，颇知占候。——(唐)魏徵等:《隋书》

晋王宫深锁娇娥，一曲离笳，百二山河。炀帝荒淫，乐陶陶凤舞鸾歌。琼花绽春生画舸，锦帆飞兵动干戈。社稷消磨，汴水东流，千丈洪波。——(元)卢挚:《蟾宫曲·萧娥》

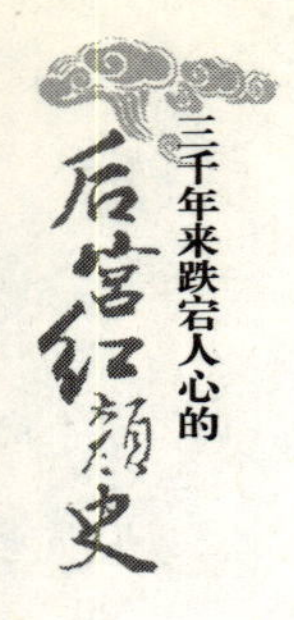

4 宋哲宗赵煦皇后(孟婵)

——历经劫难终得福第一夫人

背景身世

孟婵(公元 1073~1131 年),名州平赫(今河北永年县)人,宋哲宗赵煦的皇后。出身世家,祖父孟元曾官至眉州(今四川乐山)防御使兼军马都虞侯,父孟彦弼,其名不显。

由于出身名门,孟氏性情温柔贤良,端庄贤淑,温婉有致。公元 1092 年,被太皇太后高氏(宋哲宗祖母)和神宗皇后(宋哲宗母亲)向太后看中,“教以女仪”,成为 16 岁哲宗的皇后。

红颜风云

能够荣登皇后宝座,既是孟氏的幸运,也给她带来不幸。由于生存在北宋新旧党争之际,她曾经两立两废,沦落民间 20 多年,颠沛流离,历经磨砺。但她始终坚持以德服人,矢志不渝,最终得以安度晚年。

一朝皇后沦为尼姑

公元 1092 年,宋哲宗赵煦为孟氏举行了北宋有史以来最为隆重的封后典礼,一时极尽荣耀。但稍有缺憾的是,孟氏并无倾城倾国之貌,这在三千佳丽的后宫中,很明显不占优势。

见惯了花月般美人的宋哲宗看到孟氏姿色平平,且比自己大三岁,心里非常失望,就把感情倾斜到刘婕妤身上。刘氏姿色绝伦,才艺双绝,加之很会揣摩宋哲宗的

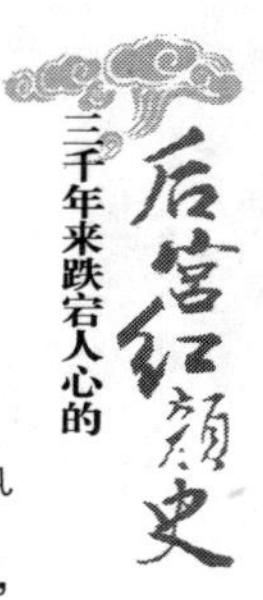

心意，又能曲意加以侍奉，所以很受宠爱。

高太后知道后，语重心长地开导宋哲宗："得贤内助，是国家的幸事。孟氏能执妇道，足以胜任皇后的职责。"想到宋哲宗一贯的脾气秉性，高太后还是放心不下，哀叹道"斯人贤淑，惜福薄耳！异日国有事变，必此人当之"，意思是说，皇后虽然贤淑可惜没有福气，将来国家一旦发生变故，她恐怕要担当其祸。

正如高太后所预料，孟氏的命运接下来一波三折，相当坎坷。在此，我们有必要介绍一下高太后，她是宋神宗的母亲，宋哲宗的祖母。宋哲宗即位之后，临朝听政，思想保守，排斥新党，起用旧党，对北宋政治起着非常重要的作用，也因此与孟氏的生平有着密切关系。

如果说孟氏因为外貌不美而不被宋哲宗喜欢，也就算了；更悲惨的是，她遇到了刘氏。刘氏恃宠而骄，不要说普通嫔妃，就连孟皇后也不放在眼里。孟氏很通情达理，为顾全大局，从不与她争论短长。而刘氏则把皇后的宽容当做软弱可欺，得寸进尺，更加骄横跋扈起来。

一次，孟氏率诸嫔妃等朝拜景灵宫，礼毕，依礼只有孟皇后可以就座，诸嫔妃只能站在一边恭敬地侍立。但刘婕妤却骄倨无礼，不肯侍立，背对孟氏，独自拈花自嗅，公然藐视之态，形之于色。

这明显的僭礼之举，孟皇后虽内心不怡，却也不说什么。但中宫的内侍都为孟皇后抱不平，侍女陈迎儿更是口齿伶俐，高声喊道："帘下何人不肃立？"陈迎儿还想再说，孟皇后示意她就此打住。刘氏趾高气扬惯了，却不得不屈于孟氏，心有不甘，便时常在宋哲宗面前诋毁孟皇后。

宋哲宗虽然不大宠爱孟氏，但孟氏位居中宫，夫妻的名分表面上还得讲究。特别是孟皇后生下福庆公主后，宋哲宗爱怜有加，对她也保持着应有的礼遇。刘氏此时尚没有生育，更是将孟氏看成眼中钉，必欲除之而后快。

由于不受皇帝的宠爱，孟氏就在女儿身上倾注了全部的爱。然而，越是人们寄予厚望的东西，越是给人以失望的结局。

不到三岁的福庆公主突然得病了，经多方医治，仍然不见好转，孟氏心急如焚，发动全家人寻找名医。恰巧，孟氏的姐姐听说京城有一名道士善书符治病，便向道士求了书符咒水，带入皇宫为公主治病。

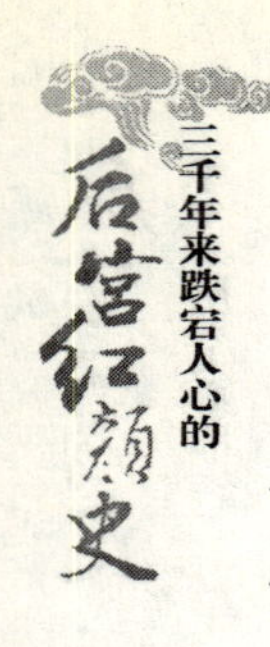

符咒巫术，触犯宫禁。由于不得宠，孟氏一向小心谨慎，生怕被奸人所害，此时一见符咒，更是吓得脸色都变了。但爱女心切有些病急乱投医，孟氏也觉得不妨一试。然而，宫闱无情，灾难就在不知不觉中降临了。

刘氏本就专伺后隙，这下正中她的下怀。她对宋哲宗大吹枕头风，添油加醋，捕风捉影，诬称皇后怀有异心。造谣说孟皇后搞符咒厌魅，搬弄鬼神，是用妖术诅咒宫廷，诅咒哲宗。

此前，高太后故去，变法派重新得势，他们一方面力主恢复新法，另一方面对旧党极力打击。孟氏是高太后所挑选的，此事正是整肃旧党的良机，他们也一力鼓动宋哲宗废后。

在宠妃、幸臣的两面夹击下，丧失爱女的宋哲宗一气之下立即降诏，废去孟后："皇后孟氏旁惑邪言，阴挟媚道，废居瑶华宫，号化阳教主，玉清妙静仙师，法名冲真。"

可怜的孟氏还没有从丧女的悲痛中挣脱出来，就又被政治势力无情地赶下了后位。一夜之间从尊贵的皇后沦落为孤苦的尼姑，在强烈的前后生活反差之下，她心里的失落和悲苦尤为沉痛。但她没有什么人可以倾诉，因为她在瑶华宫的一举一动都有人监督，形同软禁。

《鸡肋集》中有一个故事足见孟氏处境之艰难。

据记载，汴京城里有一个卖饼子的商贩，他每逢来到瑶华宫附近，总是拖腔吆喝："亏便亏我也！"意思是卖得便宜，情愿亏本，以此招徕顾客。不料一天竟被拖到衙门，赏了100大板。因为官差认为"亏便亏我也"是明目张胆地为孟皇后叫屈鸣冤。此后，这个小贩再到这里就改口吆喝："歇歇则个也么！"

刘氏搬倒了孟氏后，内外请求，如愿被册为皇后，并给哲宗生下唯一一位皇子。但善恶终有报，皇子不久就夭折了。哲宗也悲痛不已，随之忧思成疾，三个月后驾崩，年仅25岁。

重返后位，又遭金兵追击

公元1100年，哲宗无子，遂立哲宗弟弟端王赵佶为帝，是为宋徽宗，由神宗皇后向太后垂帘听政。向太后与高太后一样排斥打击新党，重用信任旧党，并下诏接

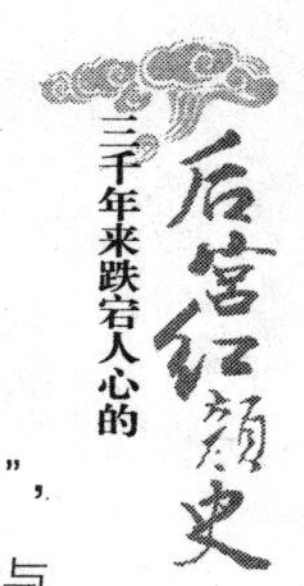

孟氏回宫。

在这两个儿媳妇之间，向太后始终偏袒孟氏。因为刘氏已被尊为“元符皇后”，所以孟氏被尊为“元皇后”，位居刘氏之上。孟氏再度入宫后，与世无争，从不参与政事。

可惜两年后向太后去世，徽宗改元“崇宁”，重用奸臣蔡京等人，又展开了新一轮的摧旧复新行动，严酷打击旧臣。无所顾忌的刘氏从旁煽风点火，与蔡京内外勾结，逼徽宗下诏废去孟皇后。

就这样，孟氏被再次贬居宫外的瑶华宫做女道士，号为“希微元通知”和“妙静仙师”。所有参与复立孟氏的官员皆被治罪，或被降职，或被抄家，或被安置到偏远州县。

孟氏再次回到瑶华宫，心如死灰，四壁萧然，形影相吊，在悲苦中苦度了25年。期间公元1126年，一场莫名其妙的大火烧毁了瑶华宫，孟氏无奈地迁居到延宁宫，不巧的是延宁宫也接连发生大火。已无立锥之地的孟氏，只好暂居于弟弟孟忠厚家，冷暖自知。

徽宗执政的20多年间，宠信奸佞，政治不明，致使国事日非，国力大损，于公元1127年初被北方的金朝所灭。凡六宫有位号者，包括后妃、皇子、公主以及宗室近戚等3000多人，尽被金兵俘掳北上，史称“靖康之变”。

刘氏地位不保，众叛亲离，自缢身亡，时年35岁。刘氏诬陷孟氏取得中宫之位，是后宫斗争的基本表现形式。但她心地狭隘，毫无容人之量，且眼光短浅，斤斤计较，为人处世远远不及孟氏。她的悲剧结局，或许能使我们替孟氏感到些许宽慰。

这真是塞翁失马，焉知非福！孟氏由于被废为庶人，住在民居，在这场浩劫里，竟奇迹般的得以保全，免于被金兵俘掳北去的灾难。整个北宋皇室只剩下她和出使在外的徽宗第九子、钦宗弟康王赵构。

同年，金人废掉赵佶、赵桓两代皇帝，册立宋朝投降派宰相张邦昌为伪楚皇帝。张邦昌因为是金人所立，不获宋朝官民支持，便迎回有着特殊身分的孟氏尊为“宋元太后”垂帘听政，自己仍居宰相一职。

孟氏听政后所做的第一件事，就是派尚书左丞冯懈去济州，迎接因出使而同样逃过一劫的康王赵构，并送去了“大宋受命之宝”的玉玺，接着又降手书，请赵构即

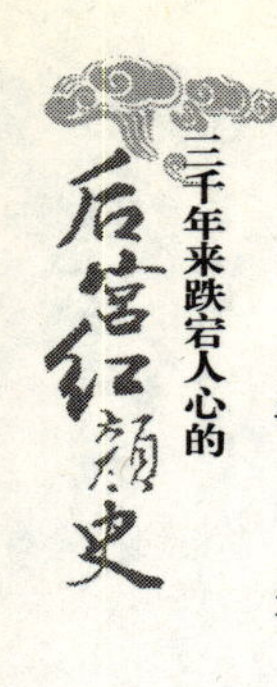

皇帝之位。

5月1日，赵构使用孟氏送来的圭宝、乘舆、服御等，在南京（今河南商丘）即位，是为高宗，改元建炎，史称南宋，孟氏撤帘。

宋高宗尊孟氏为隆太后，礼之如母，这令无儿无女的孟氏倍感欣慰，她准备安心地在宫中颐养天年。但是，她此生或许注定命途多舛，好不容易生活刚有转机，就又再次开始了颠沛流离的生活。

公元1129年秋，金兵再次大举南侵。宋高宗慌忙逃往东南海滨，为了分散敌人的目标，另安排孟氏等后宫嫔妃在杨惟忠、滕康等将领的重兵保护下向西南的洪洲（今南昌）撤退。

之后，很长时间里孟氏与宋高宗都一直辗转在东南沿海各地，躲避金军。

金兵得知孟氏在洪州，便舍下高宗，临时决定进兵江西。金兵统帅是兀术，他的如意算盘是避实就虚，想生擒孟太后等人作为人质，逼宋高宗签订屈辱的城下之盟。

形势紧急，孟氏一行不敢停留，又慌忙从洪州逃往吉州（今江西吉安）。但金兵日夜不停，穷追不舍。孟氏一行喘息未定，只得连夜乘船向南逃跑，抵达太和县（今江西泰和）。

经过一番颠沛流离的逃命，离京时所携数百万金帛珠宝尽空，士兵、宫女失踪的失踪，走散的走散。孟氏正为前路渺茫所忧虑时，"顶梁柱"杨惟忠又突然兵变，率领一万多皇家卫兵逃到深山做了山大王，孟氏身边只剩下了不足100人。

金兵似乎不达目的决不收兵，孟氏一行前脚到太和县，金兵后脚就追到了。危险迫在眉睫，孟氏和赵构的潘贤妃只好抄山路向虔州（今江西赣州）方向快速逃跑。

孟氏原本以为到虔州后，就有救兵了。谁知，到达虔州后，才知道虔州的府库资财早已被饥民乱兵抢掠一空，知州通判也已逃走，孟氏虽然有太后之尊，但此时此刻也无人招呼，只得暂时寄居在破败不堪的州衙。

宫中的太监采办物资，没有足够的银两买东西，又放不下皇家的架势，遂引发与商贩市民的争执。在当地土豪陈新的带领下，心怀不平的人们包围了虔州城，孟氏刚摆脱了金兵的围困，又面临百姓的讨伐。

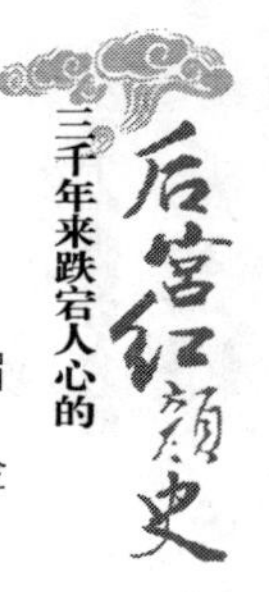

当时，孟氏身边只有妃嫔、宫女、太监以及少数的士兵，势单力薄，危险迫在眉睫。幸好，忠于皇室的部将胡友，及时率兵从城外赶来，击败了陈新等人，孟氏危险才告结束。

垂帘听政，突变再生

由于部将胡友的顽强抵抗，金兵久攻不下，加之金兵长期作战，兵马疲惫，便北退。孟氏与住在越州（今绍兴）的宋高宗取得联系，于是在遣营都统辛企宗的陪同下前往越州。由于战乱时代，地方不靖，几经周折，孟氏七八个月后才得以与宋高宗相见。

而后，宋高宗否定了勤王张浚"权都建康，渐图恢复"的建议，在临安（今杭州市）定都。孟氏苦尽甘来，在宫中当起了太后。在此期间，她充分表现了自己高风亮节的品质和自律风范。

群臣上书，请尊她为太皇太后，她说福薄德不厚，敬谢不遑。宋高宗为了表示敬意，规定她可以从国库随便开支，但她不贪不占，生活节俭，每月只领取最低的1000缗帛。

她唯一的嗜好就是每餐少不了酒，这是在屡遭不幸之中，常借酒来浇愁，后渐渐成为习惯。在越州时，宋高宗曾说越州的土酒不好喝，就想让各地进贡美酒，孟氏怕惊扰地方，坚决不允，而是自己花钱去买。

孟太后淡薄自适，为人低调，不夸饰，在亲戚的待遇上也堪为表率。

宋高宗曾想让朝廷上的来往文书奏章，都避孟氏父亲孟彦弼的名讳，孟氏却拒绝道自己不搞特殊化。宋高宗封孟氏弟弟孟忠厚任显谟阁直学士，孟氏却说弟弟无才无德，宋高宗最后改任武官。不仅如此，她还经常谆谆告诫孟忠厚不得预闻朝政、交通贵戚、到私宅谒见宰执大臣等。

正当孟氏生活趋于平静之时，突然一场宫廷政变又将她推上了风口浪尖。护卫统制苗傅、刘正彦囚禁宋高宗于显忠寺，拥立三岁的皇太子赵昚为帝，请孟氏垂帘听政，这就是历史上著名的"苗刘之变"。

垂帘听政相当于掌握朝政大权，而且无论是宋高宗还是皇太子赵旉都与自己没有血缘关系，按照正常人的思维孟氏应该应允，但是她却正颜反对道："这种情

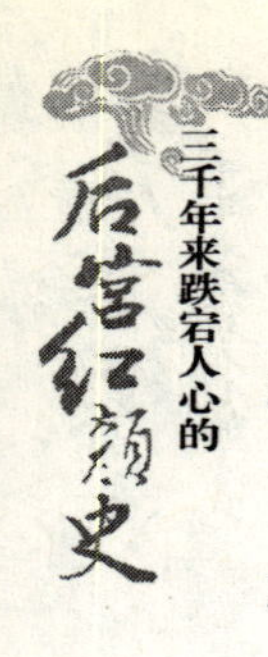

况在太平时代尚且不行，更何况现在是战争年代，强敌金国随时都想把我国吞并了，皇子只有三岁，处理不了这么复杂的事情。依我看还是由我同当今皇帝共同执政。”

苗、刘两人武力协迫说："今天的事情是我们已经商量好的，太后如果强行不同意，我们这些人只有死路一条了，到时候局势恐怕就不好控制了，希望太后尽快宣谕才是。"

见两人态度坚决，面露杀气，身单力薄的孟氏只好一面曲意抚慰他们，一面找到韩世忠的妇人梁红玉，封她为"安国夫人"，密令梁红玉通知韩将军火速联合勤王张浚等名将暗中筹划，发动兵变。

不久，韩世忠等名将兵发临安，苗、刘出逃被歼，孟氏立即派人迎高宗复位，一场政变就这样平息了。孟氏以其非凡的智慧和勇气，保证了南宋政权的延续，赢得了众人的敬佩。

公元 1131 年，一生荣辱多变，几起几落的孟氏患了风疾。宋高宗日夜侍候，亲奉汤药，终告不治，终年 54 岁，谥号"昭慈献烈皇太后"，后来又上谥号"昭慈圣献"。

历史评说

北宋自神宗之后，政治几经反复，新旧党交替得势，都以无情的方式给对方以彻底清算。徽宗朝向太后主政时，孟氏的复出；蔡京主政时，孟氏的再次被废，都是新旧党争的具体体现。

她历经哲宗、徽宗、钦宗、高宗 4 个朝代，被贬民间 30 年，历经磨难，艰苦备尝。但纵蒙受冤屈，也毫无怨言，宠辱不惊，以德服人，矢志不渝，最终得以平静地度过晚年。也算天道公平，不欺良善！

值得称道的是在宋室危难之际，孟氏功不可没。她两次垂帘听政，挽狂澜于既倒，既保证了南宋政权的延续，又为南宋的再造立下了功勋，也算创下了皇后史上的奇迹。

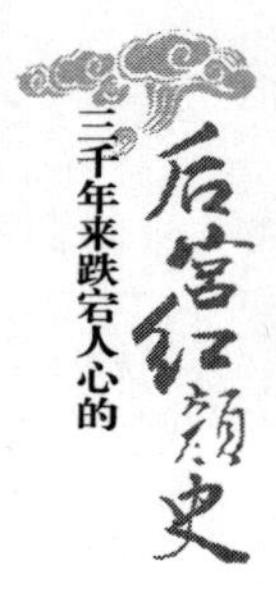

名家圈点

斯人贤淑，惜福薄耳！异日国有事变，必此人当之。——（北宋）高太后

方张邦昌、苗傅逆乱之会，（孟）后孑然一妇人耳，奸党与左右侧目，率能引康王而授之，尔引世忠以复辟。——（南宋）黄庭坚：《震川集·昭慈孟皇后》

第六章 皇宫里屈死的冤魂

宫门一入深似海，后宫历来是深不可测的渊冥，处处皆为凶险之地，行错一步就生不如死。嫁祸、下毒、栽赃、诛杀……有多少争风吃醋、权倾朝野的宠妃，就有多少含怨屈死的冤魂。

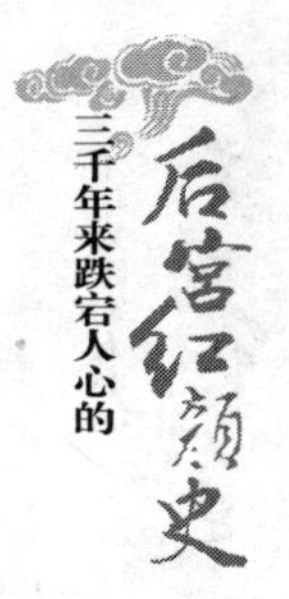

1 西汉武帝刘彻皇后(卫子夫)

——遭陷害含冤自杀

背景身世

卫子夫(?~前91年),西汉平阳(今山西临汾)人,汉武帝刘彻的第二任皇后,大司马大将军卫青是她的弟弟,大司马骠骑将军霍去病是她的外甥,生有一男三女。

卫子夫出身卑微,母亲卫媪是平阳侯曹寿家的女奴,父亲郑季在平阳侯府供职,两人通奸生下三男三女。后来,容貌漂亮的卫子夫被曹寿送给汉武帝的姐姐平阳公主做婢女,并成为府中的歌舞伎。

红颜风云

“生男无喜,生女无怒,独不见卫子夫霸天下。”是汉武帝时期广为流传的歌谣,叙述了卫子夫从歌女到皇后,一人得志,全家富贵的传奇。但是,这位深受帝王宠爱、颠覆“重男轻女”观念的女子,结局却是无限凄凉,儿女被诛杀殆尽,自己被废皇后封号,在绝望中自杀身亡。

幸运进宫,却遭“冷藏”

卫子夫不是由汉武帝充斥后宫时由选美入宫的,她在平阳公主家做女婢时,巧遇汉武帝来访。她以光艳夺人的外貌、娇柔动人的舞姿照亮了汉武帝的眼睛,遂被临幸,并带入西汉皇宫中。

俗话说“好事多磨”,对汉武帝满怀着希望与柔情的卫子夫被汉武帝带进宫后并没有备受宠幸,甚至被冷落在后宫深院中。这是因为在她面前,挡着一座大山——皇

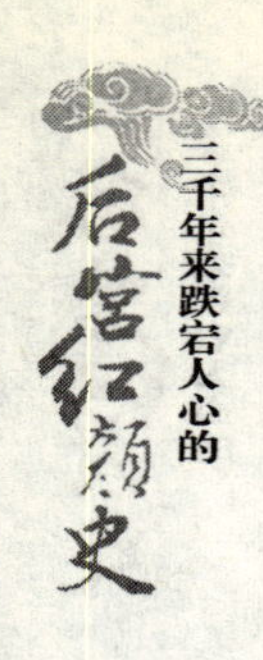

后陈阿娇。

汉武帝和陈皇后两小无猜，青梅竹马，感情很深。但陈皇后却恃宠骄横，经常阻碍汉武帝临幸其他宫女。当初，卫子夫刚到宫门，武帝携她下车时，陈皇后就曾凤眼含威地冲着武帝娇喝道："你好大的胆子！你只管风流快活，我要回母亲那里告状去！"

卫子夫站在那里，不知道该往何处去。没想到，汉武帝几步跑到陈皇后前面，说："阿娇，都是我错了，你别生气！有什么话好好说。"随后转身喝道："把她带下去吧，住到偏宫。"

陈皇后为什么这么霸道?汉武帝为什么对她言从计听。这是因为，汉武帝刘彻是景帝与王夫人的儿子，本没有希望即位。正是在阿娇母亲长公主的策划和扶持下，他才有幸被立为太子，并逐渐坐稳了皇位。

自从进入宫中，卫子夫便再也见不到汉武帝的身影，她心情十分沮丧，常常以泪洗面，寂寥度日。一年后，因宫女过多，大约有一万多人，汉武帝决定放回一批宫女到民间。卫子夫主动请求出宫。

宫女出宫时，一一晋见汉武帝，卫子夫一见到汉武帝，想起人是情非，不禁泪如雨下，这也引起汉武帝回忆和眷念，当即留下了卫子夫，并对她情深意浓、宠爱有加。

原来，开始时汉武帝碍于长公主在朝中的势力，不得不对陈皇后处处忍让。但时间长了，陈皇后一直没育子嗣，再加上自己的皇位已经巩固，汉武帝对她的态度越来越冷淡。

陈皇后跑到窦太皇太后那里告状，武帝说："祖母息怒，孙儿也是为了大汉江山后继有人。皇后入宫多年却不能生育，而卫子夫已有身孕，常受皇后的骚扰，祖母应该为孙儿着想才是。"

听说有了身孕，窦太皇太后大喜，便不再追究。由于曾被汉武帝冷寂了一年之久，卫子夫得宠后不像其他宫女那样贪得无厌，不提任何要求。汉武帝对她更加宠爱，卫子夫在宫中的地位越来越高。

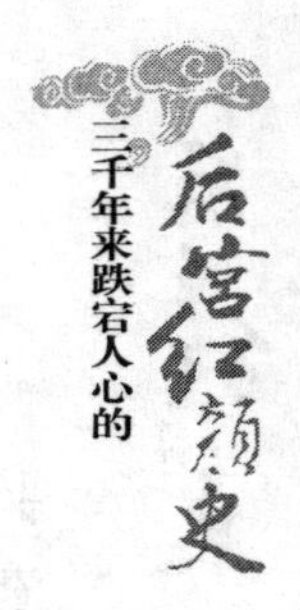

一人得志，全家富贵

陈皇后知道卫子夫怀孕后，几次在汉武帝面前以死威胁，甚至和母亲长公主密谋害死卫子夫，汉武帝因此对陈皇后更添反感。后来，长公主派人绑架了卫子夫的弟弟卫青，企图杀害他，幸好卫青的朋友公孙敖带人将其救出。

事发之后，汉武帝大怒，他立即将卫子夫的兄长卫长君、弟弟卫青召入宫中为侍中，卫家大姐卫君孺嫁给太仆公孙贺，二姐卫少儿嫁给开国功臣陈平曾孙陈掌，封卫子夫为夫人。卫家开始显贵……

卫子夫一连为汉武帝生了三个女儿，深受武帝的宠爱。不过，她知道皇宫斗争残酷无情，必须生一个儿子，因为“母以子贵”在皇宫中体现得非常明显。

作为汉武帝的第二代皇后，卫子夫加冕后冠的道路虽然也有曲折，但是与其他的皇后比较起来，还是比较顺利的。

公元前128年，卫子夫在宫中生了一子，这是武帝的第一个儿子。汉武帝在宫中大摆酒宴，仿照古礼立祠作文来纪念，赐名为刘据，立为太子。皇太子的册立，巩固了卫子夫的地位。

当听说卫子夫之子被立为太子后，既得不到武帝的宠幸，又不能生育子嗣的陈皇后非常恼怒，于是让一个名叫楚服的女巫在宫中动用巫术。此事为汉武帝所知后，陈皇后被废，卫子夫被立为皇后。

“一人得志，全家升天”。卫子夫当了皇后以后，卫氏家族亦受到汉武帝的宠信，特别是卫子夫的弟弟卫青、外甥霍去病多次征战匈奴，为国家立下汗马功劳，分别被封为长平侯及大司马大将军、大司马骠骑将军，形成了“卫氏满门将相侯”的局面。

卫氏家族的富贵荣华，在卫青迎娶平阳公主时达到了最高潮，可以说是威震天下。从前的主人成了卫家的媳妇，这场浩大而豪华的婚礼标志着卫家的出身从卑贱的奴婢发展到了高贵的皇亲国戚。

卫子夫由婢女平步青云，卫氏家族变为皇家国戚。对此，史家深为感慨，道：“丈夫当时富贵，百恶灭除，光耀荣华，贫贱之时何足累之哉！”

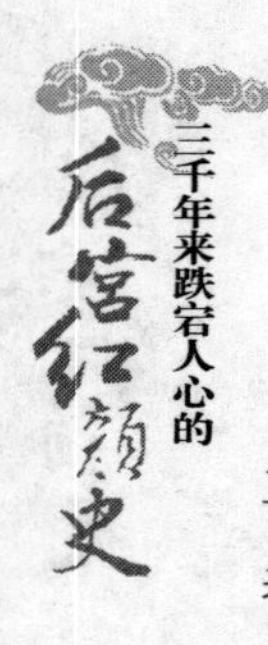

伴君如伴虎，可怜的陈阿娇与武帝恩爱多年，“金屋藏娇”的美梦如今破灭了。卫子夫常常以陈阿娇为戒，处处小心，谨小慎微。即使汉武帝日后又纳新宠，卫子夫表面上也强作欢颜，以免得罪武帝。

卫氏一门被封爵封侯后，卫子夫对卫氏子弟的管教更是格外严格。如弟弟卫青的四个儿子都不成器，卫子夫多次劝诫无效后，流着眼泪向汉武帝报告，请求武帝一并削夺他们的封爵。

卫子夫以恭谨谦和赢得汉武帝的信任和恩宠，汉武帝每次出行时都会把后宫事务托付她，同时，她也赢得了后宫和大臣等人的尊敬。在卫青死后的 11 年里，卫氏外戚基本没有了依靠，但年老色衰的卫子夫仍然稳稳坐着后位，这与她这种识大体的性格是分不开的。

随着岁月的流逝，虽然卫子夫年老色衰，但她没有恃贵而骄，既贤又善，不仅没有失去汉武帝的敬重，而且卫氏一门更加显贵，可以说是权倾朝野。比起陈阿娇，她要聪明多了。

“巫蛊”事件致灭顶之灾

花无百日好，月无百日圆，盛极而衰，古之真理。卫氏家族的富贵，引起了一些人的忌妒和陷害。一场宫廷“巫蛊”事件，致使卫子夫和太子刘据丧命，一时兴盛的卫氏家族惨遭灭顶之灾。

所谓“巫蛊”就是利用人们的迷信，将象征真人的木制偶人埋到地下，通过巫师祈求神鬼，帮助施行巫蛊者加害所要憎恶诅咒的人。汉武帝很相信巫术，也最忌讳“巫蛊”，因为巫蛊事件多人受牵连而死，前面说的陈皇后就是因为“巫蛊”事件被废。

汉武帝作风严厉，刑罚严苛，制造了很多冤狱。刘据仁慈敦厚经常劝武帝施行仁治，休兵安民，不要劳民伤财。汉武帝见刘据缺少魄力，不像自己，对他的好感一天天减少。

卫子夫见状，经常劝刘据少过问汉武帝的事，以免使年老多疑、心怀奸恶之人乘机制造事端，搬弄是非，离间中伤他们父子之间的关系。尽管刘据万般小心，但还是为奸人江充所害。

江充善揣摩武帝的心思，深受汉武帝的宠信，官拜绣衣直指，专门监督皇亲国戚们的不法行为，施加酷刑。而刘据的处事方式不同，平时遇有冤狱，往往代为平反，为江充所不容。

岁月不饶人，公元前91年，汉武帝在甘泉宫患病。江充害怕武帝死去，刘据继位会对自己不利，便想趁机除掉太子，免贻后患。于是，向汉武帝说其之所以患病是因为遭受“巫蛊”。

汉武帝信以为真，便派江充审理，江充先惩治后宫嫔妃，然后开始对卫皇后和太子下手。

巫蛊之事来势凶猛，卫子夫预感到江充此次来者不善，一定有什么阴谋，深不安。但转念一想，自己已经是60多岁的老太婆了，与武帝也可以算是白头偕老，武帝应该不会对自己下毒手吧?

想到这里，她的心中坦然了，告诫刘据:“江充是奉皇上的旨意来的，我们是无力插手的，只好一切由他。凡事你少过问，只把东宫管好，不要授人以柄就万幸了。”

江充故意在太子宫中掘地三尺，太子、卫后的宫殿被挖得连放张床的地方都没有，最后江充趁人不备把将早就准备好的木偶人拿出来，一本正经地从太子的宫殿挖出来，即把巫蛊之事加在了太子头上。

刘据知道是江充陷害自己，起初并无惧怕，打算去向武帝解释。但车马被江充强行拦下，无奈之下，刘据以武帝已死奸臣作乱的名义发兵，与江充等人在长安城中展开激战，终于杀死了江充。

宦官苏文逃到甘泉宫，向汉武帝慌报太子造反。汉武帝大怒，派丞相刘屈发兵讨伐太子，双方在长安城中苦战五天五夜，血流成河，最后太子兵败，逃出长安自杀身亡。

盛怒之下的汉武帝大开杀戒，收走卫子夫皇后御玺，下令诛杀丞相公孙贺一家，诸邑公主与阳石公主、卫青之子长平侯卫伉皆坐诛，屠灭卫家三族和帮助卫家的宫人，达十万之多。

卫子夫知道儿子自杀，卫氏家族惨遭灭顶之灾后，不能自明悬梁自尽，走完了她38年的皇后之路。卫子夫自杀之后，被人用小棺材草草埋葬在城南的桐柏园，离武帝的茂陵极远，没有号，也没有庙祭。

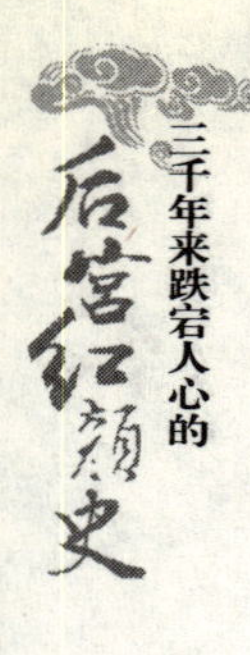

值得一提的是，巫蛊之祸时，刘据之孙刘病因尚是襁褓中的婴儿幸免于难，后即昭帝之位，改名刘询，是为汉宣帝。汉宣帝即位后，给曾祖母卫子夫改葬，定谥号为“思”，史称孝武卫思后。

卫子夫是最早的有独谥号的皇后，自她之后，历代皇后在丈夫的谥号之后也开始有了形容自己的独立的谥号。

历史评说

卫子夫出身卑微，由歌女、夫人而成皇后，身居高位后她安分守己、谦虚谨慎，表现了相当良好的品德。然而这些低姿态并没有带给她安宁和平静，也没能阻止厄运的降临。

如果能在60岁时死去，卫子夫仍不失为一个身世传奇、儿孙满堂、曾集三千宠爱于一身的幸福女人。可惜，家族里那些地位尊崇、封侯拜相的男子，都已在盛年死去，身单力薄的她为奸臣所陷害，儿女被诛杀殆尽，自己则在绝望中含冤身亡。

作为一个在位30多年的大汉皇后，卫子夫的结局无限凄凉，甚至比不过一个庸碌的平民妇人。历史上没有一个史官留下她的喜怒哀乐，在她绚烂的荣耀背后，究竟有多少眼泪和血，谁又能真正知道？

那首乐府中流传至今的歌谣：生女无怒，生男无喜，独不见卫子夫霸天下？虽然概括了卫子夫一人得志，全家富贵的传奇，却也是对她最终落了个悲惨结局的无情讽刺！

名家圈点

昨夜风开露井桃，未央前殿月轮高。平阳歌舞新承宠，帘外春寒赐锦袍。——(唐)王昌龄:《春宫曲》

有女妖且丽，裴回湘水湄。水湄兰杜芳，采之将寄谁？瓠犀发皓齿，双蛾颦翠眉。红脸如开莲，素肤若凝脂。绰约多逸态，轻盈不自持。常矜绝代色，复恃倾城姿。子夫前入侍，飞燕复当时。正悦掌中舞，宁哀团扇诗。洛川昔云遇，高唐今尚违。幽阁禽雀噪，闲阶草露滋。流景一何速，年华不可追。解佩安所赠，怨咽空自悲。——(唐)武平一:《妾薄命》

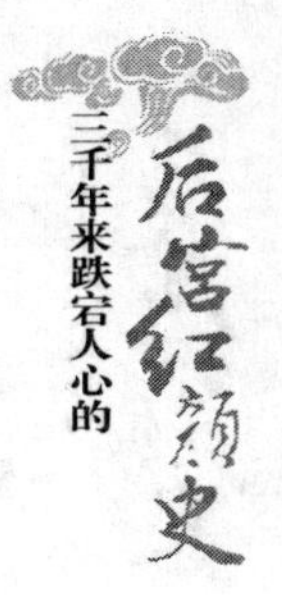

2 魏文帝曹丕皇后(甄氏)

——改嫁飘零难得善终

背景身世

甄氏(公元182~221年),其字嫦娥,人称甄洛或甄宓,世称甄妃。冀州中山无极人(今河北省无极县),魏文帝曹丕之妻,魏明帝曹叡的生母。

甄氏的出生笼罩着浓重的传奇色彩,据说其母张氏在怀孕时曾多次梦见一个仙人手拿玉如意,站在身侧。临产之时,张氏又看到那个仙人将一件玉衣盖在自己身上。据说,在甄氏年幼时,家人曾多次隐约看到半空中有人为已经入睡的她盖玉衣。不仅如此,著名的相士刘良看了甄氏的面相之后曾说:“此女之贵,乃不可言。”

甄家为东汉王朝宰相(太保)甄邯的后裔,世代担任二千石的大官,祖父甄逸为安乡侯。甄氏在同辈的子女中最年幼,又被相士刘良预言将会贵不可言,因此从小便备受家人的宠爱和重视。

出身名门的甄氏可谓是才貌双全,她从小就受到了良好的教育,才华出众,知书达理,孝敬贤惠,且精通诗文,还懂得“观今宜鉴古,无古不成今”的道理,才貌有口皆碑、艳名远扬,堪称三国年间的知名人士。

红颜风云

她秉性重情,虽有无双智谋,却只求一段平凡人生。但是,命运却如此捉弄于她,让她成为乱世中的美丽传奇,又让她的人生以一种极为凄惨的方式匆匆落幕!

以女俘身份再嫁曹家

在三国时期,曾流传过一句话,即“江南大小乔,河北甄宓俏”。这其中所说的甄

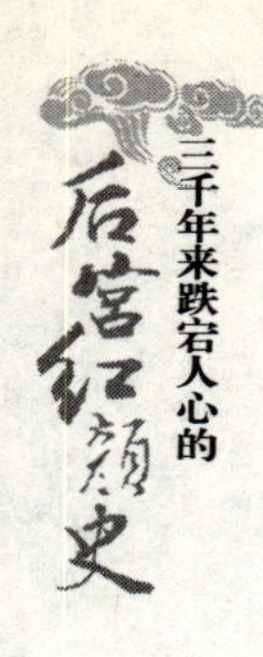

宓即出生于中山无极的甄氏，可见这个女人的美貌在当时是被大众所公认的事实。除了貌美如花以外，甄氏还是个极有主见的人，这在她年少之时就已经有所体现了。

东汉末年，战乱频频，百姓民不聊生，许多人为了换取粮食都不得不付出大量的金银财宝。然而这种现象在甄氏家里却刚好相反，甄氏的父亲虽然在她3岁的时候就去世了，但是其家业却没有因此没落，仍保持在巨富阶层，且家中还常有大量的粮食储备。因此，甄氏的家人便趁机高卖谷物，以聚敛更多的财富。当时，年仅10岁的甄氏极力反对家人的这一做法，她认为在战乱之际，家人该做的不是趁乱敛财，而应该广开善缘、赈济亲戚邻里，这样才能使甄家更深得民心，同时也能避免遭到乱兵盗匪的窥探，维护家人的安危。甄氏的想法合情合理，因此也得到了母亲及家人的认同。

从这件事上，可以看出甄氏从小就有与众不同的想法，同时也让人看到了她善良的一面。不仅如此，在此之前，甄氏就早已有了自己人生的目标，她想要成为一名女贤者。虽然甄氏的这一目标以及她喜书好学的做法曾遭到过兄长的嘲笑，但她不但没有动摇，反而为自己据理力争说："闻古者贤女，未有不学前世成败，以为己诫。不知书，何由见之?"这句话表明了甄氏想要成为女贤的决心。

不过，甄氏的第一段婚姻似乎并不幸福，她的丈夫袁熙在婚后不久就被调守到幽州，留下甄氏一人在邺都独守空房，并承担了伺奉家母的重任。没过多久，袁家又在与曹操的战争中落败，袁熙被杀，她也即将面临重回娘家的命运。

然而，或许是因为上天垂怜，整件事不仅很快出现了转机，而且还令人大跌眼镜。对甄氏的美丽早有耳闻的曹丕攻破了袁绍的大本营邺城后，不顾父亲曹操的禁令，抢先一步进了袁府，对哭泣的甄氏说了一句："吾乃曹丞相之子也。愿保汝家，汝勿忧虑。"

关于曹丕看上甄氏的事实，裴松之在注释《三国志》时，引用了现已亡佚的史书《魏略》里的一段记载，说曹军攻下邺城后，曹丕抢先进入袁府。甄氏非常害怕，正伏在婆婆刘氏的膝上哭泣。曹丕对刘氏说："让新媳妇把头抬起来。"刘氏把甄氏的头捧起来，果然是美艳绝伦，惊为天人，曹丕一见不能自已。

以曹操的家世来说，不会随便让一个已经结过婚的女人做儿子明媒正娶的妻子。但是待甄氏出拜，曹操看到后不禁赞叹道："真吾儿妇也。"便同意曹丕迎娶甄氏

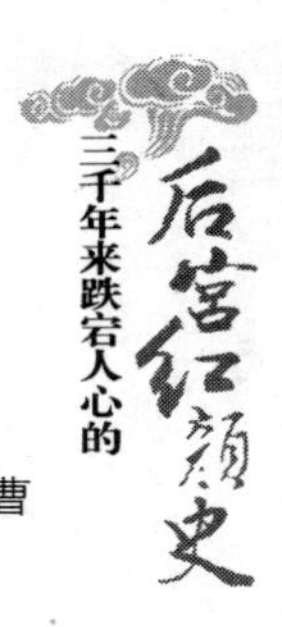

为妻。

就这样，在曹操的安排下，甄氏改嫁给了曹丕，并且是明媒正娶，风光无限。曹丕这年 19 岁，而甄氏这年 24 岁，比曹丕大 5 岁。

俗话说“好女不嫁二夫”，甄氏之所以嫁给曹丕，或许是因为她如果不嫁给曹丕就无处可去。袁熙已经不可能回来了，即使曹丕放她一条生路，在当时嫁人的女儿再回家也是很不光彩的事，而且无外乎再嫁。

甄氏再嫁曹丕，正直之士还是颇有异议的。《魏氏春秋》中这样记载：袁绍战败之后，孔融在给曹操的信中写道：“武王伐纣，以妲己赐周公。”曹操不解其意，孔融答曰：“以眼前的事猜度，想当然耳！”讽刺曹丕迎娶甄氏之事，这件事也为日后孔融被杀埋下伏笔。

还有一个人也因为甄氏差点丢了性命。曹丕做太子时经常宴请“建安七子”。有一次，酒酣坐欢之际，他忍不住想炫耀一下甄氏的美貌，便让甄氏出来拜见大家。众人依照礼仪，都低下头来不敢正视甄氏。唯独刘桢，居然眼睛一眨不眨地盯着甄氏看。

曹操知道这件事后很不高兴，盛怒之下要定刘桢的死罪，可后来念其有才，便改罚做苦工推碾子。后来，刘桢对曹操一语双关地说了句“这石头坚贞得很，怎么打磨也改不了纹理”，才被赦免官复原职。

这便是甄氏在中国历史舞台上的第一次登场，丈夫被杀后她因美丽捡回一条命，也因为美丽被迫改嫁，被人喻为妲己，视为不祥之物。这样的出场虽然与众不同，却始终处于劣势而被动的位置。

韶德争取曹家珍爱

婚后，或许是迫于命运，或许是出于对曹丕深情的回报，甄氏处处是以一个大姐姐的身份照顾、呵护曹丕，并为曹丕生下了一双儿女，即后来的魏明帝曹叡和东乡公主，因此很得曹丕的宠爱。

可是，她越受宠越是谦逊，总是以大家闺秀的风范让曹丕不要集恩宠于自己一人身上，要把雨露分施给其他嫔妃，为皇室多添一些子嗣。她不仅不忌妒受宠的妃子，还安慰不受宠的姬妾。

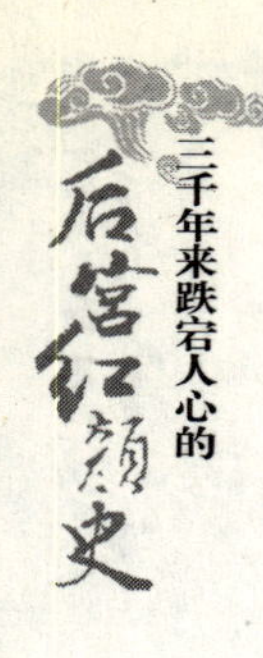

有一次，曹丕不再喜欢任氏了，就打算把她赶走。甄氏知道后劝曹丕说："任氏是名门之后，她的贤德、美貌都是我们赶不上的，为什么要赶她走呢?"曹丕回答："任氏脾气急躁，而且老是顶撞我，所以我要赶走她。"甄氏哭着再三请求道："我很受您宠爱这是尽人皆知的，现在您要赶任氏走，大家一定会说是因为我的缘故。希望您能慎重地重新考虑这件事。"

曹丕虽然最后没有听她的，赶走了任氏，但是甄氏的贤德让大家都很敬重和钦佩，曹丕也觉得甄氏甚是贤惠。其实历代后宫中的明争暗斗都是很激烈的，甄氏能做到这一点真是非常难得，也更能看出她非同一般的心胸。

正所谓百善孝为先，作为二次出嫁的女子，甄氏明白要想在宫中站稳位置，就要搞好与卞夫人的婆媳关系，待人接物都能够拿捏得当，向所有人证明了自己的贤惠与善良，这一点她在 14 岁时就懂得了。二哥甄俨去世后，甄氏一如既往地敬重寡嫂，对侄儿也很好。母亲张氏性情严厉，她还屡次劝母亲对待嫂子要像爱护自己一样。后来张氏慢慢地改变了对媳妇的态度，婆媳好得形影不离，一家人也相处得非常和睦。

嫁到曹家后，甄氏一直规规矩矩，恪守本分，许多细节琐事都博得婆婆卞夫人的爱怜，卞夫人感叹地说："你真是一个孝顺的媳妇啊!"

卞夫人身体不太好，甄氏总是细心伺候婆婆。曹操征讨关中时，卞夫人也随军前往，有一次，卞夫人在途中身染疾病，甄氏听说后急得寝食难安，昼夜泣涕。后来听说卞夫人病好了，她却提出了质疑："夫人在家病犯恢复时总是需要很长时间，这次这么快病就好了?"她以为是人们在安慰她，反而更加担心了。无奈之下，曹丕派人前往孟津，让自己的母亲亲自写信告诉甄氏已经病愈，甄氏这才完全放心下来。

大军回到邺城，甄氏亲自相迎，并在刚刚见到婆婆的轿子时便已泣不成声。卞夫人见此也哭了，并赶忙安慰儿媳说："上次我只是有些不舒服，十几天就好了，你看看我现在脸色不是很好吗?"

还有一次，卞夫人带着甄氏的一对儿女一起随曹操、曹丕出征，甄氏因病留在邺城。一年后他们回来，卞夫人发现甄氏不仅病已康复，而且还红光满面，便问她："我带着你的两个孩子出去，你如果日夜挂心的话本应该憔悴才是，怎么反而精神百倍，似乎完全没把此事放在心上?"

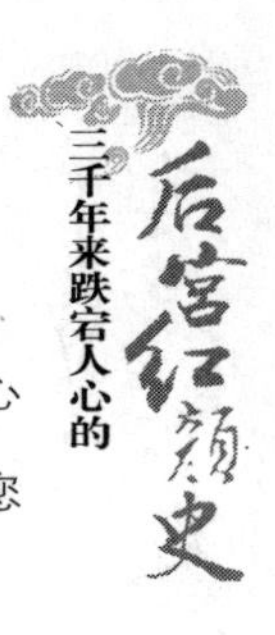

对于婆婆的疑问，甄氏的回答就显得尤为重要了，说不好的话就会落下不关心儿女的罪名。然而甄氏却没有被这个问题难倒，她对婆婆说："我的两个孩子跟着您一起出去，您自然会尽心尽力地照顾他们，所以我当然就没必要担心了。"

此话一出，不仅解除了婆婆的疑问，而且还让她听得十分舒心，对这个媳妇的满意程度自然又增加了几分。总之，甄氏与曹丕最初的婚姻生活可谓是顺风顺水，而且还得到了一个当世孝妇的美称。

因为甄氏的关系，甄家与曹魏皇室有了密切的联系。曹操最宠爱的儿子曹冲去世，曹操担心爱子泉下寂寞，便为他选了一位冥妻。这位被选中的早夭少女就是甄家的女儿。明帝曹叡去世后，齐王曹芳即位，甄氏的哥哥甄俨的孙女还当上了他的皇后。

不过，在一夫多妻制的封建社会，对于一个女人来说，得到宠爱也同样会遭到忌妒，这无疑给甄氏的生活埋下了很多的危机，而在曹丕成为皇帝后，这些危机也开始日益明显起来。

披发覆面，以糠塞口

公元220年，魏武帝曹操去世，曹丕运用各种计谋，在司马懿、吴质等大臣的帮助下，在继承权的争夺中战胜了弟弟曹植，即位为魏王、丞相、冀州牧，同年，曹丕又设法迫使东汉的最后一位皇帝刘协让位，其登上了皇帝的宝座，成为了魏朝的开国之君。

丈夫登基称帝，对甄氏来说应该是一件极其幸运的事情，皇后的宝座非她莫属，难怪当初会有看相之人说她贵不可言。然而，意想不到的是，甄氏却没有被立即册立为皇后，甚至没有得到任何名号。

在薄海欢腾，万民称庆，歌颂改朝换代的升平外貌之下，一场宫廷夺位斗争，突然白热化，而甄氏一开始就处于不利地位。

曹丕当年因看上甄氏的容貌才娶她，甄氏比曹丕大五岁，容颜衰退得比较快。所谓"以色相事人，色衰而爱弛，爱弛而恩绝"，甄氏终究是不可能脱离嫔妃们人老色衰失宠的宿命，不被曹丕喜欢是意料之中的事情。

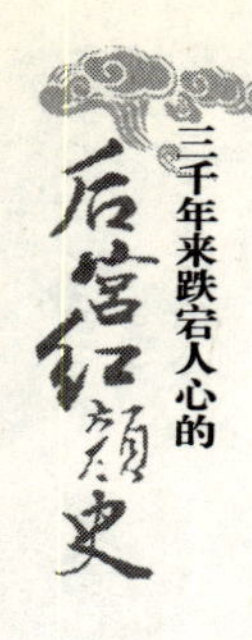

更为关键的是，在曹丕初承世子即魏王位，后逼献帝禅让登皇帝位的全过程中，甄氏不仅没有帮助曹丕出谋划策，反而站到他的对立面，这让曹丕深为不满，对甄氏也越来越抵触。

曹植天生不世才具，谈笑间笔下生花，一挥而就，这令曹操惊服，在立继承人上颇费踌躇。身为兄长的曹丕才华不及曹植，立嗣上处处被动，他忧心忡忡，十分苦闷地向甄氏诉说。但甄氏处处护着曹植，替曹植说话，还劝曹丕要顾念手足兄弟之情，想尽力调和他们兄弟之间的矛盾……

曹丕得不到甄氏的关切和疼爱，觉得她是胳膊肘往外拐，便转而向姬妾郭氏诉苦。郭氏在政治智慧、权谋心术等方面胜出甄氏若干筹，她处处为曹丕着想和谋划，最终帮助曹丕赢得了立嗣之争，曹植及其同党遭到惨败。

因此，曹丕登上帝位之后，立即将郭氏封为贵嫔，李贵人、阴贵人以及后来退位的汉献帝（也就是山阳公）所献的两个女儿也都一并受到了曹丕的喜爱和宠幸。

为了挽回自己的爱情和争得皇后的位置，甄氏出面相劝："你是皇上啊，天下那么多事需要你来处理，可别整天泡在女人身上了，这样既会累坏身体，又会耽误国事。"不过这非但没能成功，反而激起了曹丕的厌烦感。加之郭氏垂涎于皇后之位，时常在曹丕面前说甄氏的坏话，甚至借助甄氏曾嫁给过袁熙为由，诬陷其子曹叡不是曹家的骨肉，渐渐地曹丕就对甄氏置之不理，冷漠相待了。

甄氏从小就不是一个逆来顺受的人，尽管读书无数的她深知后宫的争端很可能会给自己带来更多的麻烦，但是对于曹丕的移情别恋，她没有办法做到视而不见，无动于衷，便将心里对曹丕的怨气都寄托于文字之下，其中以《塘上行》最为著名。

蒲生我池中，其叶何离离。傍能行仁义，莫若妾自知。众口铄黄金，使君生别离。念君去我时，独愁常苦悲。想见君颜色，感结伤心脾。念君常苦悲，夜夜不能寐。莫以豪贤故，弃捐素所爱？莫以鱼肉贱，弃捐葱与薤？莫以麻枲贱，弃捐菅与蒯？出亦复何苦，入亦复何愁。边地多悲风，树木何翛翛！从君致独乐，延年寿千秋。

这是一篇怨妇诗，写了一个女子被人诬陷，遭到丈夫的抛弃，因为思念丈夫，伤心难过得夜不能寐。曹家是官僚大家，流传到社会上小则有损曹丕的政治形象，大则有辱曹家门风，这让曹丕很恼火。

此时，郭氏在宫廷内外已经形成了自己的政治势力和宗派团队，她勾结奸臣，

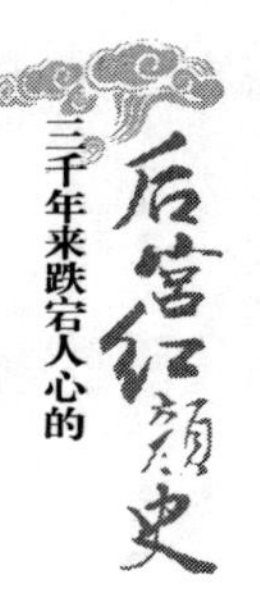

在一个木偶上刻上曹丕的生辰八字，偷偷埋在甄氏居住的院子里，诬陷她埋木偶诅咒文帝。曹丕派人核实，果然挖出了一个木偶，遣使赐了甄氏一杯毒酒。这一年为公元221年，曹丕当皇帝一年，甄氏终年近40岁。

甄氏被逼死后，曹丕和郭贵嫔不仅不按照礼仪安葬她，甚至还用头发盖住脸，并用米糠塞入口中后才下葬。据说以此种下葬方式，寓意死人在黄泉路上既无脸见人，又有口难言。他们这样做是害怕甄氏的冤魂索命。

这样一个美丽聪慧、善良贤德的女子，生前惨遭丈夫的冷待、猜忌和迫害，死后还要受到如此不公平的待遇，实在是令人悲叹。

两年后，曹植到洛阳拜见哥哥曹丕，曹丕仗着喝醉的时候把甄氏的遗物——镂金玉带枕赠给了他。曹植少年得嫂子甄氏的关爱，倾慕其才华，含着泪接过了遗物，返回自己的封地时路过洛水，有感而发，不禁睹物思人，写了千古名篇《洛神赋》。

其形也，翩若惊鸿，婉若游龙。荣曜秋菊，华茂春松。仿佛兮若轻云之蔽月，飘飘兮若流风之回雪。远而望之，皎若太阳升朝霞；迫而察之，灼若芙蕖出渌波。秾纤得衷，修短合度。肩若削成，腰如约素。延颈秀项，皓质呈露。芳泽无加，铅华弗御。云髻峨峨，修眉联娟。丹唇外朗，皓齿内鲜。明眸善睐，靥辅承权。瑰姿艳逸，仪静体闲……

因此，关于甄氏的死，也不断出现了一些其他的说法。其中一种说甄氏与曹丕没有感情，而是与曹植情投意合。这样一来，曹丕最后以残忍的手段赐死了甄氏也就变得有些合情合理了，不过历史的真相是什么，恐怕只有甄氏了然。

甄氏死后，郭氏如愿以偿地做了皇后，不过她一直没有给曹丕生下儿子，甄氏的儿子曹叡被立为太子。曹丕驾崩后，曹叡即位，是为魏明帝。尽管曹叡由郭氏抚养，彼此之间也有感情，但成功继承皇位后，他不止一次地向郭氏逼问自己生母的死因。

得知真相后，魏明帝一怒之下赐死了郭氏，并用当年"披发覆面，以糠塞口"的方式下葬。随后，魏明帝用皇后的礼仪待遇重新安葬了甄氏，并追封她为"文昭皇后"，使甄氏最终仍然实现了相面者所称的贵不可言的预言。

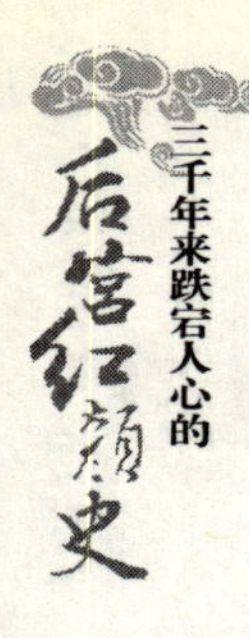

历史评说

无论是才子，还是红颜，在哪个年代都遵循“飞鸟尽，良弓藏”的定律。甄氏，因绝伦的美貌、才情、贤德被曹丕倾慕，结果又被移情别恋的曹丕所冷落和憎恨，再加上郭氏的阴谋算计，最终“披发覆面，以糠塞口”。

在三国狼烟乱世中，一个弱女子根本无法决定自己的命运。即使上天给了甄氏令人羡慕的容貌、不俗的才情，而且还有“贵不可及”之相，她仍然难逃色衰失宠的宿命，哀怨悲惨的一生让人欷歔不已。

“为人莫作妇人身，百年苦乐由他人。”“人生若只如初见，何事西风悲画扇？等闲变却故人心，却道故人心易变。”这些诗词是甄氏悲惨命运的逼真写照。

但是历史不会忘记甄氏，她留有《甄皇后诗选》，其中的《塘上行》堪称乐府诗歌的典范，脍炙人口，流传至今。而《洛神赋》更是使后人如闻其声，如睹其形，如获其神。

名家圈点

魏后妃之家，虽云富贵，未有若衰汉乘非其据，宰割朝政者也。鉴往易轨，于斯为美。追观陈群之议，栈潜之论，适足以为百王之规典，垂宪范乎后叶矣。——(西晋)陈寿:《三国志》

后之贤明以礼自持如此(指答卞后侍御一事)。——《魏书》

文昭皇后膺天灵符，诞育明圣，功济生民，德盈宇宙，开诸后嗣，乃道化之所兴也。——《魏书》

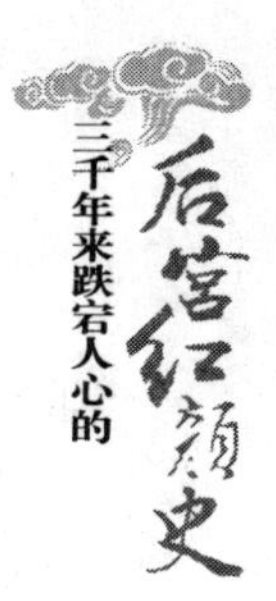

3 北齐后主高纬贵妃(冯小怜)

——红颜薄命的尤物

背景身世

冯小怜,生卒不详。南北朝时代北齐后主高纬的贵妃,中国历史上著名的美人,名字紧紧跟在古代四大美女之后。

和那些名门之后大不相同,冯小怜的身世始终是个隐秘话题,没有人知道她的父母是谁。冯小怜自幼入宫,有姿色,擅琵琶,工歌舞,原是高纬皇后穆邪利身边的一名婢女。

红颜风云

冯小怜是荒唐闹剧"玉体横陈"的主角,还是令帝王"爱美人不爱江山"的尤物。北齐之所以覆灭,纯粹是因为北齐后主高纬为冯小怜为所欲为的荒唐、悖逆之行。当然,她也没有逃脱红颜薄命的人生轨迹……

"玉体横陈"的尤物

冯小怜的出场,催生了北齐的一个荒唐无行的时代的到来。高纬专宠冯小怜,爱不释手,"坐则同席,出则并马",甚至与大臣们议事时,也要把冯小怜抱在怀里,或放在膝上,还发誓说"愿得生死一处"。

身为一个低微的奴婢,冯小怜为何能对一代帝王产生如此大的吸引力呢?冯小怜从小身在后宫之中,她所受的教育就是女人如何讨好男人,男人喜欢什么,她就给什么。

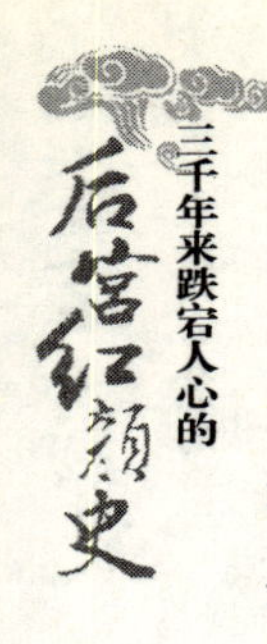

按当时的社会风气定论，美色是一种资本，冯小怜得天独厚。据记载，她是一个天生的尤物，肌肤吹弹可破，吐气如兰，玉体曲线玲珑，凹凸有致，增一分则肥，减一分则瘦，迷住高纬是一种必然。

历史记载，北齐后主高纬是个标准的纨绔子弟，不学无术，醉心于醇酒美人，声色犬马。即位后，他任用陆令萱、和士开等大臣宰制天下，自己则日日夜夜和后嫔宫妃们厮混在一起，过着醉生梦死的生活。老百姓讽刺地称他为“无愁天子”。

还有一点，冯小怜是穆皇后与曹昭仪争宠，为转移高纬的感情，才被推荐给高纬的。要想渗透高纬，离间他和曹昭仪的关系，必须发挥出过人的本事，否则，是难以驯服这个魔鬼的。

由于高纬深谙乐舞之道，冯小怜加强了音乐与舞蹈的严格训练，歌唱得更加悦耳，舞跳得更加优美，而且她在生活中耳濡目染了一套蛊惑男人的手段，令高纬另眼相看，沉迷不已。

高纬几次都想立冯小怜为皇后，只是冯小怜顾念穆皇后恩情，没有同意，高纬便册立她为淑妃，位仅次于皇后。与此同时，高纬拨出大量的金银，在曹昭仪的旧居上修建了隆基堂。

只要冯小怜一有所求，高纬没有不答应的。对待冯小怜，高纬除了像历朝帝王常见的盖豪华宫殿、铺张浪费之外，还尝自作词作曲，谱入琵琶，与冯小怜一唱一和，其声嘈嘈，其语切切。艳舞狂欢，彻夜不歇。

更荒唐的是，就连与大臣们议事的时候，高纬也常常将冯小怜抱在怀里，或放在膝上，耳鬓厮磨，卿卿我我，使议事的大臣常常不敢正眼相看，羞得满脸通红，陈奏时语无伦次，常常无功而返，气愤无比。许多朝廷大事自此也就荒废了下来。

大凡人有宝物，都想拿出来显摆，这是人的炫耀心理在作祟。冯小怜是天下第一美女，面对这样一个可人儿，高纬甚至觉得自己一个人来独享未免暴殄天物，于是，他干脆来了一个美的展示，让冯小怜裸体躺在朝堂的，让大臣以千金一览秀色。“玉体横陈”的典故也由此流传下来。

至此，冯小怜彻底地改变了一个男人，祸害了一个朝廷。但较之她的害国之事，这些可视为爱情的表现，仅仅只是初露端倪，她还没有把高纬迷惑到黑白不分的地步。

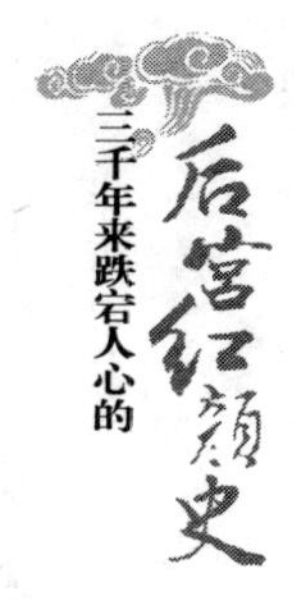

荒唐闹剧，招致灭国之灾

人越来越受宠，地位一步步提高，就容易胆大妄为。因为征服了北齐后主，冯小怜在历史上演绎了几番荒唐的军事闹剧，威力相当于给北周增援20万人，难怪史学家将她归入祸国殃民之列。

历数冯小怜的害国之事，最为人熟知的就是以下五件事情了。正是这五件事情勾勒出冯小怜无法无天的娇蛮形象，并将北齐一步步推向亡国的深渊，从而彻底改变了南北朝时期的历史。

公元575年秋，北周武帝看到高纬这样淫乱、昏庸，于是御驾亲征，发兵猛攻平阳。此时，高纬正与冯小怜兴致勃勃地在天池打猎，得到快报后高纬想调动军队增援。可是冯小怜兴犹未尽，和后主撒娇说："再杀一围。"看着身着戎装的冯小怜如此飒爽英姿，高纬高兴地答应了，继续打猎取乐，等到这一圈游猎结束，平阳已破。

冯小怜认为战争和狩猎一样好玩，看打猎还不如看打仗，于是怂恿高纬亲自带兵反攻平阳，高纬言听计从。由于周军奋勇抵抗，北齐军队久攻不下，便想了一个偷偷摸摸掘通地道的办法，轰陷城垣十多丈。

正当人马乘胜欲进城之际，高纬忽然传旨暂停，原来冯小怜请求观战。冯小怜对镜梳妆打扮，画眉修鬓，抹粉涂脂，好长时间才到来。结果周军已经修好塌垮的城墙，坚固无摧，齐军失去了战机。

平阳原来是北齐的地盘，北齐出兵为收复失地，因此，将士个个奋勇，人人争先。经过一番奋战之后，眼看平阳即将重返北齐时，冯小怜却认为天色已晚，使她无法看到攻城之战的盛大场面，要求在第二天天明以后再行攻城，高纬竟然答应了她的要求。

第二天天昏地暗，北风怒吼，初雪飘落，大地渐渐一片银白。夜暗之际或天气不佳正是军事作战进攻的最佳时机，但冯小怜却以看不清楚战况为由，要求暂停攻城。

结果，等到雪化天晴，北周武帝已亲率增援的大军赶到平阳。两军连日血战，齐军大败，退入晋阳。

两军交战，大敌当前，战略战术居然处处听命和遵从于一个任性撒娇的女人，致使北齐大军平白无故地丧失了两次收复平阳的大好时机，真是可悲。此国不亡，天理何在！

平阳之战结束后，北周认为机不可失，时不再来，直捣北齐重镇晋阳。晋阳是北齐经营多年的北方重镇，守备严密，城中粮谷、器械充裕，而周兵远来，又值严冬，高纬等着北周军队自动撤走。

冯小怜听说城西有圣人的足迹，想去观看。高纬命人在城中建筑一座高耸入云的天桥，时常与冯小怜一道登桥观光消遣。冯小怜怕守城的周军射箭射到桥上，要了自己的命，就命令士兵抽掉攻城用的木料。

一天，木架搭成的天桥忽然垮了下来，冯小怜认为这是不祥之兆，一再要求高纬放弃晋阳返回邺城。高纬言听计从，回到邺城，北周轻而易举地夺得北齐重镇晋阳。

公元577年，越战越勇的北周，直赴邺城。高纬退守邺城后尚有精兵十万，可以奋力抵抗，甚至可以卷土重来，大获全胜。但是两军相交，正在激烈时，冯小怜忽然害怕起来，大叫“军队败了”，高纬慌乱地将皇位传给年仅8岁的太子高恒带着冯小怜仓皇出逃。

很快，齐师被杀万余人，北周顺利攻克了邺城。高纬父子与冯小怜等人均在青州被擒，成为周军的阶下囚，北齐灭亡。不久，高纬就被周武帝杀死，年仅22岁。

此时，冯小怜被周武帝当做战利品，赐给其弟代王宇文达。美是有征服力的，宇文达本不好色，然而见到冯小怜后竟被她迷住，非常宠爱，而将代王妃李氏遗忘在凄凉冷宫，怒气攻心而亡。

公元581年，隋文帝杨坚代周建隋，宇文达被杨坚所杀，冯小怜又再次成为俘虏，被隋文帝赐给李询。李询是宇文达正妃李氏的哥哥，李询的母亲对冯小怜恨意无穷，力誓要给女儿报仇。

于是，一代美人每日穿着粗衣布鞋，做着舂米、烧饭、洗衣以及劈柴等粗重的活，并且还要时常经受李询母亲的谩骂、叱责和鞭打。冯小怜哪里经得起这样的摧残，自缢而死。

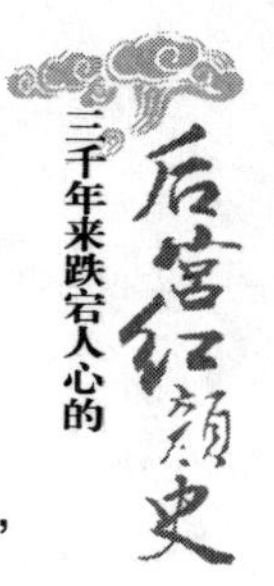

历史评说

冯小怜真乃尤物。何为尤物?美人也,可以在最短的时间内摧毁男人的上进心,把他变成女人的绵羊、男人的暴君。正如冯小怜,她可以让北齐皇帝高纬将国家大事当做儿戏,即使亡国后仍说:"仗败又如何,惟小怜无恙。"

她的美貌和娇蛮使男人丢了性命、毁了江山,而她自己也落得红颜薄命的下场。任何一件事情在实施过程中,都必须付出代价,不知道冯小怜当初有没有衡量过自身行为需付诸的代价。

冯小怜固然可恨,人人欲除之而后快,但试想,如果北齐皇帝高纬不腐朽,不昏庸或淫乱,冯小怜也不会是非颠倒,导致北齐在一场人世罕见的荒唐游戏中谢幕。

因此,对于北齐覆灭的原因,我们不应该对帝王昏庸无能的深层责任毫不涉及,而更多地归咎于冯小怜。在封建社会,所谓的"红颜祸水"其实是女性的悲哀。

名家圈点

一笑相倾国便亡,何劳荆棘始堪伤?小怜玉体横陈夜,已报周师入晋阳。(其一)巧笑知堪敌万机,倾城最在着戎衣;晋阳已陷休回顾,更请君王猎一围。(其二)——(唐)李商隐:《北齐》

湾头见小怜,请上琵琶弦。破得春风恨,今朝值几钱。裙垂竹叶带,鬓湿杏花烟。玉冷红丝重,齐宫妾驾鞭。——(唐)李贺:《冯小怜》

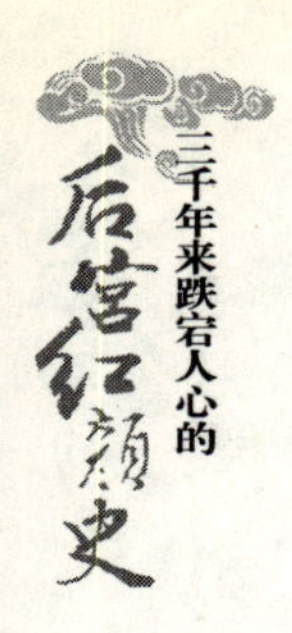

4 后蜀后主孟昶贵妃(花蕊夫人)

——一箭穿心奔黄泉

背景身世

早在远古时代,巴蜀便有"天府"之称,"天府"者,天子之"府库"也,唐代天下各镇排名,益州即因其富裕仅次于扬州,排名第二。益州,即巴蜀也。自古"人物繁盛,江山之秀,蜀锦之丽,管弦歌舞之侈,伎工百巧之富……其人勇且让,其地腴以善熟,较其要妙,皆不足以侔其半。"

花蕊夫人就出生在西川灌州青城山上,一书香门第之家。花蕊夫人,后蜀主孟昶的费贵妃,青城(今都江堰市东南)徐氏人,我国历史上著名的才女之一,以天生丽质、才华横溢、文武全才而闻名于世,传世作品有《宫词》百首。

红颜风云

五代十国时,四川先后建立了前蜀、后蜀,但青史留名的不是皇帝,也不是文臣武将,而是花蕊夫人。自古才华和美貌在女子身上互不相容,唯独花蕊夫人是一个例外,她美丽却摒弃妖娆,聪颖而博学强记。

多才多艺的"芙蓉花神"

花蕊夫人是西蜀青城徐匡章之女,她生得容貌娇丽,身姿婀娜,且精工音律,善作宫词乐府。孟昶(后蜀建立者孟知祥之子,一般被称为后主)闻其才色,便召其入宫。就这样,花蕊夫人走进了悠悠历史。

入宫后,花蕊夫人因其知音律,善诗词,更兼温柔风流,善解人意,深得孟昶喜

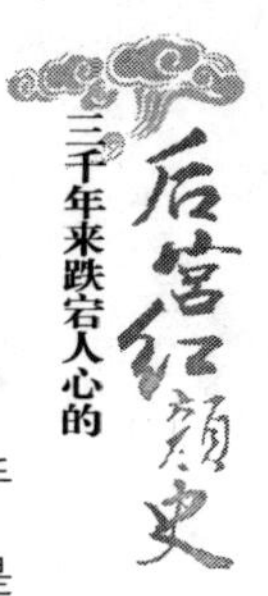

爱，被封为贵妃，别号花蕊夫人，寓意花不足以形容其色，更似花蕊一样含蓄温馨。

其实，花蕊夫人能够如此顺利地获得孟昶的深宠，更大的原因是因为她有一手好厨艺。有一句话是“要想拴住一个男人的心，首先要拴住他的胃”，花蕊夫人就是这一理论的先行者。

宫中的饮食虽然种类繁多，但时间久了，孟昶就觉得这些菜肴都是一些陈旧之物，渐渐就没有了胃口。花蕊夫人为了讨好孟昶，便别出心裁，用洗净的白羊头，以红曲煮之，紧紧卷起，将石镇压，以酒淹之，使酒味入骨，然后切如纸薄，吃起来风味无穷，号称“绯羊首”，又名“酒骨糟”。

每个月的初一，孟昶都会食用素食，并且爱吃薯药。花蕊夫人以薯药切片，莲粉拌匀，加用五味调和以进，清香扑鼻，味酥而脆，并且洁白如银，望之如月，宫中称之为“月一盘”。

见孟昶很喜欢自己的手艺，花蕊夫人就命御膳司刊列食单，开始精心改进其余肴馔，并且特别新制，不计其数。自此，每值御宴，更番迭进，每天都没有重味的，孟昶食欲大增。

孟昶最怕热，每遇炎暑天气，便觉喘息不已，口渴难耐。一天，孟昶酒后酣睡，半夜醒来觉得甚是烦渴。正要唤宫人斟茶解渴，花蕊夫人已盈盈步至床前，手托晶盘，盛着备下的冰李、雪藕。

孟昶取来一吃，觉得凉生齿颊，十分爽快。此时，花蕊夫人穿着一件淡清色蝉翼纱衫，被明月的光芒映射着，里外通明，愈显得冰肌玉骨，粉面樱唇，格外娇艳动人，孟昶越加喜爱。

花蕊夫人最爱牡丹花，孟昶便开辟宣华苑，不惜金钱，从各地收集了各种牡丹花种，栽植在内宫花圃，后改宣华苑为牡丹苑。

花蕊夫人也喜欢栀子，她说栀子有牡丹之芳艳，具梅花之清香，是花中仙品。一时之间，蜀中所有凤钗珠环，金钿银簪，尽都摒而不用，一齐戴起红栀子花来，成为当时的风尚。可见花蕊夫人之影响。

后来，孟昶又下令在全城的城墙上种植芙蓉花，连成都的寻常百姓也要家家栽种。秋天芙蓉盛开，沿城四十里远近，开得叠锦堆霞，远看朝霞灿烂，近闻花香浓郁。

每到花开时，孟昶就会带着花蕊夫人御辇出宫游玩，无数的宫嫔女官逐队而

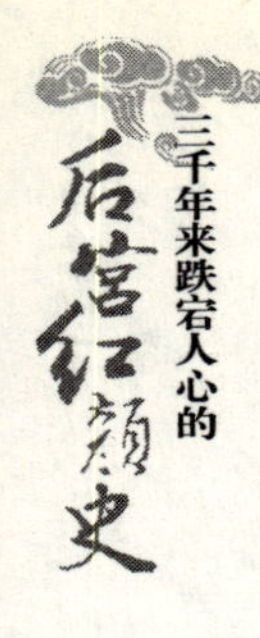

行，一个个锦衣玉貌，珠光宝气，车水马龙，箫鼓画船，碾尘欲香。这就是为什么成都又称“锦城”的原因。也是从那时起，花蕊夫人就一直被民间百姓奉为“芙蓉花神”。

由于花蕊夫人的精心照顾，孟昶对她的宠爱一日胜似一日，明显超过其他嫔妃。花蕊夫人本是一个安分守己的小女人，能得到自己男人的宠爱，这就是她最大的幸福。

虽然花蕊夫人深受孟昶的宠幸，一直过着锦衣玉食的生活，但她并不因宠而骄横起来。与其他得势嫔妃不一样的是，诗人的敏感使她的内心中始终有一种幽幽的哀愁情绪。

一次，孟昶与花蕊夫人在摩河池上避暑，特地为她作了一首小词：“冰肌玉骨清无汗，水殿风来暗香满。绣帘开一点，明月窥人，人未寝，欹枕钗横云鬓乱。起来携素手，庭户无声，时见疏星渡河汉。试问夜如何?夜已三更，金波淡，玉绳低转。但屈指西风几时来，又不道流年、暗中偷换。

花蕊夫人将“又不道流年、暗中偷换”诵读几遍，对孟昶道：“陛下词笔，清新俊逸，气魄沉雄，可谓古今绝唱了，只最后一句未免使人伤感。”说罢，便谱曲歌咏，一顿一挫，如泣如诉，凄楚悲凉，林间的宿鸟被歌声惊动，扑扑飞起。

每逢宴余歌后，孟昶同着花蕊夫人，将后宫的佳丽召至御前，亲自点选，加封位号，轮流进御。到了支给俸金之时，孟昶亲自监视，唱名发给每人，名为支给买花钱。

“月头支给买花钱，满殿宫人近数千；遇着唱名多不语，含羞走过御床前。”几千名宫女养在宫中，大多数终生无缘得到皇上的慰藉和爱情的滋润，只是在月初支钱点名时，才有一次从御床前走过的机会。花蕊夫人借诗对那些应选入宫的良家女子表示了同情之心。

另外，她所作《宫词》百首，词调音韵华美，从生活琐事入手，从各个侧面展现出后蜀宫廷生活的闲适、宫室池苑的华美、饮宴歌舞的骄奢，宫人、内监、近臣的人情笑貌及宫廷规模，构成了一幅蜀宫行乐图的长卷。

柔弱女不甘做亡国奴

就在蜀主孟昶与花蕊夫人挟弹骑射、游宴寻诗的时候，赵匡胤效法郭威，演一

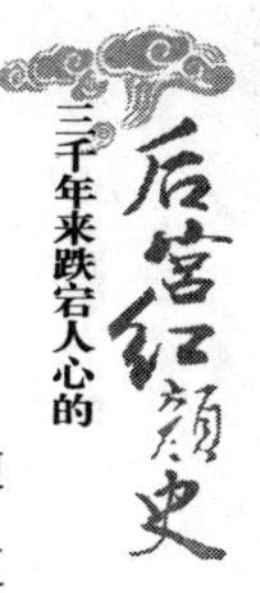

幕“黄袍加身”的闹剧，取代后周而君临天下，国号宋，南征北伐，目标逐渐指向后蜀。

花蕊夫人屡次劝孟昶励精图治，孟昶胸无大志，沉迷酒色。加之，只晓奉承，腹中无才的枢密院事王昭远以“蜀地险阻，外扼三峡，宋兵焉能飞渡”劝诫，孟昶就更加不把战事放在心上了。

很快，宋太祖赵匡胤已平湖北、湖南，势力伸入长江以南，占领长江中游战略要地，切断了后蜀和南唐两大割据势力之间的联系，从而为入川灭蜀创造了有利条件。

这时，后蜀孟昶才感觉到宋军的威胁。孟昶采纳王昭远的建议，一面严兵拒守，一面通好北汉，夹攻汴梁。他修了书函，遣大将赵彦韬快速带着蜡书驰往太原搬救兵。

赵彦韬是一个希望有大作为的人，他见孟昶沉溺于儿女情长，王昭远空无军术，料到后蜀必要败亡，有心降宋，便带着蜡书，暗中驰至汴京，把孟昶的蜡书献给了赵匡胤。

赵匡胤看了此书，不觉笑道：“朕要伐蜀，正恐师出无名，现在有了这封书信，便可借此兴兵了。”遂即调遣军马，命忠武军节度使王全斌，为西川行营都部署，率马步军六万人，分道入蜀。

赵匡胤久闻花蕊夫人天姿国色，才华卓越，内心十分羡慕，唯恐兵临成都，花蕊夫人为兵将所蹂躏。所以诸将临行之时，他便再三嘱咐，不准侵犯蜀主家属，无论大小男妇。

听到宋兵入蜀，孟昶立即调集人马，命王昭远为都统带领大兵，抵拒宋师。王昭远好读兵书，以方略自许，他信心满满地说：“此行不是克敌，是进取中原，直捣汴京，教训那些雕面恶少儿！”

王昭远口内虽说着大话，却不敢率兵前进，只在罗川列了营寨，等候宋军。结果，宋军气势汹汹地来到后，蜀兵逃都来不及，王昭远及众多将帅被俘虏，连军中带的30万石粮米，也为宋兵所得。

兵临城下，战鼓号角一响，孟昶便不敢恋战，长叹道：“我和先帝以暖衣鲜食养兵40年，一旦对敌，这些人却不能为我朝拼死一战，现在就是要坚壁，谁又为我守城呢?”于是下令修表向宋人投降。

真正显出花蕊夫人的独特人格的，正是在孟昶投降宋朝之后。

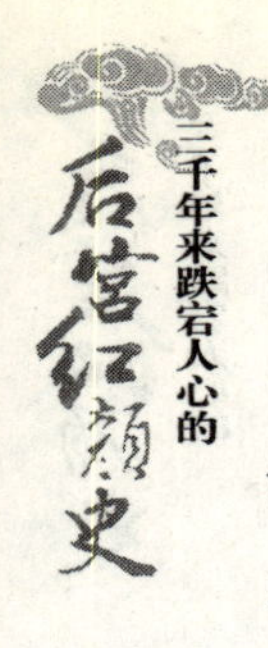

花蕊夫人闻听蜀降宋后，喝道："吾虽柔弱之女，岂甘做亡国之奴。"遂上马持剑前来迎敌，只见她粉脸丹红，杏眼带火，一把青锋剑在手，连斩杀吴朝天、吴朝贵两员宋将。

大宋元帅杨继业见一个弱女子居然连斩自己手下两员大将，又恼又恨，亲自催马出战。可惜花蕊夫人，纵是剑法超群，终不是敌手。五十几个回合后，被杨继业生擒活拿。

孟昶自缚双臂，跪于青石道旁迎接宋太祖，双股颤抖，面如死灰。赵匡胤侧目视之，曰："汝乃一国之君，竟不如后宫一红颜女子！"遂将一口浓痰"呸"地吐在他面前。

一夜之间，花蕊夫人突然由贵妃变成了阶下囚，同孟昶及其他家眷沿路由峡江而下，被押往汴京。一路颠沛流离的经历，让花蕊夫人心情郁闷，更痛心蜀国江山改姓。她挥笔在驿站的墙壁上写下了"初离蜀道心将碎，离恨绵绵，春日如年，马上时时闻杜鹃。三千宫女如花面，妾最娟娟。此去朝天，只恐君王宠爱偏"的诗句。

威逼侍寝，一箭穿心

到汴梁后，孟昶举族与官属一并到了京里，素服待罪阙下。孟昶被封为检校太师兼中书令，授爵秦国公，赐居汴河之滨的新造第宅。次日，孟昶妻妾一同入宫拜谢圣恩。

赵匡胤得以细看花蕊夫人，只见她腰似弱柳，眉含远山，唇若朱涂，真是天姿国色，而且她脸上的泪痕犹在，更添一份楚楚动人的气质，心动不已，却厉眼指责道："红颜祸水，孟昶之所以亡国在于贪恋你的美色，你知罪吗？"

赵匡胤只是想抖抖自己的威风，并不想为难花蕊夫人。但是，花蕊夫人听罢恼羞成怒，她二话不说当即给赵匡胤扔下四句诗："君王城上竖降旗，妾在深宫那得知？十四万人齐解甲，更无一个是男儿！"

此诗不仅把花蕊夫人的才艺展示得淋漓尽致，还捎带着发泄了一腔亡国之恨，态度如此不卑不亢，泼辣但不失理智。赵匡胤本是一个英雄人物，更加深了对花蕊夫人的爱慕之心。

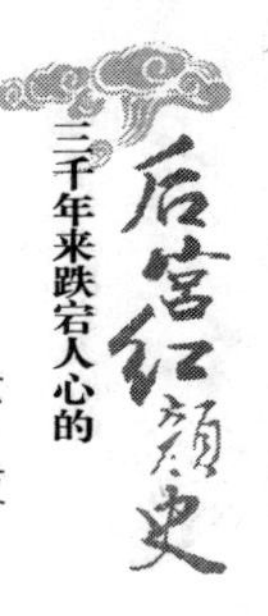

恰值此时，宋朝皇后王氏崩逝，赵匡胤正在择后。今日一见花蕊夫人，顿觉六宫粉黛皆失色，决意要立其为后。但是，孟昶怎么办呢?他思来想去，召孟昶入宫夜宴。

孟昶畅饮至夜半，谢恩而归。次日，遂即患病，胸间似乎有物梗塞，不能下咽。延医诊治，皆不知是何症候，不上两日便死去，时年47岁，从蜀中来到汴京，不过7天工夫。

孟昶之死，花蕊夫人心情十分沉痛。她不满于孟昶的昏庸无能，最后不战而败，可是孟昶生毕竟对她呵护有佳，夫妻情深。每忆其过去的千般恩爱，她就禁不住眼热耳赤。

孟昶暴病而亡后，花蕊夫人被赵匡胤威逼入宫侍寝。作为俘虏的花蕊夫人身不由己，只得从命。不久，赵匡胤将花蕊夫人册立为妃，临幸无虚夕，每天退朝便径向花蕊夫人那里而去。

虽然宠冠六宫，花蕊夫人的心依然属于孟昶，属于故国后蜀。她用特有的方式追怀故人故国。她亲手画了一幅孟昶的画像，每日睹画思旧，聊以自慰。为了掩人耳目，她故意对画祭祀，并对其他人说："此即俗传之张仙像，虔诚供奉可以得嗣。"

在花蕊夫人看来，孟昶的画像，既代表着昔日的一段恩爱，更代表着一个曾经生她养她的国家。她的心事，别人怎能理解得了呢?她成天郁郁寡欢，因悲而生怨，因怨而成病。

后人有诗咏此事道："供灵诡说是灵神，一点痴情总不泯；千古艰难惟一死，伤心岂独息夫人。"

赵匡胤因中宫久虚，拟立花蕊夫人为后，便与赵普密议。赵普认为，花蕊夫人是一个亡国之妃，没有母仪天下的资格，如果立一个亡国之妃为赵宋王朝的皇后，恐怕要遭天下人的非议。赵匡胤想想也是，只得作罢，立左卫上将军宋偓的长女宋氏为后。

赵匡胤曾有金匮之盟传位弟弟赵光义的事，花蕊夫人心里有些替太子德昭不服，便在赵匡胤面前说："皇子德昭很有出息，将来继承大统，必是有道明君。陛下万不可遵守遗诏，舍子立弟，使德昭终身抱屈。"

赵光义得知后，非常痛恨花蕊夫人，一心要将她治死。于是，在一次宫廷围

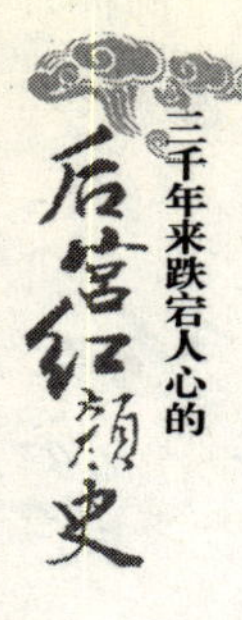

猎中，赵光义伪称误伤将花蕊夫人一箭射死。一代绝世佳人落得个水流花落，玉殒香消。

赵匡胤感慨道："花蕊夫人，真乃千古一奇女子也！"让人隆重下葬了花蕊夫人，又命建庙祭之。今南阳城南八里，尚有花蕊夫人庙，即是。据说，庙内终年香火不断，而今尤盛。

历史评说

花蕊夫人是一个美丽、聪颖、博学的奇女子，是最受蜀王宠爱的妃子，享尽人间的富贵荣华。无奈一朝国破家亡，她虽然进行了不屈抵抗，但还是与丈夫双双做了宋朝的臣虏。

虽然花蕊夫人也是亡国之君的宠妃，但是她作为养在深宫中、一直不触及政治的弱女子是不应该背负所谓的历史责任的，而且她用一首《述国亡诗》，悲愤婉转地道出后蜀不战而亡的根本原因，表达了一个有气节的亡国之奴女的悲哀和沉痛之情。

赵匡胤因为她的才华和骨气倾慕于她，宠冠于六宫，甚至要立她为皇后。她虽然不能改变自己屈辱的命运，但在荣华富贵面前她的心依然属于故人故国，如此纯情洁好的美德形象，令人心生爱怜。

总之，花蕊夫人的一生虽然有国破家亡、沦为奴虏的经历，但她给后人留下的更多的是那无与伦比的优雅容貌和横溢才华。在她留下的那些或华丽或哀婉的诗词中，我们看到了一个美貌才女跌宕起伏、但不能自控的命运。

名家圈点

供灵诡说是灵神，一点痴情总不泯；千古艰难惟一死，伤心岂独息夫人。

——佚名

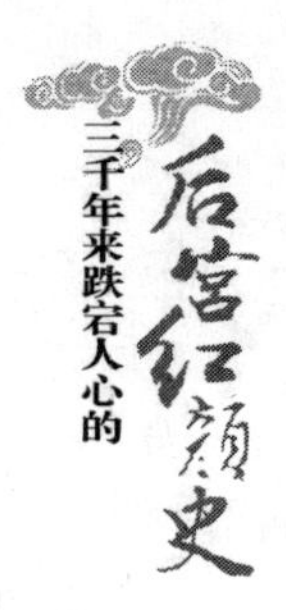

5 辽道宗懿德皇后(萧观音)

——因诗词铸成的千古冤案

背景身世

萧观音(公元1040~1075年),出身于权贵世家,世代为皇后家族,父亲是辽朝枢密使萧惠,姑母是辽圣宗钦哀皇后萧耨斤。她姿容冠绝,爱好音乐,善琵琶,工诗,能自制歌词,曾作《伏虎林应制》、《君臣同志华夷同风应制》等,

辽重熙二十二年(1053年),萧观音14岁时,已被时为燕赵国王的皇子耶律洪基聘为王妃。辽清宁元年(1055年),随着丈夫耶律洪基登基为辽道宗,16岁的萧观音被册封为辽朝皇后,登上了一生中荣耀的顶峰,她是辽道宗的第一个皇后,死后追谥"宣懿"。

红颜风云

辽国民间流传着这样一句话:"孤稳压迫,女古华革,菩萨来做特里蹇。"大意是:头戴玉,足登金,皇后是观音。说的就是以女诗人身份而有别于其他皇后的萧观音。但是这位貌美多才的皇后却因为诗词悲惨地死于非命,铸成了历史上的一件千古冤案。

得罪了不少人而不自知

辽帝国宫廷内,一向严禁读书,崇尚武道,所以皇后也大都温柔不足,英爽有余。比如,辽国萧皇后能指挥千军万马冲锋陷阵,过着"马作的卢飞快,弓如霹雳弦惊"的生活。

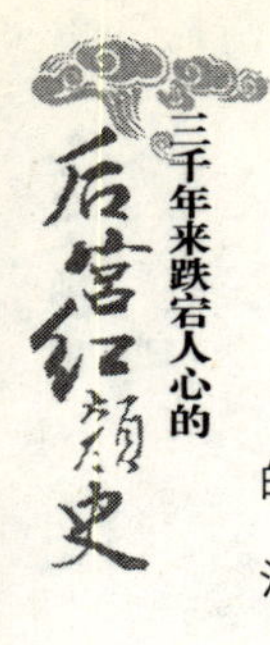

但是，辽道宗的皇后萧观音是一个例外。她属于内向纤柔、颖慧透逸的女性，她的才华主要表现在诗词、书法、音律方面。这种才华与辽国的风俗习惯便格格不入，注定了她的人生悲剧。

萧观音不仅容貌冠绝一时，而且擅长写诗，精通音律，经常自己写歌词，喜欢弹奏乐器，尤其擅长琵琶，堪称一绝。年轻的辽道宗对这位全能型才女恩宠有加，日日夜夜与之相伴。

萧观音为萧家之后，骨子里多多少少地流淌着“承天皇太后”萧燕燕皇后的血液，故常以其为榜样行事处世，力劝辽道宗远离酒色，励精图治，善体民情，修明内政，确立纲纪。

为此，她得罪了不少人而不自知。

她得罪的第一个人是皇太叔耶律重元的爱妃。萧观音生太子的时候，重元妃前来道贺，萧观音见她媚眼生波，巧笑倩兮，便忍不住批评道：“身为皇家的媳妇要时刻以端庄示人才好，你这样不好！”

重元妃羞恼异常，虽当时未敢言语，但已是满面羞红。回家后，她对耶律重元大发脾气：“你如果是个有志气的，就该替我报仇雪耻。”重元父子早就窥探皇位，借机谋划叛乱，但不久兵败被杀。

她得罪的第二个人是辽道宗。辽道宗虽然勤于政事，但喜好打猎，时常骑着号称“飞电”的宝马，瞬息万里，出入深山幽谷，每次出宫打猎时他都要带着萧观音。

一开始，萧观音是很乐意陪同道宗打猎的，一次出猎时，道宗在黑山猎得一虎，萧观音还豪气勃发地吟道：“威风万里压南邦，东去能翻鸭绿江；灵怪大千俱破胆，那教猛虎不投降”。

诗以打猎为题，慷慨豪迈，大气磅礴，表达了北国女子的豪放之情，还有激励道宗进取的内涵。在旁的大臣们无不叹服，道宗也大喜过望，连连称赞皇后为女中骄子，并当即把那个地方命名为伏虎林。

后来，辽道宗被“中兴”冲昏头脑，一心沉迷巡幸狩猎，大半年的时间在宫外山林旷野中度过，萧观音便常常谏劝其停止田猎活动，还写下《谏猎疏》呈给道宗：“妾闻穆王远驾，周德用衰；太康伏豫，夏社几屋。此游佃之往戒，帝王之龟鉴也。”

萧观音的本意是规劝辽道宗勤于政事，但令她没有想到的是，辽道宗率性而为，

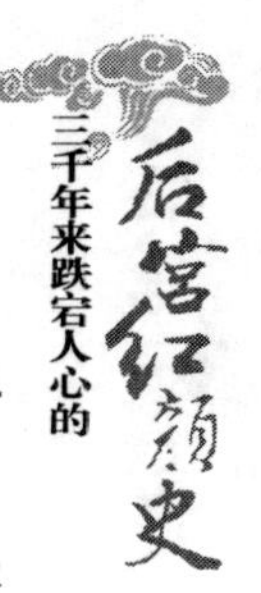

不但没有领会她的用心良苦、好心好意，反而产生了厌烦情绪，渐渐疏远了这位貌美多才的皇后。

深居后宫，萧观音越来越不喜欢激烈的活动，容貌也有些衰老，看着其他妃嫔深得宠爱，萧观音仿效唐玄宗梅妃失宠后把自己的住所称作"回心院"，作《回心院词》希望能够打动丈夫的心，重拾往日的欢乐。

《回心院词》共十首。

第一首写萧观音督促宫人打扫宫殿：扫深殿，闭久金铺暗；游丝络网空作堆，积岁青苔厚阶面。扫深殿，待君宴。

第二首写擦拭象牙床：拂象床，凭梦借高塘；敲坏半边知妾卧，恰当天处少辉光。拂象床，待君王。

第三首写更换香枕：换香枕，一半无云锦；为使秋来辗转多，更有双双泪痕渗。换香枕，待君寝。

第四首写铺陈锦被：铺绣被，羞杀鸳鸯对；犹忆当时叫合欢，而今独覆相思魂。铺翠被，待君睡。

第五首写张挂绣帐：装乡帐，金钩未敢上；解除四角夜光珠，不教照见愁模样。装绣帐，待君眠。

第六首写整理床褥：叠锦茵，重重空自陈；只愿身当白玉体，不愿伊当薄命人。叠锦被，待君临。

第七首写弛张瑶席：展瑶席，花笑三韩碧；笑妾新铺玉一床，从来妇欢不终夕。展瑶席，待君息。

第八首写剔亮银灯：剔银灯，须知一样明；偏使君王生彩晕，对妾故作青荧荧。剔银灯，待君行。

第九首写点燃香炉：爇薰炉，能将孤闷苏；若道妾身多秽贱，自沾御香香彻肤。爇薰炉，待君娱。

第十首写弹奏鸣筝：张鸣筝，恰恰语娇莺；一从弹作房中曲，常和窗前风雨声。张鸣筝，待君听。

萧观音的《回心院词》情致缠绵，布置出一个豪奢华丽而又舒适温馨的场所，以等待辽道宗的到来。她的用心良苦，反映出她望幸的心情十分迫切。

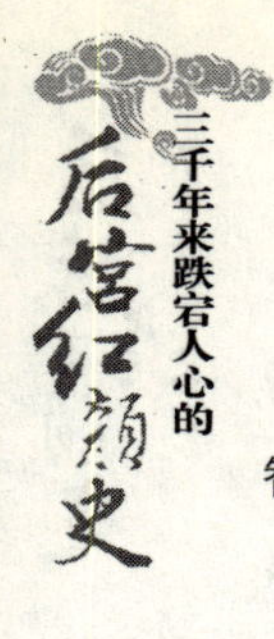

这篇《回心院词》作成后，萧观音命宫廷乐师赵惟一为它谱曲。赵惟一殚精虑智，把《回心院词》发挥得淋漓尽致，堪称一绝。

但是宫女单登却嗤之以鼻。单登本是重元家的婢女，重元父子被诛之后，单登因善弹筝和琵琶而被收入宫中。但萧观音总是召赵惟一弹奏曲子而不召她，这使她心理不平衡，心生怨恨。

这是萧观音得罪的第三个人。萧观音本来以为事情就这样平息了，但令她意想不到的是，小宫女单登却将自己的命运推向了不可测的深渊。

因《十香词》惨遭迫害

单登心里怨恨萧观音，便经常对妹妹清子倾诉自己的委屈。清子虽是教坊伶官朱顶鹤的妻子，却暗地里与耶律乙辛相好。耶律乙辛属于皇族子弟，因平定辽国皇太叔造反作乱有功而加封太子太傅。

单登对清子说，皇后与赵惟一一支玉笛，一曲琵琶，丝竹相合，令人怦然心动，两人肯定有私情，不然怎么能弹出如此默契的乐曲，而且以赵惟一的实力，怎么能专宠于前?

清子闻言后，汇报给耶律乙辛。耶律乙辛觉得这是陷害皇后的绝佳机会。他就和单登串通一气，利用萧观音善诗词这一点，暗中派人作了一支艳曲名为《十香词》，进一步构陷。

耶律乙辛为什么要陷害萧观音呢?原来，辽道宗长期打猎，耶律乙辛渐渐地大权独揽，朝臣无不阿附，野心便日益增大，而萧观音的儿子即太子对他是一个很大的威胁。

太子自幼就聪明好学，七岁时跟随耶律洪基去打猎，连发三箭，箭无虚发。太子聪明慧黠，颇为见地，在辽国的名气渐渐超过了父亲道宗，以致当时辽国上下有句口头禅:“宁可违犯皇上的圣旨，也不敢不遵循魏王的白帖子。”

《十香词》写了女人身上的十种香气，遣词用语都十分暧昧，但正合孤寂中萧皇后的心态。耶律乙辛暗中嘱咐清子把它拿给单登。单登相机行事，呈上《十香词》，并声称这是宋国皇后的作品，皇后若能把它抄下来并为它谱曲，便可称为二绝，也好

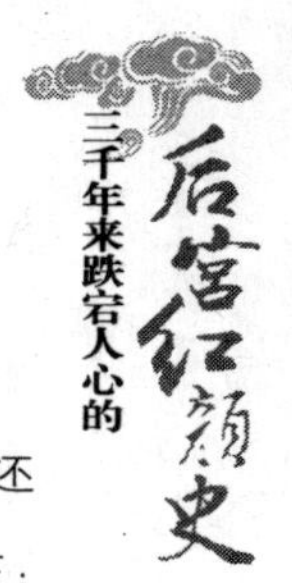

为后世留一段佳话。

萧观音读完《十香同》后，深爱它雅丽有致，除了亲手用彩绢抄写一遍以外，还当场挥毫，在末端写了一首题为《怀古》的诗："宫中只数赵家妆，败雨残云误汉王；惟有知情一片月，曾窥飞燕入昭阳。"

萧观音虽然才情有佳，但阅历不足。她完全没有意识到《十香词》、《怀古》已经将自己完全置入到了耶律乙辛所设的陷阱之中，迎接她的将是一场浩大的政治危机。

耶律乙辛拿着萧观音亲手誊写的《十香词》到辽道宗那里大放厥词，状告皇后与赵惟一私通。头脑简单、专喜打猎的辽道宗事先也听到过一些谣传，但深信皇后之品行，半信半疑。

这时，耶律乙辛的走狗、宰相张孝杰乘机曲解，说道："诗中'宫中只数赵家妆'、'惟有知情一片月"，正包含了'赵惟一'三字，此正是皇后思念赵惟一的表现。"就这样，萧观音本意以赵氏姐妹误君王大业来告诫其他宫人的诗词，竟变成了私通的证据。

辽道宗一听张孝杰的解释，顿时勃然大怒，宣萧观音上殿，将《十香词》摔到她面前："这是你的字迹，你有什么可抵赖的?"

已经明白了怎么回事的萧观音，大哭着辩解："这是宋国皇后特里蹇写的，我不过应单登的请求为她抄写一遍罢了！况且诗中提到养蚕，我们辽国又没有蚕，这怎么会是我写的呢?"

见辽道宗不言说，萧观音继续说道："妾贵为皇后，天下再没有哪一个妇人比我更尊贵了。我已经生养了那么多儿女，最近还添了孙子，怎么可能与赵惟一做这种伤风败俗的无耻勾当呢?"

不提还罢，辽道宗一听到"赵惟一"三个字，更觉气从心来，当着众臣的面，拿起身边的铁骨朵朝萧观音打去。由于猝不及防，萧观音几乎被这一下打死，昏了过去。

见皇后昏了过去，辽道宗命耶律乙辛和张孝杰处理此案。两人将赵惟一抓了起来，动用酷刑，屈打成招。辽道宗认定萧观音与赵惟一私通，敕令萧观音自尽，赵惟一凌迟处死。

萧观音自尽前，请求见辽道宗最后一面，但怒气未消的辽道宗坚决拒绝了她的

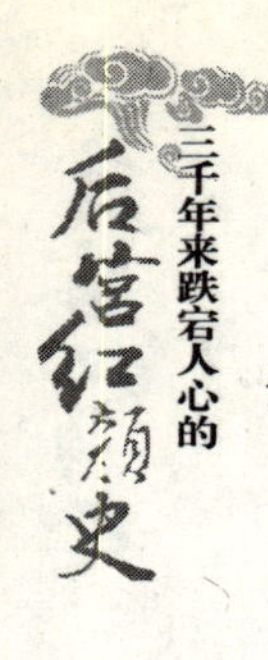

请求。萧观音绝望之极，含泪写下了一首《绝命词》：

“嗟薄祜兮多幸，羌作俪兮皇家。承昊穹兮下覆，近日月兮分华。托后钩兮凝位，忽前星兮启耀。虽衅累兮黄床，庶无罪兮宗庙。欲贯鱼兮上进，乘阳德兮天飞。岂祸生兮无朕，蒙秽恶兮宫闱。将剖心兮自陈，冀回照兮白日。宁庶女兮多惭，遏飞霜兮下击。顾子女兮哀顿，对左右兮摧伤。共西曜兮将坠，忽吾去兮椒房。呼天地兮惨悴，恨今古兮安极。知我生兮必死，又焉爱兮旦夕。”

随后，萧观音自缢而亡，年仅36岁。迁葬永福陵时，“国路风尘，郊门云起”，送葬队伍长达150余里。随后，年刚18岁的太子耶律植也在耶律乙辛的构陷下废为庶人，后被害死。

辽道宗死后，皇太孙耶律延禧即位，是为天祚帝。为了给祖母洗刷冤屈，更为了给父亲报仇，天祚帝首先将已死去的宰相张孝杰剖棺戮尸，再搜捕耶律乙辛的子孙及亲旧，尽行诛戮。追谥萧观音为“宣懿皇后”，葬于庆陵。

历史评说

萧观音是一个女诗人，她以诗为生命，以诗争得政治生存空间，却最终被“伪诗”所陷害。诗的韵味，诗的意境，诗的氛围，提高了萧观音的审美品位，一代才女之诗魂永远萦绕人间。

萧观音的一生虽然短暂，却跌宕起伏，辉煌又惨烈。她本想效仿家族的萧燕燕皇后，做一个辅佐圣主的贤后，但是岂料辽道宗非辽景宗，萧观音也非萧燕燕，最终她惨遭失宠、又因奸人挑拨自缢而亡。

她的冤死，是美的毁灭，是对正义的嘲讽，是道德的沉沦。她的命运就是辽国的命运，她的悲剧折射出辽国走向衰败的征兆。这使萧观音既有引人入胜的传奇性，又富发人深思的思想性。

名家圈点

六宫佳丽谁曾见，层台尚临芳渚。一镜空濛，鸳鸯拂破白苹去；看胭脂亭西，几堆尘土，只有花铃，绾风深夜语。——纳兰性德（清）

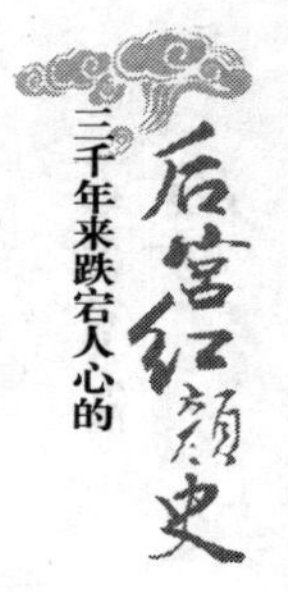

细草含茸，圆荷倚盖，犹与舞衫相似。回心院子，问殿脚香泥，可留萧字？怀古情深，焚椒寻梦纸。——（清）朱彝尊：《咏萧观音洗妆》

6 清太祖努尔哈赤大妃（阿巴亥）

——无可奈何被殉葬

背景身世

阿巴亥（公元 1590~1626 年），乌拉那拉氏，面貌俊秀，聪明机智，乌拉女真贝勒满泰之女，努尔哈赤的第四任大妃，最为得宠，生育 3 子，分别是英亲王阿济格、睿亲王多尔衮、豫亲王多铎，一生深受努尔哈赤的宠幸。

阿巴亥是努尔哈赤临终前唯一的陪伴者。努尔哈赤驾崩后，皇太极、代善、阿敏、莽古尔泰四大贝勒为争夺帝王之位宣称先帝曾有遗言，“俟吾终，必令殉之。”阿巴亥被逼殉葬，享年 37 岁。

红颜风云

生殉，即逼迫活着的人和死者一同被埋葬，这是奴隶制下一种野蛮的遗俗，在女真社会屡见不鲜。其中，阿巴亥以大妃身份生殉努尔哈赤，在清代不仅前无古人后无来者，而且其生前所经历的波折与死后所受到的不公的待遇，都是世所罕见的。

政治搏斗的筹码

12 岁的阿巴亥第一次登上历史的舞台是以与建州女真努尔哈赤联姻的方式，可以说她是家族乌拉那拉氏与努尔哈赤政治搏斗的筹码。

明朝末年，东北地区女真各部先后崛起，互争雄长。以吞并和统一为己任的努尔哈赤凭借着自己的毅力和智慧在短短几年时间里统一了建州女真，并对海西女真

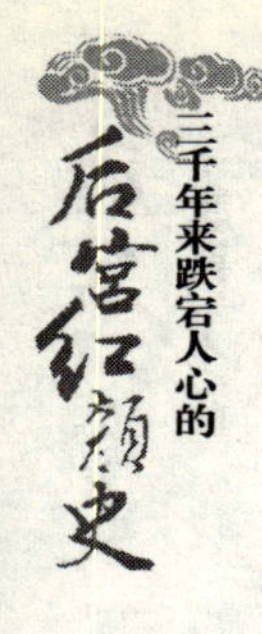

乌拉部虎视眈眈。

后来，海西最强大的叶赫部纠集了其他三部以及蒙古的几个部落，号称“九部联军”，攻打努尔哈赤的根据地赫图阿拉，企图把刚刚兴起的建州扼杀在摇篮之中。然而，努尔哈赤以少胜多，奇迹般的取得了胜利。

乌拉部参与“九部联军”，首领满泰的弟弟布占泰被活捉，表示臣服建州。努尔哈赤清楚，自己现在的实力还不足以和乌拉部翻脸，便将布占泰收为额驸，先后以三女妻之，盟誓和好，软禁3年后释放。

此时，阿巴亥的父亲满泰已经去世，叔叔布占泰成为乌拉部的首领，为了取悦努尔哈赤，保住乌拉部，他将年仅12岁的阿巴亥许配之。当时努尔哈赤已满43岁，而且他已有六七位妻妾，叶赫女真部落的叶赫那拉氏尤其得宠，并育有皇子皇太极。

对于女人一生中最重要的一件大事——婚姻，阿巴亥没有任何选择的余地，而是听凭叔父的一个决定就嫁给了一个可以做自己父亲的男人。她一生的悲剧也就由此拉开了帷幕。

在如此复杂的家庭环境中，这位来自乌拉部的稚嫩公主，既要博得汗夫的欢心，又要周旋于努尔哈赤众多的妻妾之间，的确不是一件容易的事情。但事实上，阿巴亥这位非同寻常的女子独占君恩20年。

史书说阿巴亥“善机变”，的确她不仅丰姿貌美，而且天性颖悟，极富机智。她明白自己唯一的出路就是靠美貌和逢迎，千方百计地取悦夫君，获得怜悯和宠爱。言谈笑语之间，礼数周到，善解人意，很快引起了努尔哈赤的注意。

出于喜新厌旧的天性，努尔哈赤将更多的爱倾注到了阿巴亥身上，老夫少妻，耳鬓厮磨，恩爱有加。醋意、孤独、嫉恨交织在一起，性格内向的叶赫那拉氏忧郁寡欢，竟至积虑成病，两年后撒手人寰，芳龄仅29岁。

两年后，幼小而聪明的阿巴亥便被努尔哈赤立为大妃，独占众妃之首。得到努尔哈赤宠爱的阿巴亥也没有让努尔哈赤失望，先后生下第十二子阿济格、第十四子多尔衮、第十五子多铎。

阿巴亥的这3个儿子，努尔哈赤视如心肝，爱若珍宝，让他们每人掌握一个整旗。当时作为后金根本的八旗军队只有8个旗，他们就占去3个，可见努尔哈赤对

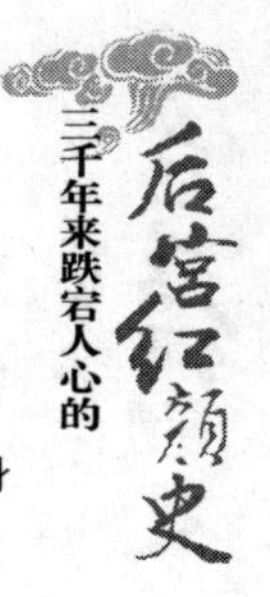

阿巴亥的情意所在。

然而,“高处不胜寒”、“木秀于林必摧之”是亘古不变的真理。阿巴亥如今的身份与地位使她早已被那些野心勃勃的人们盯上了。

母亲叶赫那拉氏死亡时,八阿哥皇太极只有 11 岁,无论从心理上、地位上,还是生活上,这都是一个巨大的打击,影响极大。他将仇恨阿巴亥的种子深深地埋进了心田,日后精心谋划了一个阴谋。

公元 1620 年,努尔哈赤的两个小妾代音察和德因泽向努尔哈赤状告和揭发大福晋阿巴亥与大贝勒代善关系暧昧。一个是宠冠后宫的大福晋,一个是未来的君主,努尔哈赤在暴怒之下,剥夺了大福晋大妃的名号并对其实行囚禁,而代善则失去了继承人的宝座。

事实上,阿巴亥高瞻远瞩,深谋远虑,清楚地意识到努尔哈赤逝世之后,自己母子四人失去依靠,而大贝勒代善有望继承王位,便与代善频繁往来,以示亲近。这本是无可厚非,却不想被皇太极当做了把柄。

被囚禁的一年多时间里,阿巴亥承担了太多的委屈,人们向这个无辜的女子身上泼洒了太多的脏水,这使努尔哈赤本人失去了一些原本应该与阿巴亥相处的甜美的私人时光,度过了一段沉默而凄凉的生活。

复立后的阿巴亥,亲身经历了人间冷暖,领略到了宫廷中毒辣的心机和深藏不露的城府。身处权力的旋涡中,她对权力有了更多的认识,也有了更深的恐惧,弱小的她一边用自己的温柔、贤惠处处体贴努尔哈赤,一边精心抚育三个未成年的儿子。

公元 1621~1625 年,短短的几年时间,后金发展突飞猛进,整个大东北除了宁远,都是后金的版图。夫唱妇随,阿巴亥作为大妃,以独特的身份活跃在后金的权力中心,也加紧了拥子问鼎权力的步伐,这是她一生最辉煌的时期。

被逼殉葬的牺牲品

公元 1626 年,隐忍数年未发的老汗王努尔哈赤,出手却败在了大明的强项汉子袁崇焕的宁远城下。这对于天性自负的努尔哈赤而言,绝对是一个沉重的心理打

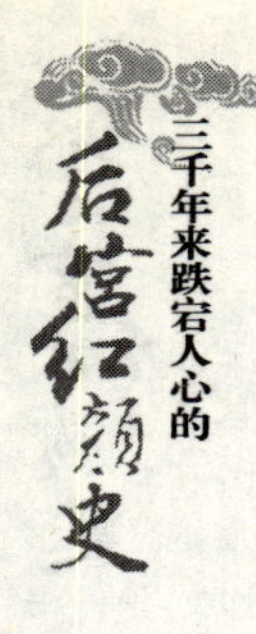

击，过度的气愤和懊恼使他的健康状况大打折扣，并于次年病逝，终年68岁。

努尔哈赤一生经历了太多的政治风雨，临死前他看穿了一群虎狼之心的贝勒子孙，眷恋与自己相依相伴了30多年的阿巴亥，决定让鹤立鸡群、聪颖异常的多尔衮即位，起用性情谦和而又颇有才干的代善辅政。于是，留下了“以多尔衮为主，代善辅之”的遗诏。

丈夫撒手人寰，阿巴亥心中的痛苦是可想而知的。在勉强镇静下来之后，她决定火速回京。她认为只要颁布了丈夫的遗诏，令多尔衮迅速登基，一切就都万事大吉了。

无论何时，一代帝王生命的结束之时都恰恰是子嗣们夺权争位的白热之时。当时，位居八大贝勒的有代善、阿敏、莽古尔泰、皇太极、阿济格、多尔衮、多铎、岳讬，阿巴亥所生之子竟占了三个。

阿巴亥原本以为有汗王的遗嘱，儿子多尔衮完全可以顺利登基，但令缺乏政治经验的阿巴亥意外的是，多尔衮登基并不那么容易，而且夫君的驾崩之日就是自己的死亡之期——四大贝勒一致跪请，令阿巴亥随殉。

按照当年女真习俗相沿的殉葬制度，嫡妻即使无子也不必殉葬，而是选择一名无子之妾从殉。阿巴亥是内宫的大妃，并且育有三子，被选中殉葬的原因难以令人信服。

《清太祖武皇帝实录》上记载："帝后原系叶赫国主扬机奴贝勒女，崩后复立乌拉国满泰女为后。后饶丰姿，然心怀忌妒，每致帝不悦，虽有机变，终为帝明察所制。留之恐为国乱，预遗言于诸王曰：俟吾终，必令殉之。"

"俟吾终，必令殉之。"被人们传得沸沸扬扬，更多的人认为它是假的，是以皇太极为首的四大贝勒伪造的。这个问题是确定继承人的关键，努尔哈赤到底有没有这个遗嘱，真实性无从考证。

以四大贝勒的威望和权势，更换皇位继承人易如反掌。那么，皇太极等四大贝勒为什么要迫不及待地逼手无缚鸡之力的阿巴亥去死呢？

当时的八旗中，皇太极握两黄旗，代善握正红旗，阿敏握镶蓝旗，莽古尔泰握正蓝旗，19岁的阿济格、13岁的多尔衮与10岁的多铎三弟兄竟分掌镶红、正白和镶白三旗。诸贝勒对于"位尊而无功，俸厚而无劳"的多尔衮三弟兄，仅凭母亲受宠而厚赐早就心有不服。

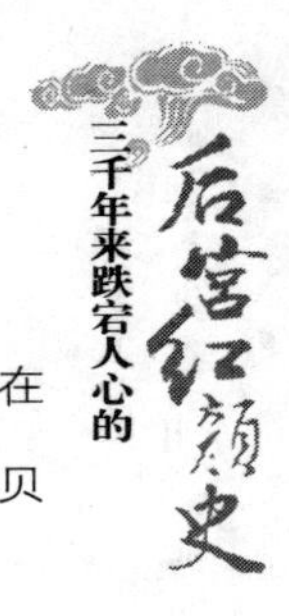

而且，四大贝勒掌权日久，他们岂能心甘情愿地将所有的军国大政都交给在他们看来乳臭未干的多尔衮。他们认为，皇位的继承人必须也只能在他们四大贝勒中选。

更关键的、也是更为可怕的是，在努尔哈赤死前的4天中，唯有阿巴亥承命侍侧。阿巴亥极富机变、地位尊贵，借“遗命”之威，与三子同气连枝，团结一致，那将是一股极强大的政治势力，这自然为诸贝勒所不容。

现在是生死攸关的重要时刻，不是东风压倒西风，就是西风强过东风。所以，皇太极等人意识到必须抓住先帝驾崩的难得之机，在3个孩子尚在年幼之时，首先除掉阿巴亥，以绝后患。

风姿妍丽的阿巴亥当时才37岁，正值盛年，出于对尘世的留恋和对爱子的牵挂，阿巴亥百般支吾，希望事情能有转机。但诸王寸步不让，阿巴亥只好决定以自己的生命换取儿子们的平安。于是，在她的逼迫下，诸王当众一齐盟誓：“幼弟，吾等若不恩养，是忘父也，岂有不恩养之理！”

阿巴亥端庄地更换了大妃的礼服，佩戴上了自己所有的珠宝首饰，带着无限的哀伤和无奈以一尺白绫结束了自己宝贵的生命，成为后金汗位争夺斗争的牺牲品，代价惨重。

阿巴亥的绚丽，犹如秋风中飘落的一瓣菊花，默默地散发了一阵浓烈的芳香，随即委靡。

死后仍与儿子荣辱与共

阿巴亥自尽而死后，当日盛殓，与努尔哈赤的遗体同时出宫。但是，她的悲惨命运并没有因她的死去而终结，随着她的儿子多尔衮政治生涯的兴衰，她再一次成了清朝内廷政治斗争的牺牲品，与儿子荣辱同生。

阿巴亥死了，再也没有把努尔哈赤临终遗言说出来的机会，她3个年幼的儿子也失去了依靠母亲与皇太极争夺汗位，或在以后对皇太极的汗位构成威胁的可能。

公元1629年，努尔哈赤入葬刚刚建成的沈阳福陵，同时入葬的有叶赫那拉氏、阿巴亥和继妃富察氏，但在官方史书上却只记载叶赫那拉氏和富察氏，对阿巴亥只

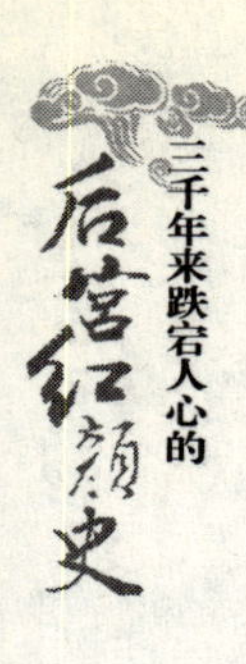

字不提，明显是对阿巴亥的歧视。

公元 1636 年，皇太极于盛京即位，追谥其生母叶赫那拉氏为“孝慈昭宪纯德真顺承天育圣武皇后”，并将神牌供放于太庙内。叶赫那拉氏是努尔哈赤的大妃，是皇帝的生母，皇太极这样做，无可厚非。但阿巴亥同样是努尔哈赤的大妃，既没有被追谥为皇后，也没有设神牌，显然是被有意贬低。

公元 1650 年，阿巴亥的次子多尔衮摄政，利用手中的权力，以顺治皇帝的名义，正式追谥阿巴亥为“孝烈恭敏献哲仁”和“赞天俪圣武皇后”，祔太庙，与努尔哈赤并列太室，同飨玉筵。

时过半年，多尔衮暴病身亡。对多尔衮早已恨之入骨的顺治皇帝追论多尔衮之罪，宣布将他“削爵、抄家、黜宗室”，阿巴亥这位早已不知世事的“孝烈皇后”又被罢谥，牌位也被赶出了太庙。此时阿巴亥去世已经 20 多年了。

多年后，乾隆皇帝为多尔衮平反恢复了名誉，说：“多尔衮莫逆，此言不可信……”但对其生母阿巴亥却一字未提，乌拉那拉·阿巴亥的名字在所有祭享及福陵历史上被隐去，无声无息。这在清朝后妃中是绝无仅有的。

历史评说

综观阿巴亥的一生，可以用“命运多舛、一生坎坷”这八个字来形容。在 30 多年的人生旅途中，阿巴亥这样一名孤孤单单的柔弱女人始终生活在政治斗争的旋涡中，多次成为政治斗争的牺牲品。

在缤纷缭乱、瞬息万变的时局里，她刚满 12 岁就被作为政治交易的筹码，嫁到异国他乡；为保住自己和儿子的未来，她讨好大贝勒，却被流言飞语所伤，被囚禁一年；因为皇权内争，她竟被逼迫殉葬。而且死后还是与政治紧密相连，多次受到不公正的伤害和待遇。

在管制极严、明争暗斗的后宫中，孤身无助的阿巴亥既没有害人之心，也没有乱国之迹，虽然生前也算是荣华富贵，荣登大妃宝座，却也承担了太多的委屈和不公。命运有时或许就是这样喜欢捉弄人，也或许上苍给予她的使命就是做一个政坛上的祭品。

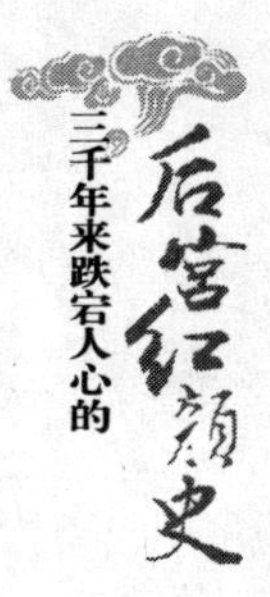

名家圈点

帝后原系叶赫国主扬机奴贝勒女，崩后复立乌拉国满泰女为后。后饶丰姿，然心怀嫉妒，每致帝不悦，虽有机变，终为帝明察所制。留之恐为国乱，预遗言于诸王曰：俟吾终，必令殉之……十二日，帝后以身殉，乃与帝同柩。——(清)《清太祖武皇帝实录》

注：由于阿巴亥涉及到皇太极夺权登位之争，后来的清代官书对其品行并无多少记录，这是唯一有据可考的记载。不过，这一评价有待考证，至今阿巴亥为何殉葬仍为清历史上的重要谜团。

第七章
让皇帝魂牵梦绕的石榴裙

后宫中嫔妃佳丽数不胜数，真正能够赢得皇帝真爱的妃子却并不多见。但是，仍然不乏一些女人与皇帝缔造出了一段段至死不渝、令人艳羡的爱情佳话，这在爱情微薄如纸的封建王朝难能可贵。

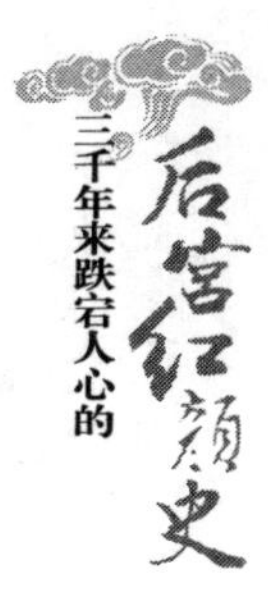

1 汉武帝刘彻之妃(李氏)

——宫廷版《人鬼情未了》

背景身世

李氏，生座不详，冀州中山(今河北省定州市)人，其父母兄弟妹均通音乐，都是以乐舞为职业。李氏生得云鬓花颜，婀娜多姿，楚楚动人，也精音律，善歌舞，并顺理成章地成为了一名倡家女，花名李妍。那时的“倡”并非指妓女，而是类似于现代的歌舞艺人。

在兄长李延年的协助下，李妍得以进入皇宫，且深得汉武帝宠爱，开始了她短暂的嫔妃生涯，号李夫人。汉武帝的后宫佳丽众多，可得宠的却屈指可数，李夫人不仅甚为得宠，她还是唯一一位令汉武帝自始至终都念念不忘的妃子。

红颜风云

倾国倾城是对美丽的最佳诠释，而作为这个成语的第一个获得者和代言人，李妍的容貌自然也是不言而喻的。不过，除了美貌以外，李妍在其他方面的才能也不容忽视。她集美丽、幸运和聪慧于一身，这使其在尔虞我诈的后宫中生活得游刃有余，并成功从汉武帝的多个女人中脱颖而出。

北方有佳人

在中国悠久的历史上，汉武帝刘彻这个名字可谓是人尽皆知，他是西汉王朝的第五位皇帝，统治西汉长达 50 多年。在这 50 多年中，汉武帝凭借着自己过人的才能使汉朝成为了当时最强大的国家。除了治国的业绩显赫以外，汉武帝的私生活也

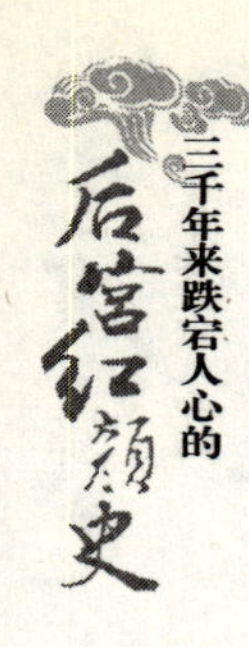

颇受关注，且给人茶余饭后提供了众多的话题。

汉武帝十分好女色，有“能三日不食，不能一日无妇人”之说。据说，被汉武帝挑选入宫的女子，多达近两万，且个个花容月貌、仪态万千。也许是因为美色众多，真正能够得到汉武帝宠信的佳丽屈指可数。

但是，李氏一出场，就以绚丽的光彩使汉武帝为之倾倒。李氏是北方的一名倡家女，原本与皇帝相隔甚远，她是如何走进汉武帝的世界呢?这要感谢她的哥哥李延年。

当时，已年高的汉武帝醉心于丝竹管弦，李延年因精通音律，擅长作词作曲担任汉宫内廷替汉武帝消愁解闷的优伶角色。有一次，李延年为汉武帝献唱了一首新曲，即“北方有佳人，绝世而独立。一顾倾人城，再顾倾人国。宁不知倾城与倾国，佳人难再得”。

此曲令汉武帝大为感慨，忍不住发出疑问:“这世上真的有像歌曲中那样美貌的女子吗?”

李延年借机向汉武帝推荐自己的妹妹，于是奏称:“舍妹年华及笄，国色天香，可算有倾城倾国之貌!”汉武帝立刻命人召她入宫来见。据说李延年的这一举动，还得到了平阳公主的协助，于是李氏被顺利地带到了汉武帝的面前。

汉武帝见李氏后顿时惊呆了!只见李氏体态轻盈，貌若天仙，肌肤洁白如玉，而且和年轻时的卫子夫一样，在风韵、举止、言行等方面，比那些来自闺秀的后宫嫔妃强上万倍。李氏歌声悠扬婉转，舞姿翩翩欲飞，更使得汉武帝漾起强烈的怜爱之心、欲望之情。

于是，汉武帝立即准其入宫，就这样，李氏开始了她的宫廷生活。

游刃有余的宫廷生活

李氏凭借着上天赐予的美貌得到了皇帝的喜爱，但她深知想要在后宫中生存，仅凭自己的外表是远远不够的。于是在入宫以后，她懂得充分发挥自己的长处，且对于一个曾经的红尘女子而言，李氏也是十分懂得怎样取悦男人心的。

因此，在汉武帝眼中，李氏不仅倾国倾城，而且还自然奔放、热烈主动，这些都令汉武帝惊喜连连、好感频生。一时之间，汉武帝沉浸在李妍的温柔乡中，难以自

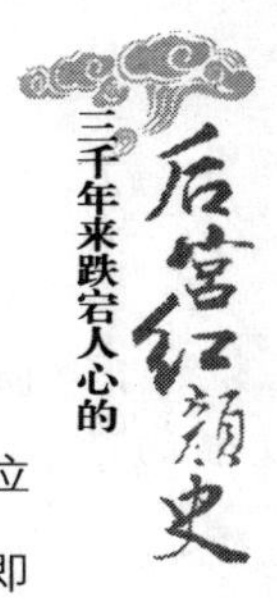

拔，甚至为了她还罢朝三天，引起了极大的轰动。

李氏仅仅进宫三天，就被册封为“夫人”。在西汉时期的后宫之中，夫人的地位仅次于皇后。得到专宠后，李氏没有一味地顺从和纠缠汉武帝，而是时近时远、若即若离。这不仅使汉武帝感受到了她的与众不同，时常会激发出汉武帝对她的思念之情，也进一步加深了她在汉武帝心中的重要性。

李氏在后宫中生活得游刃有余，这使其他嫔妃们既羡慕又忌妒，同时她的行为也时常被妃子们争相效仿，希望可以像李氏一样得到皇帝的荣宠。

据说，李氏喜欢佩戴玉簪，有一天汉武帝在她的宫中忽然觉得头痒，便直接取下李氏的玉簪搔头。此事似乎表明了皇帝与李氏的亲近，几乎毫无避讳。于是其他嫔妃也纷纷佩戴玉簪，这不仅使当时的玉价迅速上涨，还让这件看似平常的小事成为了人尽皆知的话题，并由此产生了“玉搔头”一说。

虽然李氏牢牢抓住了汉武帝的心，但她却并没有恃宠而骄，反而时刻谨记着自己出身卑微，应当珍惜这来之不易的殊荣，无论是对汉武帝还是对后宫的其他嫔妃们，她都以礼相待，因此在后宫享有很好的声誉。

身处在后宫之中的李氏，过着锦衣玉食的生活，更让她欣慰的是，在入宫后不久，她便喜得贵子，生下了昌邑王刘髆，为皇室再添血脉。汉宫春暖，繁花竞艳，汉武帝对李氏宠若至宝。

佳人已去，靓影留心

万事盛极必衰，正当李氏尽情地享受游刃有余的宫廷生活时，她却因产后经血失调，卧病在床，日渐憔悴。有卫子夫为前车之鉴，色衰就意味着失宠，失宠就意味着地位不保，就意味着面临被抛弃的下场。

倒在病榻上的李氏自觉命不久矣，但她心机敏捷，便开始设法为自己的兄弟和儿子铺设后路。权衡之下，她作出了一个十分大胆的决定，即对汉武帝避而不见，想给汉武帝永远留下一个美好的印象。

在李氏卧病在床期间，汉武帝因思念爱妃，曾多次来访，李氏对汉武帝说：“陛下朝政荒废已久，趁贱妾卧病期间，就专心国事吧，贱妾也好安心养病，暂时不必见面，让我们共同期待美好的未来吧！”

汉武帝听了李氏的话后，认为有道理，然而半个月后实在忍不住了，于是又来了，他对李氏好言相劝、软硬皆施，但李氏却始终未能使其如愿。

有一次，汉武帝直接闯到了李氏的寝宫，李氏听到皇帝驾到，连忙用锦被蒙住头脸，转身朝向里面，汉武帝惊问："何以不见朕？"

李氏在锦被中泣不成声地答道："身为妇人，容貌不修，装饰不整，不足以见君父，如今久病而蓬头垢面，实在无颜面与陛下见面。"虽然疾病缠身，但是她依然带着一种难以言表的柔情，使汉武帝不禁动情。

汉武帝坚持想看一看，李氏任凭他百般讨好，却始终不肯露出脸来，只是在锦被中呜呜咽咽地说："倘若妾一病不起，我们的孩子以及我的兄弟，希望陛下多加照应。"这话让汉武帝听起来心动情动。

不管汉武帝如何坚持再请李氏一露芳颜，李氏却始终不肯。汉武帝有生以来想取就取，想夺就夺，哪里承受过这样的冷落待遇，自然感到有些愤怒与无奈，随即站起身来，拂袖而去。

汉武帝离开后，宫女们围拢上来，都说李氏如此对待皇上，怕要大祸临头。李氏掀开锦被，环伺左右的宫女说："我出身卑微，能够得到陛下的荣宠，仅凭一副姣好的容貌。但凡是以容貌取悦于人的，必将色衰而爱弛，爱弛则恩绝。如今我病入膏肓，容貌早已大不如从前，倘若与陛下相见，一定会让他心生厌恶。如果我因此而遭到了嫌弃，如何还能期望皇上念念不忘地照顾我的儿子和兄弟？"这些话不仅令所有质疑她的人都心服口服，同时也给诸位嫔妃们敲了一个警钟。

就一时而言，李氏拒绝皇帝再见一面的做法似乎是在为自己找麻烦，但在她去世后，这种大胆的行为却取得了令所有人出乎意料的正面效果。李氏的病逝让多次对感情有始无终的汉武帝伤心欲绝、难以释怀。为了怀念这位爱妃，他先后做出了许多动人之举，表现出了罕见的专情。

李氏去世后，汉武帝并没有像对待其他嫔妃一样很快将她淡忘，另寻新欢，而是时常为这位爱妃的突然离去扼腕叹息，伤心欲绝。他先是命人对李氏进行了厚葬，葬礼的规模堪比皇后之礼，随后又命宫廷画师将自己印象中的李氏形象绘制了出来，悬挂在甘泉宫里，旦夕徘徊瞻顾，以示纪念。

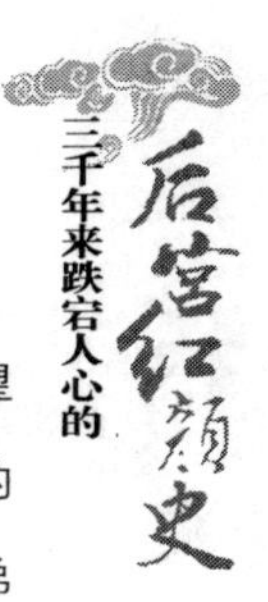

同时，由于李氏在病榻上曾对汉武帝说过"如果臣妾最终难逃病魔，我只希望陛下能够多加照顾我们的孩子以及我的兄弟"，再加上汉武帝对其也曾有过相关的承诺，因此，汉武帝对昌邑王钟爱有加，把李氏哥哥李延年提拔为协律都尉，对其弟李广利更是关爱，封为贰师将军。

可惜，李广利才能平庸、缺乏智谋，远征大宛却打了一场损失惨重的战争，以至于大军回到玉门关时仅剩了一万余人，只取回了"汗血马"数十匹。但汉武帝还是加封李广利为海西侯，食邑八千户，完成了爱妃李氏临终前的嘱托。当年卫青、霍去病横扫匈奴，所得封赏也不过如此。

由于常常怀念李氏，触景生情，从而使汉武帝为此留下了许多感人至深的诗词，如《落叶哀蝉曲》即是其中之一，该词曰"罗袂兮无声，玉墀兮尘生。虚房冷而寂寞，落叶依于重扃。望彼美之女兮，安得感余心之未宁?"充分表现了汉武帝在思念李氏时的悲痛之情。

除了《落叶哀蝉曲》以外，成语"姗姗来迟"的出现也与汉武帝对李氏的怀念有极大的关联。据说为了一解相思之苦，汉武帝特意从山东召来一位方士，让他在宫中施展其招魂之法，盼望能够与李夫人重聚。方士李少翁没有辜负汉武帝的厚望，他首次利用了皮影戏的方式，使汉武帝透过帐帷隐约看到了李氏一来一去的身影，并凄然写下了"是邪?非邪?立而望之，偏何姗姗其来迟"这句诗词，并由此创造了成语"姗姗来迟"。

有关方士李少翁为汉武帝招李氏之魂一事，在《史记》与《汉书》中都有记载。而在东晋王嘉的《拾遗记》之中，则对汉武帝招魂有另外一种说法。即一位名叫董仲君的方士，在深海里找到一块能够让魂魄依附的潜英之石，并将石头按照李氏的样子进行雕琢，最后再将其置于轻纱帷幕之中，使汉武帝仿佛再次见到了已故的李氏。只是由于据董仲君所说，潜英之石上有奇毒，所以汉武帝无法靠近，只能站在远处观望。为此，汉武帝还命人修筑了专门用来祭祀李氏的梦灵台。

招魂一事是否属实，人们无从考证，但汉武帝对李氏的一往情深却是真实存在的。也正因为如此，他才会在临终前留下遗命，令其子刘弗陵在登基之时，将李氏追封为皇后。自此，已故多年的李氏，又增加了一个孝武皇后的称谓。

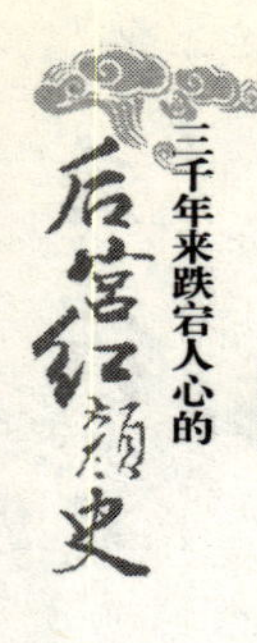

历史评说

汉武帝有四个重要的女人,陈阿娇、卫子夫、赵钩弋和李妍。前三者都因为美貌和其他种种原因而得到过汉武帝的荣宠,并都对西汉统治产生了推波助澜的作用,但其他人最终都没有一个好归宿。所以相对而言,李妍在死后仍然令感情经历复杂的汉武帝念念不忘,就显得尤为特殊了。

李夫人是聪慧的。早年的倡家女身份帮助其掌握了许多取悦人心的手段和策略,在面对至高无上的汉武帝时,李妍没有一味地顺从和纠缠,而是若即若离,牢牢地抓住了汉武帝的心,但她却并没有恃宠而骄,反而时刻谨记着自己出身卑微,应当珍惜这来之不易的殊荣,心智之多,自然显而易见。

色衰而爱弛,爱弛则恩绝。在卧病在床以后,为了避免汉武帝讨厌自己、疏远自己,甚至抛弃自己,聪慧的李妍毅然拒绝汉武帝见到自己萎顿病榻的模样,那些话说得情真意切、句句在理,让汉武帝无言以对,且无法真正动怒,从而使自己在汉武帝心中留下了永远美好的印象。"北方有佳人,绝世而独立"成为了汉武帝心中的绝唱,并留下了一段"人鬼情未了"的佳话,这在爱情微薄如纸的封建王朝难能可贵。

俗话说红颜祸水,但绝代佳人李夫人的存在对汉武帝统治的影响似乎少之又少,她只是凭借着自己的能力在皇帝心中缔造出了一个难以磨灭的印象。她美丽、幸运、聪慧,无论是登场还是离去都做到了尽善尽美,可谓是中国古代红颜佳丽中的一株奇葩。

名家圈点

"伤心不独汉武帝,自古及今皆若斯。君不见穆王三日哭,重璧台前伤盛姬。又不见泰陵一掬泪,马嵬坡下念贵妃。纵令妍姿艳质化为土,此恨长在无销期。"——(唐)白居易:《李夫人》

"罗袂兮无声,玉墀兮尘生。虚房冷而寂寞,落叶依于重扃。望彼美之女兮,安得感余心之未宁?"——(西汉)汉武帝:《落叶哀蝉曲》

"北方有佳人,绝世而独立。一顾倾人城,再顾倾人国。宁不知倾城与倾国,佳人难再得。"——(东汉)班固编:《汉书·外戚传》

2 后梁太祖朱温皇后(张惠)

——"五代"第一贤妃

背景身世

张惠(?~公元904年),宋州砀山(今安徽砀山)人,后梁王朝开国皇帝梁太祖朱温的皇后,以贤良淑德而著称,谥号"元贞皇后",被誉为五代时期的第一贤妃。

张惠出身显贵,家世富足,其父张蕤担任过宋州的刺史,因此张惠从小便接受到了良好的教育,既有教养,又知书达理,在政治和军事谋略等方面也十分精通。后来,嫁给朱温,使其在开创大业的过程中少走了很多的弯路。

红颜风云

女人的美丽不仅源于外表,也源于内心,张惠就凭借着自己的贤良淑德在所有人心中留下了一个极其美好的形象,赢得了丈夫的敬重,赢得了子嗣的孝顺,也赢得了将士们的拥戴。虽然张惠生前没有母仪天下,但或许在很多人心目中,她却早已是至高无上的皇后了。

既是贤妻又是良母

尽人皆知,后梁太祖朱温起家于黄巢领导的农民起义军,后又效忠唐朝,与唐大将军李克联手镇压黄巢起义军,同年又将宦官全部杀死,控制了唐昭宗。这样一个无情无义、滥杀无辜又背叛变节的人是怎么当上皇帝的呢?

可以说,朱温除了有足智多谋的高参敬翔辅佐外,还得力于他有一个"贤内助"妻子张惠,而且张惠所起的作用非同一般。

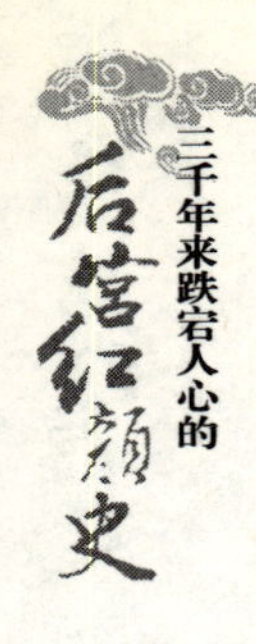

张惠为人贤明精悍，敢做敢言，动有法度。嫁入朱家后，由于她处事明智得体、刚柔并济，在她的耳濡目染之下，朱温的火暴脾气也收敛了不少，从而为其以后的帝王生涯杜绝了诸多的后患。

她不仅改善了丈夫暴躁的性格，而且还成就了朱温在军事上的辉煌。据说，有一次，朱温用兵不当，幸亏张惠提前意识到了这一点，并毫不犹豫地阻止了这次军事行动，才最终避免了军队的损失。此举让朱温对张惠在军事谋略方面的能力心服口服，同时也对张惠多了几分敬重和钦佩，此后凡事都喜欢找张惠讨论，并对她提出的做法和策略深信不疑。

由此可见，张惠在嫁给朱温后，无论是对内还是对外，都能够帮助自己的丈夫排忧解难，因此称其为贤妻的典范似乎一点也不为过。与此同时，张惠在为人母方面，也做到了尽善尽美。她生前仅育有一子，即后梁的末帝朱友贞，但张惠并没有独宠这唯一的儿子，而是对朱温其他妻子所生的孩子也同样视如己出。

有一次，朱温派长子朱友裕带病去讨伐想要独立的朱瑾。这场战争虽然最终以朱友裕的胜利结束，但由于朱友裕没有派兵追捕落败而逃的朱瑾，再加上奸人的迫害，使朱温怀疑朱友裕与朱瑾私通，所以才故意放跑了他，于是朱温便以此为由收回了朱友裕的兵权。这时，还没有返回到家中的朱友裕因担心会遭到父亲更多的责罚，便逃到了隐蔽之处，不想再与父亲相见。

张惠得知这件事后，深信朱友裕是无辜的，于是便派人四处寻找他的下落，并在找到其后就要求他返回家中，向朱温负荆请罪。朱友裕听从了张惠的话，回到父亲面前，但愤怒的朱温却不肯接受儿子的解释，执意要将其赐死。

情况万分紧急，为了挽救这个孩子的性命，张惠甚至来不及穿好鞋子，就赤脚跑到朱温面前，哭着为朱友裕求情。她对丈夫朱温说："他今天能够回来向你请罪，就证明没有谋反之心，你为何还要将其杀掉？"听到妻子的这句话，朱温也觉得自己没有理由将长子赐死，于是便免除了朱友裕的死罪。

从这些事情上，都可以看出张惠为人善良，懂得息事宁人。她对每个人的好都是出自内心的，没有半点的虚假。除了对家人付诸真情以外，张惠对待其他人时，也始终保持着贤良淑德的态度，从而使她得到了更多人的敬佩和拥戴。

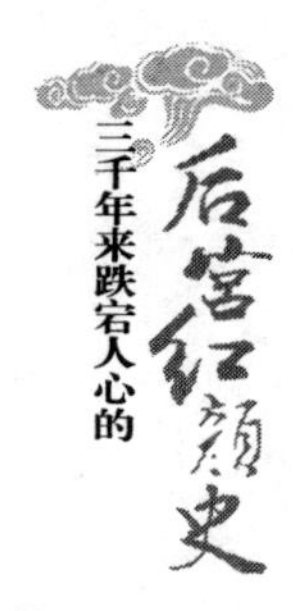

悲天悯人，深受拥戴

由于朱温生性多疑，且性格粗暴，因此时常对他的部下滥杀无辜。同时，其治理军队的方法也甚为苛严，在与其他军队进行交战时，如大将战死，其属下的所有士兵也会被全部斩首，人称“跋队斩”。

这种方法虽然可以提高军队的战斗力，但从另一方面却也破坏了军队的团结，容易令将士们对朱温产生不满情绪。所以，每当朱温想要斩杀部下之时，张惠都会毫不犹豫地站出来，用温柔的态度和令人心服口服的道理来平息丈夫的愤怒，避免他因滥杀无辜而腹背受敌。

这样一来，被张惠所救的将士也都纷纷感恩于心，并且极力拥戴朱温的这个贤妻，更多的将士对张惠十分崇敬。如果没有张惠，因害怕被杀逃跑的兵士绝对不少；有的也许会揭竿而起，发生哗变。

此外，张惠对于朱温的其他妻妾也是以礼相待，从不忌妒或与人争宠。她不会随意地去干涉和扰乱丈夫的私生活，但是对于朱温贪恋美色一事，她却时常会加以劝诫，以避免丈夫被美色所害。

据说，为了获得更多的权力和领土，朱温在军师敬翔的建议下对兄弟朱瑾开战，最终借助火攻的战略打败了朱瑾大军，占领了其所在的领土，控制了黄河以南和淮河以北的大片地区。战后，朱瑾逃亡，但他的妻子却被朱温捕获，并带回家中，想要据为己有。

对于朱温的想法，张惠甚是了解，她觉得丈夫这样做太有失道德了，不过她没有直接指责朱温的行为，而是派人将朱瑾的妻子带到自己的宫中，当着朱温的面对她说：“你我原本都是朱家的媳妇，本该和睦相处，现在却因为他们兄弟之间的战争而导致你落难，如果有一天朱温的大军也不幸失败，那么我恐怕也要得到和你一样的下场了。”

这句话一语双关，一方面重申了朱瑾的妻子已是他人之妇的事实，也提醒了朱温贪恋美色的下场不容乐观。朱温听完张惠的话后，茅塞顿开，他不仅觉得不能愧对妻子，同时也明白了自己夺取了兄弟朱瑾的领土，现在又想霸占他的妻子的做法

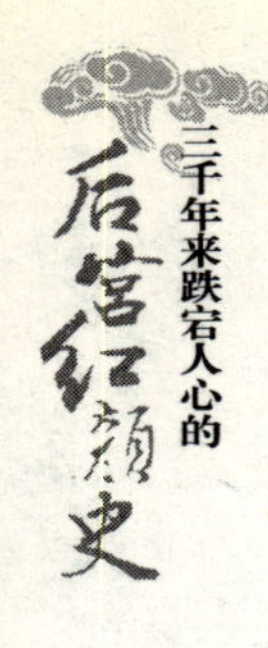

十分不妥，况且朱瑾还曾对他提供过军事上的援助，所以于情于理，他都该收回色心。于是，朱瑾的妻子最终被送到了寺院之中，出家为尼。

此后，张惠多次带着衣服和食品亲自前往朱瑾妻子所在的寺院对其进行探望，可见她当初在朱温面前所说的那番话，既是出于对自己的丈夫的保护，也是出于真情实意，如此悲天悯人的善心，不得不让人敬佩不已。

临终遗言"戒杀远色"

张惠和朱温共同生活了20余年，对朱温的建国大业起到了不可磨灭的作用，但是就在朱温灭唐建后梁前夕，张惠却因染病去世，她的一生似乎没有明确的目标，丈夫的目标就是她的目标，她辛苦了一辈子，没能享受到丈夫所给予她的荣华富贵，真是可悲可叹。

临终前，张惠基于对朱温的深刻了解，劝道："既然你有这种建霸业的大志，我也没法阻止你了。打江山不易，坐江山更难。你还是应该三思而后行。如果真能登基实现大志，我最后还有一言，请你记下。"

由于是临终遗言，朱温忙表示自己会铭记于心。张惠缓缓说道："你英武超群，别的事我都放心，但有时冤杀部下、贪恋酒色让人时常担心。所以'戒杀远色'这四个字，千万要记住！只有这样，我才能放心地离开。"

张惠的遗言，可谓是一针见血，作为一个封建社会的女人，尤其作为一个成功男人背后的女人，张惠没有一味地对丈夫进行顺从和迁就，而是勇敢地提出丈夫的缺点，提醒他加以改正。这份明智和胆识似乎是令其他后宫红颜所望尘莫及的。

张惠死后，朱温悲泣而言："敬翔为我左膀，亡妻为我右臂。现在我成独臂之人，如何了得？"不仅朱温难过流泪，就连众多将士也是悲伤不已，有些人甚至比朱温还要更加痛心和难过，可见张惠在无形中降服了众多人的心。

张惠去世后，朱温为了怀念这个妻子，在登上帝位后很久都没有册立皇后，只是追封张惠为贤妃。但是，朱温却忘了张惠临死时的忠言，三妻四妾放纵声色不说，还公然让儿子朱友珪的妻子服侍自己。

公元912年，朱友珪趁父亲病重之时发动了政变，最终结束了朱温的生命，并

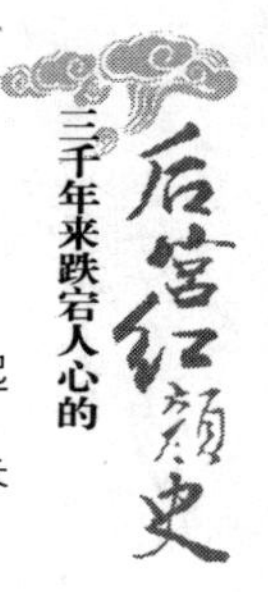

登基称帝。但由于朱友珪的性格荒淫无度，加之他当上皇帝后胡乱收买人心，引起了很多人的不满。一年后，宫廷政变再度上演，朱友珪的统治被推翻，张惠的儿子朱友贞取而代之。

朱友贞即位，是为后梁末帝，张惠被追封为“元贞皇后”和“元贞皇太后”。此时，距离张惠去世已经有长达9年的时间了。

历史评说

张惠出身于一个富有且地位显赫的家庭，按常理说性格应该是娇惯任性、盛气凌人的，但她却完全没有这些恶习，而是贤良淑德、谦逊大度，并且陪伴在丈夫朱温的身边，尽自己所能去协助他实现自己的理想。即使到了临终之际，她所考虑的也完全是丈夫的前途。这种夫唱妇随、顺从天命的生活态度，实属罕见。

除了贤惠以外，张惠还应该算是一个很好的预言家，她能够洞察各种事态，生前预先权衡事情的利弊，多次向朱温献出良策。临终前，她所考虑的也完全是丈夫的前途，要求朱温戒杀远色，后来朱温因色断送性命，正反映出张惠对于事态的洞察与预测高于常人。

史书上对与张惠的记载十分稀少，但字里行间却都明显体现出对她贤德与善良的赞誉。后人在提起后梁太祖之时，也会顺理成章的想起张惠，并指朱温能够建立后梁，完全得益于两个人，一个是他的军师敬翔，另一个就是他的妻子张惠。

虽然张惠生前没有母仪天下，但她凭借着自己的贤良淑德在所有人心中留下了一个极其美好的形象，赢得了丈夫的敬重，赢得了子嗣的孝顺，也赢得了将士们的拥戴。虽然张惠生前没有母仪天下，但或许在很多人心目中，她却早已是至高无上的皇后了。“五代”第一贤妃，她可谓是当之无愧的。

名家圈点

“太祖元贞皇后张氏，单州砀山县渠亭里富家子也。太祖少以妇聘之，生末帝。太祖贵，封魏国夫人。后贤明精悍，动有礼法，虽太祖刚暴，亦尝畏之。太祖每以外事访之，后言多中。太祖时时暴怒杀戮，后尝救护，人赖以获全。太祖尝

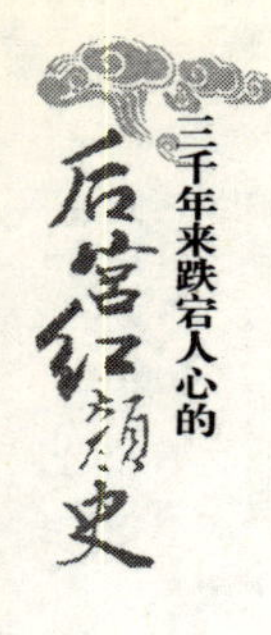

出兵,行至中途,后意以为不然,驰一介召之,如期而至。"——(北宋)欧阳修:《新五代史·卷十三·梁家人传第一》

3 后唐明宗李嗣源淑妃(王氏)

——天生丽质"花见羞"

背景身世

王氏(?~公元951年),邠州(今陕西彬县)人,为五代十国时期的第一美女,人称"花见羞"。出生在依靠卖烧饼为生的小贩家庭,自幼被嫁给梁将刘鄩作小妾。刘鄩死后,她无家可归,流寓汴梁,被后唐明宗李嗣源纳为妻室。

由于深受宠爱,王氏被后唐明宗册封为德妃,后又进号为淑妃。公元933年,李嗣源去世。王氏被册封为太妃,相继目睹了后唐和后晋这两个朝代的兴衰,并多次化险为夷,死后被追谥为贤妃。

红颜风云

在动荡、混乱的五代时期,王氏的存在无疑是个传奇。她被誉为五代十国的第一美女,拥有"花见羞"的美誉。同时,她还是五代时期多个朝代兴衰的见证者。面对这一切,王氏始终淡然而视,所表现出的沉着与冷静,令人讶异与钦佩。唯一让人觉得遗憾的是,因为生不逢时,王氏最终成为了朝代更替的牺牲品。

才貌双全惹人爱

据《新五代史》记载:"淑妃王氏,邠州饼家子也,有美色,号'花见羞'。"据说,少女时期的王氏在料理自家的烧饼店时,时常被年轻男子围观,其受欢迎的程度不亚于豆腐西施。更难能可贵的是,王氏没有因自己的美貌而自视清高,她认为一个女人仅有非凡的容颜是不够的，还要有很好的文化底蕴。于是，王氏充分利用闲暇时间来学习，从而积累了很多文史方面的知识和经验。

古代女子的婚姻，通常无法由自己做主，王氏也是如此，她在 17 岁时，被卖到了后梁名将刘鄩的家中，成为了一名妾侍。虽然刘鄩比王氏大 30 多岁，但王氏却没有任何的怨言，反而全心全意地对待自己的丈夫。

面对如此年轻貌美，又十分乖巧的小妾，刘鄩自然也是百般疼爱，使这对老夫少妻过上了神仙眷侣般的生活。而在此期间，王氏依然没有搁置自己的学习，仍在闲暇之余博览群书，将她对学习的兴趣发挥到了极致。

作为后梁的一名大将，刘鄩久经沙场，最终战死，仅与少妻王氏生活了两年就撒手人寰。刘鄩死后，他的家庭也随之解散，陪伴在王氏身边的只有一个婢女和一个老仆人，以及刘鄩的大量家产。王氏与两个下人一起为丈夫举行了葬礼，然后又独自为刘鄩守墓。

那段日子，身着白色孝衣，凄然驻守在刘鄩墓前的王氏，俨然成为了一道亮丽的风景，让许多人望而却步。据说，在此期间，许多权贵之人都纷纷想要再娶王氏，但都被她谢绝，直到认识李嗣源后，王氏才心甘情愿地脱下孝衣，再为人妇。

当时，李嗣源刚刚失去妻子夏夫人，因此想要再寻佳偶。于是，曾对王氏略有耳闻的安重诲便向李嗣源推荐了王氏。此时，李嗣源虽然因屡立战功而名声显赫，但他却大字不识，所以对于博学多才且样貌出众的王氏十分满意，他想尽了一切办法讨得了王氏的同意，将其娶回家中。

嫁入李家后，王氏所做的第一件事就是笼络人心，她将前夫刘鄩留给她的财产全数分给了后宫中的嫔妃们，使得大家都对这位美丽又大方的女人产生了好感，即使她备受李嗣源的宠爱，也没有人忍心去忌妒她。此外，王氏的到来，对李嗣源以后的人生，也产生了不可低估的影响。

尽心尽力做好贤内助

由于精通文史，王氏很快就发现了丈夫李嗣源处境的危机。当时，同为李克养子的李存勖，由于在攻打后梁的战争中取得了显赫的战功，对李嗣源称帝表

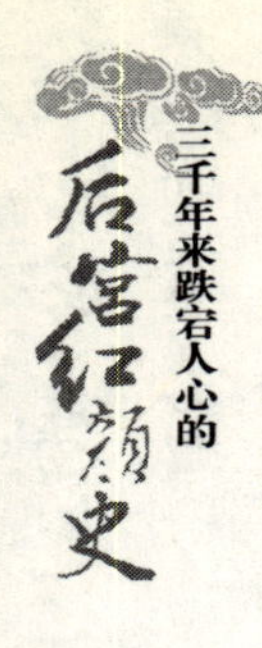

示不满。王氏便时常劝诫李嗣源，要学会自我保护，不可与军队分离，以免被人趁机杀害。

事实上，已经登上帝位的李嗣源，对李存勖的存在也的确如芒在背。李存勖先是杀死了大将郭崇韬，后又多次对李嗣源发难。幸而李嗣源时刻谨记王氏的忠告，再加上官员李绍宏的保护，才得以幸免于难。

此后不久，借助叛军的势力，李嗣源在河北称帝，公然与李存勖宣战。此时，曾在王氏的谏言中受益的李嗣源又主动向妻子请教。王氏认为，河北不具有战略优势，她建议丈夫先下手强攻，主动出兵攻占洛阳。

在王氏的提议下，李嗣源率领大军主动出击，准备跨过黄河，先入驻开封，再攻洛阳。值得庆幸的是，在李嗣源出兵后不久，洛阳城内便出现了叛乱，禁军统领郭从谦率军攻入了李存勖的宫中，推翻了他的统治。李嗣源趁机攻占了洛阳，随后又平定了叛乱，最终夺取了皇位，成为了后唐的第二位皇帝，庙号明宗。

据了解，李存勖之所以会被赶下政台，与他称帝后昏庸的统治有直接的联系。他称帝后，觉得大局已定，便开始沉浸在奢华无度的享乐生活之中，不仅无心朝政，而且还偏袒伶人，助长伶官的势气，导致其他官员怨声载道，百姓也是民不聊生。

在李嗣源登基称帝后，王氏以此为鉴，便向丈夫提出应该减免苛政，撤销了一些有名无实的机构，以免重蹈李存勖的覆辙。李嗣源再次接受了王氏的意见，勤政爱民，使后唐在他的统治下呈现出了五代时期难得的平静。

王氏俨然成为了李嗣源的贤内助，从而奠定了她在李嗣源心中不可替代的地位，而且她从来不主动邀功请赏，李嗣源想要立她为后时还婉言谢绝。她说自己并不看重皇后这个名号，而且已故的夏夫人是李嗣源的原配，并为他育有两个儿子，此外夏家在宫廷中的势力也不可小觑，所以理应先追封夏夫人为皇后，以此来巩固李嗣源与其子之间的关系，收拢夏家官员的心。

王氏淡泊名利、能识大局的做法，一方面让李嗣源心悦诚服，另一方面也再次树立了她在后宫嫔妃及官员们心中的美好形象。因此，在皇后之位虚置三年后，官员们便主动向李嗣源提出，应该立王氏为后。不过这一次，王氏却依然拒绝，而是将曹淑妃推上了后位。

曹淑妃曾是夏夫人的侍女，夏夫人死后被留在宫中，成为了一名妃子。王氏以

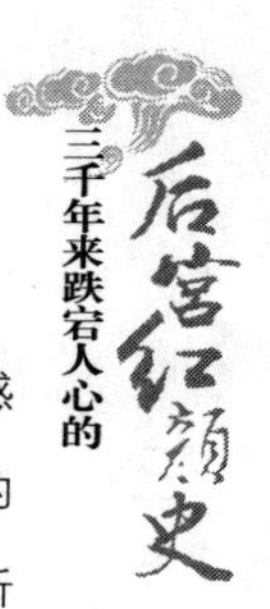

曹夫人一直在照顾夏夫人的两个儿子为由，建议应立她为后，此举让曹夫人深受感动。据说当初淑妃之位，就是王氏让给自己的，现在又大度地将自己推上了皇后的位置，因此曹夫人在被立为皇后之后，便对王氏说："我身体不好，不能太过劳累，所以以后后宫中的事务，妹妹可以替我做主。"

身在尔虞我诈的后宫之中，能够做到与世无争，实属不易，需要有容乃大的胸怀。王氏做到了这一点，这使她的一生几乎没有任何敌人，同时还积累了许多恩德，所作所为深得人心，后宫井然有序。

也正是这些，李嗣源对王氏更加宠爱，对她提出的任何要求都是百依百顺，因此就连王氏与刘䕶所生的两个二子也都被加官进爵。李嗣源病重之际，甚至国家政事也常常采纳王氏的意见。

这样一来，虽然王氏没有做上皇后之位，得到皇后的称号，但实际上却早已拥有了许多实权和地位，而且显然要比皇后还要高。其身份的重要性，恐怕难以言喻。

朝代更替，泰然相对

李嗣源的统治虽然深得人心，但仍有一些人窥探着他的皇位。例如在公元 933 年，李嗣源的次子李从荣就率兵发动了一次战乱。虽然这次叛乱最终被平定，李从荣被诛杀，但同时导致年过花甲的李嗣源一病不起，很快便离开了人世。

随后，南唐的统治也陷入了难以挽回的危机之中，皇帝之位被争来夺去，先是李嗣源的第五子李从厚即位，但在登基仅 4 个月就被李嗣源的养子李从珂替代。三年后，李从珂又与河东节度使石敬瑭反目成仇。

李从珂和石敬瑭原本都是李嗣源的得力助手，但正所谓一山不容二虎，李从珂夺得皇位后，也容不下石敬瑭的存在，最终导致石敬瑭与其反目。最终，在契丹君主耶律德光的帮助下，石敬瑭打败了李从珂，推翻了后唐的统治，建立了后晋。

也许是因为善良、贤德的美名在外，因此无论是李从厚，还是李从珂，亦包括后晋的开国之君石敬瑭，都对王氏十分尊敬。尤其是石敬瑭，不仅厚待王氏，而且还为她的养子李从益封官，甚至是迁都汴梁之时，也招王氏和李从益母子一同随行。因此，虽然经历了朝代更替，但王氏却奇迹般的没有受到丝毫影响。

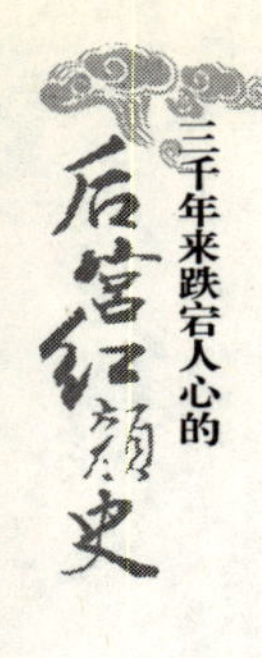

更让人难以置信的是，石敬瑭去世后，其养子石重贵即位，并与契丹公然反目，最终落败，导致耶律德光的大军攻占了汴梁。但即便如此，王氏依然没有受到迫害，反而被耶律德光看重，想要封李从益为彰信军节度使，不过却被王氏婉言谢绝。之后，王氏便带着自己的儿子返回了洛阳。

耶律德光占领汴梁后，由于辽兵肆意掠夺，导致城内的民怨四起，叛乱频频，不胜其扰的耶律德光只能假借天气炎热为由北归，仅留下诸部之长萧翰独自镇守在汴梁。此时，后汉高祖刘知远听闻耶律德光的大军已经北归，便立即想要出兵攻占汴梁。

得到后汉高祖想要出兵的消息，萧翰为了增加号召力，便逼迫王氏的儿子李从益做了傀儡皇帝。王氏母子是亡国之后，没有权力与人对抗，王氏顿感大难临头。她阻止了儿子想要防守的举动，并亲自修书给刘知远，表示会欢迎他的到来。

但是，对于王氏的礼让和明智，后汉高祖刘知远却没有领情，他以李从益原本想要出兵抵抗为由，派人斩杀了王氏母子，结束了王氏跌宕起伏的一生。王氏死于公元 951 年，相传那一年她 42 岁。

历史评说

在动荡不安、朝政跌换的五代时期，王氏的存在无疑是个传奇。她被誉为五代十国的第一美女，拥有“花见羞”的美誉。但是，王氏令人们念念不忘的主要原因，不在于天生丽质的外表。身在尔虞我诈的后宫之中，能够做到淡泊名利、与世无争实属不易。然而，王氏却做到了这一点，这使她的一生几乎没有任何的敌人，同时还积累了许多的恩德，奠定了她与众不同的人生。

也正是这些恩德，使她在朝代更替的斗争中一次次化险为夷，是五代时期多个朝代兴衰的见证者。如她见证了后梁、后唐和后晋三代的兴衰，同时还目睹了后汉的建立。面对这一切，王氏始终淡然而视，所表现出的沉着与冷静，令人讶异与钦佩。

唯一让人觉得遗憾的是，因为生不逢时，王氏最终成为了朝代更替的牺牲品。但是对于一个最初出身于平民的女子来说，她能先后得到了多位五代时期重要皇帝的赏识，完全可以算是一个很大的奇迹了。

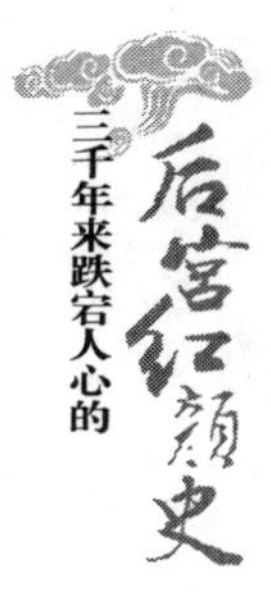

名家圈点

“淑妃王氏，邠州饼家子也，有美色，号‘花见羞’。”“淑妃王氏，许王从益之慈母也。”——（北宋）欧阳修：《新五代史》

4 南唐后主李煜皇后（大周氏）

——天姿国色的一代才女

背景身世

大周氏（公元936~965年），名娥皇，南唐广陵（今扬州）人，史书上说她“通书史，善歌舞，尤工凤萧琵琶”，且“有国色”，为南唐时期宰相周宗之女，南唐后主李煜皇后，谥号“昭惠国后”。

公元953年，18岁的娥皇与南唐后主李煜成婚，后李煜继承其父李璟之位，周娥皇被立为国后。后来，其妹妹周薇因与姐姐同样才貌双全，被李煜纳入宫中，故后人称周娥皇为大周，其妹为小周。

红颜风云

拥有天姿国色的周娥皇既是一人之下、万人之上的皇后，也是才华横溢的音乐家，并因此而邂逅了一段长达10年的爱情。她是南唐后主李煜众多文学作品的灵感来源，并成功恢复了著名的《霓裳羽衣曲》，使后人们在传诵这些诗词歌赋时，也记住她的名字——周娥皇。

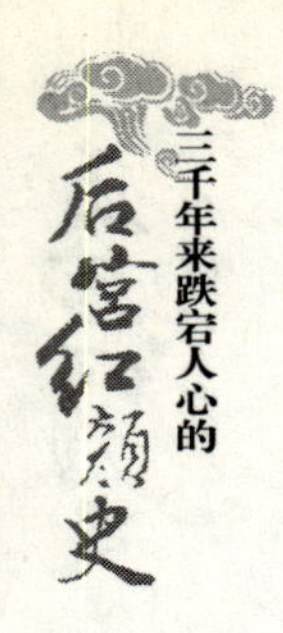

与子偕老长相思

中国封建王朝时期的婚姻，通常都是父母之命、媒妁之言，并且讲究门当户对。作为南唐中主李璟的儿子，李煜的婚姻自然也深得其家人的重视，无法自己做主。经过一番精心的挑选，李璟选中了宰相周宗的长女作为儿媳的最佳人选。

周宗不仅是南唐的开国功臣，并且在为人处世和经商之道方面都有不错的成绩，集权势和富贵于一身。而周宗的长女，即周娥皇，也是美名在外。她不仅是天姿国色，而且琴棋书画、诗词歌赋均样样精通，可谓是不可多得的才女。

于是，在李璟的安排下，李煜与周娥皇于公元953年结为夫妻。而在此之前，周娥皇与李煜从未谋面。不过，令她欣慰的是，父母完全自主的安排，却机缘巧合地促成了一段美满的婚姻。

洞房之夜，李煜与周娥皇首次相见，竟然一见钟情。在李煜挑开周娥皇的红盖头时，便立即对这个妻子产生了深刻的爱意，只见她双目清澈、樱桃小嘴、发髻如云、素手纤纤、举止优雅，从头到脚皆完美得无可挑剔。

与此同时，周娥皇也对李煜的俊秀的长相和温文尔雅的性格十分满意，二人情不自禁地双手紧握，彼此凝视，却相对无言，最后还是李煜深情款款地说了一句“与子偕老”，这段婚后定情有了一个完美的开始，并因此而传为佳话。

也许很多人都会认为一见钟情的感情不牢靠，很容易就会改变，但李煜与周娥皇却是例外。婚后，由于两人都精通音律，喜爱诗词歌赋，因此他们的感情不仅没有衰减，反而日益浓厚，很快便到了难舍难分的地步。

有一次，周娥皇独自回娘家省亲，短短几日，却令李煜度日如年，并在孤枕难眠之际，写下了一首《长相思》。作品分为上阙和下阙两部分，上阙为“云一涡，玉一梭，淡淡衫儿薄薄罗，轻颦双黛螺”，主要描写娥皇在临走之前的装束和神态；下阙为“秋风多，雨相和，帘外芭蕉三两窠。夜长人奈何”，表达了李煜在深夜触景而生的思念之情。这首小词形神兼备、情景交融，尽展浓浓的相思之苦，并因此而被后人争相传诵。

除了《长相思》以外，李煜还有一首代表作品《一斛珠》也表达了他与周娥皇之间的真挚爱情。这首词的全文为：“晚妆初过，沉檀轻注些儿个。向人微露丁香颗，一

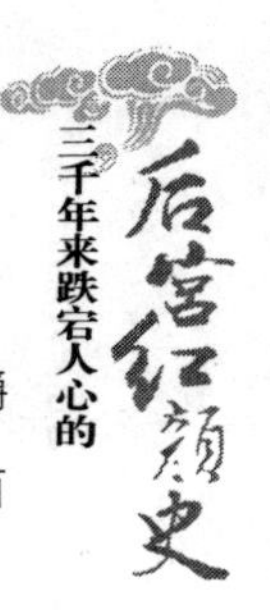

曲清歌，暂引樱桃破。罗袖裛残殷色可，杯深旋被香醪涴。绣床斜凭娇无那，烂嚼红茸，笑向檀郎唾。"该词不仅赞誉了周娥皇的美貌，而且也将她可爱、顽皮的一面记录了下来。

据说，在创作《一斛珠》的那天，李煜和周娥皇同样像往常一样，对酒当歌。酒过三巡，周娥皇略有醉态，一张小脸白里透红，妩媚动人，令李煜久久地挪不开视线。面对痴痴凝视着自己的丈夫，周娥皇顿生顽皮之心，她将一团红绒线嚼在口中，并轻轻唾在了李煜的身上，动作天真淘气，颇有打情骂俏之意，二人都情不自禁地笑了出来，夫妻情谊也瞬间倍增。于是，李煜立即提笔创作了《一斛珠》。

夫妻共谱《霓裳羽衣曲》

精音律的周娥皇对琵琶可谓是情有独钟，并且可将琵琶弹奏得温婉动听、余音缭绕，这对爱好音乐的李煜来说，无疑是一个驯夫"杀手锏"。

有一次，李煜的父亲李璟过寿，周娥皇便献上了自己最拿手的琵琶弹奏作为贺礼。其表演让李璟大为赞赏，立即将他收藏的一具用汉朝末年著名的文人和学者蔡邕的焦桐制造的琵琶送给了周娥皇。

这具琵琶不仅造型精美，而且音质也十分动听，称烧槽琵琶，是一件不可多得的宝贝。再加上是公公李璟所赐，因此深得周娥皇的喜爱，几乎随时都会带在身边。而且在周娥皇病危之际，她还委托李煜将烧槽琵琶与其母遗留下的一件玉环与她一同陪葬。

周娥皇不仅能够将琵琶弹奏得娓娓动听，而且她的舞艺也十分超群，她经常在自己的寝宫中举行歌舞会。同时为了与李煜共舞，她还常常会即兴作曲，从而为南唐时期音乐艺术的发展作出了很多的贡献。

尤其是在李煜成为国主之后，周娥皇也随之成为了国后，她的生活更加富足、奢华。于是，她开始费尽心思地提高自己的生活品质。

周娥皇首先创造出了宫样新妆或北苑妆，在穿着和妆扮上都焕然一新，将自己打造得超凡脱俗。这些新颖的妆扮不仅让她得到了丈夫李煜更多的宠爱，同时也被其他后宫佳丽们争相效仿，引领了一场流行时尚。

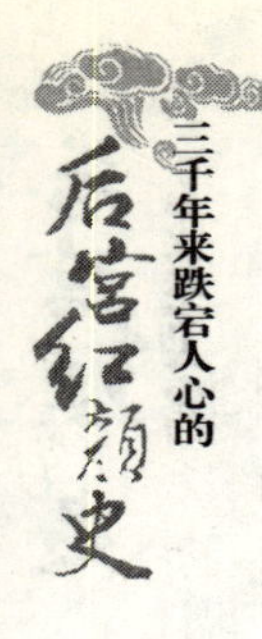

除了妆扮自己以外，周娥皇还对自己的寝宫也进行了亲手装潢。据了解，由于不喜欢烟火的味道，所以周娥皇便在自己寝宫的墙壁和藻井上镶嵌了大量的明珠，通过明珠反射的月光来代替火烛，使室内不仅如同白昼，而且还光怪陆离、神秘异常。在加上多种名贵的香料的使用，从而使周娥皇的寝宫终日富丽堂皇、芳香四溢。

如此优美的生活环境，周娥皇也懂得如何充分利用，她时常召集后宫的佳丽们一起在自己的寝宫中举行歌舞会。舞会场面宏大、热闹非凡，有时候甚至通宵达旦，也无法让人玩到尽兴。这一点我们从李煜的《玉楼春》和《浣溪纱》中就可以体会出来，这两首词都是以舞会为题材的。

在周娥皇组织的各种舞会中，以霓裳羽衣舞会最多。而提到霓裳羽衣舞会，就不得不提著名的《霓裳羽衣曲》。这首曲子最初是从西凉传入的法曲，后被唐玄宗李隆基润色成了一首大型舞曲。据说，唐朝著名的红颜杨贵妃就十分喜欢舞《霓裳羽衣曲》，从而进一步提升了这首曲子的知名度。不过，安史之乱后，由于种种原因，《霓裳羽衣曲》逐渐失传，只有一些残破不全的曲谱保存了下来。这期间，也曾有一些来自于宫廷或民间的乐人试图对《霓裳羽衣曲》进行修复，但都没有如愿。

然而，在周娥皇和李煜的共同努力下，《霓裳羽衣曲》最终被恢复了原貌，这对夫妻在音乐方面的造诣由此可见一斑。此后，周娥皇又亲自召集宫娥，亲自指导，完成了霓裳羽衣组舞的编排。由于付诸了自己和丈夫的心血，因此霓裳羽衣舞会也令她最为青睐，经常在其寝宫中精彩上演。

一病不起玉终毁

李煜在成为南唐后主之后，也曾想要专心于国事，但却有心无力，加之南唐有长江作为天堑，并不容易被攻陷，因此李煜很快便放下了国事，继续与周娥皇一起沉浸在歌舞升平的世界之中。

公元 964 年七夕之夜，李煜一时兴起，在碧落宫内精心布置了一个模拟的月宫天河，并招揽了众多歌伎，让她们扮成仙女，在模拟的月宫中弹奏《霓裳羽衣曲》。

此情此景，让周娥皇赞叹不已，她说："陛下的思维真是巧妙，这样一布置，使这里与广寒宫分毫不差，如果嫦娥看到，一定也会下凡来参加这场盛会了。"

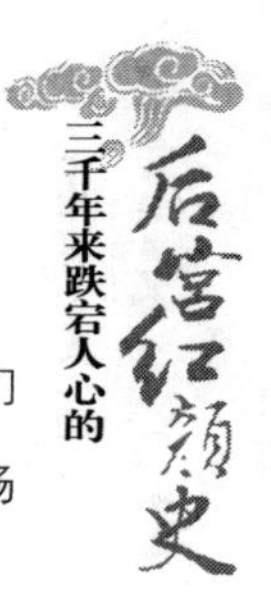

但李煜却说："嫦娥虽然已经成仙，但独自居住在月宫，怎么比得上凡间的我们这样相互恩爱、日夜欢乐呢?"此话让周娥皇听得十分开心，于是便与李煜开怀畅饮，直至天明。

也许是由于饮酒过量，亦或许是因为受了夜风，在七夕夜的第二天，周娥皇就病倒在床上。尽管李煜派来了最好的御医，开了最贵的药物，并且亲自为生病的周娥皇端水送药，甚至常常日夜陪在妻子的身边，衣不解带，但周娥皇的病却始终都未见好转。

这不仅让李煜十分担忧，而且就连周娥皇年仅4岁的小儿子李仲宣也甚是着急。有一天，小仲宣学着其他人的做法，独自到佛堂为母亲祈祷。但却意外地受到了惊吓，没过几天便离开了人世。

仲宣的夭折原本被李煜隐瞒了下来，但最后仍然传到了周娥皇的耳里。两个儿子都是周娥皇的掌上明珠，尤其是小儿子仲宣，不仅样貌俊朗，而且聪明懂事，深得周娥皇的宠爱。所以仲宣的突然离世，对于周娥皇来说可谓是致命的打击，导致她的病情迅速加重，更加没有了康复的希望。

正所谓祸不单行，爱子的离世已经令周娥皇伤心欲绝了，偏偏此时，她还发现自己的妹妹周薇也来到了宫中，而且已经居住数日。聪明的周娥皇立即便猜出了妹妹与丈夫产生了新的感情，顿生醋意，这无疑对她的病情更为不利。

此事在南宋诗人陆游的《南唐书·昭惠传》中曾有记载，而且在周娥皇去世四年后，其妹妹周薇也被册立为李煜的国后，可见周娥皇的怀疑并不是无中生有，其妹妹与李煜的关系确实非同一般。

虽然怀疑丈夫已经移情别恋，但在弥留之际，周娥皇仍然对李煜说："我觉得自己很幸福，能够嫁到君家，得到了君长达10年的恩爱，这对于一个女子来说，已经十分荣耀了。唯一遗憾的只是我将要死去，所以以后也不能再报答你的恩德了!"之后，周娥皇又亲笔写下了遗书，要求进行薄葬。而且在临死前，她还强打起精神，为自己梳妆打扮，并将一块玉含入口中，才最终躺在床上，永远地闭上了眼睛。从这件事上人们可以体会到，周娥皇对自己的要求极高，就连离开人世都力求完美。

周娥皇去世后，因为悲伤再加上些许的愧疚，使得李煜"为伊消得人憔悴"，一直都无法从悲痛中解脱出来，并写下了许多感人肺腑的诗篇。与此同时，李煜还不

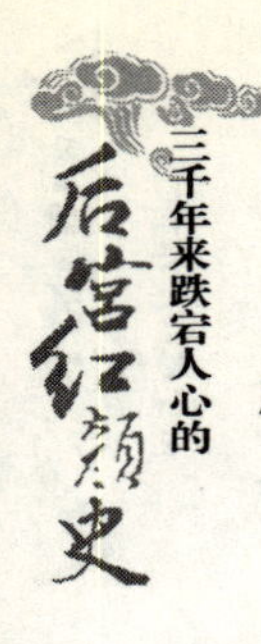

顾周娥皇的临终遗言，为她举行了盛大的葬礼，并亲自写下了一篇祭文，命人刻在了周娥皇的墓碑上，署名鳏夫煜。情真意切，令人称羡。

历史评说

李煜之所以专情于大周，与她的优秀是分不开的。大周生得天姿国色，才情不俗，又擅于妆扮自己，还懂得投其所好，经常同李煜一起研究诗词、音乐和舞蹈，既得到了皇帝的宠爱，又享受到了爱情的甜蜜。

而对于一国之君的李煜来说，能够专情于一个女子长达十年的时间，也是一件十分难得的事情。周娥皇病重之际，李煜无法再与其吟诗作赋、把酒言欢，甚是想念，所以他将感情转移到来宫中探望姐姐的小周身上。尽管如此，李煜也并没有将大周丢在一边，反而更加细心地照顾。可见李煜对大周后的感情，并没有因为小周的介入而减少，这对于一个女人来说，也可以算是一件极其荣耀的事情了。在大周去世后，李煜“为伊消得人憔悴”，久久不能释怀，四年后才将小周立为了新后，足见对其思念之深。

而且，值得一提的是，大周和小周毕竟是亲姐妹，两人在一些方面有许多相似之处，对小周的喜爱恰是顺其自然、爱屋及乌的表现。据了解，虽然小周在嫁给李煜后，也得到了极端的宠爱，但两人的感情却始终都不及李煜和大周。所以也可以说，李煜和大周的爱情，是罕见的，也是不可复制的。

大周虽然没有陪伴爱人走完整个人生，这让她在临死前都觉得十分遗憾，但从另一个角度，这也是一件颇为幸运的事情。李煜最终成了亡国之君，在此期间，小周曾多次惨遭赵光义染指，并在李煜死后不久便也被迫自杀。而此时，大周早已离开人世多年，她没有见到爱人的悲惨下场，没有经历亡国之痛，反而带着许多美好的回忆离开，这都可谓是不幸中的万幸了。

名家圈点

“后主昭惠周后，通书史，善歌舞，尤工凤萧琵琶。”唐朝盛时，霓裳舞衣曲为宫廷的最大舞乐章，“乱离之后，绝不复传，后(大周后)得残谱，以琵琶奏之，

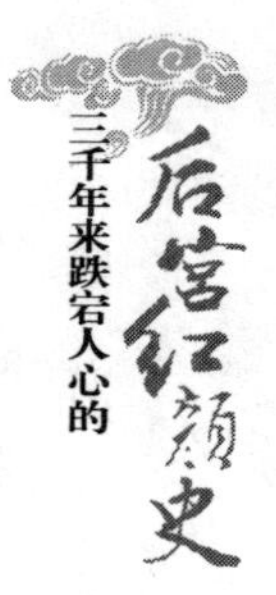

于是开元天宝之余音复传于世。”——(南宋)陆游:《南唐书·昭惠传》

“佻自肩如削,难胜数缕绦。天香留凤尾,余暖在檀槽。”——(南唐)李煜:《书琵琶背》

“红日已高三丈透,金炉次第添香兽,红锦地衣随步皱。佳人舞点金钗溜,酒恶时拈花蕊嗅,别殿遥闻箫鼓奏。”——(南唐)李煜:《浣溪纱》

5 明宪宗朱见深宠妃(万贞儿)

——内心阴险的笑面狐狸

背景身世

万贞儿(公元1428~1487年),祖籍为青州诸城(今山东益都县一带)人。她4岁入宫,从一名小宫女一步步向上攀爬,最终成功俘虏了明宪宗朱见深的心,与这位与她相差19岁的小皇帝创造了一段名副其实的姐弟恋。

万贞儿的父亲万贵原是县内的一名小官,后因犯罪被发配霸州(今河北霸县),这开启了万贞儿在皇宫中的历程。有关万贵妃入宫的过程,一说是由于她父亲犯罪而波及妻子儿女,使得贞儿按律被迫入宫为奴;另一种说法则是万贞儿的父亲想要为自己留一条后路,所以才托付同乡把女儿送进皇宫当宫女,期盼着女儿能够幸运地得到皇帝的宠幸。

不管万贞儿入宫究竟是何原因,但不可否认的是,她的确正式成为了一名宫女。由于自幼在宫中长大,并凭借着聪明伶俐得到了明宣宗皇后孙氏的喜爱,从而培养出了万贞儿不可一世的性格,也让她见惯了后宫之中的尔虞我诈,为其日后的恶劣行径埋下了祸根。

红颜风云

在万贞儿美丽的外表下,隐藏着一颗勃勃的野心。不过,或许是因为内心太过

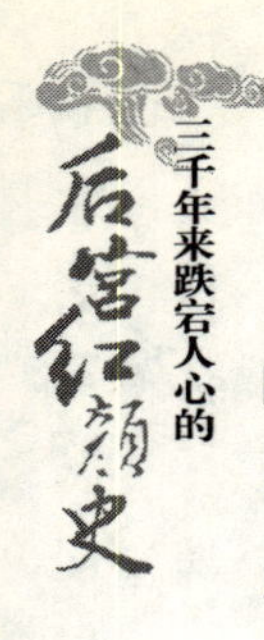

险恶，因此她一生都没能实现登上皇后之位的夙愿，她唯一的成功就是得到了明宪宗朱见深的爱。尽管这段爱情因年龄和地位的悬殊而显得有些不合常规，但明宪宗对她的那份真挚之情，却也足以令人称羡。

从小宫女到贵妃

万贞儿与朱见深，一个是至高无上的皇帝，一个是身份卑微的宫女；一个宽容大度，一个内心险恶。两个原本风马牛不相及的人物为什么能够走到一起，并产生了令人难以置信的恋情呢？

在叙述万贞儿的风云人生之前，我们要先来了解一下明宪宗朱见深。这位皇帝自幼便经历了皇室的多次动荡，先是在他二三岁时发生了"土木之变"，其父亲英宗朱祁镇沦为战俘，皇位也被他的叔父明代宗朱祁钰继承。此后不久，朱见深的太子身份被废除，改封为沂王。直到景泰八年（公元 1457 年），"南宫复辟"事件发生后，朱见深的父亲英宗被重新拥立为帝，其太子的身份才得以恢复。在经历这些大起大落之时，始终陪伴在朱见深身边的人，有其生母周贵人和汪皇后，同时还有他的贴身侍女万贞儿。

据记载，万贞儿在明宪宗 2 岁时被皇太后孙氏安排照顾这位皇太子，但在此之前，万贞儿便与时常到皇太后寝宫的小见深有过多次接触。她深知朱见深的未来不可小觑，所以就在不知不觉中和他建立了不同寻常的关系。而在成为皇太子的贴身侍女后，万贞儿对朱见深的关心和照顾更是无微不至，使自己在太子幼小的心灵中奠定了不可替代的地位。

与此同时，随着朱见深年龄的增长，万贞儿在他身边所扮演的角色也不断发生着改变。起先她是保姆，在朱见深面前虽然以姐姐自居，但所作所为却犹如母亲，对太子呵护备至。后来在朱见深逐渐长大成人后，万贞儿又将她对太子宛若母亲一般的爱悄悄转化成了情人之间的爱恋，并充当起了朱见深性与爱的导师。万贞儿所做的一切，正好满足了少年太子对情爱的渴求。这两个人，一个情窦初开、年轻气盛，一个虽然已经年近 30，却风韵犹存、充满心机，且仍是处女之身，所以他们很快便坠入情网，并有了肌肤之亲。

在成为太子的第一个女人后，万贞儿觉得自己离成功又跨进了一大步，她认为只要牢牢抓住皇太子的心，就一定能够最终登上皇后的宝座。然而这一次万贞儿似乎高估了自己，也低估了站在皇太子背后那些人的力量。她虽然在皇太子的心中占据了不可磨灭的地位，但一方面由于身份卑微，另一方面则因为与朱见深在年龄上的巨大差距，使得她一手创造的与太子的恋情遭到了除朱见深以外所有人的反对。让万贞儿更加失望的是，面对其他人的反对，朱见深虽然十分不满，但也并没有为自己的爱情据理力争，其原因与这位皇太子谦虚、谨慎的性格有很大关系。

据说，明宪宗朱见深自幼便具有宽容、谦逊的性格。如在他 10 岁左右，其父复辟成功，推翻了明代宗朱祁钰的统治，同时也结束了朱见深这位叔父的生命。由于当时宫中有一条君王去世需要宫女嫔妃陪葬的规矩，因此朱祁钰的离世便危及到了后宫众多嫔妃的生命，其中也包括曾陪伴过朱见深的汪皇后。得知这一消息后，朱见深不仅主动为汪皇后求情，免除了她陪葬的厄运，并且在登基时还特意废除了宫女嫔妃为已故君王陪葬的规矩。

面对这样的男人，万贞儿不仅要施以情，同时还要施以恩、施以威、施以能，从而使宪宗对她产生了集依赖、留恋、佩服、感激于一体的复杂之情。也正是由于此种错综复杂的感情，才使得万贞儿在年老色衰、失去风韵后仍可以紧紧地抓住宪宗的心。

天顺八年（公元 1464 年），朱见深继承了父亲的皇位，开始了他 23 年的统治，年号成化。同时他也接受了皇太后的安排，立先皇曾为他选择的吴氏为皇后，而备受其宠爱的万贞儿则只被封为了贵妃。

心狠手辣的夺位之战

从最初的小宫女摇身一变成为贵妃，这对已经 30 多岁的万贞儿来说无疑是莫大的殊荣。但对于自己所享有的一切，万贞儿却并不满足，她的目标是皇后，所以在经历了一次失败后，万贞儿不仅没有就此服输，反而增加了斗志。

万贞儿之所以没有偃旗息鼓，完全是因为有明宪宗做后盾。朱见深虽然没有能力将自己心爱之人推上皇后的位置，但他却可以利用实际行动来表达自己对万贞儿的依赖和爱恋。因此虽然册立了皇后，且同时拥有了王氏、柏氏两位贤妃，但宪宗却

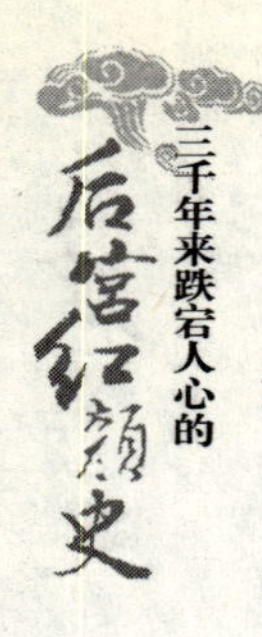

始终独宠万贞儿，与她形影不离、如胶似漆。

皇帝过分的娇宠与迁就不断提升着万贞儿的气焰，她做出了更多不近人情的事情，甚至连皇后都不放在眼中，时常对其指桑骂槐，完全没有礼节可言。同时她还随时等待着时机，希望能够尽快取代皇后的地位。

万贞儿的所作所为令人愤慨，这些事情，如果说宪宗全然不知，那实在难以置信，唯一合理的解释只能是因为爱情的力量，才使皇帝对自己爱妃的各种举动一味纵容，给予她绝对的信任，甚至干脆视而不见。

真挚的爱情是美好的，同时也是盲目的。林语堂先生曾说过："中国一向就是女权社会，女人总是在暗地里对男人施加影响，左右着男人的心理情绪和处世态度，无形中便决定了事态的发展。"这句话在万贞儿和宪宗之间得到了充分的体现。

皇帝沉溺于爱情世界，不分是非，但皇后却不愿再一味地迁就和忍让下去了。一日，当万贞儿再度向吴氏挑衅之时，这位皇后终于被激怒了。她命令宫人将万贞儿拖倒在地，亲自取过木杖对其进行责罚。这件事情令万贞儿受到了很大的羞辱，但也给她提供了取代后位的时机。

事后，万贞儿立即跑到宪宗面前，摆出一副受了委屈的样子，却又迟迟不肯亲自说出实情，从而更多地激发出了朱见深对爱妃的怜悯和心疼。最终，宪宗在一位宫女添油加醋地叙述中才了解了整件事的来龙去脉，他勃然大怒，即刻便要治罪于皇后。

万贞儿挑起了皇帝与皇后之间的矛盾，却仍未善罢甘休，她故意拦住想要去对皇后兴师问罪的宪宗，并对他说："妾身在年岁和身份上都无法与皇后相比，所以还请皇上让臣妾离开，这样既可以防止与皇后再度产生争端，也可以避免臣妾在经受皮肉之苦。"

这句话无疑是火上浇油，一方面让皇帝对看似深明大义的万贞儿更加心疼，另一方面也加重了宪宗对皇后的厌恶。于是，翌日，宪宗便颁布了一道废后诏书，以吴氏在后宫轻易动用刑罚，没有一国之母之胸襟，不配居六宫之首为由将皇后打入了冷宫。这一次，宪宗为了自己的爱情完全置两位皇太后的反对于不顾。

宪宗废后一事向众人证明了他对万贞儿至高无上的爱情，同时也让万贞儿看到了更多的希望。然而，天不遂人愿，吴氏被废后，万贞儿仍没有顺利登上皇后的宝

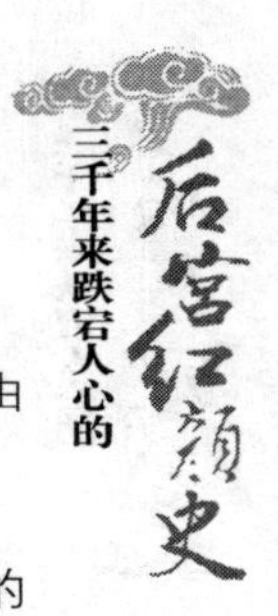

座。因为皇帝的生母周太后坚决反对儿子想要立万贞儿为后的决议，而反对的理由仍然是她的出身与年龄，这两个原因始终都令宪宗束手无策。

两个月之后，在周太后的旨义下，贤妃王氏被册立为皇后，万贞儿看似周密的计划再度失败。此外，由于有吴皇后的前车之鉴，再加上王氏性格温顺、不喜争端，所以她在登基后，便对万贞儿采取了充分忍让的态度，毫无怨言地做自己的傀儡皇后，从而令万贞儿的夺位战争陷入了无机可乘的僵局。

欲废太子，最后一搏

如果万贞儿在争夺皇后之位时的所作所为可以用心狠手辣来形容的话，那么在此之后其所做出的种种事情，则应该用失去人性来评价。随着万贞儿想要取代皇后地位的计划陷入僵局，她又将希望寄托在了自己的子嗣身上，自小成长在后宫中的万贞儿，对母以子贵的思想一直深信不疑。

虽然当时万贞儿已经年近40，但她仍然排除了万难，为宪宗生下一子。这个皇子是皇帝的第一个儿子，加之自己深得宪宗宠爱，所以万贞儿认为他成为皇太子的命运，是丝毫没有任何悬念的。

不过，令万贞儿没有想到的是，她的这位幸运的儿子却没能得到上天的眷顾，仅在世上生活了一年多的时间便染疾而去，同时也带走了万贞儿欲图“母以子贵”，霸占皇后之位的重要筹码。

此后，万贞儿经过了多次的努力，但却始终都未能再怀龙子。一次次的失败令万贞儿逐渐失去了登上皇后宝座的希望。人一旦绝望是很可怕的，她失去了人性，开始抱着宁为玉碎、不为瓦全的心态对待周遭的一切。

为了防止其他嫔妃借助子嗣来取代自己的地位，万贞儿在后宫中安排了大量耳目，一旦发现哪位嫔妃有怀孕的迹象，便立即采用各种残忍的手段导致对方堕胎。在此期间，不知有多少小生命因万贞儿的忌妒而胎死腹中，总之在宪宗统治的很多年中，他一直都没有子嗣。唯一一个因万贞儿的疏漏而出生的柏贤妃之子佑极，也在年仅两岁时惨遭万贞儿的毒手，不幸夭折。

不过，就在万贞儿想尽各种办法维护自己的地位之时，却听闻皇帝突然拥有了

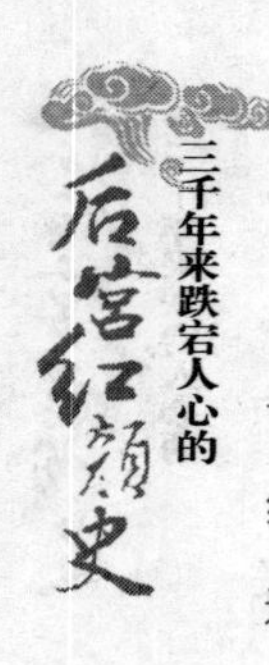

一个已经6岁的儿子，这似乎令万贞儿始料未及。原来，宪宗曾与管理内府库藏的纪氏有过一段恋情，并在纪氏的身体中留下了龙种。这件事在多方的隐瞒之下成功避开了万贞儿的众多耳目，且一直在暗中被顺利地进行了下来。

对于这个意外的惊喜，宪宗可谓是丝毫不敢怠慢，他立即下令向内阁报喜，同时还命内阁起草诏书颁布天下，替皇子定名叫祐樘，即后来的明孝宗，并册封纪氏为淑妃，移居西宫。

皇子祐樘的突然出现，令万贞儿懊恼不已，也开始采取一系列的补救计划，她先是设计处死了淑妃，随后又多次想要寻找机会对小皇子祐樘下黑手。不过由于身份的特殊与高贵，皇太子小祐樘一直被皇太后带在身边，再加上祐樘听话、懂事，很小便在皇太后的教导下对万贞儿产生了提防之心，没有给这位狠毒的妃子留下任何下毒手的机会。

在意识到自己无机可乘后，万贞儿改变了计划，开始编造各种罪名来污蔑皇太子，并不断劝说宪宗废掉被冠以众多“罪名”的太子。也许是由于从小培养的感情太过深厚，所以虽然万贞儿已经年近60，且由于过度的肥胖而失去了以往的风韵，但宪宗对她的爱意却丝毫不减当年。于是，在万贞儿软硬皆施的劝说下，宪宗竟然真的做出了想要废掉太子的举动。

幸而太子有上天庇护，在宪宗想召集群臣们商议废立一事之际，东岳泰山突然发生地震，这让宪宗以为是自己想要废太子的举动使上天震怒，因此便打消了这一念头，使太子的身份得以保留。

万贞儿骄横且不可一世的性格，不仅使许多无辜的人为此赔上了性命，同时也戏剧般的成为了断送她自己生命的导火索。

据《彤史拾遗记》记载，万贞儿之所以会突然身亡，是因为她原本想要用拂子殴打宫女，却没有掌握好力度，导致自己一口气没上来，最终撒手人寰，享年59岁。万贞儿的猝然离去令宪宗朱见深悲痛欲绝，不久便也身患重病，不治身亡，享年40岁。

历史评说

作为一个自小便成长在后宫之中的女人，万贞儿一生都在为赢得更高的地位而

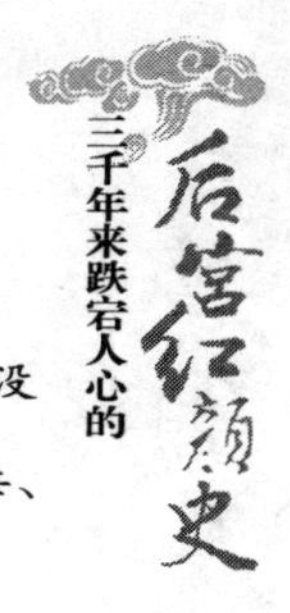

不断努力着，这完全是出于一个后宫女人的本性，但她却超越了这个限度，不仅没能真正实现自己的愿望，同时也为自己留下了永世的骂名，让人们时常将她与恶毒、阴鸷等字眼联系起来，并被称为内心阴险的笑面狐狸。

万贞儿争夺皇后之位的失败，一方面与她心狠手辣的行径有很大关联，另一方面则是因为她低估了舆论和大众的力量。治国平天下并不是凭借着皇帝的一己之力就能够完成的，还需要许多其他势力的扶持与协助，但万贞儿却忽视了这一点，她只顾争夺皇帝的私宠，却忘了笼络其他人的心，这自然会树立了众多的敌人，也严重阻碍着她实现愿望的脚步。

虽然在争权夺利的斗争中，万贞儿没能取得真正的胜利。但如果仅从爱情的角度来看，她却是成功的，而且这一成功还是极其罕见的。在古代皇帝的后宫中，嫔妃佳丽均是数不胜数，但真正能够赢得皇帝真爱的妃子却并不多见。万贞儿不仅得到了皇帝真心的宠爱，而且被她套牢的还是一个在年龄上小她19岁的男人，缔造出了一段至死不渝的爱情，这在整个中国的封建王朝都是难能可贵的。

另外，据了解，在万贞儿对付皇太子的过程中，为了增加反抗太子的势力，她还做出了宠信和放纵一部分宦官越权之事，从而加深了明政治的腐败，为明朝晚期宦官专政埋下了伏笔。好在宪宗的祖上为其留下了良好的基业，所以其统治虽然因万贞儿而受到了很多负面影响，但却始终未牵扯到广大民众的利益，还一度出现了明代历史上的太平盛世。

名家圈点

“自古妃嫔承恩最晚、而最专最久者，未有如此。”——沈德符：《万历野获编》

“宪宗年十六即位，妃已三十有五，机警，善通帝意。”“万氏丰艳有肌，每上出游必戎服，佩刀侍立左右。”——《明史》

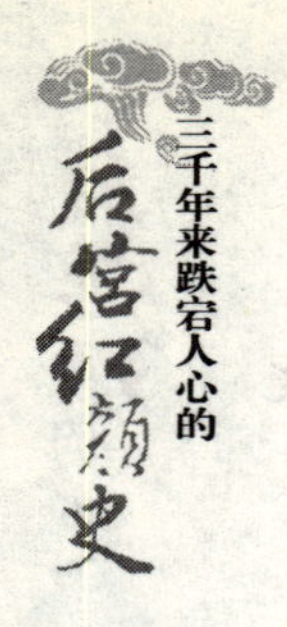

6 清世祖福临的宠妃(董鄂氏)

——最具传奇色彩的女人

背景身世

董鄂氏(公元1639~1660年),祖籍栋鄂,即今桓仁满族自治县雅河流域,她18岁入宫,深得顺治帝宠爱,在短短半年内就由贤妃谕升为皇贵妃,并为此特颁恩诏、大赦天下,这在清代历史上是史无前例的。

据《清史稿·后妃传》记载,董鄂氏为清代内大臣鄂硕之女。鄂硕虽然没有显赫的战功,但也隶属尊贵的上三旗,所以董鄂氏自小便接受了良好的家庭教育,培养出了她多才多艺的能力和知书达理的性格。

红颜风云

董鄂氏的一生充满了传奇的色彩,她凭借绝美的容貌、理智的性格以及一丝丝的幸运为自己争得了爱情,也争得了拥戴,但却最终争不过命运的安排,早早香消玉殒。不知董鄂氏泉下是否有知,自己不惜生命维护的爱情,却反而催化了这段爱情的结束,同时也影响到了她所爱之人以后的人生。

选秀入宫终成正果

像大多数后宫佳丽一样,董鄂氏也是通过选秀入宫的。不过最初她并没有直接成为皇帝的妃子,而是被指配给襄亲王博穆博果尔为妻,并于第二年完婚。当时,董鄂氏年仅16岁。或许是因为性格的原因,亦或许是由于丈夫常在外出征,所以这对小夫妻之间的感情始终都不愠不火,从而为董鄂氏与顺治帝之间惊世骇俗的爱情埋下了伏笔。

据了解,顺治初年,曾有一个宗室及亲、郡王命妇轮番入侍后妃的定制。同时在

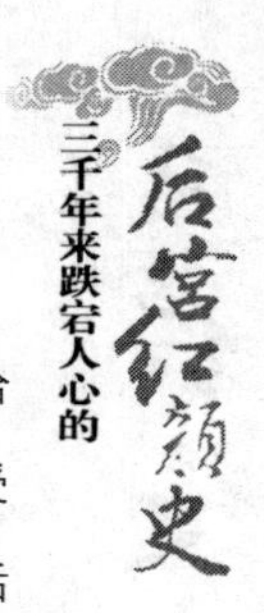

京达官贵人的命妇(封有品级的贵妇人)还要时常入朝参加吉凶礼典等活动，这给贵为襄亲王妃的董鄂氏提供了多次进入皇宫的机会。前面曾提到过，董鄂氏自小受过良好的教育，多才多艺、知书达理。而且从顺治帝为悼念董鄂氏所写的《孝献皇后行状》中可知，董鄂氏工词翰，好书法，有相当深的汉文汉语水平，甚至还读过《四书》和《易经》，这些都与努力推行汉化的顺治帝不谋而合，所以多次入宫的董鄂氏很快便引起了皇帝的注意。

董鄂氏之所以能够走入顺治帝的感情世界，与她过人的才能自然是分不开的，同时在时机上也十分恰到好处。

当时顺治帝的第一位皇后姓博尔济吉特氏因喜好铺张奢华，且忌妒心强而最终被废，并被打入冷宫。而新皇后的人选则迟迟未定，这些都令身为皇帝的顺治忧心忡忡。董鄂氏的出现，恰好转移了顺治帝思想的重心，让他从册立新皇后的烦恼中投身到了对董鄂氏的感情之上。与此同时，由于丈夫的常年在外，董鄂氏的感情世界也是十分空虚的。所以对于皇帝的示好，她也十分乐见。于是，这对年轻人不顾他人的非议，迅速地坠入了爱河。

尽管董鄂氏和顺治帝是真心相爱，但他们的恋情却毫无疑问地遭到了强烈的非议，这不仅因为董鄂氏已为人妇，还因为顺治帝不同寻常的身份，以及深宫之中繁缛的礼法与伦理道德。据说，孝庄皇太后为了阻止这段恋情，特颁布了懿命，以"严上下之体，杜绝嫌疑"为由，取消了命妇入侍制度，想要以此来切断董鄂氏与自己儿子之间的联系。

不过俗话说，没有不透风的墙，虽然皇太后百般阻止和隐瞒，但有关董鄂氏与顺治帝产生感情的风声还是传到了襄亲王博穆博果尔的耳中。此事一方面令皇帝与襄亲王这对兄弟之间反目成仇，另一方面也使得博穆博果尔因过度地怨愤而赔上了性命。

襄亲王的离世虽然令人悲痛，但也正好成全了董鄂氏和顺治帝这对有情人。此后不久，即顺治十三年(公元 1656 年)，董鄂氏被册立为贤妃。同年，顺治帝又为董鄂氏举行了册封典礼，谕升其为皇贵妃，并颁布诏书公告天下。如此隆重的典礼此前只在册封皇后时才能够见到，可见董鄂氏名义上的地位虽然次于皇后，但在顺治帝心中的地位却与皇后平等，甚至还略胜一筹。

中国第一历史档案馆至今仍保存着册立董鄂妃为皇贵妃的《诏书》，见证了董鄂氏

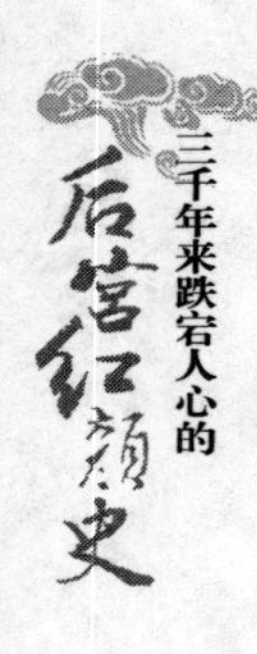

曾享受过的特殊礼遇。自此，董鄂氏短暂而传奇的人生经历也完全拉开了序幕。

爱人、导师、知己

董鄂氏在得到皇帝的宠爱，被册封为皇贵妃后，并没有因此沾沾自喜、不可一世，她始终保持着一颗善良、宽容、大度的好心肠。更重要的是，董鄂妃生性节俭，这在《孝献皇后行状》中也有记载，其上用“绝无华彩，即簪珥之属，不用金玉，惟以骨角者充饰”来描写董鄂氏，意思是说她衣饰简朴，不尚华彩，即使簪钗耳环也不用金玉，而以骨、角等物代替。与之相反的是，董鄂氏虽然在自己的生活上十分节俭，但却并不小气。据说皇帝赐给她的东西，全部被她分给了下人。再加上董鄂氏顾全大局，善于息事宁人，对宫中不同身份的人都一视同仁、以礼相待，所以她在很短的时间内便赢得了众多下属的心，同时也让顺治帝对这位爱妃更加宠爱。

不过，造就了董鄂氏传奇人生的并不仅仅是她知书达理的性格和悲天悯人的心肠，同时还有她用真爱改变了顺治帝的这一事实。据了解，身为皇室后裔的顺治帝，也同样具有许多皇室子弟的缺点和陋习。他时常以自我为中心，做事我行我素，很少接受大臣们的意见和劝告，且私生活也是十分混乱，好色成性。但在遇到董鄂氏后，顺治帝却出乎意料地变得专一起来，为人处世也在爱妃的潜移默化下逐渐改变，这让人不得不承认爱情的力量实在不容忽视。

在董鄂氏还未进入顺治帝的生活之前，这位皇帝因脾气太过暴躁而与朝中的大臣们产生了很多的矛盾与隔阂。于是在入宫以后，董鄂氏便常常劝谏顺治帝多与大臣们沟通，并建议他可以借与大臣们共同进餐的机会来让他们感受到皇帝的恩惠。对于董鄂氏的劝说，顺治帝都一一应允，这使得他与大臣们的关系日渐缓和，在治理国家方面也变得更加得心应手起来。

顺治帝之所以对董鄂氏言听计从，一方面出于对这位贵妃的爱，另一方面也与董鄂氏对他无微不至的照顾是分不开的。据说每次顺治下朝回宫，董鄂氏都一定会站在宫门边等候他，然后亲自侍候丈夫休息及用餐。更令顺治帝感到舒心的是，董鄂氏还很会察言观色，一旦发现皇帝有任何不悦的情绪，便立即询问并给予适当的安慰，那份细心令顺治帝颇为感动。尤其是在遇到庆典宴会，顺治必须多量饮酒时，

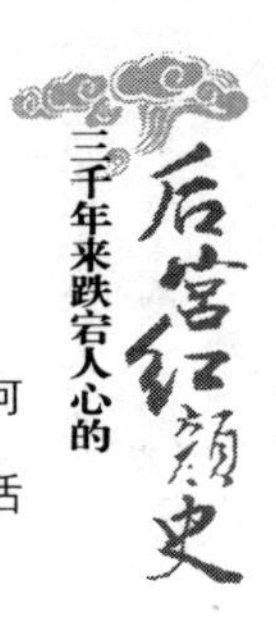

董鄂氏对他的照顾就更会细致入微，有时候甚至还整夜地看护侍候，不容得有任何的疏漏和闪失。这些所作所为让顺治帝觉得倍感幸福和安心，因此董鄂氏所说的话自然也得到了皇帝的充分信任。

董鄂氏对顺治帝的爱是真挚、浓厚的，但这份爱却并没有因此而变得盲目，她不像其他一些后宫的女人一样因为想要得到皇帝的宠爱而对他一味地顺从。董鄂氏会时常给顺治帝提出一些建议，例如，在陪伴皇帝批阅奏章时，当看到丈夫对一些奏章草草了事的时候，董鄂氏就会指出他这样做是不对的。她认为每一份奏章都各有不同，绝不可一概而论并草率行事，因为皇帝祖上留下的基业不容忽视。在听完董鄂氏的劝谏后，顺治帝开始认真对待每一份奏章，这不仅让他变得更加勤政，同时也增加了大臣们对这位年轻皇帝治国的信任。

尽管在顺治帝批阅奏章时，董鄂氏时常陪伴在侧，悉心照顾，从无懈怠。但她却从未想过借此来干预朝政，即使是顺治帝提出让她和自己一起批阅奏章时，董鄂氏也是立即婉言谢绝。她只是会在顺治帝为一些难以批阅的奏章烦恼时给予一些自己的看法和思想，其目的也只是为自己的丈夫分忧。她深知宫中女子不可过问宫外的事情，更不可干预朝政。

另外，对于顺治帝的学习，董鄂氏也给予了严厉的监督。她会在顺治听完日讲官讲课后，让他向自己复述当天学到的经史章句大义。一旦发现顺治有遗忘的地方，就会佯装生气，并告诉他“圣贤之道出于载籍，陛下只有好好地学习、领会并熟记于心，才能在处理朝政时受益，否则岂不是浪费了讲书学习的目的?”

因此，在顺治帝的心中，董鄂氏不仅扮演着爱人的角色，同时也是导师，更是知己。这无疑增加了顺治对董鄂氏的喜爱和依赖，同时也为顺治在董鄂氏死后所做的众多异常举动奠定了基础。

值得一提的是，在尔虞我诈的深宫中，董鄂氏凭借着自己的努力，不仅赢得了皇帝及下属们的青睐，而且还成功地化敌为友，改变了皇太后和皇后对她的不满。皇太后对董鄂氏的成见，早在她还是襄亲王妃的时候就已经产生了。后来董鄂氏得到皇帝的恩宠，成为皇贵妃后，皇太后对她的成见也并没有因此减少，反而越发深刻起来。因为当时的皇后博尔济吉特氏是孝庄皇太后的侄孙女，而皇帝对董鄂氏的宠爱动摇了皇后的地位，使得皇太后对董鄂氏萌生了更多的不满。尽管如此，董鄂

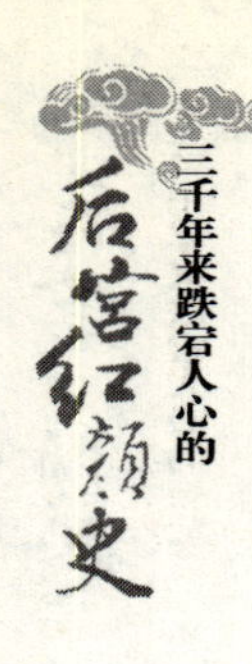

氏却并没有因此对皇太后怀恨在心，而是全心全意地帮助顺治帝服侍他的母亲，并将皇太后当成亲娘般看待。

由于董鄂氏做事细心谨慎，对皇太后又是呵护备至，再加上她所擅长的书法和汉学还恰巧与皇太后志趣相投，从而使这对婆媳的不甚乐观的关系迅速发生了改变，皇太后不仅打消了她对儿媳的成见，而且还渐渐像顺治帝一样，对董鄂氏产生了依赖，最后甚至达到了没有董鄂氏在侧则不乐的地步。

皇太后对董鄂氏的不满虽然被成功化解，但对于其他嫔妃的忌妒，董鄂氏却始终无法避免，这其中也包括皇后博尔济吉特氏。

博尔济吉特氏本是个安静且与世无争的女子，但这并不代表她不会心生忌妒。因此当皇太后在南苑行宫不幸染病后，皇后便和宫中的妃嫔们一起采取了一致行动来表达不满情绪。她们既不到南苑看望太后，也没有派遣使者问候，任凭陪伴皇太后前往南苑的董鄂氏一人照料重病的婆婆。以至于在皇太后大病初愈后，董鄂氏却因过度的劳累而倒在了病榻上。

这件事令顺治帝十分震怒，并将矛头全部对准了皇后博尔济吉特氏，甚至摆出了再度废后的架势。幸而董鄂氏跪在病榻上苦苦哀求，动之以情、晓之以理，才最终打消了皇帝想要废后的念头，也成功避免了一场后宫的动荡。

不久后，董鄂氏大病初愈，但皇后却因为皇帝要再度废后一事而病入膏肓。此时，善良的董鄂氏又主动去服侍皇后，她不分昼夜地亲自调理安排医药饮食等各种琐事，同时还会陪皇后聊天解闷。此种以德报怨的做法，使二人冰释前嫌，并且也使董鄂氏赢得了更多人的赞誉。

情天恨海，因爱而亡

董鄂氏能够集万千宠爱于一身，对她而言无疑是幸运的，但在这幸运的背后，却又隐藏着巨大的痛苦和无奈。这些痛苦和无奈不断地叠加，最终夺去了董鄂氏年轻的生命。为了赢得人心，董鄂氏常常置自己的健康于不顾，据说她在坐月子期间，仍坚持履行着照顾皇太后的义务。然而董鄂氏毕竟是普通的凡间女子，怎能经受长时期在体力上的超负荷操劳？在她成功地化解种种难关之时，她的生命和健康也被

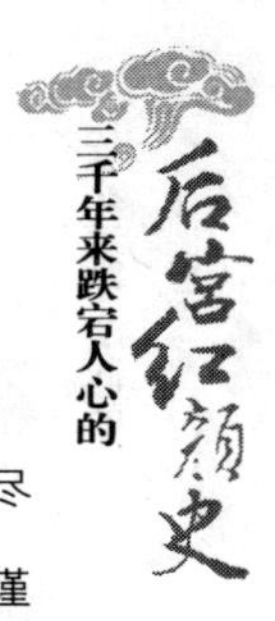

无情地消耗了。

除了体力上的超负荷以外，董鄂氏还要承担许多精神上的压力，她一方面要尽心尽力地回报皇帝的宠爱，另一方面又要提防妒忌的陷阱，对自己的一言一行都谨慎小心。然而尽管百般提防，但董鄂氏所要面对的压力和打击却始终都没有停止过，这其中最令她伤心的还是痛失爱子一事。

公元 1657 年 10 月，董鄂氏诞下皇四子，这位皇子一出生便得到了顺治帝的宠爱。他一出生就成为了皇帝心中皇太子的最佳人选，但或许正是因为这种毫无掩饰的爱，皇四子在出生百余天后便突然夭折，死因不明，后被封为荣亲王，成为了顺治年间第一个得到亲王封爵的皇子。

皇四子的早殇对董鄂氏的打击不可谓不大，但为了面对同样失去爱子的皇帝和失去孙子的皇太后，董鄂氏只能将所有的痛苦都埋藏在心里，尽力让自己神色恬然，转而安慰丈夫和皇太后，希望他们不要为此事挂怀太久，以免伤身。

董鄂氏的内心可谓是坚不可摧的，但她的身体却并不像她的内心一样坚强。在痛失爱子之后不久，由于身体和精神上的双重压力，董鄂氏最终一病不起。据了解，为了挽救董鄂氏的生命，顺治帝用尽了各种手段，但依然未能如愿。

公元 1660 年 8 月初，董鄂氏辞世，享年 22 岁。不过，有关董鄂氏的故事，却并没有因为她的猝然离世而结束。在得知董鄂氏去世的消息后，顺治帝先后做出了许多过分、逾格的事，以此来证明他对董鄂氏真挚的爱情，也宣泄出了他痛苦的失意和满腔的愤怒。

董鄂氏去世后，顺治帝先是试图自刎，在遭到阻止后又将所有的精力都投身到了为爱妃举行的葬礼之上，使董鄂氏的葬礼成为了清代历史上第一次震动天下的国丧。而在举办葬礼之前，顺治帝还一意孤行地将董鄂氏追封为皇后，并亲自为其谥号为孝献庄和至德宣仁温惠端敬皇后。董鄂氏的葬礼整整进行了七七四十九天，

此后，顺治帝并没有偃旗息鼓，而是做出了更令人吃惊的举动，即想要出家为僧。此举虽然最终也同样被制止，但由于心力交瘁，加之顺治帝本来就体弱多病，因此在距董鄂氏去世仅三个多月之时，顺治帝便因感染了天花而不治身亡，享年 24岁，与董鄂妃合葬于生前择定的墓地——位于遵化马兰峪的清东陵。

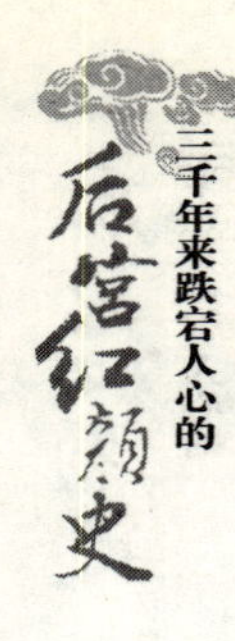

历史评说

董鄂氏是成功的，她的一生虽然短暂，但却缔造了许多的奇迹。她凭借着自己的聪明的才智、有容乃大的胸怀以及超乎常人的忍耐力，赢得了后宫上上下下所有人的心。她得到了皇帝全心全意的宠爱，始终小心谨慎，安分守己，成为皇帝的贤内助，激励顺治勤政好学，并帮助他励精图治，安邦定国。无论是在后宫嫔妃中，还是在历史上，她都没有留下骂名。

造就董鄂氏成功和理智性格的，是她对顺治帝至真至纯的爱情。从对董鄂氏的了解中，我们可以肯定的是，她所做的一切，都不是为了收买人心，也不是为了聚敛财富，更不是为了享有至高无上的荣誉，而是完全出于对顺治真切的爱。她以牺牲自己的健康和生命为代价，帮助顺治帝换来了后宫的平安宁静，使其可以全身心地投入到治国平天下的事业之中。她用实际行动向世人证明了爱情的无私与伟大。

董鄂氏是幸运的，她不仅可以陪伴在爱人的身边，而且还得到了对方同样真挚的宠爱。对于顺治皇帝而言，董鄂氏既是红颜知己，又是精神支柱。所以在董鄂氏去世后，顺治才会万念俱灰，所有的意志和对尘世的留恋也都跟随爱妃的离世而一同消散了。可见顺治与董鄂氏的关系已经超越了世俗的肉与欲，升华到了灵与情的境界。

董鄂氏将情爱与贤惠巧妙地融为一体，成为封建社会集妇德于一身的东方女性的典型，她与顺治这种平等的、毫无尊卑贵贱的爱情在整个中国历代史中都实属罕见，令人称羡不已。因此，称董鄂氏为后宫红颜史上最具传奇色彩的女人，似乎一点也不为过。

名家圈点

“后至俭，不用金玉，诵《四书》及《易》，已经卒业，习书未久即精，朕喻以禅学，参究若有所悟。”——(清)顺治帝：《孝献皇后行状》

“孝献皇后，栋鄂氏，内大臣鄂硕女。年十八入侍，上眷之特厚，宠冠后宫。”——(民国)赵尔巽主编：《清史稿·后妃传》